国家社会科学基金重点项目（08AJY010）最终成果
教育部哲学社会科学研究重大课题攻关项目（10JZD0025）阶段性成果

住房消费与扩大内需

Housing Consumption & Expanding Domestic Demand

高 波 王辉龙 ◎ 等 著

人民出版社

目 录

导 论 ··· 1
  第一节 新常态下扩大内需的理论逻辑与现实选择 ······ 1
  第二节 扩大内需、住房消费及其关系的研究 ············ 10
  第三节 研究的切入点和逻辑结构 ······················ 26

第一章 住房消费与消费结构升级 ···················· 39
  第一节 扩大内需背景下的消费结构升级 ··············· 39
  第二节 住房消费影响居民消费结构升级的理论
         分析 ······································· 43
  第三节 住房消费影响消费升级的实证检验 ············ 50
  第四节 促进消费升级的政策建议 ······················ 58

第二章 房价泡沫测度及区域差异分析 ··············· 62
  第一节 中国房价泡沫累积的事实及检测理论 ········· 62
  第二节 房价泡沫测度方法的探索 ······················ 70
  第三节 对 30 个城市房价泡沫的测度和讨论 ········· 73
  第四节 住宅市场泡沫的区域差异分析 ················· 83

第三章 农户住宅投资、居住融合与新型城镇化 ····· 92
  第一节 城市化过程中的居住融合 ······················ 92
  第二节 政府间竞争、"以地谋发展"与高房价的形成 ··· 96
  第三节 高房价下的农户过度住宅投资 ················ 101
  第四节 农户住宅投资影响因素的实证分析 ·········· 106

第四章　住房买租选择、收入差距与房价租金
　　　　"剪刀差" ……………………………………………… 112
　　第一节　中国城市房价租金走势的"剪刀差"事实 …… 112
　　第二节　住房买租选择与房价租金比变动的理论
　　　　　　模型 ……………………………………………… 118
　　第三节　居民住房买租选择的影响因素分析 …………… 124
　　第四节　政策含义 ………………………………………… 134

第五章　重估中国住房消费——兼论住房消费与经济
　　　　增长 ……………………………………………………… 137
　　第一节　住房消费与居民消费 …………………………… 137
　　第二节　住房消费的国际经验 …………………………… 138
　　第三节　我国住房消费的核算方法及其缺陷 …………… 143
　　第四节　对我国住房消费的重新估计 …………………… 148
　　第五节　住房消费与经济增长 …………………………… 151

第六章　房价波动、家庭财富配置与居民生活水平 ……… 160
　　第一节　家庭财富配置与居民消费 ……………………… 160
　　第二节　房地产财富效应的理论分析 …………………… 164
　　第三节　房地产财富效应及对居民生活影响的
　　　　　　实证检验 ………………………………………… 168

第七章　遗产动机与财富效应下的"以房养老" ………… 180
　　第一节　消费观念与"以房养老" ……………………… 180
　　第二节　有关"以房养老"的相关研究 ………………… 182
　　第三节　纳入一般消费、住房服务的家庭效用模型 …… 186
　　第四节　居民家庭对"以房养老"态度的实证研究 …… 190

第八章　收入分配、总需求与城市居民住房支付
　　　　能力 ……………………………………………………… 205
　　第一节　收入分配、总需求和经济增长 ………………… 205

第二节　收入分配与房地产市场 …………………… 209

　　第三节　收入差距对住房市场影响的实证检验 …… 217

　　第四节　收入分配与我国城市居民住房支付能力 …… 222

第九章　土地财政对住房消费和居民消费的经济效应 ………………………………………………… 231

　　第一节　土地政策与房地产市场 …………………… 231

　　第二节　土地财政、住房消费与居民一般消费支出 …… 236

　　第三节　土地财政影响住房消费的实证分析 ……… 244

　　第四节　拓展分析 …………………………………… 255

第十章　财政政策、住房消费与扩大内需 …………… 262

　　第一节　财政收支与住房消费的理论阐述 ………… 262

　　第二节　扩大内需的财政政策着力点 ……………… 266

　　第三节　财政体制改革对住房消费与扩大内需的支撑作用 ……………………………………… 269

　　第四节　财政政策影响住房消费的实证分析 ……… 274

第十一章　货币政策影响住房消费的经济效应和区域差异 …………………………………………… 284

　　第一节　扩大内需的货币政策着力点：住房市场的视角 ………………………………………… 284

　　第二节　房地产市场货币政策传导机制的理论分析 … 289

　　第三节　货币政策影响住房消费的实证分析 ……… 292

第十二章　住房保障对居民消费的影响机制及政策效果 …………………………………………… 301

　　第一节　住房市场和住房保障 ……………………… 301

　　第二节　住房保障对居民消费和社会福利的影响机制 ……………………………………… 305

　　第三节　住房保障影响消费需求的实证分析 ……… 318

第十三章　需求干预政策对住房市场的影响效应 ········ 324
　　第一节　更好发挥政府作用和对住房需求的政府
　　　　　　干预 ································· 324
　　第二节　住房需求干预模型设定与计量 ············ 328
　　第三节　利用干预模型分析住房需求调控的政策
　　　　　　效应 ································· 338
第十四章　引领新常态的住房消费和扩大内需战略 ····· 343
　　第一节　以稳定住房消费实现扩大内需 ············ 343
　　第二节　科学引导居民住房消费 ·················· 346

主要参考文献 ···································· 353
后　　记 ·· 391

导 论

第一节 新常态下扩大内需的
理论逻辑与现实选择

在中国经济的新常态下,加快转变经济发展方式,优化经济结构,实现经济增长动力的平稳转换,进而才能促使中国经济转型升级。现实中,一直困扰中国经济转型升级的关键问题是内需不振,而住房消费则是扩大内需的重要变量。

一、新常态下扩大内需的经济逻辑

中国经济进入中高速增长期的表面原因是:出口、投资这两驾"马车"拉动增长的效应在衰减。而背后的原因则是中国战略机遇期的内涵和条件发生了变化,表现在两个方面:一是中国和平崛起的外部环境发生了深刻变化。无论是美国推动的跨太平洋战略经济伙伴关系协定(Trans-Pacific Partnership Agreement,以下简称TPP)和跨大西洋贸易与投资伙伴协议(Transatlantic Trade and Investment Partnership,以下简称TTIP)谈判、西方国家对中国出口产品频繁发起的"双反"制裁,还是中国与发展中国家间的贸易摩擦,无不说明出口这驾拉动中国经济前行的马车,遇到了强大阻力。随着中国经济总量的继续提高,这种阻力只会增大,不会减小。二是驱动中国经济增长的内部动力发生了历史性转换。无是东南沿海地区的民工荒、产业向南亚国家的转移,还是各地频繁发生的雾霾污染现象,无不说明原先中国赖以增长的低劳动力成本、低资源和环境成本的比较优势正在失去,随着中国经济结构的调整,这种比较优势只会减小,不会增大。

与以上中国战略机遇期内涵和条件发生深刻变化相伴随的,是世界经济结构正在发生的深刻调整。原先"欧美研发和高端制造+中国生产和一般制造+中东及俄罗斯能源供给"的结构,正因美国页岩气、页岩油技术获得突破、奥巴马复兴制造业的再工业化战略以及俄罗斯周边地缘政治现实而发生改变。

无论是我国战略机遇期内涵和条件的变化,还是世界经济结构的调整,都对中国出口导向和投资拉动的增长模式提出了巨大挑战。墨西哥政府突然取消中国铁建高铁中标权也提醒我们,通过海外投资转移过剩产能的思路,还有很多困难需要应对。在此背景下,由比较优势思维转向竞争优势思维,坚持以内需支撑的新的开放型经济和新的投资模式,正在成为中国当下及未来发展的政策导向。

在后金融危机时代和新常态下,不仅"稳增长"的压力依然存在,而且"调结构"更是任重道远。中国面对的国内外环境不容乐观。从外部环境来看,不确定性因素依然存在且出现长期化趋势:美国利用强势美元的货币政策[①]和再工业化战略以及意在疏离中国的TPP、TTIP谈判,欧洲债务恶化的余波,中国周边地缘政治形成的诸多不确定性因素及中东紧张局势对能源价格的影响,等等,将对中国的经济稳定带来不小压力。从内部环境来看,经济转型进入攻坚阶段,关键问题十分棘手。诸如,收入分配差距较大,经济增长的资源环境约束增强,创新驱动的内生增长机制迟迟不能生成,投资与消费关系失衡,等等,短期看不到有效突破的希望。

---

① 量化宽松货币政策的实施,将美国国内货币贬值压力向外传导;而该政策的退出,则又造成资本从新兴经济体撤出,冲击他们的货币流动性。

面对复杂的国内外形势,我们必须冷静地思考:中国人口规模全球第一,人均收入持续增长,国内需求潜力巨大,是什么因素制约着国内需求的扩大?为什么中国有竞争力的产能必须通过出口的方式加以消化?是什么原因导致大量实业资本向房地产市场转移?转变经济发展方式与房地产业发展、住房消费与扩大国内消费需求究竟是什么关系?在回答以上问题之前,需要对当前中国经济的阶段性特征进行描述和分析。

1.经济总量世界第二,稳居世界大国之列

2014年,中国GDP达到63.6万亿元人民币,超过10万亿美元。如此大的经济总量,即使以6.5%的速度增长,也会带来可观的就业,这是新常态的机遇之一。同时,中国经济的增长速度远高于总量第一的美国,在可预见的未来,中国将成为经济产出总量第一大国。这一方面使得中国在国际事务中的话语权加大,因为世界经济离不开中国,从而间接有利于中国经济发展;另一方面,中国消耗资源能源占比较大,石油对外依存度接近60%,"船大难调头",世界上很难有哪个国家能够容纳中国巨大的产能,这又使中国面临的国际贸易壁垒和纷争将越来越大。因此,从内外两个方面来看,经济总量的提升迫使中国必须重视和转向内需。

2.人均收入稳步提升,进入上中等收入国家行列

2014年,中国人均GDP超过7000美元。近几年,以每年接近一个千元单位的速度稳步提高。根据世界银行WDI数据库,2000年,中国人均GDP为949美元,到2010年增长到4433美元,年均增长16.7%。根据国家统计局数据,2014年,我国人均GDP为7591美元①,在收入水平上进入上中等收入国家行列②。人民生活水平得到极大提升,消费能力显著增强,消费结构升级显现。这

---

① 王保安:《中国经济仍是全球增长的动力之源》,《人民日报》2015年9月29日第10版。

② 我国人均GDP在世界上处于第90名左右,仍然是一个发展中国家。

促使我国高储蓄、低消费、高投入的发展模式发生改变。人们具有较强的消费需要,但这个需要能否得到满足,能否形成有效消费需求,则仍然受制于诸多因素。最突出的是居民家庭财富结构不合理和社会保障水平低。中国城市居民家庭财富配置的70%是房地产,住房问题是影响当前中国居民消费的重要因素之一。对于那些存在住房刚性需求和改善性需求的家庭而言,高房价可能挤出他们的一般性消费支出。对于那些住房较为宽裕的中产家庭而言,房地产市场的稳定和繁荣,有利于他们合理配置家庭资产,并盘活存量房地产市场,促进金融市场的发展。

3. 发展方式持续转变,经济结构逐步优化

过去那种依赖低劳动力成本、低环境和土地成本的粗放式的破坏性发展方式正在发生转变。粗放的发展模式在本质上是排斥居民消费的。因为它供给的主要是工业品,它产生的需求对居民收入增长的带动力不强。因此,在粗放的发展模式下,居民消费会受到抑制。当前,钢铁、化工、采矿等高能耗项目的混乱发展现象得到有效遏制。现代服务业和战略性新兴产业的发展方兴未艾。一些现代科技和高技术领域获得重大突破,经济结构全面得到优化。2013年服务业增加值占GDP比重达到46.9%,首次超过第二产业,2014年再提高到48.2%。新产业、新业态、新商业模式不断涌现。在集约发展方式下,生产、分配、交换、消费关系更加合理。特别是消费拉动经济发展的动力会有显著提升。当前,我国发展方式转变,经济结构优化,已成为经济发展的新常态。

4. 劳动人口数量下降,人口红利正在消失

关于中国劳动力出现拐点的讨论已持续多年。国家统计局数据显示,中国劳动年龄人口在2012年出现了相当长时期以来绝对数量的第一次下降[①]。虽然关于中国人口红利是否消失的讨论

---

① http://www.clssn.com/html/Home/report/72833-1.htm.

仍然在继续,但多年来支撑中国经济增长的"人口红利"的确逐渐式微。一些依赖低劳动力成本的企业和产业在此背景下调整了发展战略,或者进行转型升级,或者迁往具有更低劳动力成本的地区。不容否认,这种趋势将长期存在,中国的数量型人口红利正在消失,包括劳动力在内的企业要素成本的上升趋势不可逆转。

5.投资驱动日渐式微,创新驱动动力增强

因应数量型人口红利的减小,投资驱动的增长模式也日渐式微,环境、能源、资源成本的上升,以及资本边际产出的下降,迫使中国从投资驱动转向创新驱动。这种转变既有被迫的成分,也有主动的因素。中国石油对外依存度接近60%,业已形成的巨大产能正在成为一种压力,缺少自主知识产权的科技主导权使得高技术产业竞争力不强……国际竞争日益复杂多变,在中国成为世界第二大经济体的背景下,模仿创新遇到重重阻力,在开拓国际市场、引进先进技术等诸多领域遇到了前所未有的阻力。这些因素迫使中国在战略上主动作为,选择创新驱动的战略已经成为一种新的政策常态。

6.外需市场发生变化,开放型经济正在转型

当前,外需市场发生结构性变化:一是欧美纷纷作出制造业回归的战略调整,这直接影响到作为"世界工厂"的中国产品的出口;二是发展中国家的兴起,不仅与中国争夺出口市场,而且在国际资本市场上对中国产业发展构成压力;三是受地缘政治影响,中国参与全球化的一些正常业务活动,受到具有意识形态色彩的政治因素影响,如中国高技术企业在国际市场的经济活动遭到种种限制。因此,新的形势要求中国的开放型经济发生转型。除了继续参与发达国家市场的竞争外,开拓新的国际市场,如推进"一带一路"战略将成为开放型经济的新常态。

综上所述,在全球经济剧烈震荡的背景下,特别是在国际政治

经济形势复杂多变、贸易保护主义抬头、地区利益纵横交错的局面将长期持续的条件下,作为正在转型的大国经济,在全面深化改革的推动下,立足内需,是一种必然的选择。

二、扩大内需的现实羁绊与推进路径

受节俭持家文化传统和发展阶段等因素的影响,中国长期处于消费率偏低、储蓄率偏高的状态。1978年以来的三十多年间,中国国民总储蓄率(国内总储蓄占增加值总额的比重)绝大多数年份都保持在35%—40%,个别年份甚至高于40%①。2000—2011年,中国总储蓄率由35%上升到44%。2014年中国总储蓄占到GDP的一半②。从横向比较看,中国的总储蓄率远高于中下等收入国家的平均水平。世界银行数据显示,2009年中国国内总储蓄率为52.1%,高于同年中下等收入国家平均水平14.9个百分点。根据《中国统计年鉴》中的投入产出表数据,从1998—2011年,中国非金融企业部门、政府部门和住户部门的储蓄额占国内生产总值的比重分别上升了2.7、0.4和3.9个百分点。可见,中国国内储蓄增长的源泉主要来自企业和住户部门。企业部门储蓄额占比上升主要是收入份额上升的结果,一般而言,企业的全部收入用于投资,而在宏观统计上"投资=储蓄",因而不存在储蓄或消费倾向问题。而住户部门的情况则完全不同,居民储蓄额占总产值比重的增加,是在居民收入占比不断下降的情况下发生的。1998—2011年,住户部门在国内各部门初次分配总收入中的比重由65.6%下降为60.7%,下降了4.9个百分点;住户部门可支配收入占国内可支配收入的比重从68.1%下降到60.8%,下降了7.3个百分点。而同期非金融企业部门、金融机构部门、政府部门可支

---

① 数据来源:历年《中国统计年鉴》中"资金流量表(实物交易)",经作者计算得到。

② http://money.163.com/15/0307/17/AK4D3K0H00253B0H.html。

配收入占比分别提高了3.1、2.6、1.7个百分点。这就是说,由居民储蓄倾向上升所导致的储蓄额增加,远远大于因居民收入比重降低所导致的储蓄额减少。1998—2011年,住户部门的储蓄倾向(储蓄额占可支配收入额)则由29.9%上升至40.9%,上升了11个百分点。住户部门储蓄倾向提高、消费倾向下降,有一部分是来源于统计因素。在目前中国的统计体系中,居民购买住房的花费不算消费,而列在固定资产形成项下。对于租房居住的人来说,其住房消费支出则由房屋租金直接推算而来。对于拥有自己住房的人来说,其住房消费支出则根据房屋的虚拟租金推算而来。由于近年来居民购房支出占总支出的份额在较短时期内爆发式快速增长,其数额必然远远大于房屋的虚拟房租总和,在统计上就表现为住房领域所形成的固定资产大于本领域的消费支出。但这个因素并没有从根本上改变中国国内消费需求不足的事实。

那么,当前中国的经济发展方式为什么会制约内需扩大,尤其是国内消费需求的扩大?首先,中国经济增长形成对投资和出口的过度依赖。2013年、2014年经济增长分别为7.7%、7.4%,投资对经济增长的拉动达到4.2、3.6个百分点(出口-0.2、0.1个百分点)。而在金融危机发生前的2005年、2006年、2007年,出口对经济增长的拉动分别达到了1.3、1.9和1.5个百分点(见表0-1)。由于经济增长过度依赖投资或出口,扩大国内消费需求的空间则受到挤压。如表0-1所示,2011年、2012年消费对经济增长的拉动超过了投资,但在2013年投资再次成为中国经济增长的主要拉动力[1]。其次,中国产业处在价值链低端,产品附加值低,直接导致劳动者报酬低廉,一般劳动者收入水平增长缓慢,抑制了居民消

---

[1] 2011年、2012年出口对经济增长的拉动都出现了负值,主要原因不是中国主动转向内需,而是国际市场疲软以及欧美国家对中国采取对抗性贸易政策的结果。

费能力的提高。同时，收入分配差距拉大，购买力向高收入人群集中，而高收入者往往对国外高端奢侈品情有独钟，于是，国内居民购买力通过收入分配的杠杆转移到国外市场，进一步对国内消费需求形成"抽血效应"。再次，税制结构不合理，致使地方政府缺乏扩大内需的积极性。在中央与地方的税收分配结构中，国内消费税划归中央，而资源税、房产税、城镇土地使用税、土地增值税、耕地占用税、契税和土地出让收入归地方。无论从官员的锦标赛晋升机制，还是从可支配财力对地方官员行政绩效的影响来看，这种税制结构不能形成扩大内需的激励作用。最后，区域发展不协调，落后地区仍处于要素驱动和投资驱动的发展阶段，依靠资源投入即可获得"短期内快速增长"的实惠，从根本上制约了国内消费需求的扩大。

表 0-1 中国三大需求增长率及对 GDP 的拉动　　（单位:%）

年份	GDP 增长率	最终消费支出 增长率	最终消费支出 拉动	资本形成总额 增长率	资本形成总额 拉动	货物和服务净出口 增长率	货物和服务净出口 拉动
2000	8.4	12.4	6.6	8.7	1.8	-5.8	0
2001	8.3	7.7	4.1	16.9	5.4	-2.7	-1.2
2002	9.1	8.1	5.2	11.6	3.5	33.1	0.4
2003	10.0	7.4	3.6	23.8	6.9	-4.2	-0.5
2004	10.1	12.0	4.4	24.3	6.2	42.9	-0.5
2005	11.3	13.9	6.4	11.4	3.6	141.0	1.3
2006	12.7	13.3	5.4	15.7	5.4	63.1	1.9
2007	14.2	18.8	6.5	24.8	6.2	40.6	1.5
2008	9.6	15.6	4.3	23.3	5	3.4	0.3
2009	9.2	9.7	5.3	17.1	8	-37.9	-4.1
2010	10.4	15.3	5	21.3	7	0.1	-1.4
2011	9.3	21.1	6	18.5	4.3	-22.4	-0.8

续表

年份	GDP 增长率	最终消费支出 增长率	最终消费支出 拉动	资本形成总额 增长率	资本形成总额 拉动	货物和服务净出口 增长率	货物和服务净出口 拉动
2012	7.7	12.5	4.4	9.1	3.2	25.2	0.1
2013	7.7	10.8	3.7	10.4	4.2	-0.6	-0.2
2014	7.4	9.1	3.7	7.6	3.6	20.0	0.1

注：(1) 贡献率指三大需求增量与支出法国内生产总值增量之比。
(2) 三大需求对国内生产总值增长的贡献率和拉动，按不变价计算。
(3) 三大需求增长率按当年价格计算，GDP 增长率以可比价格计算。
资料来源：国家统计局：《中国统计年鉴（2014）》，中国统计出版社 2014 年版；国家统计局：《对 2013 年支出法国内生产总值数据及历史数据修订的说明》，http://www.stats.gov.cn/tjsj/zxfb/201506/t20150603_1114905.html。

国际经验表明，大国经济增长主要靠内需支撑，并以消费需求占主导。2008 年，美国、印度内需占总需求的比重分别为 92%、88%。而同年我国这一比重仅为 72.8%，在各大国经济中是较低的。我国人口多、幅员广、回旋余地大，正处于工业化、城镇化快速发展阶段，扩大内需有着巨大的空间和潜力。外需往往受到许多不可预料和突发性因素的冲击，其变化不是本国所能控制的。如 1997 年的亚洲金融危机和 2008 年肇始于美国的次贷危机引发的国际金融危机，对我国经济发展带来了很大冲击。而我国应对这种来自国际市场的冲击，在关键时刻靠的是扩大内需的政策措施，推进结构调整，促进经济发展，实现了经济回升。

党的十八大报告在关于"推进经济结构战略性调整"的论述中提到，要牢牢把握扩大内需这一战略基点，加快建立扩大消费需求长效机制，释放居民消费潜力，保持投资合理增长，扩大国内市场规模。由此可见，十八大报告是把"扩内需"放在推进经济结构战略性调整的高度来看的，而要完成经济增长由依靠投资和出口拉动，向依靠国内消费需求拉动的转变，是一个系统性工程，涉及的领域较多。从抓主要矛盾和解决关键问题的角度来看，要使居民"愿意消费""能够消费"和"敢于消费"。而当前影响居民消费能力的一个关键变量就是家庭住房。住房对消费的影响并非简单线性关系,房价过高的确会挤出一般居民的消费支出,但房价下跌则不必然促进消费。住房消费与扩大内需之间究竟呈何种关系,内在影响机理是什么,需要认真研究。

与扩大消费密切相关的变量是收入,居民收入由社会的生产率决定,一个社会全要素生产率的提升主要靠创新。而我国创新不足的重要原因是,以外需为主参与全球化的战略选择,使得我国长期不仅被"俘获"在价值链底端,而且被"锁定"在创新链的末端。实践证明,像中国这样的大国仅仅依靠外需,很难摆脱"引进——模仿——落后——再引进"的魔咒,自主创新不能成为社会生产率提高的真正动力。因此,从以外需为主的全球化战略,转变为利用全球要素、不断扩大内需、迅速提高自主创新能力,将成为中国经济发展的重要战略选择。

第二节 扩大内需、住房消费及其关系的研究

学界在扩大内需、住房消费等相关领域进行过大量研究,积累了丰富的研究成果。这些成果构成了本书的文献基础。如何在中国特殊的国情和特殊的历史背景下,准确把握扩大内需的时代特征和促进住房消费的现实需要,是本书的主要任务。

一、关于扩大内需的相关研究

一般把对外国的出口看作外需,内需则是指国内需求部分,内需又分为国内的投资需求和消费需求。实践上,通过发行国债等积极财政政策启动投资市场,通过消费信贷等金融工具启动消费

市场,都是扩大内需、拉动经济增长的措施。由于投资需求较强,我国扩大内需的政策主要是针对刺激消费需求而言的,包括提高工资水平、降低利率甚至实行黄金周制度等,从而提高居民的消费能力和意愿。而消费需求的提高又会刺激投资需求。

亚当·斯密对消费有着很高的评价,认为"消费是所有生产的唯一目的"。《国富论》将影响消费的因素概括为赚钱的难易程度、习俗和消费税等。古典经济学对消费的关注还主要局限于微观领域,凯恩斯《通论》的问世为扩大总需求的经济政策奠定了理论基础。按照总需求理论,$AD = C + I + G$,其中,AD 为总需求,C 是消费,主要是消费者对食品、服装、耐用品、服务等的消费;I 是投资,主要是指企业的投资;G 是政府支出,主要是政府财政支出,包括公共建设、职员工资等支出。凯恩斯认为,基于人的心理因素,投资和消费都具有边际递减的倾向,因此,政府应主动采取积极的财政政策,以弥补消费和投资的不足,扩大总需求,促进经济增长。

所谓扩大内需的提法,从发展经济学的视角来看,主要适用于发展中大国,特别是那些储蓄率高且以外向型经济为主的大国。罗伯特(Robert,1972)认为在研究国内需求的时候应该注意这样的问题:一旦某种日用品开始出口了,还需要国内需求吗?国内需求的上升或者下降到底对出口有什么样的影响?他研究了国内需求与出口能力之间的关系。一个国家扩大那些具有潜在比较优势的产品的国内消费量,则潜在的比较优势会变成实际的比较优势。从短期来看,国内需求与产品价格和收入需求弹性有关;从长期来看,某种产品可能随着收入的提高而被替代,如自行车随着收入的提高被汽车替代,出现需求下降。因此,研究扩大内需问题必须立足国情。美国、西欧等发达国家本身就是在消费世界各地的商品,日本、韩国等资源短缺型国家国内市场有限,也不适于以内需为主的模式。中国、俄罗斯、印度等国土辽阔且正在转型的国家,拥有庞大的国内市场,实行扩大内需的发展战略,既有利于提高国内居民的生活质量,又可以避免经济发展依附他国。最重要的是,国内市场的萎缩将导致总需求低迷,阻碍经济可持续发展。由普雷维什倡导的激进发展主义和由弗兰克·桑托斯、阿明等人倡导的新马克思主义所形成的早期依附理论认为,那些依附于发达国家的外围国家,因得不到自由发展的机会而长期贫穷落后,逐渐形成了第三世界。早期依附理论认为外围国家由于市场的不连续,工业化只有在大量外部资金流入和收入不断提高的情况下才能继续前进,如果没有国内市场,则发展中国家将变成发达国家的产品加工厂。

中国连续多年高速经济增长和贸易顺差,但国内消费增长缓慢,政府正在试图转变经济发展方式,即在保护环境和节省能源的前提下,追求内需主导型的稳定增长目标。消费、投资和出口被认为是推动经济发展的"三驾马车",但中国现在有一驾马车——消费——始终动力不足。1990年以来,我国固定资产投资和出口合计占GDP的总值大约为80%,并且仍在以每年25%—30%的速度增长,而消费则逐渐滑落,消费需求不足严重制约了内需的扩大。当前,在转向经济新常态的背景下,发展动力也转向以改善民生为着力点的消费需求拉动并与投资拉动相协调。洪银兴(2014)认为,经济发展的动力究竟是以供给推动还是需求拉动为主,取决于经济发展所处的阶段。现阶段,我国经济新的增长动力应该是需求拉动,其中,又以消费需求的拉动为主。但现实是消费拉动的常态还没有上位。要使消费需求拉动经济增长成为常态,关键要明确拉动消费需求的着力点:民生改善,包括收入公平、公共服务均等、社会保障全覆盖、环境治理更优美等。其中,要特别防止陷入消费排斥投资拉动的误区,消费拉动与投资驱动不应该是替代,而应该是协调的关系。

新中国成立以来,我国经济总产出基本是在收缩与扩张的交互波动过程中运行的。在经济扩张期,生产、投资和消费互相促进。几乎每一次经济的跃升,都有政策的引导和制度的变革。洪银兴(2008)从马克思主义政治经济学的视角阐述了消费对宏观经济的重要作用,指出宏观经济的均衡就是生产力和消费力的均衡,两者的矛盾可能导致经济危机;反过来,消费力的提高又可以促进社会生产力达到更高的水平。而且,消费力包含消费结构,根据马克思的观点,消费需要包括生存、享受和发展三个层次,消费需要越是突出发展,消费力就越强,其对经济发展的拉动力也就越大。唐兵、冯超(2007)认为当前我国居民生存型消费需求已基本得到满足并正向享受、发展型消费需求升级过渡,但产品结构、消费政策、消费环境和消费观念等却滞后于消费结构升级变化的需求,致使居民消费结构优化升级困难重重。因此,内需不足主要是供给与需求结构的不衔接制约了需求潜力的有效释放,影响了消费需求的增长。刘树成(2007)总结了我国在近年来快速经济增长中积累的结构性矛盾,其中比较突出的是投资消费关系不协调,投资规模过大,消费需求相对不足,特别是广大农民和城镇低收入者的收入水平低,消费能力不强。这些矛盾不加以解决,势必影响我国经济进一步发展。樊纲(2007)认为,中国的消费增长一直保持在8%—10%左右,与GDP的增长速度基本相当,并不低。过去几年所谓的消费比例过低,投资比例过高,其实是由于投资增长过快导致的总需求结构失衡,这是内需不足的主要原因。

有学者认为,1997年以后我国消费需求不足问题,主要是因为国民收入分配格局中政府收入和企业收入增幅过快导致居民可支配收入增幅减缓,从而导致消费需求相对不足。刘伟(2007)认为经济增长中收入分配产生了巨大的扭曲是造成消费不足的首要原因。李扬(2006)认为虽然农村人口众多,但不能形成有支付能力的消费,原因就在于农民收入增长缓慢。一般的观点是,消费不足的主要原因在于收入水平不高,因为根据凯恩斯的消费函数理论,消费是同期收入的线性函数,即消费由当期收入水平决定,这一所谓的绝对收入假说(Absolute Income Hypothesis)得到了短期时间序列和横截面数据的支持,但长期时间序列数据并不支持绝对收入假说,于是又出现了相对收入假说、持久收入假说和生命周期假说等消费理论。其中,影响较大的是弗里德曼的持久收入假说(Permanent Income Hypothesis)和莫迪利安尼的生命周期假说(Life-Cycle Hypothesis),这两种消费理论都考虑了财产性收入在消费中的作用,认为具有前瞻性的消费者会把一生中的收入和财富均匀地用于各年消费。

根据国家统计局 2002 年对中国城市家庭的抽样调查,在城市家庭财产的构成中,家庭金融资产为 7.98 万元,占家庭财产的 34.9%;家庭主要耐用消费品现值为 1.15 万元,占家庭财产的 5%;家庭经营资产为 2.77 万元,占家庭财产的 12.2%;房地产为 10.94 万元,占家庭财产的 47.9%。房地产已成为家庭财产中所占比重最大的部分。罗斯·盖斯特(Ross S.Guest,2005)在生命周期的框架下,分析了澳大利亚"提升住房负担能力政策"(Policies for Improving Housing Affordability)对住房需求产生的影响。这种影响可正可负,如果是负影响,则会削减住房需求、降低房价。模拟结果表明,提升住房负担能力的政策对房屋需求和房屋售价都产生了微小的向上推动作用。

彼埃尔-奥利维尔·古仑查斯和乔纳森·帕克(Pierre-Olivier Gourinchas 和 Jonathan Parker,2002)估计了一个在真实劳动收入不确定下的生命周期最优消费支出模型,发现消费者行为在生命周期的不同阶段会发生显著变化。对年轻人而言,持有较少的流动性资产是最优选择,因为他们的劳动性收入是在不断增长的。到了 40 岁左右,消费者行为发生改变,开始为退休储备流动性资产。布韦斯特和杨(Buist 和 Yang,2000)在考虑生命周期消费和抵押贷款价格的情况下,对抵押贷款、房地产、资本和劳动力市场的宏观时间序列进行分析,通过向量自回归(VAR)技术研究了房地产抵押贷款市场的长期均衡和短期动态变化的特征,通过一个模拟均衡方程刻画了在固定和可调整抵押贷款的契约下,不同产品市场的局部均衡,检验结果表明市场条件对抵押贷款的规模和价格都有影响,同时一般性地支持了消费和价格理论。相比绝对收入假说,生命周期模型更接近现实,财富因素也进入了消费函数的框架内,但过于严格的假定使其在解释现实方面还是存在一些不足,比如参数不稳定等。也有某些实证结果拒绝了生命周期假说(Morley,2007)。

制度、政策因素被认为是影响内需的一个重要方面。黄微分(2005)认为我国的行政管理体制使地方政府具有追求高增长的目标取向,区域间的竞争强化了产业发展、财政增收的意愿,而弱化了扩大本地内需的积极性。此外,经济转型期带来的不确定性,如住房、医疗改革等,人们对未来预期的不确定性也在一定程度从心理上阻碍了居民消费的提高。理性的消费者会根据经济景气度调整包括住房消费在内的消费支出,消费又会因适度调整把经济增长拉回均衡状态,非理性的消费则可能适得其反。卢德维格松(Ludvigson,2001)在一个简单的 ECM 模型中得到的结论是,消费的调整而不是财富或者劳动收入将经济系统带回新的长期均衡状态中,这与经济理论认为收入或者财富或者两者一起对非均衡作出调整不同。

关于扩大内需对中国经济发展的意义,已有文献在认识上是基本一致的,即大国经济要靠内需拉动,而中国当前内需不足,特别是居民消费需求不足。扩大内需对我国转变经济发展方式和保持经济长期稳定发展具有重要意义。在如何扩大内需方面,解决的途径包括完善社会保障制度、缩小收入分配差距、逐步改变城乡二元结构等。但是,以提高居民住房消费水平为突破口,刺激消费需求,从而扩大国内需求,促进经济增长,转变经济发展方式,这一研究思路的文献较少。这也是本书拟突破的重点所在。

二、关于住房消费与一般消费需求的相关研究

房地产作为耐用消费品具有使用周期长、移动性和替代性差的特点;作为投资品,具有价值稳定、保值增值性好的特点。房地产本身又可作为抵押品进行担保融资,房地产业的产业关联性强,对经济发展的影响面广。房地产的以上特点使其从不同层面影响到人们的消费支出。股票市场的下跌,会迫使人们缩减消费开支,但房地产市场价格的波动对居民消费的影响有着与股票市场不同的特点。这是因为住房作为消费性和投资性资产的复合体与股票有许多不同的特征:房地产价格不像股票价格那样容易大起大落,房地产作为一种耐用消费品,比股票流动性更低。股票价格为零时,那张凭证也失去价值;但住房的使用价值不因其价格下跌而失去。因此,从住房消费角度研究扩大内需,以居民住房消费为突破口,探讨刺激居民消费进而扩大内需的传导机制,是一个独特的视角,也是一个很有吸引力的领域。

居民进行资产配置和消费选择时,总是试图最大化自己的效用,居民总财富在储蓄、证券、房地产和一般消费支出之间进行配置,以获取最大效用。近几年中国居民储蓄余额保持了较快的增长速度,伍伟等(2007)研究发现,房地产市场和消费市场对储蓄的分流作用微弱,原因是房价高估形成了对住房需求的抑制,从而使房地产交易没有形成足以影响储蓄流向的规模。消费信贷没有形成,居民消费受到较强的流动性约束。另外,消费支出安排具有显著的阶段性,在其生命的不同阶段一般都存在一个特定的支出高峰和一个相应的储蓄目标。现期消费水平不是由现期流动性资产和收入水平决定,而是由短期收入流和短期储蓄目标决定。如果把当前中国居民的消费分为商品房消费和非商品房消费(一般消费支出),由于对商品房的需求具有刚性,势必挤压在一般消费品上的支出,导致总需求下降。如果这一命题为真,那么,扩大内需就必须解决房价高估问题。经历了2006—2007年的股价、房价

的膨胀,稳定房价被决策层作为调控目标之一。张曙光(2008)认为在汇率升值和流动性过剩的情况下,不让一般物价上涨,必然导致资产价格上涨,资产价格过快上涨也许对当前经济运行没有太大的直接影响,但其风险和隐患将会在以后显现。当股市、房市低迷时,可以看作对前期资产价格上涨过快的矫正。但随着房价的下跌,买涨不买跌的资本市场规律又会使得住房消费明显萎缩。住房消费的这种萎缩对居民消费的影响会通过家庭资产配置表现出来。

桑福德和拉罗克(Sanford 和 Laroque,1990)构建了一个最优消费和资产选择模型,模型中的消费服务是由耐用消费品提供的。耐用消费品流动性较差,因此在交易的时候会产生交易费用。他们研究发现,最优消费并不是财富的连续函数,只有当财富发生较大变动时消费者才会调整其耐用消费品支出。如果以三个非随机变量 $x,y,z(x<y<z)$ 来描述的话,消费者把耐用消费品与财富的比值 c/W 看作一个状态变量,只有当这个状态变量大于 z 或者小于 x 的时候,消费者才会改变自己的耐用消费品消费量,当该状态变量介于 (x,z) 之间的时候,消费者不改变其耐用消费品的数量。原因就是存在交易费用,阻止了交易的发生。如果此类耐用消费品是住房,则住房占财富的比重越过某个临界值时,消费者可能重新选择住房。但当市场充满非理性因素时,临界值可能发生不合理的变动,对消费也会产生非理性冲击。临界值的确定是一个实证问题。正如迈尔斯(Miles,1997)的实证研究发现,房地产价格与消费之间的关系比较复杂,因为在时间序列上,住房消费对一般消费支出的冲击既有正向的也有负向的。他认为房地产价格变化对消费冲击的大小和方向不能简单地用财富效应来解释。如果人们把来自住房的收益与来自金融资产的收益(或者工资收入)一样对待,则住房增值不会对住房所有者的消费产生负向冲击。所以要解释住房增值对消费的影响在时间序列上的不一致,

还必须要考虑住房担保贷款条款在时间序列上的变化,如果住房担保贷款变得容易了,则住房价值上升自然会提升消费能力。《牛津经济预测》(Oxford Economic Forecasting,2002)讨论了住房对英国居民消费支出的影响机制,假定一个房屋持有人的消费支出由以下因素决定:实际可支配收入、真实金融财富、真实房屋财富和利率。降低利率使贷款买房人的利息负担减轻,刺激消费,这是直接影响;另外还有间接影响机制:利率降低使居民实际可支配收入增加,从而提高居民消费水平。OEF模型说明住房价值变化会通过两个渠道来影响居民消费支出水平:一是通过财富效应,房屋价值增加一方面改善了房屋持有人的资产状况,另一方面,增值的房屋使他们在抵押贷款市场上可以获得更多的信贷资金从而提高消费水平;二是通过房屋持有人所面临的房贷利率,如果房价迅速上涨,居民会减少储蓄增加借贷来购买房产,因为他们认为房价上涨带来的房产增值会超过利率成本。

关于住房消费与居民消费之间的关系,还有许多文献从不同角度进行了研究(Skinner,1993;Englehardt,1996;Case,Quigley 和 Shiller,2001)。马丁(Martin,2003)认为当人们的住房成本发生波动时他们会调整非耐用消费品的消费量。他用食品消费量作为非耐用消费品的代理变量,对美国1983—1985年的数据进行检验,发现当一个消费者搬进大房子的可能性较大时,他的食品消费增长会降低;同样,当他搬进小房子的可能性较大时,他的食品消费增长会提高。这说明住房消费与一般消费具有替代效应。住房消费与居民消费间的相互关系可能还受流动性的影响。塞尔达斯(Zeldes,1989)认为,流动性约束导致了消费的生命周期模型失效,信贷约束影响居民消费支出,使消费对同期收入更加敏感。骆祚炎(2007)从流动性的角度分析了城镇居民住房资产的财富效应,对中国1985—2004年的年度数据的实证检验发现中国的房地产财富效应比较微弱,其原因在于:一是中国的房地产价格上涨过快,挤压了消费;二是住房资产较低的流动性限制了财富效应的发挥;三是较强的流动性约束制约了住房资产的财富效应。影响居民消费的因素有很多,借贷约束、来自政府的租房补贴、迁移的可能性、收入和储蓄模式等都可能影响居民消费。马格和瑞迪(Magne 和 Rady,2002)认为消费者在选择租房还是买房时会考虑非住房消费支出水平的波动,这种波动可能是受到了收入、租金或者是物价变化的冲击。他们强调,是住房消费与收入的共同作用——而不单单是住房消费本身——影响了非住房消费。拉卡什曼娜、查特吉和克罗尔(Lakshmanan,Chatterjee 和 Kroll,1978)研究发现,一个国家住房消费的变化,反映了这个国家的发展水平。住房的收入消费弹性在经济发展初期较低,随着经济发展水平的提高而迅速提高,当经济发展到一个非常高的水平时,住房收入消费弹性又会降下来。实际上在很长时间以来,一种普遍的观点是,因住房是必需品,所以其收入弹性小于1。由此可见,住房消费对居民消费的影响可能还受到经济发展水平的限制。阿让德尔和勒费布尔(Arrondel 和 Lefebvre,2001)认为住房所具有的消费品和投资品的双重属性,使得分析家庭资产选择变得很困难,但若不考虑住房则又不能做完整分析,因为从生命周期来看,住房对居民消费的影响是相当重要的。但他们建立的模型中没有把住房的投资性和居住性进行分离,而仅仅定义为一种资产。勒斯蒂格和纽沃博格(Lustig 和 Nieuwerburgh,2005)强调了住房作为一种可担保资产而不同于其他金融资产的特性,在一个存在以住房作为抵押进行借贷的模型中,住房财富与居民财富的比例、住房抵押贷款比例的变化影响着居民消费增长。在担保机制下,住房市场的波动会向风险资本市场和消费市场传导。当抵押贷款比例较低时,家庭消费增长的离差对总消费增长的冲击非常敏感,这又增加了风险市场的产品价格。他们总结了源于住房市场的冲击传导到资产市场(进而影响居民消费)的两条渠道:第一,住房抵押贷款比例的下降,反向影响风险分担,使居民的消费能够不受劳动收入冲击的影响。当住房价格下降的时候,以住房为担保的借贷能力下降,居民消费更容易受到劳动收入变化的冲击。这样,与这种担保约束相联系的住房市场的风险便传导到了消费市场。第二,当效用函数对耐用消费品和居住消费不能分割时,居民总是想免受房租或者消费变动的冲击,若房地产收益与房租是正相关的,且居住需求与其他消费是互补的,房价上涨会对消费产生正向冲击。谢洁玉等(2012)使用中国城镇住户调查数据分析了房价对城镇居民消费的影响,发现高房价的确显著抑制了消费,且抑制效应在不同群体间差异明显。有未婚男性的家庭,或者已经有房的家庭,特别是现有住房价值较低的家庭,房价对消费的抑制效应更强。房价对消费抑制效应的异质性与家庭购房行为的差异相一致。

住房消费对居民消费的影响效果,在不同地区甚至同一地区的不同时间,都可能有所不同,所以有必要对一些实证检验的文献进行专门归类综述。

从研究方法来看,卢德维格松(Ludvigson,2004)对美国1951年第4季度到2003年第1季度的数据进行了实证检验,发现经济的非均衡状态是通过整体资产财富而不是通过消费的调整而得到校正的。他们认为,用一个简单的ECM模型来估计短期动态变化的系数,所得结果可能是有偏的,而向量误差修正模型(VECM)能够充分考虑系统中各变量的动态变化,在估计财富与消费之间联系时会更有效。卢德维格松(2004)在这一问题上比较重要的贡献在于对长期和短期分别进行了讨论,他们认为只有长期财富变动的冲击才会对消费有效,而短期冲击无效,这也是被以往文献所忽视的地方。海尔斯·米歇尔·路易(Heather Michelle Luea,2005)研究了住房成本的波动对非住房消费的影响,并专门探讨了面临不同住房成本的消费者的消费行为,认为如果美国居民在住房消费上提高1200美元,则居民消费大约会下降100美元。迈尔斯(1997)用微观数据估计了英国居民在房地产上的收益对居民消费的影响，结果发现，来自房地产的收入确实影响了居民消费支出，但住房价值对消费的影响系数在时间序列上并不固定，甚至某些年份出现负值，且在所选择的5年观测时间里(1968年、1977年、1983年、1986年、1990年)，有两年的影响系数不显著。阿特纳斯和韦伯(Attanasio和Webber,1994)用同样的数据对住房价格与居民消费之间的关系进行研究，也发现了房价对消费有显著的影响关系，但他们同时指出，持久收入对消费支出的解释力度要显著强于住房财富，甚至像1986年和1987年这些房价变动对消费冲击比较大的年份也是如此。亚伦、缪尔布尔和墨菲(Aron, Muellbauer和Murphy,2006)对1972—2005年英国消费进行了经验估计，认为在放松信贷约束的情况下，并且控制了失业率、收入、利率和资产收益影响时，住房在长期对消费具有重要影响，住房财富效应的发挥是通过"信贷渠道"(Credit Channel)实现的：较高的住房价值可以更容易地获得信贷，从而派生出更强的消费能力。他们的研究还发现，近年来住房财富对消费具有显著影响，是由于2001—2004年间股票市值下降和居民信贷占收入的比重较高造成的。阿尔文·堂和格雷厄姆·沃斯(Alvin Tan和Graham Voss, 2003)估计了澳大利亚消费与财富之间的关系，发现在1988—1999年间，非耐用消费品消费、工资性收入和家庭财富间存在稳定的相互关系。通过一个动态消费模型，他们发现金融资产和非金融资产变动对消费的影响都是显著的，但长短期冲击有所不同，而且从长期来看，非金融资产(住房)价值的变动对消费的冲击要大于金融资产价值变动对消费的冲击。消费对资产价值变动相当敏感这一点与经典消费理论相一致，但他们认为已有消费理论没有解释为什么净财富的变化对消费的影响不同于收入的变化对消费的影响。德沃纳克和科勒(Dvornak和Kohler,2007)用澳大利亚各州的面板数据估计家庭财富是如何影响消费支出的。发现住房市场与股票市场对消费都有显著的影响,即发现了财富效应:股票市场的财富每增加1澳元,在长期内会使居民年消费提高6—9分钱,房地产市场同样的财富增加,则会使居民消费提高大约3分钱。澳大利亚居民的房屋资产大约是股票资产的3倍,这样,住房财富对消费的影响至少与股票市场相等。

陈杰(Chen,J.,2006)在由卢德维格松(Ludvigson,2004)提出的长短期分析框架下,利用VECM模型对瑞典1980年4季度到2004年4季度的数据进行研究,发现从长期来看,总消费、可支配收入、房地产财富、金融财富间有着密切的联系,而从短期来看,房地产市场变动对消费支出没有影响。该研究还发现,采用不同的模型或对关键变量采用不同的测量方法,瑞典的消费与房地产财富间联系的紧密程度没有什么太大变化。卡特勒(Cutler,2005)的研究发现,中国香港的住房财富边际消费倾向低于其他经济体,这与香港财富分配相对不均有关。从数字上来看,香港自1997年以来的住房财富下降大于居民消费的下降幅度。拜恩和戴维斯(Byrne和Davis,2003)对七国集团的财富进行了分离,研究不同形态的资产财富与总消费的关系,发现非流动性资产在长期内对总消费的影响要大于流动性金融资产,这一结果也暗示着用总财富来研究消费函数存在着潜在的不稳定性。巴雷尔和戴维斯(Barrell和Davis,2007)对OECD国家的研究发现,消费者消费行为随金融自由化不同而不同,消费支出正从短期内依赖收入转向依赖财富,消费支出的短期收入弹性在下降而财富弹性和利率弹性在上升。

住房作为一项重要的家庭财富,其对居民消费影响的研究已经相对成熟了。主要是两个方面:财富效应和挤出效应。但这两种效应的实现可能存在较为复杂的传导机制,与宏观环境、微观条件紧密相关。因此,住房消费对居民消费的影响在不同地区或同一地区的不同时期会有不同的效果。不同文献对同一组数据的实证研究,也可能得出并不完全相同的结论,因为研究方法也存在一个逐步完善成熟的过程。从已有文献来看,应用模拟仿真、空间计量等现代实证研究方法来探讨住房消费对居民消费影响的成果尚不多见。本书拟在这方面有所突破。

三、住房消费对扩大内需影响的相关研究

前面讨论了住房消费与居民一般性消费之间的相互关系,总需求的微观基础就是居民的消费性支出,因此,从住房消费对居民一般性消费的影响机理可以分析住房消费对扩大内需的动力机制。反过来,内需扩大、居民支付能力增强,又可促进住房消费,由此形成"住房消费——内需扩大——住房消费"的正反馈传导路径。

住房消费对扩大内需的作用主要是从消费行为、消费约束等方面展开的。在经济转型时期,中国居民对未来预期充满了不确定性,预防性储蓄成为人们在资产配置时必须考虑的方面。预防性储蓄在发达国家的经济发展过程中也得到了实证支持(Morley,2007),而在我国现阶段表现得更加突出。因此,在住房制度设计上应给予消费者稳定的预期,首先要解决的是房价大起大落问题。刘伟(2007)认为在我国的一些大城市,人们的支出正从满足吃、穿、住、用需求到购买住房需求阶段转移,而且住房支出的代际周期尚未形成,不同年龄段的人都在这个时候购买住房,由此形成了对住房的"刚性"需求,住房成为制约居民消费的重要瓶颈之一,因此,解决住房问题对扩大内需具有重要意义。

1997年亚洲金融危机后,刺激居民消费、扩大国内需求成为推动经济增长的重要内容,如何培育新的消费增长点和经济增长点成为当时理论界和实业界关注的焦点,政策上则希望通过住房市场的启动与激活来带动经济增长。房地产开发投资对经济增长的带动作用较为迅速,但住房消费对经济增长的促进作用是一个

缓慢、长期但又是持久、显著且稳定的过程(韩立岩,1999)。栾学军(2003)认为住房消费是扩大内需的龙头,原因在于住房消费能够全面带动消费增长,有了住房消费,对家电、装饰材料、汽车的消费才能跟上。这里所说的提高住房消费并不是说房价上升,而是扩大住房量。因为一个没有住房或住房只有几平方米的人,是不可能扩大其他方面支出的。杭斌(2006)认为教育、医疗等"生产性消费"的支出不存在跨期特点,因为当前的教育、医疗类消费支出会增加未来的收入,所以不存在时间序列上的替代性。基于此,教育、医疗类"生产性消费"被排在优先的位置上,这可能会挤压其他消费。当人们的教育、医疗消费得到保障,则会对住房消费产生正面作用。从现实情况看,住房消费也具有"生产性消费"的特征,住房为人们的工作生活提供不可替代的物质基础,只有解决了住房问题人们才会安心从事其他社会活动,内需也就会随之扩大。目前我国居民住房消费(买房或租房)矛盾突出:一是改善住房条件仍是居民提高生活水平的首要目标;二是随着城市化进程加快,城镇人口不断增加,住宅需求量不断上升(陈新年,2008)。但是,目前的房价却超出了广大居民的心理预期和相应的购买力,政府应该采取什么样的住房消费政策,是当前备受社会关注的问题。提出要引导居民形成适度居住消费的观念,以经济、实用为消费原则,量力而行,消除一次到位的住房消费误区,倡导消费者在不同年龄段、不同收入水平,选择不同的住房消费方式,购买或者租赁符合家庭实际需要的住房。通过这种理性的住房消费,使得家庭有更多的能力去购买一般消费品和其他耐用消费品,从而扩大国内需求。在通货紧缩和买方市场的条件下,通过启动消费激活经济显得更加迫切,政策上可以加大对信贷消费的支持力度,住房主要是通过信贷来消费的,住房消费对启动内需具有重要影响。从我国当前现实来看,居民住房消费在很长一段时间还必须依靠信贷来实现。张立群(2008)认为,当前对房地产的投资刺激政策已经很明确,就是以保障性安居工程作为拉动投资和刺激有效住房需求的主要着力点,至于商品房消费,应该由市场调节,政府不宜再过多干预。保障性住房建设和社会保障制度建设应该相辅相成,我国消费不足的原因之一就是至今未能建立起完善的社会保障体系,出现高收入阶层不愿消费、中收入阶层不敢消费和低收入阶层不能消费的局面。

但是,也有学者表达了不同的观点。曹建海(2008)认为制造业是当前夯实中国经济基础和扩大就业的有效方式,他担心将大量投资资金花在房地产上,会造成投资浪费。高波等研究发现[1],如果不考虑住房制度变革因素,中国的房价上涨的确抑制了消费的增长。基于中国房价持续上涨的事实,房地产业似乎对消费的扩大产生了阻碍作用。但当考虑了住房市场结构变化因素,同时把住房制度改革后消费的收入弹性和消费的房价弹性变化纳入分析框架后,发现存在住房的财富效应。王小广(2008)认为,刺激经济增长所投资的产业应该具有竞争力,而目前中国最具竞争力的产业主要是制造业,房地产业可能还不具有国际竞争力,所以下一步刺激经济政策的着眼点应该更长远。李玲亦(2008)也持类似观点,认为第二轮刺激经济政策应该考虑解决当前经济运行中的一些突出问题,而不仅仅是以拉动 GDP 增长为目的。例如,当前比较严峻的就业问题,大量的投资应该放在能够吸纳或者帮助解决大学生就业的行业,而不是放在吸收大量农民工就业的房地产业上。

不同的声音有助于我们从更宽广的角度审视问题,这说明,我们切不能仅仅把目光集中在房地产开发上,虽然那样做对于启动投资、拉动增长具有见效快、成果明显的特点,但房地产开发只是

---

[1] 高波等:《转型期中国房地产市场成长:1978—2008》,经济科学出版社 2009 年版,第 60—61 页。

投资,没有住房消费的平稳运行,房地产业的发展是缺乏动力和可持续性的,且住房消费关系到民生问题,社会的稳定和谐是经济发展的前提条件。

中国在1997年亚洲金融危机后曾采取了通过刺激住房消费来扩大内需的政策,鉴于随后出现的投资过快增长和消费相对萎缩,以及房地产市场的非理性繁荣,理论界对刺激房地产市场的政策存在较多争议。部分学者担心刺激性政策可能会再次引起房地产价格的剧烈波动,目前对通过住房消费扩大内需的系统性研究也相对不足。本书的基本观点是:住房消费关系国计民生,没有成熟的住房市场就没有老百姓安居的场所,就没有和谐稳定的社会局面。纵观发达国家的历史经验,几乎每一个发达的市场经济国家,都有一个成熟的住房市场。通过合理的政策设计,引导居民理性选择住房位置、面积和档次,保持住房供求结构合理和价格稳定,提高居民住房质量,促进居民消费升级,从而扩大国内消费需求,促进经济稳定增长,转变经济发展方式,正是本书要着力研究的问题。

第三节 研究的切入点和逻辑结构

扩大内需是一个宏大的研究课题,不同学科、不同领域都有研究。一本著作也许并不能把问题的全貌完整地展现出来,但一个准确的切入点却可以抓住要害,更好地把握问题的关键。本节呈现给读者的是研究的切入点和全书的逻辑结构。

一、本研究的切入点:中国房地产业发展与经济增长

经济增长的源泉是土地、资本、劳动力等要素投入,以及知识积累和技术进步。解决长期的增长问题关键在于选择一个有效的经济增长模式,实现经济发展方式的转变。根据前沿经济理论,所谓有效经济增长模式,就是在各种生产要素中,技术和知识在经济增长中发挥更为重要的作用。

转变经济发展方式,实现经济可持续发展,必须处理好政府与市场的关系。无论过分强调政府,还是过分强调市场,都会有失偏颇。市场的有效运行需要政府的规制和法治保障。政府的公正透明需要市场机制和市场力量的制约。对房地产业而言,存在商品房和保障房两类产品,前者通过市场方式解决,后者的责任在政府。我国经济发展动力由外需驱动转向内需拉动,特别是靠消费推动的背景下,我们必须高度关注经济发展过程中出现的影响居民消费需求的新因素。从中国实际情况来看,由于近年来房地产业在国民经济中地位不断上升,以及房价波动导致社会财富和分配结构变化,要实现居民消费水平的稳步提高,必须考虑人们的住房消费选择对消费的影响。

住房消费这一重要概念贯穿于本书的几乎所有章节。为进一步理清住房消费与扩大内需之间的内在逻辑关系,现就与住房消费相关的几个概念做特别说明。

第一,住房消费。所谓消费是消费主体出于延续生命和自身发展以及家庭的需要,通过交换方式有意识地消耗物质资料或者是储存物质资料的能动行为。这个过程也可以理解为消费者搜寻、购买、使用能够满足其需要的商品或劳务的活动过程,并在这一过程中或之后进行评价,以修正其后续消费行为。

古典经济学假定行为人是理性的,即消费者在消费能力允许的条件下,按照追求效用最大化原则,根据自己的学习和知觉作出合理的购买决策。本书中的住房消费,是指消费者根据自己的收入状况、年龄阶段、消费压力等各方面约束条件,从居住需要出发,并伴之以经济收益的考虑,来选择住房的区位、面积和档次的行为。住房消费含义的"内核"是:理性的行为人购买的住房的

"量"和"质"与其自身的现实需要相适应。具体包含以下几个方面：(1)时间维度，在确有需要的时间段购买住房。当前有些家庭为尚未成年的子女购买住房，或者在自身经济实力尚不具备的情况下，通过透支自己和家庭的未来收入，实现当期购房。跨期消费确实可以实现消费者效用最大化，但必须考虑当前的实际需求和未来的支付能力。消费者超前住房消费大多基于这样的假设：房价上涨的速度将永远快于自己收入增长的速度和物价上涨的速度。这一假设在一定的时间内也许成立，但当消费者并未处于假设成立的区间内作出超前消费时，就是非理性消费。实际上，这种非理性往往是市场环境影响的结果。如美国次贷危机爆发前，许多通过超额透支未来收入来购买住房的消费行为。(2)空间维度，购买自己所需面积的住房。应该说，消费者追求大面积住房的意愿与房价升值预期是有关系的。较大面积的住房确实会给居住者带来舒适感，但面积较大同样需要支出较大的成本。消费者对住房面积的舒适感有一个边际效用递减的过程，而住房面积的边际成本（包括购买成本、维修成本、物业成本等）则可能是上升的。随着消费者住房面积的增加，其来自舒适度的满意感其实是在递减的，此时，他对超额面积的追求就是一种非理性。

虽然从单个消费者来说，超前消费、超大面积消费都会带来更大的消费量，似乎有利于扩大内需。但是，经济学理论告诉我们：宏观经济不是微观经济的简单加总，在微观个体的行为选择传导到宏观层面的过程中，要经历复杂的传导机制。微观表现很多时候并非宏观反映，甚至恰好相反。我们所说的住房消费，除了包含以上表面的现象关系外，还暗含着这样的内在假定：消费者的住房选择没有打破经济运行系统的内在平衡，财富在家庭生活中合理分配，从而在社会生产各部门间合理分配。正因为本书所说的住房消费是理性的消费者作出的购房决策，我们将更多地关注经济现实中与之相左的情况:动物精神①,即经济生活中非理性和非经济动机的存在。

第二,消费者预期。影响消费者购房行为的重要因素是消费者预期。如果消费者预期不稳定,或者预期非理性,则住房消费也会非理性。

土地资源紧缺、城镇人口增加、物价长期上涨等因素是我国消费者的基本预期,这些因素也是我国房价上涨的支撑点。而影响消费者预期的关键因素是政策的不稳定性。近十多年来对房地产市场的宏观调控,以及与之伴随的房价趋势性上涨更强化了消费者的房价上涨预期。对于已经拥有住房的家庭来说,房地产是家庭的主要资产之一。房价上涨意味着家庭的财富增加,预期可支配收入增加,消费预算约束线相应地向右上移动,家庭的消费会相应增加。房价波动的财富效应也被很多学者所证实。本杰明(Benjamin,2004)以美国1952—2001年的季度数据为样本,研究表明不动产资产的边际消费倾向为0.08。凯斯·奎格勒和希勒(Case,Quigler和Shiller,2001)通过对房价与消费的关系研究,发现房价上涨给消费者带来的财富效应显著,且大于股市的财富效应。坎贝尔(Campbell,2005)利用英国住户调查数据研究发现,房价变动对拥有住房的年老者的消费有显著影响。财富效应的产生是以家庭拥有住房为前提的,对于无房家庭不仅不存在房价上涨的财富效应,还可能因为房价上涨而抑制消费。将无房家庭根据购买能力分为储蓄待购房的家庭和无住房购买力的家庭。对于待购住房的家庭来说,房价上涨意味着未来用于购房的支出增加,迫使家庭更多的储蓄用以支付购房首付款,并且增加以后各期的还款额度(Sheiner,1995),从而使家庭的预算约束线向左下移动,家

---

① 乔治·阿克洛夫、罗伯特·希勒:《动物精神》,中信出版社2012年版,第181—187页。

庭的消费支出减少。对于无住房购买力的家庭来说,虽然房价涨跌对其消费水平没有直接影响,但如果房价的上涨引发租金提高,住房成本也将上升,这最终也会影响家庭的消费。对于拥有住房的中高收入家庭而言,房价上涨所带来的财富效应可能会形成良性循环。当房价上涨时,家庭的消费将因为财富效应而增加,对自身发展(如家庭成员的教育)的投资和对房地产的投资也可能进一步增加,并获得更多的投资回报。但如果出现房价下跌,可能引致经济下滑甚至经济萧条,消费者信心受到打击,家庭的消费将因为财富效应而减少。对于没有住房的中低收入家庭而言,房价上涨所产生的预算约束效应极有可能形成恶性循环。当房价上涨时,他们的购房负担或居住成本将更大,消费减少,那么对自身发展的投资和房地产的投资就减少,这最终导致家庭没有投资回报,从而陷入贫困陷阱。如果出现房价下跌,他们的信心受到的打击更大,更不敢入市购房,消费受经济低迷的影响而减少。

第三,房地产市场非理性状态下的社会资源配置。当社会资源过度向房地产业配置的时候,就会产生一定时期内的房地产市场高收益率,从而引发更多的资源集聚过来。这种社会资源的不合理配置直接影响到人们的住房消费选择,可能会"倾其所有"购置房产。虽然这种行为可以被看作消费者在一定的约束条件下作出的有利于自身效用最大化的选择,但这种选择有可能是非理性的。因为房地产市场的这种高收益率很可能是阶段性的,随着社会资源向房地产业的集聚,要素竞争加剧,资本边际收益率下降,在某一时点,持有房地产收益低于其成本,在消费者无法准确识别这一临界点的情况下,仍然继续买入,导致扩张性羊群行为。因此,社会资源的合理配置,是消费者住房理性消费的条件之一。

第四,宏观经济政策和社会文化对住房消费行为的影响。宏观政策的连续性除了通过影响消费者预期来影响居民住房消费外,还通过影响居民收入、居民一般消费、居民投资途径、社会保障和公共服务供给水平影响住房消费。

收入分配是一个社会阶层分布结构的重要决定因素之一。当出现收入分配差距过大的时候，财富在社会各阶层不均衡分布，高收入阶层往往倾向于购置不动产。因为住房是生活的必需品，低收入阶层即使负担能力较低，也会被"拖入"购房者行列。随着房价被逐步抬高，住房升值带来的财富再分配效应大大超过了收入分配的不平等，于是，引发更多的人选择买房而不是租房。因为前者可以在满足住房消费的同时，获取住房增值的收益。宏观经济政策会对居民的消费支出结构产生引导，消费结构将对居民住房消费产生影响。居民消费结构往往表现出逐步升级的过程，随着收入的增加，生存资料消费比重将会降低，从物质消费为主转变为非物质消费为主，教育、医疗消费控制在一定的比重，娱乐、旅游、文化消费适当增长，并根据个人收入状况合理配置住房消费支出比例。如果消费结构发生扭曲，在生存性消费不再增长、享乐性消费不能提高的条件下，可能出现居民将资产向房地产市场过度配置的现象。

投资渠道也是影响居民住房消费的重要因素。如果投资渠道狭窄，居民的储蓄资金找不到合适的投资项目，只能流向房地产市场。此时的购房行为虽然不是消费行为，但消费者很可能因为有闲置资金，而购置超出自己实际需求的住房，形成非理性消费。

当前我国住房市场存在的非理性消费行为部分原因是保障房短缺造成的。住房是生活必需品，这就决定了住房不应该完全由市场提供。市场的基本特征是"丛林法则"，对于那些不具有竞争能力的弱势群体应该给予帮助，这是人类社会区别于动物社会的重要特征。保障房供给的滞后造成了全社会都要购买商品房的市场预期，加剧了住房的非理性消费。

在中国文化里有买房置业的传统，认为这是个人成功后首先应该做的事情，既可以光宗耀祖，又可以泽被后世。这种思想在农业社会很普遍,土地是农业社会的主要生产资料,买房置业、占有土地是财富的主要来源。而在工业文明之后,资金应该被投入生产率更高的部门,产生更大的社会财富。中国漫长的农业社会形成的以土地为最大财富的价值取向一直影响到今天,这可能与我们的商业社会发展时间较短也有一定关系。因此,健康向上的社会文化和价值取向,也是形成住房消费群体理性的条件之一。住房问题事关居民基本生活需求,同时,住房市场又对国民经济产生深远影响。可以说,住房问题一头连着民生,一头连着发展。只有把满足居民改善居住条件的愿望和发挥房地产支柱产业的作用结合起来,增加保障性住房供给,减轻居民购买自住普通商品住房的负担,才能实现居民的理性消费,发挥房地产业在扩大内需中的积极作用。

住房消费是住房再生产过程中的一个重要的环节,它既是住房生产的起点,也是住房生产的归宿。住房产业能否继续为我国经济发展提供动力,起到拉动相关产业发展的作用,关键在于住房消费能否成为一个消费增长点。同时,住房消费关系到居民一般消费能力的持续提升。近年来,中国政府为了拉动内需、促进经济发展,相继采取了一系列启动城镇居民住房消费的措施,其中包括推进住房制度改革。近年来出现了房价过高、居民购房负担过重等负面影响,给我国房地产市场的持续健康发展带来了不稳定的因素。造成这种后果的原因除了中国经济发展的阶段性特征和国际环境的影响外,城镇居民的非理性住房消费也是原因之一。住房的非理性消费在一定程度上抑制了内需的扩大。在这种情况下,研究居民住房消费与扩大内需之间的关系,对房地产业发展和国民经济的健康稳定发展具有非常重要的意义。

房地产业的发展是为了不断改善全体居民的基本居住条件,不断提高国民的基本福利。这既属于民生问题,也是中国经济得以持续稳定发展的必要条件。既然房地产市场亦是一个民生问题,而房地产业发展又是为了扩大居民的住房消费,那么,房地产市场更要高度关注消费特征。房地产市场有投资,但更应该鼓励居民满足住房消费需求。通过什么样的方式来保证全体居民的基本居住条件得以改善呢? 一是增加保障性住房的有效供给;二是使住房的价格水平适应居民实际购买力或支付能力。

值得关注的是,中国城市家庭收入分布结构是金字塔型的。也就是说,低收入家庭在中国居民总数中占有较大比例,中高收入家庭占的比重较小,中国居民因为房价上涨带来的财富效应是有限的。近年来房价的上涨使得中国居民的购房压力增大,特别是对于中低收入家庭来说,通过市场渠道购买商品房来解决住房问题是很困难的,而住房保障不到位,直接降低了中低收入居民的消费水平。研究发现,由于保障性住房分流和满足了部分住房需求,并提供了较低价格的房源,能抑制商品房价格的上涨。因此,中国住房保障不到位,进一步推高了房价,并抑制了消费需求的扩张。当然,如果房价下跌,对居民消费的负面影响更大。所以,从整个社会来看,房价的大幅波动,将阻碍居民消费水平的提高。

由此可见,稳定房地产价格,完善住房保障制度,充分满足中低收入者的住房需求,是扩大中国居民消费需求,促使居民消费率稳步提高,增进社会总福利的重要途径之一。住房产业发展对经济增长的贡献有直接和间接两个方面,直接贡献是住房建造及装修带动的上下游产业发展;间接贡献是为劳动者提供了更好的居住空间以增加其知识积累的水平,促进技术进步。所谓"只有安居才能乐业",住房是人类进行社会生产活动最基本的条件之一,与家庭、经济发展和社会进步有着紧密联系。

本书后面的章节将专注于对这些问题抽丝剥茧的分析。虽然部分问题已经在大量的研究中被反复提及,如房地产的财富效应、房地产价格,也有一些问题可能是初次或较少被提及,如"以房养老"。当然,所有的研究主题和关注点,都没有超出和脱离本书的研究任务。从更宽广的视角来看,扩大内需也仅是中间变量,最终目标是实现长期经济增长和社会健康有序发展。

二、本书的逻辑结构和主要内容

本书的写作是基于我们对以下问题的思考:当今中国经济社会发展的主线是什么?答案是:转变经济发展方式。当前中国经济社会发展面临最棘手的问题是什么?答案是:内需不振和业已形成的由房地产业推动经济增长的路径依赖。很显然,在中国产能大幅提高和国际贸易格局发生深刻变化的背景下,盯住外需、忽视内需的思路必须改变。在资源约束增强、人地矛盾加剧的现实面前,过度依赖房地产业而忽视实体经济发展的模式不可持续。同时,沉淀在房地产领域的财富事关国计民生,房价的大幅波动恐将引发社会动荡。那么,"中国大妈"[①]在海外市场表现出的购买力为什么不能在内需市场展示出来?细细观察不难发现,海外市场上这些"中国大妈"的身影曾经在内地房地产市场晃动。在资产短缺的背景下,中国的房地产成为优质资产,吸引了大量的投资投机性资金。水涨船高、房价上涨,对于居住型住房需求者来说,不得不接受这一现实,使消费者在个人财富分配中压缩了一般居民消费。面对房地产市场的造富神话,一些原本进入实体经济的企业也把资金抽调到房地产领域,加剧了房地产市场的泡沫化程度。随着地方政府对土地财政逐渐形成依赖,成为推高房价的另一个因素。

不断高涨的房价扭曲了社会资源配置。当房价租金走势出现"剪刀差"的时候,意味着房地产泡沫扩大,投资房地产风险升高,加之紧缩性的宏观调控政策,使得投资房地产的短期赚钱效应弱

---

① "中国大妈"一词由《华尔街日报》专创英文单词"dama"而来,用以调侃国内中年女性大量收购黄金引起世界金价波动。"中国大妈"现象的发生,说明需要合理引导居民投资。

化,无怪乎"中国大妈"从内地房地产市场转战海外。无论是国内组团买楼,还是国外疯狂买金,有钱的"中国大妈"的非理性行为导致的后果是,充足的流动性未能配置到实体经济和居民消费领域。中国经济出现了货币超发和钱荒并存的悖论。

面对上述问题,从经济运行的视角,我们尝试构建理论模型并进行实证分析,努力把住房消费与扩大内需的机理揭示出来。住房消费通过消费结构升级、城乡融合、房地产租赁、"以房养老",以及收入分配、财政、金融等各种政策渠道对内需产生影响。因此,各种路径之间不是孤立的,它们之间相互影响,这些相互交织的路径构成了本书各章节的内容。要说清楚住房消费通过何种机制和路径影响内需,以及对内需产生了怎样的影响,需要综合考虑各种因素。全书分为六大部分。

第一部分是导论,对全书作总体概览。本章系统阐述了该研究的背景,梳理了住房消费与扩大内需的相关文献,探讨了本书的切入点和逻辑结构。

第二部分包括第一章、第二章、第三章和第四章。这一部分偏微观分析,从居民选择角度,研究住房消费对扩大内需的影响。对住房消费与消费结构升级之间的关系做了深入的阐述,消费结构升级是住房消费传导到扩大内需过程的重要的中间变量。我们构建了预期均衡价格模型,对中国大中城市房地产价格泡沫进行测度,发现确实存在部分城市房价泡沫度较高的事实。由于城市房价的较快上涨,对于农业转移人口和缺少自有住房的城市居民而言,其一般消费需求受到抑制。在此基础上,将传统的城镇化道路下农业转移人口无法彻底融入城市的困境与农村住宅投资持续膨胀联系起来,对近十年来农户的住宅投资热情进行解释。研究发现,城市房价越高,农业转移人口越不可能在城市立足,这又迫使他们回家投资住宅,并导致巨大的资源浪费。地方政府无意或无力提供保障房和基本公共服务均等化,这种"要地不要人"和"以地谋发展"的城镇化道路在十八大后已走到了尽头。走向从居住分割到居住融合的、城乡一体的新型城镇化道路,是促使住房消费引致内需扩大的一条重要路径。对于城市居民来说,由于居民住房买租选择更倾向于购房,促使城市房价租金比升高。在适应性预期下,房价租金比下降;在理性预期下,房价租金比上升。城市居民收入差距扩大是引发城市房价租金比升高的主要因素。在所有影响因素中,居民人均可支配收入的变化对城市房价租金比变动的影响最大。因此,完善收入分配制度和不断降低收入差距,加强房价预期管理,培育住房租赁市场,稳定居民住房消费,抑制房地产投资和投机需求,是降低城市房价租金比,防止房价泡沫膨胀和破灭的重要抓手。

  第三部分包括第五章、第六章和第七章。这一部分是宏观分析与微观分析的结合,研究住房消费与经济增长、住房消费与居民生活以及现实中人们对住房的消费功能和财产功能的权衡。在总结国际经验的基础上,运用相关数据分析了住房消费对中国总产出的贡献。以最优消费和投资组合理论为基础,把房地产价值纳入消费者效用函数,通过最优化过程分析房地产价格波动对家庭财产配置及居民生活水平的影响机理,发现未来房价上涨的预期,会使消费者在本期对家庭财产配置时增大房地产部分所占比重。随着居民收入水平的提高,房地产价值占家庭财产的比重会降低,城镇居民的购房负担降低。长期看房价上涨促进消费,短期看房价上涨挤出消费。"以房养老"是发达国家主要的养老途径之一,而在我国却遭遇了较大的阻力。究其原因,来自于传统遗产观念的现实压力。我们引入遗产的时变特性,拓展了生命周期理论模型,从理论上证明了遗产动机的存在会抑制住房财富效应的发挥,进而阻碍了"以房养老"。运用我国城市层面的问卷调查数据进行研究发现:一是老人通常比年轻人具有更高的住房财富效应,即随着住房价格的上涨,老人消费更多。二是考虑遗产动机时,老人的住房财富效应相比无遗产动机时,会降低很多。因此,采取渐进式"以房养老"模式,稳定住房市场,将有助于实现"以房养老"。

第四部分包括第八章、第九章、第十章和第十一章。这一部分与政策结合比较紧密,重点是分析收入分配、土地财政、财政政策和货币政策等对住房消费及扩大内需的传导机制和政策效应。对收入分配、总需求与城市居民住房支付能力之间的关系做了深入探讨。收入差距扩大不仅不利于内需的扩大,而且导致了房价的高涨和住房市场的挤出效应,这并非中国经济增长之福。实现公平发展不仅有利于改善收入分配,创造更为均衡的发展,还能够减缓社会矛盾和冲突,从而有利于经济可持续发展和住房市场的良性发展。根据对土地财政与住房消费及居民消费的关系分析,土地财政对住房消费具有正向扩张效应,住房消费对居民最终消费的扩张效应大于挤出效应。因此,土地财政通过住房消费扩张的传导,引起居民最终消费支出的增加。而财政政策对住房消费及扩大内需的影响分析发现,政府增加财政支出将促进居民的住房消费,且这种促进作用在中部地区最高。为了更好地提高财政政策的有效性,必须优化财政支出结构,着力推进公共服务均等化,特别是促进基本公共服务在东中西部之间、大中小城市之间、城郊之间均等化分布,促进区域协调均衡发展。从货币政策对住房需求的影响分析来看,由于全国各省市的房地产需求函数存在较大差异,货币政策等对各地区的影响也不同。

第五部分包括第十二章和第十三章。这一部分探讨住房保障和政府行政干预对住房消费及扩大内需的影响。住房保障是政府的基本职责,中国近十年来以供给经济适用房为主体的住房保障制度安排确实促进了居民消费。住房保障不仅对低收入者提供了较低价格的房源,因而有利于提高低收入者的福利,而且由于住房需求分流进而降低了商品住房价格,促进了中高收入者的福利提高。在房地产市场严重偏离均衡状态时,采取适当的行政干预,对于促使房地产市场趋向均衡,有一定的效果,但对于市场自身的自我矫正机制产生了伤害,因而必须慎重选择,并注重与其他政策工具的配合。

第六部分是第十四章。这一部分是对全书的总结和展望。在认识新常态、适应新常态、把握新常态、引领新常态的大逻辑下,总结了全书的主要内容和各部分的逻辑关系,再一次为读者梳理我们这项研究的总体框架。本章再次强调提升住房消费能力是扩大内需的关键一环。随着中国经济进入中高速增长阶段——"新常态"成为共识,实现扩大内需的政策目标,必须有新的思路和新的办法。作为对未来的展望,我们提出了六大系统性思考。

从现实来看,中国经济发展在未来较长一段时间将处于转型过程中。因此,住房消费与扩大内需的互动机制将存在动态变化,特别是互联网对经济生活的全面渗透,使得市场竞争模式、信息传递速度、消费者预期和行为选择不断发生变化。从时间序列来看,十年前的市场特征可能与今天相比已经有了很大的差异。因此,我们在构建理论模型和进行计量分析时更多地关注动态序列,以真实地反映经济现实。

第一章 住房消费与消费结构升级

第一节 扩大内需背景下的消费结构升级

扩大内需与消费结构升级是"量"与"质"之间的关系。对扩大内需的关注往往集中在"量"上,即国内需求的总量扩充。扩大内需主要是扩大国内消费需求,事实上,消费量的提升与消费结构的升级是相伴随的。如果消费的结构不发生变化,消费量是很难有大幅提升的。因为在某个消费结构上,人们的需求基本是稳定的。这可以看作是量变与质变的过程。

一、消费结构升级:量变到质变的过程

消费量的提升引发消费结构的改变,消费结构的改变又带来消费量(以货币衡量)的大幅提升。随着经济社会的发展,居民的消费结构会从较低生活质量标准向较高生活质量演变,这种演变过程就称为消费结构升级。消费结构升级又可具体分为消费层次结构升级、消费支出结构升级、消费形态结构升级、消费主体结构升级等。

一般而言,消费结构的升级有两种表现形式:一是原有消费项目的比例结构维持不变,但各个(或主要)消费项目向更高层次发

展,如食用更具营养的食品、使用更高级的用品、住更大的房子等,吃、用、住的项目没有变化,但品质提高了。二是有新的更高层次的消费项目加入,使消费的构成及其比例关系发生了变化并不断高级化,如购买了私家车、增加了家庭旅游的项目支出等,原来没有的项目加入进来。前者是改良性的升级,后者则是带有革命性的升级。在现实中,这两种消费结构升级又往往是交叉融合在一起的。比如,原来我们穿布衣、吃粗粮、住平房、骑自行车,现在穿时尚服装、吃细粮、住楼房(别墅)、开私家车,这种转变既有第一种形式的消费结构改良性升级,也有第二种形式的消费结构革命性升级。就住房消费而言,中国城市居民在该项消费上向更高层次发生了巨大跃迁,无论从居住环境还是从人均居住面积,都发生了巨大改善。如果与20世纪90年代以前的实物分房相比,中国城市居民的住房消费则是由租赁(以向单位支付租金的形式)为主,转向拥有自己的住房为主。也只有自1998年"房改"以后[①],中国城市居民才有了真正意义的"住房消费"。从这个角度看,中国老百姓的这种"住房消费"是属于有新的更高层次的消费项目加入。

二、住房消费在消费结构升级中的角色

国际经验表明,人均GDP处在1000美元到3000美元阶段,消费结构升级加速,住房等发展型消费比重上升。中国在2001年人均GDP首次超过1000美元,进入消费结构升级加速阶段,这一时期正好与货币化住房制度改革推出的时间相吻合。2008年中国人均GDP突破3000美元,2010年突破4000美元,2012年突破5000美元,2013年突破6000美元[②],2014年达到了7591美元。

[①] "住房货币化改革"的重大突破发生在1999年年底。
[②] 数据来源:国家统计局:《中国统计年鉴(2014)》,中国统计出版社2014年版。汇率按当年平均价计算。

伴随着发展阶段的提升,中国居民消费结构也在逐步升级。在可预见的一段时间内,中国居民储蓄余额的增加和中产阶层群体的壮大,将继续助推消费结构升级。消费结构的升级既是今后较长时期内经济发展的重要动力,又是经济发展从投资驱动向消费驱动转变的表现形式。2014年10月29日,国务院常务会议部署推进消费扩大和升级工作,重点推进六大领域的消费。所谓消费扩大是从"量"上来说的,而消费升级是从"质"上来说的。此次国务院常务会议提到六大消费领域,每一个领域背后都需要以深化改革为支撑,同时也会带动与之相关领域的改革。唯有改革,才能实现消费"量""质"同升。其背后的逻辑是从需求的角度优化经济结构。其中,"稳定住房消费,加强保障房建设,放宽提取公积金支付房租条件"是引起社会关注最大的一条,甚至被直接解读为对房地产"救市"。理解时隔五年后国务院常务会议再提"稳定住房消费",需要注意此时的房地产市场背景:一是限购限贷政策已经不可避免地影响到一部分改善需求,而改善性住房需求正是消费升级的重要内容,长期压制改善性住房需求既不利于人民生活水平的提高,又不利于消费需求的释放和国民经济的健康运行;二是我国房地产价格总体进入稳中向下的阶段,支持房地产价格短期剧烈上扬的宏观经济因素已不复存在,十余年的房地产市场化改革已经从根本上改变了城市住房的供需结构,现实存在的住房需求与市场上的住房库存需要拟合;三是保障房建设仍需推进,房价虽然没有了大幅上扬的基础条件,但以目前的价位水平,仍有一部分城市家庭难以负担,继续推进保障房建设既可以产生投资需求,又可以改善低收入群体的住房条件,从而使他们有能力进行其他方面的消费。房地产市场最需要的不是打压,也不是托市,而是完善市场体系。包括市场规则的建立、市场信息的透明和市场秩序的规范。健康的市场应该是既没有囤积居奇,又没有消费权利受限。当前市场环境,应逐步让价格机制、供求机制、竞争机制在发挥好政府作用的前提下、在法治的框架内对资源配置起决定性作用。我们必须看到,当前中国住房市场实际上存在一个悖论:一方面,住房消费对那些需要新购住房的一般家庭而言,仍然是一个沉重的负担;另一方面,就我们目前的发展阶段而言,发展型的住房消费所占比重已经超出了当前发展阶段的国际一般水平。居住类消费支出比重与实际收入水平和消费水平不相匹配,这对居民一般消费会产生一定的"挤出"效应,并不利于国内消费市场的启动。

消费是经济增长的重要"引擎",也是我国未来发展的巨大潜力所在。在增长动力中,消费需求规模大、与民生关系直接。扩大消费支出,需要改革创新,调动市场力量增加有效供给。如何让公众"能"消费、"敢"消费、"愿"消费,需要从增加收入、健全社保体系、改善消费环境上深化改革。鉴于本书的研究主线,我们在这一章探讨消费结构升级的主要目的,是关注扩大内需。居民消费结构升级其实是居民消费增长的结果,同时,消费结构的升级又会推动经济增长,经济增长又必然推动消费的增长。这一规律也反映了消费与经济增长之间的内在逻辑关系,是人类社会经济发展规律在消费领域的具体化,这种变动趋势也已被世界许多国家的统计资料所证明。庇古(Pigou,1943)的研究表明,当人们通过手中持有资产的实际价值增加而导致财富增加,他们会觉得自己更加富裕,就会增加消费支出,从而引起产出增加。按照这一逻辑,如果人们手中所持有的房产价格上涨而导致账面财富增加,则将产生同样的效果,这就是所谓的财富效应。从消费视角分析,所谓房地产财富效应,是指由于房产价格上涨(或下跌),导致房产所有者财富的增长(或减少),其资产组合价值增加(或减少),进而产生增加(或减少)消费,影响短期边际消费倾向,促进(或抑制)经济增长的效应(刘建江等,2005)。后来,财富效应也被逐步用来分析房地产价格变动对消费的影响,并成为其理论基础。从住房消费到扩大内需的一个非常重要和关键的概念就是财富效应,在本书的第六章、第七章还将从不同的角度加以分析。

正如本书导论中所说的,住房消费是理性的消费者为满足自己的居住需求,并伴之以经济收益的考虑,在住房交易市场进行的决策行为。换言之,住房消费不仅仅是指在住房上投入的货币,还有在住房交易过程中增值的货币,这是住房消费不同于一般消费支出的重要特征。也就是说,住房消费是投资组合里的一项内容。自20世纪50年代以来,消费与最优投资组合理论得到发展。从对个别资产的分析发展到对组合资产的分析,形成了现代投资组合理论。萨缪尔森(Samuelson,1969)通过研究动态随机过程中消费者在生命周期内的消费与投资策略,把消费行为纳入了分析框架。在投资组合中,除了债券、股票等金融产品外,房产作为一种可以带来租金和升值收益的投资品也逐渐受到研究者的重视。虽然房产因具有投资品和消费品的双重属性,分析起来更为困难,但不考虑房产的资产组合分析又不能反映真实情况。特别是当消费者在住房市场表现出非理性行为时,可能产生更大、更深远的影响。本书第二章将专门讨论由消费者预期引起的投机行为,进而形成房地产泡沫的情形。

第二节 住房消费影响居民消费结构升级的理论分析

随着我国居民消费结构的逐步升级和房地产市场的进一步发展,住房消费成为居民消费中的重要内容。特别是当住房的服务功能日益凸显时,人们对住房消费的关注将远远大于对住房开发和建造本身的关注。

一、住房消费的统计特征

与一般居民消费不同,住房消费在统计上只计租金和维修部分,购房支出计入投资项目。而从实践来看,居民的购房行为往往兼具消费和投资两项职能。很遗憾,目前的统计数据还没有对这两类需求进行区分。如图1-1所示,2006年以来,在我国35个大中城市居民消费性支出中,居住消费所占比重呈下降趋势,而房价与消费性支出的比值(本书对这一指标的处理是:把人均住房建筑面积乘以房价分解到70年——相当于1.4%的折旧率,再除以年人均消费支出)却呈明显上升趋势(见图1-2)。在房价与消费的比值上升的同时,住房消费占消费支出的比重却在下降,而同期城市居民人均住房面积又在稳步增加,这是一个明显的悖论,原因就是统计口径不一致。很明显,如果仅考虑统计指标中的住房消费部分,很难反映消费结构的真实状况。因此,在本章接下来的分

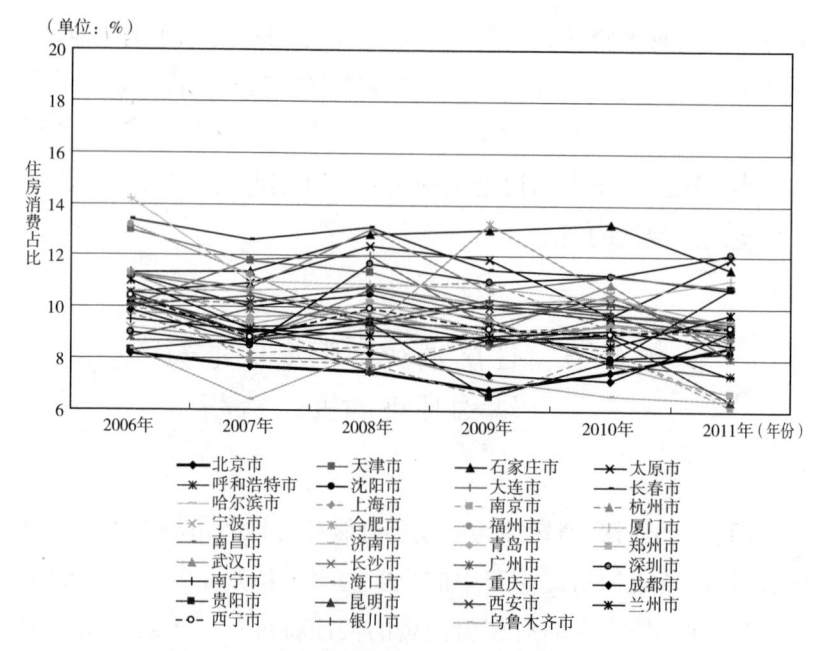

图1-1 35个大中城市居住消费占总消费支出比重

数据来源:国研网数据库,经作者整理。

析中,我们将以商品房(住宅)销售额作为衡量住房消费情况的指标(替代居民住房消费支出指标)。因为就总体而言,商品房(住宅)的销售额是可以反映住房消费状况的。同时,图1-1和图1-2也从侧面说明,在我国35个大中城市中,居民用于住房维修、租金的负担并未加重,而购房负担却在波动中上升。租金与房价在趋势上的背离,说明房价可能偏离了其作为一项资产的价值中轴。对这一问题的讨论,我们专门放在第四章来完成。有兴趣的读者也可直接翻到第四章阅读。由于所选的进入样本的这35个大中城市涵盖了东、中、西三个区域,我们近似地把它们所表现出来的特征作为全国大中城市的特征来表述。

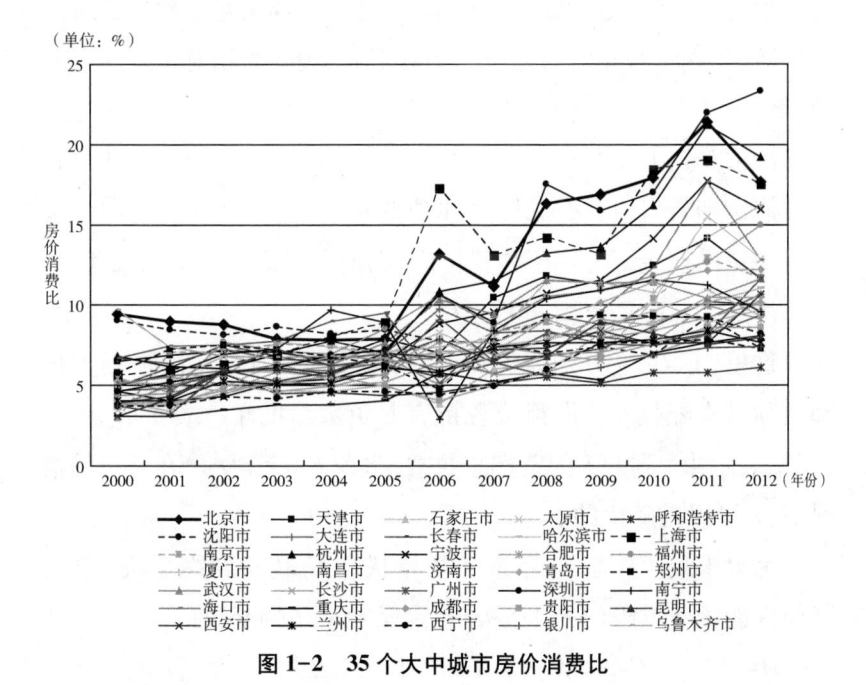

图1-2 35个大中城市房价消费比

注:房价消费比,是指把人均住房建筑面积乘以房价分解到70年,再除以年人均消费支出。
数据来源:各城市统计年鉴、中经网数据库、国研网数据库,经作者整理。

二、数理推导过程

按照国家统计局的统计口径,我国居民的收入来源包括工薪收入、财产性收入、经营净收入和转移性收入,根据本章研究的需要,我们主要关注前两项收入。并作特别假设:消费者通过劳动赚取工资 Y,用于购置房产 A,和购买一般商品进行消费 C。消费者效用 U 由其消费 C 决定,即 U 为状态变量,C 为控制变量。在此假设下,借用费雪和弗里德曼的欧拉方程研究居民消费结构升级与住房消费的关系(杨奎斯特、萨金特,2010)。

消费者希望最大化效用函数:

$$\max E_t \sum_{k=0}^{T} \beta^k U(C_{t+k}) \tag{1-1}$$

其中,$\beta = (1+r)^{-1}$,$\beta \in (0,1)$ 为主观贴现因子。E_t 表示基于 t 时刻信息的条件数学期望。U 是一个凹的、递增且二次连续可微的函数,采用常数相对风险厌恶函数形式,设 δ 为相对风险厌恶系数,令:

$$U(C_t) = (1-\delta)^{-1} C_t^{1-\delta} \tag{1-1a}$$

假定消费者将其金融资产在消费与购置房产间配置,即除去一般消费的剩余部分用于购置房产,则消费者面临预算约束条件:

满足 $A_{t+1} = R_{t+1}(A_t + Y_t - C_t)$ (1-2)

这里,A_t、C_t、Y_t 分别为消费者在 t 时期的房产、实际消费支出和实际可支配收入。设消费者持有非负数量的单一资产 A_t,$A_t \geq 0$,R_{t+1} 表示由 t 到 $t+1$ 的资产总收益率,令 $R_{t+1} = 1 + r_t$。在一般的情况下,Y_t 可以是随机的。

为寻求最优控制 U,系统从初始状态 C_0 转移到终端状态 C_T,并使性能函数方程(1-1)取极值,定义哈密尔顿函数:

$$H = E_t \beta^t U(C_t) + \lambda_t [R_{t+1}(A_t + Y_t - C_t)]$$

其中,C 是控制变量,A 是状态变量,因为 $U(C)$ 是凹的,并且约束对 C 是线性的,哈密尔顿函数是凹的,可以简单令 $\frac{\partial H}{\partial C} = 0$,得出 H 的最大值,因此,我们可以得到:

$$\frac{\partial H}{\partial C} = E_t \beta^t U'(C) - \lambda = 0 \quad (1-2a)$$

$$A_{t+1} = R_{t+1}(A_t + Y_t - C_t) \quad (1-2b)$$

$$\lambda' = -\frac{\partial H}{\partial A} = -\lambda R \quad (1-2c)$$

把(1-1a)式代入并求解上述方程得到：

$$\frac{-\beta E_t U''(C_t)}{E_t U'(C_t)} C'(t) = r - \delta \quad (1-3)$$

由 $U'(\cdot) > 0$，$U''(\cdot) < 0$，可知，$C'(t)$ 与 $r - \delta$ 的符号是相同的，于是，当 $r > \delta$ 时，最优消费会随着时间的推移而增加，当 $r < \delta$ 时，最优消费会随着时间的推移而减少。其直观的经济意义是：当消费者的风险厌恶系数小于资产收益率时，消费者会不断增加消费量，反之，则消费会萎缩。

进一步化简，得到：

$$U'(C_t) = \beta E_t [R_t U'(C_{t+k})] \quad (1-4)$$

该式表明，消费者当期消费的边际效用，等于未来消费边际效用与资产总收益率乘积的期望再乘以时间偏好系数。

设 $R_t = R = 1/\beta = (1 + r_t)$，$q_{t+k} = R_{t+1} R_{t+2}, \cdots, R_{t+k} = \beta^{-k}$，将其代入(1-4)式，得到：

$$U'(C_t) = E_t [U'(C_{t+k})] \quad (1-5)$$

这意味着消费的边际效用是一个鞅。对效用函数 $U(C_t) = (1-\delta)^{-1} C_t^{1-\delta}$ 求导并代入(1-5)式，得到消费的鞅：

$$C_t = E_t C_{t+k} \quad k = 1, 2, \cdots, T-1 \quad (1-6)$$

在给定边界条件 $E_0 \sum_{t=0}^{\infty} \beta^t A_t^2 < \infty$ 的情况下，方程(1-6)和预算约束方程(1-2)可以被求解出来：

$$C_t = \frac{r}{1+r} [E_t \sum_{j=0}^{\infty} (\frac{r}{1+r})^j y_{t+j} + A_t] \quad (1-7)$$

方程(1-7)表明,消费具有一个固定的边际倾向 $\frac{r}{1+r}$,消费量等于所有收入的贴现值与当期资产财富之和。换句话说,消费现值等于一生的财富,并且消费是跨期平滑的。

假定消费者预计消费支出高峰在第 $t+T$ 期,即 $E_t C_{t+T} = C_t(1+\theta)$,$\theta$ 为 $t+T$ 期的消费增长率。跨期预算约束条件是,消费者在 t 时期对未来消费贴现的预期等于当期金融财富与未来非金融财富贴现的期望之和:

$$E_t \sum_{k=0}^{T} \frac{C_{t+k}}{q_{t+k}} = A_t + E_t \sum_{k=0}^{T} \frac{Y_{t+k}}{q_{t+k}} \tag{1-8}$$

$$\Rightarrow E_t \sum_{k=0}^{T-1} \frac{C_{t+k}}{q_{t+k}} + E_t \frac{C_{t+T}}{q_{t+T}} = A_t + E_t \sum_{k=0}^{T} \frac{Y_{t+k}}{q_{t+k}}$$

$$\Rightarrow \sum_{k=0}^{T-1} \beta^k E_t C_{t+k} + E_t C_{t+T} = A_t + \sum_{k=0}^{T} \beta^k E_t Y_{t+k}$$

$$\Rightarrow [\sum_{k=0}^{T-1} \beta^k + (1+\theta)] C_t = A_t + \sum_{k=0}^{T} \beta^k (1+g)^k Y_t$$

于是: $C_t = \dfrac{1}{\sum_{k=0}^{T-1} \beta^k + (1+\theta)} A_t + \dfrac{\sum_{k=0}^{T} \beta^k (1+g)^k}{\sum_{k=0}^{T-1} \beta^k + (1+\theta)} Y_t$

令: $\alpha_1 = \dfrac{1}{\sum_{k=0}^{T-1} \beta^k + (1+\theta)}$, $\alpha_2 = \dfrac{\sum_{k=0}^{T} \beta^k (1+g)^k}{\sum_{k=0}^{T-1} \beta^k + (1+\theta)}$

于是:

$$C_t = \alpha_1 A_t + \alpha_2 Y_t \tag{1-9}$$

即: $C_t = f(A_t, Y_t)$ (1-10)

(1-10)式表明,消费是状态向量 Y_t 的定常函数。Y_t 满足马尔可夫性质,而资产水平 A_t 则表示消费者当前所拥有的财富。对于家庭决策而言,状态向量 Y_t 被假定为外生的,但是 A_t 的路径则是消费者选择的结果。(1-10)式与(1-2)式一起,以及 Y_t 的马尔可夫转移过程一起构成递归系统。由(1-10)式推出:

$$C_{t-1} = \alpha_1 A_{t-1} + \alpha_2 Y_{t-1} \qquad (1-11)$$

由(1-9)—(1-11)得:

$$\Delta C_t = \alpha_1 (A_t - A_{t-1}) + \alpha_2 \Delta Y_t \qquad (1-12)$$

由(1-2)式的动态约束条件可得:

$$A_t = R_t (A_{t-1} + Y_{t-1} - C_{t-1})$$
$$\Rightarrow A_t - A_{t-1} = (R_t - 1) A_{t-1} + R_t (Y_{t-1} - C_{t-1}) \qquad (1-13)$$

把(1-13)式代入(1-12)式,得到:

$$\Delta C_t = \alpha_1 [(R_t - 1) A_{t-1} + R_t (Y_{t-1} - C_{t-1})] + \alpha_2 \Delta Y_t \qquad (1-14)$$

由 $R_{t+1} = 1 + r_t$

$$\Rightarrow R_t = 1 + r_{t-1}$$

将上式代入(1-14)式,得到:

$$\Delta C_t = \alpha_1 r_{t-1} A_{t-1} + \alpha_1 (1 + r_{t-1})(Y_{t-1} - C_{t-1}) + \alpha_2 \Delta Y_t \qquad (1-15)$$

为了分析的方便,我们对前文的假定再作一阐述,在我们的假定中,A_t 被看作房产,消费者的收入被支出在消费和购置房产上,剩余部分用于储蓄。已有文献的基本结论是:经济增长(ΔY)会引致消费增长(ΔC),居民消费结构升级是居民消费增长的必然结果。(1-15)式表明,本期居民消费的增长由上一期财产、财产收益率、上一期储蓄($Y_{t-1} - C_{t-1}$)和本期收入增长共同决定。由于

$$\alpha_1 = \frac{1}{\sum_{k=0}^{T-1} \beta^k + (1 + \theta)},$$

其符号为正,因此,只要收益率 r_{t-1} 为正,上期财产对本期消费增长就有正面促进作用;当然,也可能出现财富缩水的情况,此时,r_{t-1} 为负,上期财富越大则会减少本期消费增长。本章假定,消费者具有理性,即在住房消费上表现出对 A 的合理持有量。因为该数量直接影响到消费的增长(ΔC),而消费增长的结果就是引起消费结构升级。

数理经济学主要关心通过数学模型来描述经济理论,而不考虑对经济理论的度量和经验确认。以上模型推导过程对消费者选择作了如下描述:基于欧拉方程的消费者效用最大化理论,当资产总收益为正时,居民家庭持有适量的房产有利于消费升级;当资产总收益为负时,增加房产持有量将影响消费升级。

第三节　住房消费影响消费升级的实证检验

住房消费影响消费升级的机制比较复杂,既有财富效应可能导致的房产持有量增加对消费的正面促进作用,又有挤出效应可能导致的房产持有量增加对消费的负面挤压作用。因此,住房消费对消费升级的真实作用,需要进行实证检验。

一、计量模型设定及变量选取

由于方程(1-15)的右边,既包含储蓄项 $Y_{t-1} - C_{t-1}$,又包含 ΔY_t,它们之间存在共线性。进行实证检验时,必须进行误差修正。我们对方程(1-15)进行变换,得到:

$$\Delta C_t = \frac{\alpha_1}{R_t - 1} \Delta A_t + \alpha_2 \Delta Y_t + \alpha_1 R_t (A_{t-1} + \frac{R_t - 2}{R_t - 1} Y_{t-1}$$

$$- \frac{R_t - 2}{R_t - 1} C_{t-1}) \qquad (1-16)$$

可以发现,方程(1-16)中括号中的部分恰好就是 $t-1$ 期的非均衡误差项。C_t 的变化取决于收入 Y_t 和住房 A_t 的变化以及前一期的非均衡程度。这就把消费与收入和住房联系起来。如果各变量都是平稳时间序列,则方程(1-16)即为一个简单误差修正模型。误差修正模型是一种具有特定形式的计量经济学模型,它的主要形式是由戴维森(Davidson)、亨德里(Hendry)、斯尔芭(Srba)和杨汝约

(Yeo)于1978年提出的,称为DHSY模型。对于非稳定时间序列,虽然我们可以通过差分的方法将其转化为稳定序列,然后建立经典的回归分析模型,但是,简单差分不一定能解决非平稳时间序列所遇到的全部问题。如:差分后的误差项是一个一阶移动平均时间序列,因而是序列相关的。只用差分形式进行估计,使关于变量水平值的重要信息被忽略,不能揭示变量间的长期关系,等等。而误差修正模型可以有效地解决这些问题,并具有明显的优势:一阶差分项的使用消除了变量可能存在的趋势因素,从而避免了虚假回归问题;一阶差分项的使用也消除模型可能存在的多重共线性问题;误差修正项的引入保证了变量水平值的信息没有被忽视;由于误差修正项本身的平稳性,使得该模型可以用经典的回归方法进行估计,尤其是模型中差分项可以使用通常的t检验与F检验来进行选取。

对本章中各变量取值说明如下:

1. C_t 为本期城镇居民最终消费额。对其取对数并进行差分,表示居民消费的增长率。该变量是消费升级的替代变量。

2. A_t 为商品房销售额。同样对其取对数并进行差分,表示住房消费的增长率。该变量是住房理性消费的替代变量。我们认为用商品房销售额作为住房消费的替代变量是合适的,因为实现的商品房销售额代表市场认可的消费量。在这里,我们不对投资性购房与消费性购房作详细区分,只对消费者的购房行为进行分析。

3. Y_t 为本期城镇单位职工工资总额。对其取对数并差分,表示增长率。由于从全国范围来看,商品房的销售主要在城镇,农村仍以自建房为主,因此,与被解释变量取城镇居民最终消费对应,这里取城镇单位职工工资总额。

数据来源于历年《中国统计年鉴》、《新中国60年统计资料汇编》、中国人民银行发布的历次存款利率调整情况。鉴于数据的可得性,考察区间为1987—2012年。如图1-3所示,从直观上看,各变量原始值具有相同的变动趋势,且具有明显的非平稳性特征。

(单位：亿元)

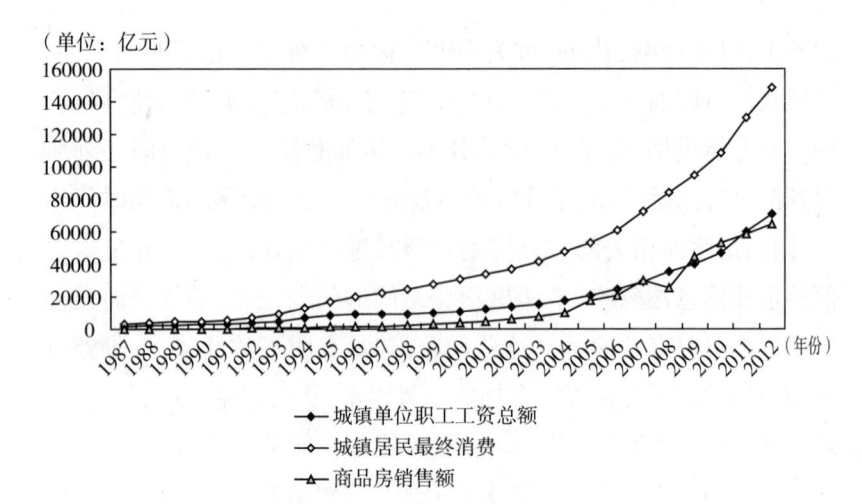

图1-3 工资总额、居民最终消费、商品房销售额趋势

二、单位根检验与协整分析

为了避免伪回归,需要对各变量进行平稳性检验。常用的平稳性检验方法是单位根检验。使用Eviews软件,对各变量的单位根检验结果如表1-1所示。可以发现,原序列是非平稳的,经一阶差分后变为平稳序列。

表1-1 变量的单位根检验

变量	特征	T统计值	伴随概率
lnCt	(c,T,1)	2.988378	1
DlnCt	(c,0,0)	-3.81652	0.0094
lnAt	(c,T,1)	-0.48819	0.8767
DlnAt	(c,0,0)	-4.34956	0.0032
lnYt	(c,T,1)	-0.57745	0.8559
Dln Yt	(c,0,0)	-2.84033	0.0697

注：检验形式中的(c,T,1)分别表示带常数项趋势项和滞后阶数。

表1-1的检验结果允许我们建立误差修正模型,可以采用E-G两步法进行回归。

第一步,进行协整回归(OLS法),检验变量间的协整关系,估计协整向量,即长期均衡关系参数。

$$\ln C_t = \gamma_0 + \gamma_1 \ln A_t + \gamma_2 \ln Y_t + \varepsilon_t \quad (1-17)$$

第二步,检验方程(1-17)的残差平稳性,如表 1-1a 所示,在 5% 的水平下拒绝存在单位根的原假设,说明方程(1-17)的变量间存在协整关系。于是,以求到的残差作为非均衡误差项加入到误差修正模型中,并用 OLS 法估计相应参数。

表 1-1a 协整检验[方程(1-17)的残差平稳性]

		t-Statistic	Prob.*
Augmented Dickey-Fuller test statistic		−1.967474	0.0487
Test critical values	1% level	−2.660720	
	5% level	−1.955020	
	10% level	−1.609070	

注:* 麦金农单边 P 值。

$$\Delta \ln C_t = \gamma_0 + \gamma_1 \Delta \ln A_t + \gamma_2 \Delta \ln Y_t + \gamma_3 ECM_{t-1} + \varepsilon_t \quad (1-18)$$

其中,$ECM_{t-1} = \ln C_{t-1} - \gamma_0 - \gamma_1 \ln A_{t-1} - \gamma_2 \ln Y_{t-1}$

这里,$\gamma_k(k=0,1,\cdots,n)$ 是回归系数,ε_t 是随机误差项。其他符号的含义同前文的定义。

方程(1-17)和方程(1-18)一起构成了协整误差修正模型,前者揭示的是长期关系,后者揭示的是短期关系。

三、回归结果与经济解释

表 1-2 方程(1-17)、(1-18)的回归结果

变量	方程(1-17)	方程(1-18)
	LnC_t	$DLnC_t$
Con	1.515019 (−1.247246)	0.036734 (−1.132421)

续表

变量	方程(1-17)	方程(1-18)
$\ln A_t$	0.207630*** (−2.115389)	
$\ln Y_t$	0.742633*** (−3.455485)	
$D\ln A_t$		0.057613** (−1.911627)
$D\ln Y_t$		0.759687*** (−3.704034)
ECM		−0.056981** (−1.491686)
Ad-R^2	0.9859	0.6013
D-W	0.1821	1.66
F-Prob.	0	0

注：括号内为 t 值；*、**、*** 分别表示回归系数在 10%、5%、1% 水平上显著不为 0。

方程(1-17)的回归残差是平稳序列,表明存在协整关系。从长期看,适当的住房保有量可促进城镇最终居民消费。其弹性为 0.21,说明从全国总量来看,住房消费每增长 1 个百分点,将会使城镇居民最终消费增长 0.21 个百分点。对此的理解是,在我们的考察区间内,住房消费的带动效应大于其挤出效应。"十一五"期间,我国商品房销售额年均增长 20.4%,推动城镇居民最终消费年均增长 4 个百分点。一般而言,相对短期的消费冲动,消费者在长期里会表现得更加理性一些。中国的房地产市场经历了几轮波动,消费者的住房消费也逐渐理性。短期来看,住房消费对居民最终消费的促进弹性只有 0.058 个百分点。根据前面的分析,消费"量"的增长会促进"质"的改变,即消费增长会促进结构升级,这里的计量结果表明,住房消费对消费升级的长期促进作用要大于短期。方程(1-18)的结果还说明了消费的短期波动是如何被影响的,即除了短期住房消费波动和收入波动之外,还受非均衡误差项 ECM 的影响,ECM 反映了消费在短期波动中偏离长期均衡的程度,ECM = -0.056981 体现了均衡误差对 lnC_t 的控制。即当短期消费偏离长期趋势时,会以 0.056981 的强度将其拉回正常轨道。

我们的计量结果与经典理论一致,收入是促进消费增长的主要因素。长期来看,城镇居民收入水平每增长 1 个百分点,最终消费将增长 0.74 个百分点;短期的收入消费弹性与长期基本接近,为 0.76。

四、对计量结果的补充分析

分析至此,以上模型还无法对消费结构升级的具体部分进行计量检验。如果我们对消费结构升级给予特别的定义:消费结构指生活必需品的消费和非生活必需品的消费在居民个人总消费中的比重和地位。通常以食品替代生活必需品(这虽然不太准确,但较方便,也不影响问题讨论的可靠性)。如果以食品消费在居民总消费中的比重即恩格尔系数来表示消费结构,以恩格尔系数的高低来衡量居民的生活水准和国家的经济发展水平。那么,消费结构升级就可以被看作是恩格尔系数的不断降低。这个过程是人们用于自身发展、休闲享受及其他消费的比重、内容、方式不断增多,居民消费效用不断增加的过程。在这一定义下,我们可以通过观察住房消费对恩格尔系数的影响规律来考察住房消费对消费结构升级的作用结果。

将恩格尔系数和商品住宅销售额做成时间序列图,可以直观地发现,二者均为非平稳时间序列(见图 1-4)。

经单位根检验,恩格尔系数和商品住宅销售额均为一阶单整变量(见表 1-3)。这里我们关心的是住房消费与消费结构升级之间有没有关系,是何种关系。因此,可做格兰杰因果检验。

（单位：万元） （单位：%）

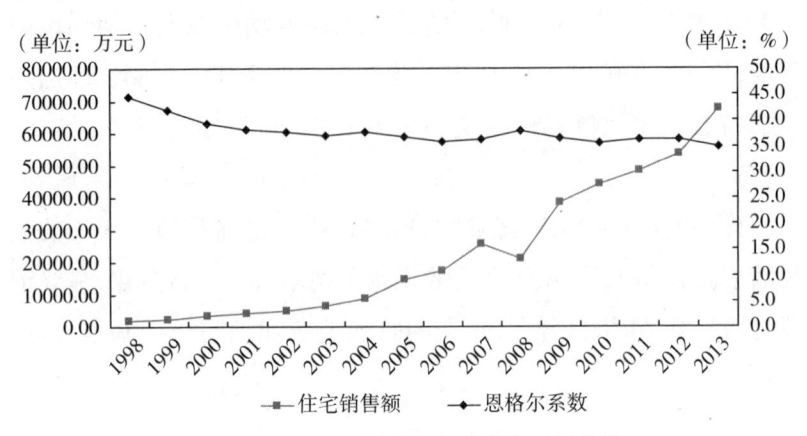

图 1-4 商品住宅销售额与恩格尔系数走势

数据来源：国家统计局：《中国统计年鉴（2014）》，中国统计出版社 2014 年版。

表 1-3 变量 en_t 的单位根检验

变量	特征	T 统计值	伴随概率
$lnen_t$	(c,T,1)	-1.249245	0.6346
$Dlnen_t$	(c,0,0)	-3.259835	0.0298
lnA_t	(c,T,1)	-0.488186	0.8767
$DlnA_t$	(c,0,0)	-4.349561	0.0032

对变量 $lnen_t$ 与 lnA_t 做格兰杰因果检验，由于两变量都是一阶单整，故取滞后一阶。回归结果如表 1-4 所示。

表 1-4 格兰杰因果检验结果

Null Hypothesis	Obs	F-Statistic	Probability
lnA_t does not Granger Cause $lnen_t$	23	4.06056	0.00808
$lnen_t$ does not Granger Cause lnA_t		0.08467	0.77407

表 1-4 的结果表明，住房消费是消费结构变动的格兰杰原因，反之则不成立，即消费结构升级不是住房消费的原因。

根据研究需要,以恩格尔系数作为消费结构的替代变量,以商品住宅销售额作为解释变量,用城镇职工工资总收入作为控制变量。

构建协整误差修正模型:

$$\ln en_t = \beta_0 + \beta_1 \ln A_t + \beta_2 \ln Y_t + \varepsilon_t \qquad (1-19)$$

这里,$\beta_k(k=0,1,2)$是回归系数。en 为恩格尔系数,该变量值降低表示消费结构的升级。变量含义同前文所述。

对应的误差修正模型为:

$$\Delta \ln en_t = \beta_0 + \beta_1 \Delta \ln A_t + \beta_2 \Delta \ln Y_t + \beta_3 ECM_{t-1} + \varepsilon_t \qquad (1-20)$$

其中,$ECM_{t-1} = \ln en_{t-1} - (\beta_0 - \beta_1 \ln A_{t-1} - \beta_2 \ln Y_{t-1})$是方程(1-19)的残差。

方程(1-19)和方程(1-20)一起构成了协整误差修正模型,前者揭示的是长期关系,后者揭示的是短期关系。

表1-5 方程(1-19)、(1-20)的回归结果

变量	方程(1-19)	方程(1-20)
	$\ln en_t$	$D\ln en_t$
Con	3.184064*** (-8.226383)	-0.043096*** (-4.101875)
$\ln A_t$	-0.204265*** (-5.893076)	
$\ln Y_t$	-0.240304*** (-3.365055)	
$D\ln A_t$		-0.076483*** (-3.712689)
$D\ln Y_t$		-0.298265*** (-4.392555)
ECM		-0.309794*** (-2.574961)
Ad-R^2	0.9506	0.522752
D-W	0.7184	1.8889
F-Prob.	0	0

注:括号内为 t 值;*、**、*** 分别表示回归系数在10%、5%、1%水平上显著不为0。

表1-5的回归结果表明,在控制了收入变量对消费结构的影响后,从长期来看,住房消费对消费结构升级具有正面促进作用,住房消费每增长1个百分点,恩格尔系数会下降0.2个百分点;从短期来看,同样具有正面促进作用,但影响力度小于长期,住房消费每增长1个百分点,恩格尔系数下降0.076个百分点。消费结构的升级并不是短期容易实现的,因此住房消费对消费结构变动的长期影响效果明显大于短期。如前文所述,住房消费对消费结构升级可能因财富效应而表现正面促进作用,也可能因挤出效应而表现出反面挤压作用。其实,更现实的情况是两种效应同时存在,因为对一部分人而言,购置住房后收入仍然充裕,没有因要还房贷而影响了自己的正常消费支出;但对另一部分人而言,可能因为购置了房产而在一般消费中受到影响。本书最终关注的是住房消费对扩大内需的作用,因此,总量效果对本研究的意义要大于个体效果。换言之,我们更关注整体效果。而这里的回归结果支持的恰恰是住房消费从总体上对我国消费结构升级的影响。消费结构升级是扩大内需的重要内容,也是重要途径。

从直观上理解,如果住房消费挤压了一般消费,影响了人们的生活水平,则住房消费会阻碍消费结构升级。消费结构不能升级,扩大内需的政策目标很难实现。因为在低水平消费上,消费量很难增加。只有当一个社会脱离了低水平消费,特别是对服务的需求大量增加时,消费才会成为推动经济增长的重要动力。

第四节 促进消费升级的政策建议

消费结构升级对扩大内需意义重大,因为低水平的消费很难化解当前我国巨大的产能。只有通过消费结构升级,才能优化消费结构,提升国内消费水平,从而促进经济增长。促进消费结构升级的最重要因素是收入增长,因此,本章把城镇居民工资总水平作为控制变量,分析了住房消费对消费结构升级的影响机理及实际效果。

以欧拉方程为基础,我们对居民财产进行了特别假定,即房产。全体居民购买的房产价值以商品住宅销售额表示,居民的总收入被分配到一般消费、购置房产中去。理性消费者通过自主选择实现效用最大化,因此,数理模型的理论基础中暗含了这样的假设:消费者是理性的,他们对住房的消费也是理性的。通过对欧拉方程的推导,我们完成了两个任务:一是对住房消费影响消费升级的机理做了说明;二是发现了误差修正模型的特征,从而为后面的计量检验的展开找到了统计学依据。

本章数理模型的推导结果可以简单地概括为:当资产总收益为正时,居民家庭持有适量的房产有利于消费升级;当资产总收益为负时,增加房产持有量将影响消费升级。也就是说,住房消费对消费升级的影响由总资产收益率决定。这一点不难理解,因为总资产收益率的提高意味着财富效应的存在。鉴于欧拉方程以消费量作为消费者效用函数的自变量,没有涉及消费的结构问题,这直接导致我们的数理模型无法对消费结构进行更深入的考察。作为弥补,我们把这样的经济理论作为假设前提:消费升级包括结构的升级和消费水平的升级,随着收入的增加,消费量的增长必然带来结构的升级。基于这样的假设,欧拉方程中的消费量可以作为消费结构升级的替代变量。

作为对第二节数理模型的经验检验,本章第三节以中国总量数据为样本,进行了计量分析。出于对可能存在共线性的弥补,我们采用误差修正模型。结果证实了数理推导过程的猜想:适当增加住房销量,从长期看可促进城镇最终居民消费。这就是说,居民的理性住房消费能够促进消费结构升级,从总量来看,住房消费每增长 1 个百分点,将会使城镇居民最终消费增长 0.21 个百分点。

短期来看住房消费对居民最终消费的促进作用要弱于长期,住房消费对居民最终消费的促进弹性只有0.058。从现实来看,如果一个家庭刚刚购买了住房,这一决策多少会对该家庭的一般消费支出有所影响,此时挤压效应明显。而长期来看,消费者会平滑跨期消费,因此,长期的财富效应会强于挤压效应。为了对数理模型的缺憾进行修正,在计量检验部分,我们以恩格尔系数作为消费结构的替代变量,建立误差修正模型,考察住房消费变动对恩格尔系数长期和短期波动的影响效果。格兰杰因果检验表明,住房消费确实是消费结构升级的格兰杰原因。鉴于量纲的原因,住房消费对恩格尔系数影响的具体弹性数值并不十分重要,重要的是我们检测到这种影响的存在,以及影响方向是正向的。本章的政策含义包含但不限于以下几点:

第一,在扩大内需的政策搭配中,必须高度关注住房消费问题。我国曾出台了一系列扩大内需的政策,如家电下乡、以旧换新、购机补贴等等。但影响居民消费需求的关键因素还是购买力,购买力来自于居民收入减去"必需消费"的净值。理性的购房消费能够促进消费结构的升级,从而扩大消费需求;但全民过度住房消费则可能导致家庭的最终资产总收益为负,于是,出现住房消费对消费结构升级的抑制作用。

第二,有关住房政策要有长期的视角。中国房地产市场已经可以观察到几轮较为明显的周期,房地产市场对中国经济的影响较为复杂。如果住房消费政策表现出短期性、多变性和应急性的特点,则对房地产政策目标的实现以及最终的政策效果是非常不利的。我们的计量结果表明,住房消费对消费结构升级的长期影响要明显强于短期,因此,相关政策要有持续性和连续性。

第三,政府有义务保证消费者的"群体理性"。本章的结论是基于消费者理性的假设下推导和计算出来的,对微观个体的分析我们假定消费者是理性的,这一点也构成了微观经济学的分析基础。但是,个体的理性同样能够最终形成群体的非理性。当发生群体非理性时,住房消费对消费结构升级的影响方向将发生逆转,对经济增长形成负面影响。而防止消费者"群体非理性"是政府的义务。房地产市场、金融市场往往充斥着"噪音",干扰经济政策的最终效果。因此,在相关政策出台的同时,还应加强"舆论引导",通过多重手段使媒体更好反映政策意图,减少可能引起负面影响的各种"噪音"。另外,从哈耶克到弗里德曼都强调自由市场的重要性,但他们都没有忽视公平、正义的极端重要性,对弱势群体的救助也是保证自由市场健康秩序的重要因素。公平正义的住房政策是保证住房市场群体理性的重要条件。

第二章 房价泡沫测度及区域差异分析[①]

第一节 中国房价泡沫累积的事实及检测理论

世纪之交中国城市住房制度改革取得突破性进展以来,中国房地产业快速增长,房地产市场出现了相对繁荣的格局。2000—2012 年,中国房地产开发投资年均增长 24.9%,商品房竣工面积年均增长 9.6%,商品房销售面积年均增长 16.06%,全国平均房价年均上涨 8.77%,房地产商业贷款余额年均增长 28.42%。2012年,中国房地产开发投资占 GDP 和全社会固定资产投资的比重分别高达 13.84%和 19.16%。从房地产市场的相关指标来看,中国房地产业确实经历了"黄金十年",并对经济增长作出了重要贡献。但是,在中国房地产业高速增长过程中,出现了房价的较快上涨,特别是房地产市场的波动异常剧烈和频繁,而房地产市场的剧烈波动隐藏着巨大的风险,甚至引发不同程度的金融危机或经济危机(高波、赵奉军等,2012)。因此,政府采取了一系列措施,对房地产市场实行宏观调控。根据房地产市场的运行状况,2003 年

---

① 原载《金融研究》2014 年第 2 期,编入本书时做了适当修改。

下半年至 2008 年 8 月政府对房地产市场实行了紧缩型宏观调控，2008 年 9 月—2009 年 12 月政府对房地产市场实行了扩张型宏观调控，2010 年年初以来政府再一次对房地产市场实行紧缩型宏观调控。这一轮房地产市场的宏观调控，中央政府明确提出了抑制房地产投资、投机行为，遏制部分城市房价过快上涨的政策目标，实施"限购、限贷、限价"政策，建立健全各城市落实住房保障和稳定房价工作的约谈问责机制，并于 2011 年 1 月 28 日在上海和重庆率先启动房产税改革试点。对房地产市场的宏观调控直指遏制房价过快上涨，这表明部分城市的房地产泡沫问题已经引起了中央政府的高度关注。那么，如何判断中国房价的合理性呢？究竟哪些因素影响了中国房价走势？回答以上两个问题，对继续完善房地产市场调控政策，以及深化相关经济领域的改革，具有重大现实意义。

中国房地产业经历了"黄金十年"的发展，当前，中国房地产市场正进入一个新的发展阶段。事实上，未来中国房地产业发展的环境正在发生变化，但中国经济增长"去房地产化"也是不现实的。第一，从当前世界科技和产业发展的新动向来看；"物联网""云计算"和"智慧地球"等新兴技术将极大地改变人类生产、生活和创新方式，新能源、新材料、新医药、节能环保、航空航天等新兴产业发展空间巨大。但这些产业的发展与房地产业的支柱产业地位并不冲突，而且这些战略性新兴产业的发展必须得到房地产业的支持，更不可能完全替代房地产业。第二，城市化过程，是与房地产开发关系最紧密的因素。2011 年年底，中国城市化率首次超过 50%，成为城市国家，达到 51.3%，2014 年年底，中国城市化率达到 54.77%，但与基本完成城市化过程、城市化率达到 70% 相比，还有较大的成长空间。中国正在实施的新型城镇化战略既是扩大内需的重要潜力，也为房地产业的发展提供了广阔空间。第三，从国际经验来看，发达国家和地区住房消费在总消费支出中所占比例通常达到20%—30%,而中国城镇居民居住类支出占总消费支出的比重仅为13%左右,中国正在实施的扩大内需战略,重点是扩大消费需求,这就意味着,随着收入水平的进一步提高,人们将会把更多的支出用于住房消费。由此可见,在国家政局稳定和世界经济不出现大的动荡的条件下,有效挤压房地产泡沫和防范房地产风险,将使中国房地产业发展更加健康。

那么,中国房地产市场的泡沫程度到底有多大?房地产泡沫演化的趋势如何?是什么因素决定了房地产泡沫的走向?针对房地产泡沫的实际状况,如何使中国房地产市场宏观调控措施更好地发挥效能,并有效挤压房地产泡沫?这正是本章所关注的问题。本章旨在采用科学方法,测度十余年来30个大中城市的房价泡沫,弄清中国房地产泡沫在时间和空间维度上的演化规律和特征。这对于准确认识和客观评价中国房地产市场的状况和房地产泡沫风险,提高房地产市场宏观调控的有效性和科学性,具有重大的理论价值和现实意义。

对资产泡沫的系统研究始于20世纪60年代(Hahn,1966;Samuelson,1965;Shell 和 Stiglitz,1967),至今大致形成了理性预期泡沫理论、狂热(Fads)理论和非理性预期泡沫理论。一般认为泡沫的产生须具备以下四个条件:第一,作为初期条件,宏观经济处于非常好的状态;第二,人们普遍对未来持乐观态度,对危险性麻木对待;第三,有大量的资金供给者;第四,在以上三个条件基础上,出现了某种诱导因素或事件(三木谷良一,1998)。

关于泡沫度量问题,按照一般逻辑,通过求解实际资产价格偏离基准价格的数学期望,即可得出资产泡沫的测量值(王子明,2002)。按照布兰查德和费舍尔(Blanchard 和 Fisher,1989)的观点,所谓资产泡沫是资本市场价格超出实体经济价格的部分,计算资产泡沫必须准确获知资产价格与实体经济价格的大小,但他们认为实体经济价格的计算是不可能的,所以对资产泡沫的准确测度成为实践难题。希勒(Shiller,1981)发现,股票价格由未来红利净现值决定,并不能解释股票价格的真实波动,非理性市场并不总能完全反映基本面。但这并不意味着资产泡沫测度没有研究价值,学术界和实际工作部门也从未停止过对泡沫测度的研究,而逐渐形成了指标指示度量法、统计检验观测法和基准价格比较法等三类通用的泡沫测度方法。

指标指示度量法是根据某个指标的数值来判断房地产市场是否存在泡沫。房价收入比、房价租金比、房屋空置率等指标直观、易理解,已成为人们判断房地产市场是否存在泡沫的依据。吕江林(2010)把房价收入比作为考察房价泡沫的指标,认为合理区间是4.38—6.78倍之间,据此判断,近年来中国城市住房市场存在泡沫,某些一线城市甚至蕴含巨大泡沫风险。虽然指标指示法简单易操作,但由于各地区经济基本面差异较大,一些公认指标不具有可比性,因而对于不同城市房价泡沫测度结果的合理性一直存在争议。

统计检验观测法的原理是,在一个没有泡沫的房地产市场,相关房地产统计数据会存在规律性,表现出一定的统计学性质;而一个存在泡沫的市场,统计数据将大起大落,出现异常波动现象。汉密尔顿(Hamilton,1986)、迪巴和格罗斯曼(Diba 和 Grossman,1988a)等提出用单位根检验来检测房地产泡沫。零假设是房地产市场不存在泡沫,房地产价格应该是一个平稳时间序列,若拒绝零假设,说明房地产市场存在泡沫。针对可能存在的平稳性问题,迪巴和格罗斯曼(Diba 和 Grossman,1988b)又进一步提出在单位根检验基础上,再对变量(比如房价与房租)进行协整性检验,但单位根与协整性检验无法剔除周期性影响,检验结果的可信度仍难保证。

基准价格比较法的代表性文献如布兰查德和沃森(Blanchard 和 Watson,1982),以理性预期理论为基础,根据套利均衡条件,建立资产价格模型,求解资产的市场基本价值和理性泡沫解。布拉萨和亨德肖特(Bourassa 和 Hendershott,1995)、亚伯拉罕和亨德肖特

（Abraham 和 Hendershott，1996）在理性预期的假说下，将房地产市场价格的变化分为均衡价格变化和非均衡变化两部分。野口悠纪雄（2005）假设市场均衡时，所有资产可以通过套利实现收益率相等，发展出结合真实资产价格、土地收益增长率和贴现率的房地产泡沫计算公式。基准价格比较法，通过计算基准价格来测算房地产泡沫，充分考虑了经济基本面因素，并运用计量经济学方法作出经验解释，能够较好地观测房地产市场动态发展状况。但是，这种方法的关键技术和难点是如何确定基准价格，这也是本章拟重点解决的问题。

表 2-1 房地产泡沫主要测度方法

分类	代表文献	主要方法	优点	缺点
指标指示度量法	刘琳等（2003）；李维哲、曲波（2002）；吕江林（2010）	通过特定指标（如房价收入比、房价增速与GDP增速比、空置率等）衡量房地产市场是否存在泡沫，综合设计预警指标	直观、易操作、易理解、需要数据少	指标无公认的标准值，缺乏横向比较意义
统计检验观测法	Shiller（1981）、Diba 和 Grossman（1988a，1988b）	根据统计学原理，如果泡沫存在，则资产价格在其基本价值变化不大时也可能有大幅的波动，于是引出所谓资产价格的超常易变性检验，据此判断泡沫	简单、直观、易操作	缺乏必要理论支撑
	Merton（1986）、Merton（1987）	基于变量的平稳性质疑希勒的方法，认为其拒绝的是"资本市场有效性"和"理性泡沫存在性"的联合假设，而这两者应分别检验	采用现代计量经济学的方法	只对泡沫进行一般性分析，没有涉及具体的市场结构
	Eddie C. M. Hui 和 Shen Yue（1996）	用计量经济学方法，如格兰杰因果检验、脉冲响应等，根据数据的变化趋势，通过特定指标检验泡沫度。对香港、北京、上海等城市房地产市场进行了实证检验	在一个较长时间序列里考察价格变动趋势	对数据的依赖性较高

续表

分类	代表文献	主要方法	优点	缺点
基准价格比较法	Blanchard 和 Watson(1982)、Bourassa 和 Hendershott(1995)、Abraham(1996)、况伟大(2010)	以理性预期理论为基础,把房地产价格的决定因素分为经济基本面因素和泡沫因素两部分,通过回归求解基准价格,与市场房价比较算出泡沫	动态观测价格变化,考虑了经济基本面对房地产价格的影响	对数据要求较高,模型因子的选择存在不确定性
	Hing Lin Chana Shu Kam Leeb, Kai Yin Woob(2001)、野口悠纪雄(1992)	根据资产套利原则,通过资产定价公式求解房地产基准价格,与市场价格比较,算出泡沫	考虑了地租因素和房地产的投资价值,理论性较强	未考虑经济基本面对房价的影响

以上三类检测房地产泡沫的方法,各有利弊(见表 2-1),在实践中人们往往因研究目的不同而选用不同的方法。袁志刚等(2003)认为,中国具备产生泡沫的基本前提条件,宏观经济很可能是动态无效的,也就是资本收益率低于经济增长率。根据梯若尔(Tirole,1982,1985)和威尔(Weil,1987)的分析,动态无效的经济不能排除泡沫的存在。葛新权(2005)从资产市场角度对泡沫经济的模型设计、检测方法和预控进行了深入研究,对泡沫的产生和变化过程做了动态分析。按照经典理论,一种资产的价值等于未来预期收益的贴现值之和,但在现实中人们确定房地产出售价格时,不会去计算未来收益的贴现值,而是参考周围房地产的交易价格,这种市场信息有可能形成"噪音",使价格持续地偏离价值而形成价格泡沫。高波等(2008)根据不完全信息理论,利用 1999—2005 年中国 31 个省(自治区、直辖市)的面板数据对住宅市场羊群行为实证检验发现,在住宅市场繁荣的地区,住宅交易量增长与价格上涨相互促进,存在显著的扩张性羊群行为特征,具备产生房地产泡沫的条件。而在住宅市场发育程度较低,住宅消费水平相对较低的地区,"羊群行为"特征不明显。姜春海(2005)利

用相关数据对中国房地产市场进行计量检验,认为中国房地产泡沫已经产生,而且比较严重。胡健颖等(2006)对中国1990年第1季度到2005年第1季度相关数据计量分析发现,中国房地产市场的主要驱动力仍是市场因素,投机成分确实存在,但对房价影响不大。梁云芳、高铁梅(2007)运用1999—2006年中国28个省份数据考察了房价波动的区域差异。研究发现,经济增长对中部房价波动影响最大,对东部和西部影响较小。1999—2002年上海房价偏离均衡程度很小,2002年以后存在高估;2004年之后北京房价出现高估;从2005年起各省市都存在房价高估现象。王艺明(2008)在房租资本化的假说下,采用广义卡尔曼滤波估计方法,计量检验了1998年7月到2007年6月北京、上海、广州等3个城市的房地产泡沫,结果发现北京和上海的房地产市场存在显著泡沫,而广州的泡沫不显著。吕江林(2010)比较了租售比、空置率、投资住房与自住购房之比、房地产贷款占比和房地产业利润率等测度房价泡沫指标的适应性,认为最准确的指标是房价收入比,根据这一指标并综合考虑城镇居民消费倾向、按揭贷款利率水平等,推导出我国房价收入比的合理区间是4.38—6.78倍之间,根据这个标准判断,认为近年来中国城市住房市场存在泡沫,部分城市泡沫较大,甚至有些一线城市蕴含巨大泡沫风险。况伟大(2010)对1996—2007年中国35个大中城市的实证研究发现,经济基本面对房价波动影响大于预期和投机,但预期和投机因素对中国城市房价波动具有较强的解释力。上期房价波动对本期房价波动影响大于下期房价波动,这表明适应性预期作用大于理性预期。高波等(2013)从居民住房买租选择机制入手构建购房者与租房者的住房消费选择模型,并运用2000—2010年中国35个大中城市的面板数据进行计量分析,对中国城市房价租金比升高,房价泡沫固化现象做了解释。研究发现,居民更倾向于购房居住,预期以及城市居民收入差距扩大是影响城市房价租金比的主要因素。居民人均可支配收入、住房建筑成本、利率和人均财政支出等经济基本面因素对房价租金比的影响十分显著。在所有影响因素中,居民人均可支配收入的变化对城市房价租金比变动的影响力最大。徐忠、张雪春、邹传伟(2012)检验了除供求力量之外,其他因素对房价的影响,发现流动性、利率,特别是货币政策的价格型工具对房价影响显著。张涛、龚六堂、卜永祥(2006)利用消费者效用最大化的条件,解出两资产和单一资产条件下的最优房地产价格。他们认为,进一步的研究方向是选择一个理想的基期,进而估计均衡房地产价格的时间序列,并与中国实际房地产价格水平对比,对房地产泡沫程度作出判断。这正是本章所做的工作。

综上可见,尽管经济学家对资产泡沫研究的文献很多,但大多数文献集中在金融市场领域,对房地产泡沫的研究还很不够。本章的重要创新在于从适应性预期①和长期均衡角度,结合经济基本面因素,构建预期均衡价格模型,并对中国 30 个大中城市的房地产泡沫做实证分析。这种预期均衡价格模型测度房地产泡沫的方法,克服了指标指示度量法的不可比性、统计检验观测法的不稳定性和基准价格比较法过度依赖大样本数据的缺陷,在计量检验部分包括了绝大多数省会城市房地产泡沫的纵向和横向比较分析,具有样本量大、代表性强的特点。当然,本章并不否定已有检测泡沫方法存在一定的有效性。在运用预期均衡价格模型测度房地产泡沫的基础上,我们使用房价收入比这一国际常用指标,对 30 个大中城市住宅市场泡沫做了实证分析。这既是对房地产泡沫区域差异的拓展分析,也是对预期均衡价格模型的稳健性检验。

---

① 斯蒂格利茨(2011,第 20—21 页)认为,考虑信息成本问题时,并不存在理性预期的平衡,如果用适应性预期替代理性预期,在一个足够长的适应期内,经济波动才可能被消除。

第二节 房价泡沫测度方法的探索

房地产市场价格是由经济基本面和预期因素决定的。在各种检测房地产泡沫的方法中,指标指示度量法和统计检验观测法不能反映心理预期等跨期因素对房价的影响。最早由菲利普提出的适应性预期理论,充分考虑了心理预期对资产价格变动的影响,该理论认为,人们在本期可以从过去判断的错误中吸取经验教训,修正前期预期的误差,模型表述为:

$$P_t^e = P_{t-1} + \alpha(P_{t-2} - P_{t-1}) \tag{2-1}$$

根据适应性预期理论,本期资产价格变动与上期资产价格变动有关,与下期资产价格变动无关。适应性预期模型反映了冲击或干扰对经济运行从一个均衡态向另一个均衡态转化的影响。亚伯拉罕和亨德肖特(1996)根据这一理论建立了房地产价格决定模型,通过多次迭代回归来估计均衡价格(Equilibrium Real House Price)。本章借鉴这一思想,利用面板数据(Panel Data)建立动态回归模型,把前一期房价增长率作为反映心理预期因素的自变量引入方程,检测房地产泡沫。

假设房地产价格 P 由两部分组成,一部分是由经济基本面解释的基准价格 P^*;另一部分是不能由经济基本面解释的泡沫部分 B,即:$P = P^* + B$。泡沫理论强调预期对资产价格变动的影响,这种预期将引发人们的投机行为。若存在房价上涨预期,消费者则信奉"晚买不如早买"的理念,消费者的提前购房行为,进一步推高了房价。当房价出现下跌并预期房价继续下跌的情况下,消费者持币待购,导致房价进一步下跌。投机对房价泡沫将产生直接影响。投机者受到"买涨不买跌"心理的驱使,房价上涨越快,投机越疯狂,成交量越大,房地产市场量价齐升。人们关注的焦点不是资产本身的生产和消费以及盈利的能力,而是由资产价格变动本身来获取利润的能力。所以,仅仅由于上期房价上涨而引致的本期房价上涨,不构成基准价格,应归入泡沫部分。一般而言,房价水平包含经济基本面的当前信息或历史信息。所以,如果在模型中加入房价的历史信息,可以更好地对房价水平及其变化作出解释和预测。

所谓预期均衡价格模型,是将适应性预期、局部均衡和动态调整思想有机结合,从经济基本面因素确定房地产基准价格,根据房地产市场价格与基准价格的差异分析,测度房地产泡沫。因此,本章对房地产市场做以下假定:(1)房地产基准价格是指可以得到经济基本面解释的均衡价格。(2)决定房地产基准价格 P^* 的因素包括:城镇居民人均可支配收入(Y)、城市人口密度(POP)、房屋建造成本(K)、商业银行贷款利率(R)和房地产开发投资(I)。按照经济学理论,市场均衡价格是由供给和需求决定的,上述几个变量恰好反映了供给和需求两个方面因素。(3)在房地产基准价格之上,人们仍然愿意支付一个价格 B,该价格大小取决于人们根据当前已有信息对未来价格走势的判断。(4)房地产市场满足新古典假说,当房地产市场价格偏离基准价格时,供求关系将对过低或过高的价格产生校正的动力。(5)仅考察市场因素,不考虑政府运用行政手段干预房价。综上所述,房地产价格 P 可用函数表述为: $P = P^* + B$,其中,

$$P^* = F_1(Y, K, R, POP, I)。 \quad (2-2)$$

泡沫度定义为:

$$\theta = \frac{P - P^*}{P^*} \times 100\% \quad (2-3)$$

由于本研究的面板数据是短而宽(时间序列长度小于截面数据)的形式,为保证估计的有效性要特别注意异方差问题。各种因素对房价的影响途径在不同的城市会有较大的差异,若对各变

量进行对数变换则残差只表示为相对误差,可适当降低异方差;再进行一阶差分,则变量易于平稳,经此变换后,各变量以增长率的形式进入方程①,模型的因变量是各城市房价的变化率,它取决于人们根据前期价格以及经济基本面因素变化所做的判断,与各城市房价水平高低和城市规模无关,所以不存在显著的城市差异。

根据以上理论分析,按照亚伯拉罕和亨德肖特(1996)的建模思路,房地产基准价格增长率为:

$$p_{it}^* = \alpha_{0i} + \alpha_{1i}k_{it} + \alpha_{2i}y_{it} + \alpha_{3i}pop_{it} + \alpha_{4i}r_{it} + \alpha_{5i}i_{it} \quad (2-4)$$

房地产市场价格增长率可表示为

$$p_t = p_t^* + \theta_t \quad (2-5)$$

其中,θ_t 中包含泡沫部分和随机误差项,即

$$\theta_t = \lambda_0 + \lambda_1 p_{t-1} + \lambda_2(\ln P_{t-1}^* - \ln P_{t-1}) + \varepsilon_t \quad (2-6)$$

这里,p_{t-1} 为前一期的房价增长率,P_{t-1}^* 和 P_{t-1} 分别代表前一期的房地产基准价格和房地产市场价格,ε_t 代表随机误差项,是白噪声变量。λ_1、λ_2 分别为泡沫膨胀系数和泡沫消解系数,当 λ_1 为正时,前一期的价格上涨会推动本期价格上涨;当 λ_2 为正时,前一期市场价格高于基准价格,则会削弱本期价格的上涨幅度(具有消解泡沫的作用),通常 λ_1、λ_2 的值介于0—1之间。

把(2-4)式和(2-6)式代入(2-5)式,得到房地产市场价格的回归方程

$$\begin{aligned}p_t =\ & (\alpha_{0i} + \lambda_0) + \alpha_{1i}k_{it} + \alpha_{2i}y_{it} + \alpha_{3i}pop_{it} + \alpha_{4i}r_{it} \\ & + \alpha_{5i}i_{it} + \lambda_1 p_{t-1} + \lambda_2(\ln P_{t-1}^* - \ln P_{t-1}) + \varepsilon_t\end{aligned} \quad (2-7)$$

其中,p_t 为房地产价格增长率,k 为竣工房屋造价增长率,y 城镇居民人均可支配收入增长率,pop 为城市人口密度增长率,r 为固定资产投资贷款利率增长率,i 为房地产开发投资增长率,p_{t-1} 为前一期房地产价格增长率(代表适应性预期),$(\ln P_{t-1}^* - \ln P_{t-1})$

---

① 本章中的增长率用对数差分表示:$p_t = \ln P_t - \ln P_{t-1}$。

为前一期房地产市场价格对基准价格的偏离度。

预期均衡价格模型的构建思路是,根据房地产价格长期趋势模型来实现数据的反复迭代,找出方程的稳态解,进而得到房地产均衡价格。这一模型充分考虑了房地产市场供给面和需求面因素,体现了马歇尔局部均衡的思想。虽然马歇尔在构造经济理论过程中侧重于静态和局部均衡分析,但在采用边际分析方法研究商品均衡价格时已融入了动态均衡思想。马歇尔把时间分为暂时、短期和长期三类,与此相适应,形成了瞬时价格、短期价格和长期价格等三类价格。在长期里,生产条件随需求的变动而做调整,长期价格是长期供求均衡的结果,体现了动态变化的思想。本章构建的预期均衡价格模型是基于房地产价格长期动态变化过程,且前期价格出现在方程右边,对当期价格形成适应性预期调整,因而模型综合了局部均衡、动态调整和适应性预期的思想。

第三节 对 30 个城市房价泡沫的测度和讨论

一、数据来源与描述性统计

本章数据来自历年《中国统计年鉴》、《中国城市统计年鉴》、各省市统计年鉴、《70 个大中城市房地产价格指数》。选取北京、天津、石家庄、沈阳、长春、哈尔滨、上海、南京、杭州、福州、济南、郑州、武汉、长沙、广州、重庆、成都、西安、合肥、海口、深圳、昆明、南昌、贵阳、太原、南宁、西宁、兰州、银川、呼和浩特这 30 个大中城市,时间跨度从 1999 年到 2012 年。利率采用真实利率,其他以货币价值衡量的数据全部采用定基到 1999 年的实际值。根据《中国统计年鉴》区域划分标准,对东中西部地区做区域分析。

对本研究计量检验涉及的变量做描述性统计分析,如表 2-2 所示。p 代表房价指数,K 代表房屋造价(元/平方米),Y 代表人均收入(元),POP 为人口密度(人/平方公里),R 为一年期固定资产投资贷款真实利率(%),I 为房地产开发投资额(万元)。从表 2-2 来看,房价指数、房屋造价、人均收入、人口密度、房地产开发投资等变量呈现出显著差异,充分反映出中国房价及其影响因素的复杂性,仅通过房价指数的单一指标很难反映出房地产泡沫的真实水平,有必要依据房价的均衡价格模型做进一步的实证研究。

表 2-2 原始变量描述性统计

	均值	最大值	最小值	标准差	偏度	观测
p	1.06	1.36	0.95	0.07	1.24	420
K(元/平方米)	1475.90	4368.75	635.44	571.26	1.22	420
R(%)	4.73	9.22	-3.83	2.38	-0.92	420
I(万元)	2950151	31721830	14336	3687375	2.18	420
Y(元)	16814	40188	4659	5144	1.24	420
POP(人/平方公里)	1556	5433	223	1041.30	1.23	420

二、单位根检验和协整分析

为防止误用非平稳序列导致伪回归,须对所用序列进行平稳性检验。首先采用 Eviews6.0 软件对各变量进行 ADF 检验,由于所检验序列均值不为零,故检验时应包含常数项,采用 Schwarz 准则确定消除序列相关所需滞后的阶数,检验结果如表 2-3 所示。

表 2-3 序列 ADF 检验结果

变量	差分阶数	滞后阶数	ADF 统计值	Prob.	趋势	结论
p	1	0	113.521	0.0000	Individual intercept	I(1)
K	1	0	110.834	0.0008	Individual intercept	I(1)
R	0	0	105.104	0.0006	Individual intercept	I(0)
I	1	0	99.9144	0.0027	Individualtrend & int	I(1)
Y	1	0	152.666	0.0000	Individual intercept	I(1)
POP	1	0	95.2147	0.0017	Individual intercept	I(1)

注:I(n)表示序列经 n 阶差分后平稳。

表 2-3 显示,R 是平稳序列,p、K、I、Y、POP 是非平稳序列,一阶差分后在 5% 水平上都是平稳的。对于含有非平稳序列的方程,或者进行差分得到平稳序列后再回归或者进行协整分析。根据协整检验的原则,不同阶数的序列进行协整检验的规则比同阶序列要复杂一些,一个必要条件是:在协整序列中最高阶的同阶非平稳序列至少要有两个,以通过降阶形成协整关系。方程(2-4)和方程(2-7)中一阶单整的非平稳序列解释变量可以通过线性组合来降低非平稳阶数,从而与被解释变量构成协整关系方程。

三、计量结果

(一)方程回归分析

对方程(2-7)回归的最大困难是 $\ln P^*$ 不可获得,亚伯拉罕和亨德肖特(1996)解决这个问题的方法是:先不考虑 $\lambda_2(\ln P_{t-1}^* - \ln P_{t-1})$ 这一项,对方程进行回归,得出一组系数,把这组系数代入方程(2-4)可估计出 p^*,由 $p_t = \ln P_t - \ln P_{t-1}$,通过迭代,得到

$$\ln P_{t-1} = \ln P_0 + \sum_{i=0}^{t-1} p_i \qquad (2-8)$$

假设基期房价是均衡的,$P_0 = P_0^* = 1$,可求出 $\ln P_t$;只要用 p^* 代换 p_t 就可求出 $\ln P_{t-1}^*$。这样,可获得各个城市的一组时间序列 $\ln P_{t-1}^* - \ln P_{t-1}$,把这组数据代入方程(2-7),再进行回归,得到新的系数值。重复以上过程,直到系数的估计值收敛于某个稳定值为止。本章在回归时假设 1999 年(基期)的房地产价格是均衡的。

动态面板在估计时需要特别注意内生性问题,模型(2-7)中出现滞后被解释变量存在内生性问题,为了避免出现有偏估计值,有必要选择合适的工具变量。通常 GMM 估计可以解决这个问题。一阶差分 GMM(First Differenced GMM)估计能够避免解释变量内生性问题,但该方法容易受到弱工具变量的影响而出现有偏结果。系统 GMM 是对差分 GMM 的扩展,将水平方程也加入到了

模型估计中,与差分回归方程结合起来进行估计,在这种估计方法中,滞后水平作为一阶差分的工具变量,而一阶差分又作为水平变量的工具变量。因此,系统 GMM 是对差分 GMM 的有效替代。本章采用系统 GMM 估计,结果如表 2-4 所示。

表 2-4 系统 GMM 回归结果

VARIABLES	(1) SYS-GMM	(2) SYS-GMM	(3) SYS-GMM p_t	(4) SYS-GMM	(5) SYS-GMM
p_{t-1}	0.297***	0.139**	0.0315**	0.00310*	0.00320*
	(0.0523)	(0.0591)	(0.0143)	(0.00355)	(0.00325)
k	4.948*	4.638***	4.490***	4.412***	4.411***
	(2.996)	(0.132)	(0.0735)	(0.0372)	(0.0390)
y	5.628***	5.959***	5.998***	5.985***	5.983***
	(1.968)	(0.316)	(0.147)	(0.0582)	(0.0572)
pop	−0.507	−0.477***	−0.463***	−0.459***	−0.454***
	(0.925)	(0.0396)	(0.0209)	(0.00867)	(0.00863)
r	−0.268***	−0.107***	−0.0407***	−0.0445***	−0.0440***
	(0.0844)	(0.0291)	(0.0146)	(0.00535)	(0.00533)
i	0.330	0.377***	0.412***	0.431***	0.424***
	(0.607)	(0.0194)	(0.0165)	(0.00995)	(0.00992)
$\ln P^*_{t-1} - \ln P_{t-1}$		2.045	0.284***	0.286***	0.281***
		(1.379)	(0.0809)	(0.0382)	(0.0380)
Constant	3.098***	3.062***	3.109***	3.150***	3.140***
	(0.645)	(0.281)	(0.105)	(0.0320)	(0.0310)
Observations	360	360	360	360	360
Number of year	12	12	12	12	12
ar1p	0.00493	0.0453	0.0352	0.0192	0.0181
ar2p	0.0768	0.252	0.640	0.408	0.405
hansenp	1	1	1	1	1

注:在括号中的稳健性标准误:*** p<0.01,** p<0.05,* p<0.1。

经五次迭代回归,回归系数逐渐收敛,趋于稳定,表明回归的稳健性较好。

由于存在滞后一期,故表 2-4 的回归年份比表 2-2 减少 1 年。结果显示,竣工房屋造价(k)、人均可支配收入(y)、房地产开发投资(i)与房价增长率同向变化,而实际贷款利率(r)对房价的影响显著为负。这一结果符合假设。

由方程(2-7)可知,房地产泡沫变化取决于泡沫膨胀和泡沫消解因素的共同影响。根据表 2-4 第五次迭代的稳态结果,泡沫膨胀系数 λ_1 为 0.00320,泡沫消解系数 λ_2 为 0.281。泡沫膨胀系数反映的是上期上涨率对本期房价走势的影响程度,系数为正,表明就适应性预期而言房地产市场价格具有正反馈效应,即房价涨幅会自我放大,只要房地产价格还在上涨,房地产泡沫将存在继续膨胀的可能;反之,一旦出现房地产价格下跌,则会传递到下一期,使房地产价格涨幅迅速回落。泡沫消解系数反映的是上期房价对均衡价格的偏离对本期房价走势的影响程度,系数为正,表明就市场均衡理论而言房地产价格具有负反馈效应,即房地产价格有一定的自我校正能力。当房地产价格高于基准价格时,$\ln P_{t-1}^* - \ln P_{t-1}$ 的值为负,在正系数(λ_2)的作用下会对下一期房价的走势产生反向拉力;当房地产市场价格低于基准价格时,$\ln P_{t-1}^* - \ln P_{t-1}$ 的值为正,在正系数(λ_2)的作用下会对低于基准价格的房地产价格产生向上推力。在本章中,由于泡沫膨胀系数小于泡沫消解系数,只有当房地产市场价格与均衡价格不发生严重偏离时(即:$\ln P_{t-1}^* - \ln P_{t-1}$ 的绝对值较小),房地产市场才对外表现为正反馈机制,而一旦房地产市场价格偏离均衡价格较大,房地产市场立即对外表现为负反馈机制,产生自我矫正力。可见,在中国城市房地产泡沫膨胀的过程中,房地产泡沫得到了有效的挤压。

(二)30 个大中城市房地产泡沫测度结果

根据上述回归结果,只要对 LnP_{t-1}^* 进行指数运算,就可以求出均衡价格,再按照泡沫的定义 $\theta = \dfrac{P - P^*}{P^*} \times 100\%$,求出30个大中城市的房地产泡沫度。将泡沫测度结果制成表2-5和图2-1,表示2001—2012年30个样本城市的房地产泡沫走势。2003年以前,所有样本城市的房地产泡沫都在10%以下。2004年,有3个城市房地产泡沫超过10%。2005年,上海房地产泡沫最高达到24.18%,有8个城市房地产泡沫处于10%—20%,房地产泡沫开始加速膨胀。2009年,房地产泡沫膨胀剧烈,2010年基本达到阶段性高点。2012年,房地产泡沫膨胀势头得到缓解,上海、杭州、南昌、沈阳、南京的房地产泡沫超过30%,天津、重庆、兰州、银川、济南、北京、武汉、福州、深圳、成都、西安、呼和浩特、长沙、南宁这14个城市房地产泡沫度在20%—30%之间,广州和昆明房地产泡沫度在10%左右。总体而言,所有样本城市房地产泡沫膨胀表现出大致相似的走势(见图2-1)。

表2-5　30个大中城市房价泡沫　　　　　　　　　　　(单位:%)

	2001	2002	2003	2004	2005	2006	2007	2008	2009	2010	2011	2012
北　京	0.68	0.84	0.99	1.14	3.06	6.53	11.25	16.61	23.16	24.01	22.93	25.09
天　津	0.42	1.04	1.88	4.01	10.88	14.14	18.00	20.92	25.79	27.74	30.05	29.46
石家庄	1.34	3.37	4.11	4.27	6.17	9.13	11.56	15.01	19.35	17.17	19.38	19.10
沈　阳	1.95	3.53	3.58	7.52	15.72	19.88	23.87	26.19	30.81	31.76	30.97	32.34
长　春	3.76	5.16	3.64	3.75	3.86	4.86	5.76	8.75	13.19	13.82	16.05	15.23
哈尔滨	1.34	2.35	2.93	3.03	5.48	7.91	9.77	12.85	17.34	18.97	18.71	19.23
上　海	1.15	1.94	5.69	15.81	24.42	30.02	29.51	30.13	35.87	36.38	33.41	35.10
南　京	1.24	1.51	3.07	8.10	16.04	20.52	23.23	25.84	29.26	29.89	32.09	30.91
杭　州	2.91	5.94	9.56	12.86	19.17	24.61	26.41	29.31	36.62	38.43	35.44	34.10
福　州	0.47	1.62	3.16	4.62	8.42	12.64	17.96	19.96	23.78	23.88	24.17	24.67
济　南	1.85	2.81	4.12	5.75	11.10	15.21	17.78	25.39	26.43	24.32	25.69	
郑　州	0.68	0.47	1.45	2.50	4.58	8.23	11.39	14.17	17.04	18.25	20.30	19.94
武　汉	1.19	4.32	5.33	7.34	11.78	15.48	17.33	19.37	23.57	22.90	26.12	25.06

续表

	2001	2002	2003	2004	2005	2006	2007	2008	2009	2010	2011	2012
长沙	0.63	1.30	1.88	2.13	3.86	5.32	8.19	12.12	16.70	17.35	23.03	20.98
广州	1.83	1.69	1.90	2.26	0.88	2.37	5.62	8.72	9.18	9.30	11.21	10.55
重庆	1.34	2.08	3.18	6.34	13.51	17.46	19.36	22.25	27.52	28.19	28.86	29.03
成都	1.09	1.26	1.93	3.44	7.52	12.67	16.71	20.03	23.42	23.66	22.23	23.27
西安	1.09	2.08	2.66	3.40	6.01	8.29	10.32	13.19	18.64	18.94	25.31	22.51
深圳	0.84	0.53	0.74	1.88	4.25	8.00	14.57	22.32	22.67	23.15	24.10	24.19
昆明	0.53	0.47	0.47	0.95	1.08	2.59	3.29	4.93	6.99	7.53	10.85	9.52
南昌	2.06	4.15	10.09	12.69	16.69	21.31	25.10	27.79	32.28	33.30	31.54	33.52
贵阳	2.41	2.86	3.69	4.38	5.75	7.14	9.57	12.71	17.30	19.40	18.91	19.91
太原	0.99	0.99	1.92	4.16	7.49	10.48	12.73	14.49	18.73	19.09	18.73	19.23
南宁	0.78	0.89	2.18	3.27	6.24	8.84	11.16	14.61	20.26	20.55	20.26	20.50
西宁	0.99	1.26	2.40	3.39	5.04	7.08	10.45	15.33	17.84	17.91	17.94	18.87
合肥	0.42	0.68	2.74	4.89	7.82	11.12	11.96	12.38	17.91	17.91	20.79	19.54
海口	0.73	0.85	0.99	2.39	5.43	6.77	8.33	11.37	17.88	19.23	16.94	18.10
兰州	0.68	2.03	4.25	5.21	9.74	12.76	15.50	18.01	24.88	27.37	25.04	27.26
银川	1.54	3.73	5.62	6.75	9.08	10.55	11.93	13.45	20.94	24.54	25.93	26.07
呼和浩特	1.44	2.50	3.70	4.07	6.80	12.94	18.27	19.84	21.91	21.97	22.04	22.46

(三)稳健性检验

稳健性检验即检验实证结果是否随着参数设定的改变而发生变化,目的是进一步验证回归结果的可靠性,如果改变参数设定后,回归系数的符号和显著性发生了改变,说明不是稳健的。我们采用的稳健性检验方法是,从变量出发,使用替换变量代入方程回归。在上述计量模型中,引入城市中小学生人数和土地购置面积两个变量,从供给和需求层面分析它们对房价泡沫的影响。(1)将城市中小学生人数和土地购置面积一并加入计量模型,这两个变量的稳态收敛结果未能通过显著性检验,并导致其他变量的显著性明显下降。而且,30个大中城市房价泡沫测度结果在城市之

(单位:%)

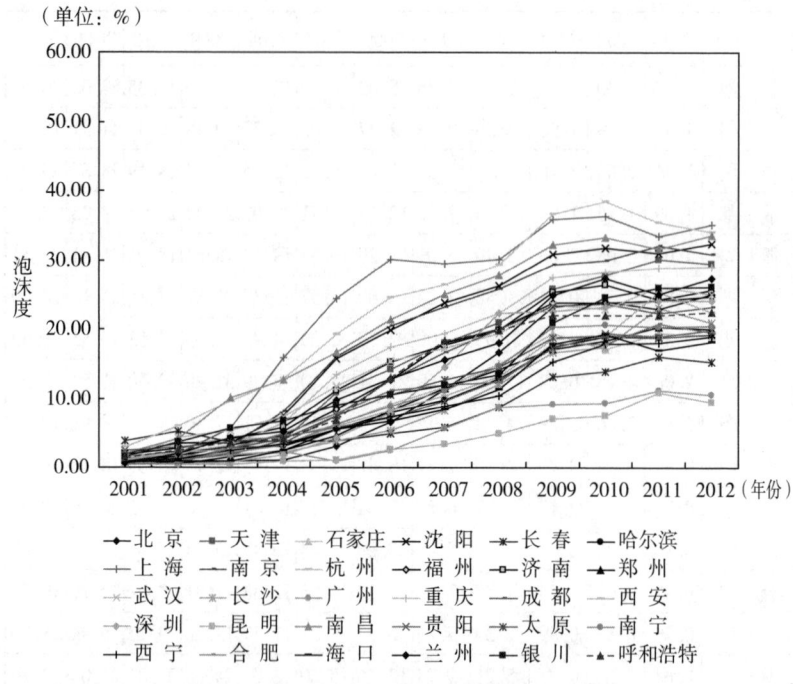

图 2-1 中国 30 个大中城市房地产泡沫走势

间的区分度明显下降。(2)将城市中小学生人数或土地购置面积分别加入计量模型,检验结果与上述检验相似。(3)由于土地政策变动对土地供应造成随机性影响,为消除这种因政策冲击造成的数据结构的非平稳性,我们对土地购置面积以 3 年区间对数据进行平滑处理,检验结果仍然与上述检验相似。这说明土地购置面积变动对房价波动不具有显著影响。理论上,中小学生数变动影响房地产需求,土地供应影响房地产供给,这两个变量将导致房价波动,但根据本章的计量检验,人口密度更全面地反映了人口因素对房地产需求的影响,房地产开发投资更好地反映了房地产供给状况,而中小学生人数和土地购置面积对房价的影响不显著。根据稳健性分析,表明方程(2-7)回归结果在整体上是稳健的。

四、关于城市房地产泡沫的进一步讨论

2012年,东部地区房地产泡沫度高的城市依次是上海、杭州、沈阳、南京、天津、济南、北京、福州、深圳等,房地产泡沫度在20%以上。其中,长三角地区的房地产泡沫度最高。中部地区房地产泡沫度最高的城市南昌为33.52%,其次是武汉为25.06%,长沙、郑州、合肥的房地产泡沫度在20%左右。西部地区房地产泡沫度较高的城市依次是重庆、兰州、银川、成都、西安、呼和浩特和南宁等,房地产泡沫度在20%以上。而作为一线城市和珠三角的中心城市广州,房地产泡沫度却很低。东部样本城市的房地产泡沫度明显高于中西部地区,中西部样本城市的房地产泡沫度基本接近。对于上述房地产泡沫的区域特征,进一步做如下解释:

(1)以上海为龙头的长三角地区正在迅速成长为中国的经济中心,人们对长三角地区未来在中国和全球经济地位的良好预期,导致这个地区的房地产泡沫处于高位。上海作为全国和长三角地区最有发展潜力的城市,正在加速建设国际金融中心和国际航运中心,乐观的前景预期吸引了国内外大量资本、人才集聚,国际资本和跨国公司等国际机构趋之若鹜,使上海具有突出的城市地位和较高的经济发展水平,并促使上海的房地产需求急剧增长。特别是2004年以来,上海的房价上涨产生了更强烈的上涨预期,而国际资本的流入,进一步加剧了房地产泡沫膨胀,使房地产市场价格高于均衡价格。但是,随着长三角地区经济社会发展一体化的深入,上海将进一步积累更大的经济能量。因此,上海房地产市场出现一定程度的房地产泡沫,是由人们良好的经济预期导致的,上海是有消解泡沫的能力的。而长三角地区的另外两个中心城市——南京和杭州,自然风光秀美、产业基础良好、科教文卫发达、公共服务充足、城市魅力凸现,对区域外资本和人口具有很强的吸引力,推动了房地产需求的增长,导致房地产市场价格脱离了经济基本面,出现较大的房地产泡沫。

（2）中部样本城市中，南昌的房地产泡沫度很高，武汉房地产泡沫较高。西部样本城市中，依次是重庆、银川、西安、兰州、成都、呼和浩特和南宁等城市房地产泡沫度较高。这说明中国城市的房地产泡沫膨胀不仅仅局限在东部地区，而是东中西部地区都有一些城市存在较高的房地产泡沫。从中部地区来看，2012年南昌城镇居民人均可支配收入为23602元，而武汉、长沙、合肥和郑州分别为27061元、30288元、25434元和24246元[1]，南昌最低，但根据搜房网提供的数据[2]，南昌的房地产市场价格水平却大幅高出这四个城市。南昌的房价水平，在较长时间里保持了较高涨幅，明显脱离了经济基本面，积累了大量房地产泡沫。从西部地区来看，重庆、银川、西安、兰州、成都、呼和浩特和南宁是直辖市或所在省、自治区的首位城市[3]，与周边城市在地位上相差悬殊，资金和人口将向这些区域中心城市集聚，促使房地产需求增长，出现了较大的房地产泡沫。

（3）广州的房地产泡沫度一直较低，广州的房地产市场是耐人寻味的。1999—2011年，广州的经济基本面较好，但从1999—2003年广州的房地产市场处于调整过程中，房屋销售价格指数小幅盘整，调整很充分；2004—2011年广州房地产市场进入上升通道，而房屋销售价格指数上涨幅度不大[4]，2012年新建商品住宅从3月到10月连续8个月同比价格下降，因而广州的房地产泡沫少。除了经济基本面因素，广州的实体经济发展空间大，资本偏向于投资实体经济，减少了房地产投资需求。此外，以广州、深圳、香

---

[1] 数据来源于2012年南昌、武汉、长沙、合肥和郑州5个城市的《国民经济和社会发展统计公报》。

[2] http://news.nc.soufun.com/2011-05-17/5044889.htm。

[3] 所谓"城市首位度"，是指一个国家或地区最大城市的人口数与第二大城市的人口数之比，通常用它来反映一国或地区的城市规模结构和人口集中程度。

[4] 1999—2012年广州房屋销售价格指数为：95.1、97.3、100.3、99.6、99.3、102.7、104.7、106.1、106.7、99.8、101.1、105.4、104.1、99.7。

港为核心,包括珠海、惠州、东莞、清远、肇庆、佛山、中山、江门、澳门等城市构成的珠三角城市群,经济活力强、城市化水平高、房地产业比较发达,分散了对广州的房地产需求压力,抑制了广州房价上涨。

第四节 住宅市场泡沫的区域差异分析

住宅是一项非常重要的消费品,城市住宅价格的上涨引起了人们的广泛关注,人们在讨论一个城市的房价泡沫时,更加关心住宅市场泡沫。由于数据限制,本章提出的房价泡沫测度方法,难以直接用于对住宅市场泡沫的测度。事实上,房价收入比是国际上常用的房价泡沫测度指标之一。本章采用房价收入比进一步对30个大中城市住宅市场泡沫进行测度,并使用面板VAR方法对东中西部地区城市住宅市场泡沫的影响因素和区域差异进行更深入的分析。

一、住宅市场房价收入比测度

所谓房价收入比,是指城市一套住房的总价格与居民家庭年收入之比。本章确定的住宅市场房价收入比的计算公式是:房价收入比=人均住宅建筑面积×平均住宅价格/城镇居民人均可支配收入。

数据来源于各年《中国统计年鉴》和各地《统计年鉴》。数据不全的来自各地《国民经济和社会发展统计公报》《新中国55年统计资料汇编》《新中国60年统计资料汇编》,国家住建部2002年、2004年、2005年公布的主要城市人均住房建筑面积,万德数据库、中宏数据库。对于仅公布住宅使用面积的年份,我们进行了换算。2001年天津住房建筑面积为使用面积乘以1.33得到。成都数据来自第五次、第六次全国人口普查数据，国家住建部公布的《2005年城镇房屋概况统计公报》。2001—2004年福州住房建筑面积为使用面积乘以1.33得到。2001—2002年石家庄住房建筑面积按住房使用面积乘以1.33得到，2003—2006年石家庄住房建筑面积根据与天津市的历年平均比例推算得到。根据沈阳、长春等地的住房建筑面积与住房使用面积的比例关系，同为"东三省"省会城市的哈尔滨的人均住房建筑面积为住房使用面积乘以1.47得到。2001—2004年长沙为住房使用面积乘以1.33。2008年福州，2002—2009年成都，2001—2004年深圳，2001—2002年、2004—2007年昆明，2001—2010年南昌，2001—2008年西宁，2001—2006年合肥，2001—2008年兰州，2001—2006年银川，2001、2002年呼和浩特都是根据可得数据年份与其所在省份人均住房建筑面积平均比例推算得到。根据公式，计算2001—2012年30个大中城市的房价收入比，如表2-6所示。

表2-6 中国30个大中城市房价收入比

城市\年份	2001	2002	2003	2004	2005	2006	2007	2008	2009	2010	2011	2012
北京	6.75	6.84	6.32	6.53	7.68	8.75	13.23	12.67	13.70	17.05	13.87	15.18
天津	5.34	5.46	5.36	6.23	8.14	8.48	9.24	8.95	9.22	10.22	10.41	10.21
石家庄	4.24	4.10	3.98	3.71	4.45	4.67	5.01	4.59	5.84	6.12	6.21	6.12
沈阳	8.22	7.62	7.65	7.67	7.76	7.75	6.54	6.58	6.99	6.96	7.92	8.27
长春	7.98	7.00	6.29	6.45	6.44	6.30	6.54	6.19	7.18	8.86	9.54	9.05
哈尔滨	5.60	5.23	7.27	6.95	7.07	7.03	6.38	6.93	7.99	9.62	8.88	9.13
上海	5.03	5.82	6.54	7.93	7.82	7.66	11.40	10.26	15.14	15.53	12.51	13.14
南京	7.85	7.19	7.17	6.39	7.59	7.64	6.43	5.95	7.62	8.94	7.60	7.32
杭州	5.52	6.36	6.45	6.39	8.13	7.94	9.86	10.41	12.15	14.65	12.61	12.13
福州	3.39	5.49	6.06	5.53	6.93	8.12	7.68	8.71	9.93	11.10	10.83	11.05
济南	4.49	4.81	5.17	5.85	5.52	5.47	4.34	4.29	6.20	7.16	6.94	7.33
郑州	7.35	6.74	6.32	5.88	6.33	6.53	6.10	5.95	6.20	7.05	6.16	6.05

续表

年份 城市	2001	2002	2003	2004	2005	2006	2007	2008	2009	2010	2011	2012
武 汉	6.28	6.25	6.61	7.44	8.67	9.69	8.89	8.20	8.73	8.50	9.07	8.70
长 沙	5.73	5.62	5.62	5.15	6.20	6.59	6.60	4.99	5.12	5.72	6.68	6.09
广 州	5.72	5.62	5.59	5.81	6.38	7.47	8.46	7.10	6.82	7.35	6.96	6.55
重 庆	3.09	3.37	3.48	3.88	4.11	4.41	5.61	5.02	5.68	7.30	7.05	7.09
成 都	4.32	5.07	5.78	6.70	8.50	9.46	7.26	7.87	7.82	10.23	9.83	10.29
西 安	6.04	6.31	6.05	7.05	7.50	7.68	6.00	6.52	5.61	5.60	6.49	5.77
深 圳	4.41	4.80	4.92	5.36	7.80	9.97	13.23	12.47	13.10	15.82	16.10	16.16
昆 明	4.08	4.53	4.30	5.18	5.47	5.20	5.35	5.26	6.50	5.53	6.58	5.77
南 昌	5.72	5.49	4.80	7.03	6.76	7.84	7.31	6.17	6.19	6.73	7.37	7.83
贵 阳	3.40	4.07	4.78	4.06	4.18	4.39	4.92	4.87	6.28	7.14	6.85	7.21
太 原	5.60	5.34	5.67	5.43	6.42	6.34	6.15	6.09	7.45	11.28	9.25	9.50
南 宁	5.80	5.80	5.76	8.54	7.34	7.51	8.26	8.98	9.12	8.16	8.95	8.26
西 宁	2.93	3.38	3.74	3.66	3.95	4.01	4.21	5.08	5.15	5.82	5.60	5.89
合 肥	3.90	4.41	4.91	5.70	6.43	5.95	6.06	5.67	6.23	7.60	7.11	6.68
海 口	4.43	5.04	4.65	4.96	5.57	5.48	6.05	6.88	8.84	13.96	10.08	10.77
兰 州	3.05	4.25	4.58	5.42	5.78	5.96	6.71	6.22	6.62	7.10	6.80	7.40
银 川	3.88	6.23	5.60	5.83	5.77	5.67	4.95	5.16	5.93	6.15	6.21	6.24
呼和浩特	3.89	4.06	3.70	3.75	3.45	4.18	4.03	3.64	4.37	4.37	4.36	4.44

二、住宅市场泡沫面板 VAR 分析

根据表2-6,2012年房价收入比,除了西宁、昆明、西安和呼和浩特,其他城市都超过6,而超过10的城市有8个,除成都外全部是东部城市,说明东部城市住宅市场泡沫比较严重。城市住宅市场泡沫受市场供求等多种因素影响,且影响机制具有交互性和复杂性,很难用传统单向的计量模型来刻画,而VAR模型的脉冲响应则能较好地描述变量间的动态交互作用。因此,本章构建面板VAR模型(Kao,1999;Westerlund,2005),考察住宅市场泡沫对相关因素变化的脉冲响应和东中西部城市的区域差异。

$$y_{it} = \alpha_i + \beta_t + K_n y_{it-n} + \varepsilon_{it} \qquad (2-9)$$

其中，下标 i 代表城市个体，下标 t 代表时间，下标 n 代表滞后期阶数，滞后期的选择基于对脉冲响应函数收敛性及 AIC 值的综合判定。$y_{it} = [hpratio_{it}, r_{it}, zj_{it}, zzkf_{it}, zzxs_{it}]$。hpratio 表示住宅市场房价收入比。$r$ 表示实际利率，用一年期固定资产投资贷款利率，减去样本城市当年 CPI 后，得到实际利率。zj 表示住宅建筑成本。zzkf 表示住宅开发投资。zzxs 表示住宅销售面积。在计量分析过程中，本章对 zj_{it}、$zzkf_{it}$、$zzxs_{it}$ 三个变量进行了对数化处理。为了避免伪回归，对文中各指标进行平稳性检验。使用 LLC 检验方法，对各指标进行检验，结果表明 hpratio、r 和 zzxs 的原始数据是平稳的，zzkf、zj 原始变量存在单位根，经过一阶差分变换后均是平稳序列。

表 2-7 LLC 与 IPS 单位根检验结果

变量	原序列 LLC 检验	原序列 IPS 检验	一阶差分序列 LLC 检验	一阶差分序列 IPS 检验	结论
Hpratio	−4.48*** (0.00)	−1.85** (0.03)	−10.54*** (0.00)	−6.72*** (0.00)	I(0)
r	−16.94*** (0.00)	−10.42*** (0.00)	−17.75*** (0.00)	−9.51*** (0.00)	I(0)
zj	−0.50 (0.31)	1.31 (0.90)	−7.71*** (0.00)	−3.50*** (0.00)	I(1)
zzkf	−1.74** (0.04)	−0.55 (0.29)	−10.07*** (0.00)	−4.98*** (0.00)	I(1)
zzxs	−3.16*** (0.00)	−1.36* (0.09)	−7.89*** (0.00)	−5.11*** (0.00)	I(0)

注：(1) 括号内为 p 值；
(2) ***、**和*分别表示在 1%、5%和 10%水平上拒绝"有单位根"的原假设。

中国 30 个大中城市住宅市场泡沫对实际利率、住宅建筑成本、住宅开发投资和住宅销售冲击的脉冲响应结果，如图 2-2 所示。从结果来看,实际利率对房价收入比产生负向影响,表明利率升高抑制房价收入比上升,利率下降引发房价收入比上升。住宅建筑成本、住宅开发投资和住宅销售面积对房价收入比的影响不敏感,表明房地产价格上涨能够抵消住宅建筑成本、住宅开发投资和住宅销售面积的影响。

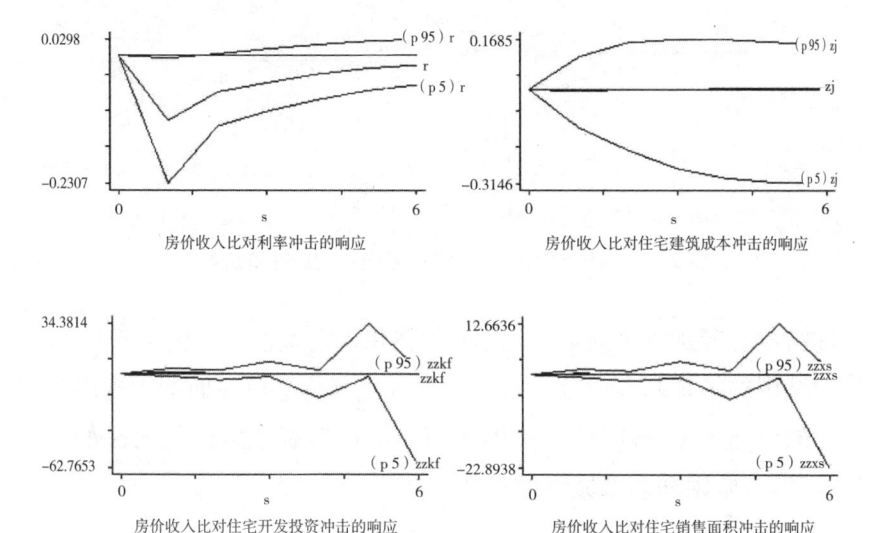

图 2-2 中国 30 个大中城市住宅市场泡沫的脉冲响应结果

东部地区城市住宅市场泡沫对实际利率、住宅建筑成本、住宅开发投资和住宅销售冲击的脉冲响应结果,如图 2-3 所示。东部地区实际利率、住宅建筑成本对房价收入比冲击为负,房价收入比对住宅开发投资、住宅销售面积不敏感,表明市场供应增加对房价抑制作用不明显。同时发现,实际利率、住宅开发投资、住宅销售面积对房价收入比产生的影响,与中国 30 个大中城市的结果基本一致。进一步说明,就房地产市场影响力而言,东部地区更具代表性。

中部地区城市住宅市场泡沫对实际利率、住宅建筑成本、住宅开发投资和住宅销售冲击的脉冲响应结果,如图 2-4 所示。从结果来看,房价收入比对实际利率、住宅建筑成本、住宅开发投资的

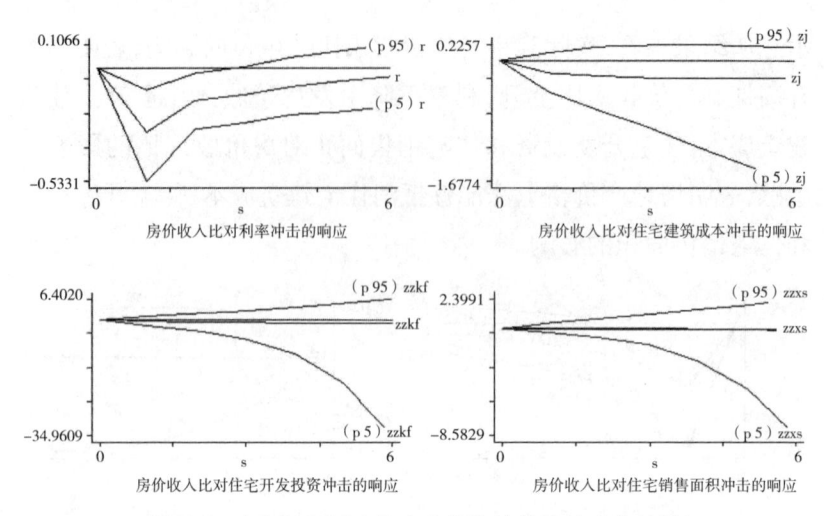

图 2-3　东部地区城市住宅市场泡沫的脉冲响应结果

冲击响应分别为负向显著、正向显著和正向显著，与中国 30 个大中城市的结果基本一致。而房价收入比与住宅销售面积表现出稳定的负向关系，表明住宅销售面积的增加抑制了房价收入比的上升，这与全国和东部城市的特征不同。

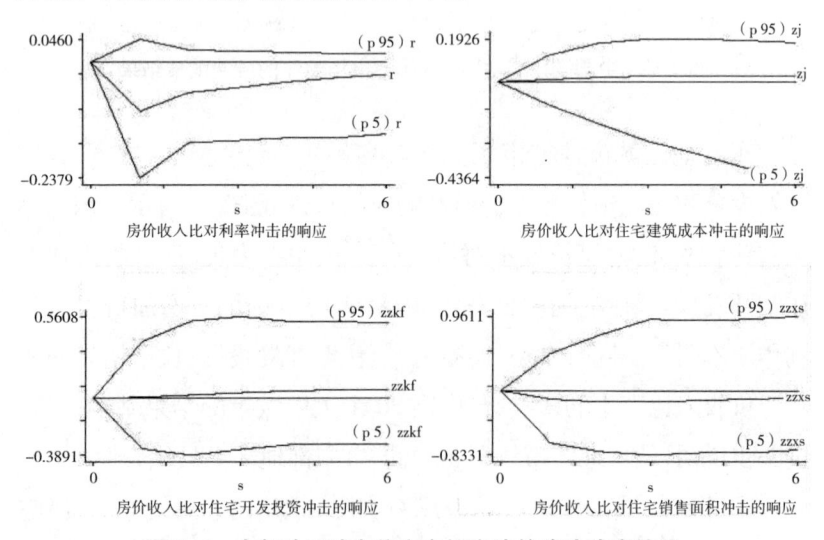

图 2-4　中部地区城市住宅市场泡沫的脉冲响应结果

西部地区城市住宅市场泡沫对实际利率、住宅建筑成本、住宅开发投资和住宅销售冲击的脉冲响应结果,如图 2-5 所示。西部地区城市实际利率对房价收入比冲击的影响相对复杂,呈现先正后负特征并在约第 1.5 期时发生转变,说明提高实际利率会在短期内由于增加资金成本而推高了房价,但在长期发挥出抑制作用。住宅建筑成本对房价收入比冲击的影响为正,反映出建筑成本的增加相应推高了房价收入比,这符合成本与价格间的正向关系逻辑。住宅开发投资和住宅销售对房价收入比冲击的影响为负,说明市场供给的增加最终抑制了房价收入比的上升,表明西部地区的市场投机成分较弱,价格更多符合市场供求法则。

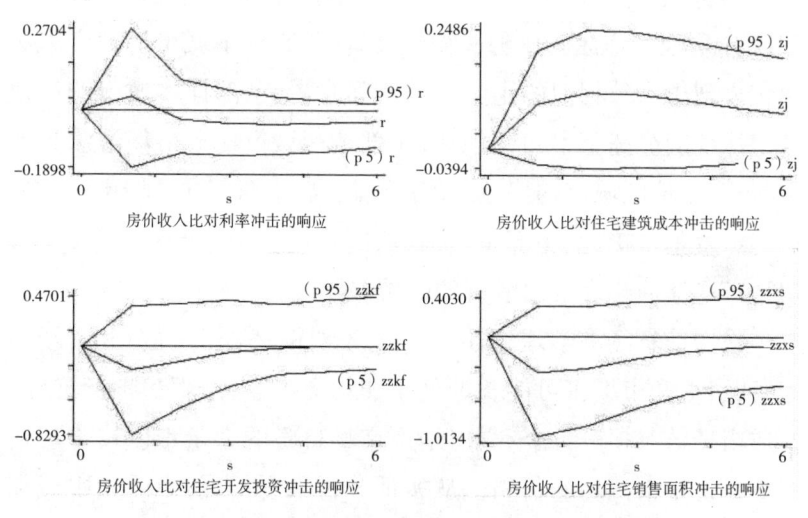

图 2-5 西部地区城市住宅市场泡沫的脉冲响应结果

综上所述,中国城市住宅市场泡沫仍处于可控范围内,住宅市场泡沫区域差异明显。东部地区城市住宅市场泡沫较严重,建筑成本、住宅开发投资和住宅销售面积对房价收入比的影响都不显著,房价更多取决于投机而非基本面因素。中部地区的实际利率提高和住宅销售面积增加都能够抑制房价收入比的上升,而住宅建筑成本与房价收入比具有正向变动关系,说明房价变动更多取决于基本面因素。西部地区与中部的表现基本一致,此外,住宅开发投资对房价收入比的影响显著为负,说明房价变动不仅与市场需求有关,而且市场供给也能显著地抑制房价收入比的增长。从而西部市场投机成分较少。

本章根据适应性预期理论和动态均衡思想,构建预期均衡价格模型,选用1999—2012年中国30个大中城市的面板数据,充分考虑经济基本面因素,测度这些城市的房地产泡沫,并对东中西部地区城市住宅市场泡沫的区域差异做了深入分析。从时间序列来看,中国30个大中城市,2003年以前房地产泡沫较少,2005年房地产泡沫开始加速膨胀,2009年房地产泡沫膨胀剧烈,2011—2012年房地产泡沫膨胀势头得到缓解,所有样本城市房地产泡沫演化表现出大致相似的走势。从空间来看,东部样本城市的房地产泡沫度明显高于中西部地区,东部地区城市住宅市场泡沫较严重,长三角地区城市的房地产泡沫度最高,中西部样本城市的房地产泡沫度基本接近,中部是南昌、西部是重庆房地产泡沫最严重,房地产泡沫演化表现出显著的区域差异。

根据信息经济学理论,由于信息不对称、信息不充分和市场不完备,房地产市场将可能长期处于非均衡状态,产生房地产泡沫,造成市场效率损失,而依靠房地产市场自身的力量难以校正房地产市场价格偏离均衡价格。从实证分析来看,当前中国大中城市的房地产泡沫程度较高,甚至局部地区房地产泡沫问题十分严重,而且存在房地产泡沫进一步膨胀的条件和风险。因此,政府必须因势利导,根据不同时期和不同区域房地产市场运行的实际状况,采取动态化、差异化的房地产市场宏观调控政策,既要有一定的前瞻性,又要有适当的灵活性,适度挤压房地产泡沫,引导房地产市场逐步回归均衡状态。事实上,2010年年初以来的这一轮紧缩型的房地产市场宏观调控,对于遏制部分城市房价的过快上涨和挤压房地产泡沫发挥了一定的作用,特别是差别化的信贷政策对抑制房地产投资、投机行为产生了关键作用。但是,限购政策作为一种纯粹的行政手段和一种过渡性的制度安排,只能是权宜之计,一种应急措施,决不能广泛覆盖,更不能中长期化和制度化,要及时利用适当机会促使限购政策退出,并寻求治理房地产泡沫的治本之策和建立健全实行房地产市场宏观调控的长效机制。

第三章 农户住宅投资、居住融合与新型城镇化

第一节 城市化过程中的居住融合

中国城市化水平自1996年之后保持了高速增长,从1996年的30.48%上升至2014年的54.77%[①],城市化率年均提高1.03个百分点。与此相反,中国的总消费率即由居民消费和政府消费构成的总消费占GDP的比重,尤其是居民消费率即居民消费占GDP的比重,却呈现出不升反降的态势。总消费率从1996年的61.7%下降至2013年的51.36%,下降了10.34个百分点。居民消费率则由47.71%降至37.30%,下降了10.41个百分点,且基本呈逐年下降趋势。中国消费过低、储蓄过高,以及经济增长主要靠投资和出口拉动,成为多年来经济学研究的一个重要问题。我们在导论部分曾专门讨论过中国高储蓄问题,作为一个硬币的两个面,接下来要讨论的就是低消费率问题。本章切入的视角是农业转移人口城市住房贫困背景下的农村住宅投资过度。

---

① 数据来源:历年《中国统计年鉴》和《2014年国民经济和社会发展统计公报》。

一、农业转移人口城市住房条件较差

城市化水平的上升为什么反而伴随着总消费尤其是居民消费的相对下降？这是一个令人费解的问题。按照基本的经济逻辑，城镇化可以增加劳动收入在 GDP 中的比重，提高收入的边际消费倾向，并改变农村人的消费行为（万广华，2012；陈斌开等，2010）。这是因为，首先在平均工资水平不变的情况下，只有增加劳动力在国民经济中的投入，才能增加劳动收入占比，而服务业（需要以城镇化为前提）比制造业的劳动力更为密集。其次，城镇化会带来劳动生产率的大幅度提高，进而带来原有城镇居民和移民工资的上涨，在其他条件等同的情况下，这会增加消费需求。再次，真正意义上的城镇化会逐步改变农村人的消费行为，在劳动收入占比和人均收入增加的基础上，进一步提高边际消费倾向。最后，城镇相对较好的社会保障体系，也使得城镇化能够帮助减少预防性储蓄，从而促进消费。如果基本的经济逻辑正确，剩下的解释必然是我国传统的城镇化发展路径无法做到城乡融合，尤其是无法让进城的新市民（十八大报告所称的"农业转移人口"）融入城市。

据统计[①]，我国外出务工农民超过 2 亿人，其中跨省外出农民工达 1.2 亿人。绝大部分农民工在城市的居住条件很差，合伙借住或租住于设施简陋、环境恶劣、空间狭窄、房租便宜的临时住房，聚居在城乡结合地带或"城中村"。由于没有相对稳定的、适于家居生活的住所，数以亿计的农民工不断地在城乡之间流动，过着候鸟式的生活，农民工的身心健康、生存发展、心理归宿、子女教育等权益难以得到保障，城乡经济社会的协调可持续发展也受到很大制约。根据郑思齐等（2008）对北京城中村的调查，人均使用面积在 5 平方米以下的住户占到 40%，九成以上的住房缺乏独立厕所和厨房，在过去半年里所住社区发生案件比重达到 81%，其中 1/4

[①] http://www.stats.gov.cn/tjsj/zxfb/201502/t20150226_685799.html.

的案件涉及人身伤害和死亡。同时，这些群体无法享受城市中的教育、医疗等公共服务，缺乏就业信息和培训机会，无法融入城市的社会关系网络，社会信任感淡漠。42%的居民感觉被城里人看不起，对社会上的人不信任的比重占到63%。

二、农户住宅投资热情高涨

很多学者很早就观察到中国农村地区广泛存在的一个有趣的现象："农村建房热"（Sargeson，2002；Feder 等，1992）。例如，费德等（1992）研究发现，1979—1987 年中国农村住宅投资明显上升，生产性投资显著少于住房投资。近年来的数据和一些调查研究显示，农户的住宅投资热情有增无减：从 1999—2010 年，我国农村居民的住宅投资从 1799 亿元增长到 5264 亿元，年均增长率为 10%。考虑到我国同期农村人口从 8.2 亿减少到 6.7 亿，农户人均住宅投资的增长更是显著。田淑敏等（2009）基于京郊地区农户的经验研究表明，所有被调查者都希望增加住房面积，平均希望增加人均住房面积 16.15 平方米。邵书峰（2010）对河南省南阳市 600 户农户的调查表明，被调查地区农户有强烈的投资需求，并且投资规模在不断扩大。郭松海（2010）认为，我国当前农村正处于第三次建房热潮。

究竟是什么原因导致了农户的住宅投资热情？从文献来看，目前大概有三种视角解释农户的住房投资行为：第一种视角认为农户实际上是在住宅投资和非住宅投资中选择，由于非住宅投资中承包地使用权及交易权的不稳定性、农场规模极小和信贷不足，相形之下，尽管宅基地的产权也相当模糊，但农民对宅基地的实际控制要比承包地稳定得多，这种产权安全性的差异降低了农户对非住宅投资的激励，从而使得住宅投资增加（费德等，1992；田传浩等，2012）。第二种视角试图从社会学的角度解释这一现象，即产权安全性和市场因素并非农户住房投资的主要原因，体现身份地位、改善社会关系尤其是性别失衡下为子女提供婚姻的资本等社会原因才是农户住宅投资的主因(萨基森,2002;Wei 和 Zhang,2011)。第三种视角直接从文化规范的角度或对住宅特有的偏好来解释国人的投资热情,例如南加州大学的加里·彭特、杨丽红和于舟(Gary Painter,Lihong Yang 和 Zhou Yu,2004)的研究发现,美国的华裔居民住宅自有率平均而言比白人要高 18 个百分点,除文化因素外找不到其他更合理的解释。台湾辅仁大学的鲁慧中和陈明贤(2006)对台湾高住房自有率的研究也认为无法仅仅从经济因素上解释台湾的住房自有率,两位作者将文化规范纳入租买选择模型,结果发现越是教育程度低的居民越是秉承"一定要拥有住房"的文化规范并显著地影响了租买选择。上述视角的共同缺陷在于只能解释对农户而言住宅投资比非住宅投资更具吸引力,无法解释住宅投资为何会持续增加。

本章提供了一种全新的视角来看待近十年来农户的住宅投资热情,从而将传统的城镇化道路下农业转移人口无法彻底融入城市的困境与农村住宅投资持续膨胀联系起来。在过去的十年中,我国采取的低价工业化和高价城市化战略使得大量进入城市的民工无法彻底融入城市生活,他们只是生产在城市,而消费和投资并不在城市。一个很突出的现象是,除城郊农户住宅投资的增加主要是因租赁市场发育用于出租给民工外,中西部省份农户住宅投资的资金来源很大部分来自于打工收入。这意味着城市房价越高,他们越不可能在城市立足,迫使他们回家投资住宅。也就是说,这种表现出来的热情其实是被迫的,并意味着巨大的资源浪费。

三、城乡融合是出路

我们常说,中国人多地少,人地关系高度紧张。在这种资源禀赋的制约下,城镇化道路更应该走集约型和节约型的土地利用之路。即大量的农业转移人口在进入城镇的同时,虽然扩充了城镇建设用地规模,但农村建设用地尤其是居住用地能够节约出来,从而实现动态的土地保护目标。但现实的困境在于,各个城市政府掌握了垄断土地征收权利,希望通过工业用地价格和商住用地价格的不同来推动地方发展,这导致了城市土地利用结构的不合理,农业转移人口受制于高房价,而地方政府也无意和无力提供保障房和基本公共服务均等化以接纳这部分人口。这种"要地不要人"和"以地谋发展"的半截子城镇化道路在十八大后已走到了尽头。如何走向城乡一体的从居住分割到居住融合的新型城镇化道路,亟待展开更深入的研究。

本章接下来安排如下,第二节是分析政府间竞争的制度架构下,地方政府"以地谋发展"和"要地不要人"的发展道路与高房价的形成的制度逻辑;第三节是进一步分析在高房价制约下农业转移人口的居住分割局面以及我国农户住宅投资的一些典型性事实和约束,重点分析低价工业化和高价城市化对农户住宅投资的激励;第四节是采用 31 个省区市的面板数据的实证分析,在控制了建筑成本、人口和 CPI 等变量后,分析城镇商品房价格对农户住宅投资的影响;最后是结论与政策建议。

第二节 政府间竞争、"以地谋发展"与高房价的形成

中国有特殊的国情、特殊的体制,形成了特殊的发展机制。依靠强有力的中央集权和地方政府间的财政和晋升激励,中国经济创造了 20 世纪 80 年代以来的发展奇迹。21 世纪以来,在延续地方政府间激烈的锦标赛式竞争模式的同时,财政体制的束缚,使得各地纷纷把目光投向土地。高地价与高房价的螺旋式上升,使一

第三章　农户住宅投资、居住融合与新型城镇化

系列问题暴露出来。

一、M型组织中的政府间竞争

在中国经济增长的实践中,地方政府官员对地区经济发展所表现出来的热情和动力在世界范围内可能也是不多见的。一种观点认为,这种热情和动力可能与中国经济独特的组织形式有关,即相对于苏联的U型组织,中国则为一种类似于M型的组织结构。在U型组织中,各个分支按照功能分工原则设计,其业绩无法比较。而M型组织的好处在于各自的业绩相对可分离,且各分支相对独立便于相互比较。因此,中国大大小小的地方官员们就类似于一个M型公司的中层经理。这些"中层经理"们对经济发展的热情和动力主要有两种解释,一种解释是强调地方官员作为"经济人"的特征,认为财政分权改革赋予了地方政府相当大的财政支配权,财政激励构成了地方政府官员推动区域经济增长的重要动力源。另一种解释强调各级地方政府官员作为"政治人"的特征,即中央政府通过人事权激励地方官员去促进区域经济发展,晋升激励成为地方官员激励的主要动力源。在晋升激励中,各个地方官员与公司部门经理的重要差别在于,前者处于全国统一的政治劳动力市场中,只有一个雇主——中央政府。一旦离开这个政治市场,就无法再寻找其他政治机会。也就是说,各级地方官员的外部选择机会是非常有限的,这与一个公司的经理所面临的外部选择机会有天壤之别。所以一旦进入这个统一的政治劳动力市场,地方官员就面临着"锁定效应",不得不以最大的努力寻求晋升机会。

无论是将各个地方官员视为"经济人"还是"政治人",地方政府对本地区经济增长的渴望是显而易见的。在财政分权和官员任期考核制下,这必然导致各个地方在经济增长的锦标赛中出现"投资饥渴症",希望在中央对地方的相对绩效考核中胜出以获得

更大的政治晋升空间,并获得更多的剩余(财政收入)支配权。但问题在于,分税制改革后地方可支配财力的相对缩减,地方政府追求经济的发展需要大量的资源投入和软硬环境的改造,而竞争性资本的进入依赖于地方政府招商引资的优惠条件。

二、土地资本化与高房价的形成机制

进入21世纪以后,中国城市化进程大大加快。面对城市建设的巨额资本需求,土地资本化起了非常重要的作用。2000年以后,中国土地使用制度改革进一步深化,尤其是2002年以后对经营性用地实行"招拍挂"制度,加快实现土地从资源、资产到资本形态的转换,将土地的功能从传统的生产和生活功能,拓展到资本功能,带来巨大的乘数效应。一方面,土地的资本化,使地方政府财政能够获取土地增值的最大化收益,并以最大化的土地出让收入保证城市建设资金,以商住用地出让价格最大化来实现城市政府资金的平衡。另一方面,通过建立政府融资平台,以政府财政信用为担保,以土地为主要抵押品,换取银行资金,加大对城市基础设施建设融资。土地制度改革所释放的土地红利,为经济建设提供了巨额土地增值收益,促进了城镇化的快速发展。土地在扮演举足轻重角色的同时,它也成为中国传统增长模式的重要组成部分,土地的宽供应和高耗费保证了高投资;压低地价的低成本供地保障了高出口;以低价土地的招商引资推进了高速工业化;土地出让收入和土地抵押融资助推了快速城镇化。由此形成独特的"以地谋发展"模式。

在以土地谋发展的地区经济发展模式中,不同类型的土地并非以统一的价格出让。尽管土地出让收入被划归地方财政收入,但在各地的招商引资的激烈竞争中,地方政府的各种工业用地的出让收入如果刨除掉"五通一平"或"七通一平"的成本后,可以说是赔本赚吆喝。以杭州为例,根据中国城市地价动态监测系统提供的数据,杭州市2010年平均地价高达20836元/平方米,其中商业用地、居住用地和工业用地价格分别为25067元/平方米、22826元/平方米和483元/平方米,商业用地、居住用地和工业用地价格相差47—52倍。不仅杭州如此,全国都是大同小异,我们可以从表3-1中看得一清二楚。

表3-1　全国城市土地交易价格及其变动

年份 项目	2006	2007	2008	2009	2010	2011	2012	2013
35城市平均地价	1544	1751	3239	3447	4521	4475	4963	5604
居住用地	1681	1941	4625	4954	5695	5721	6416	7359
商业、旅游、娱乐用地	2408	2742	5118	5484	7852	8313	9086	10060
工业、仓储用地	485	561	732	749	666	699	734	766

数据来源:CEIC数据库。

从表3-1中我们看到,就全国而言,居住用地和商业用地的出让价格是工业仓储用地的6.6—7.3倍。所以,严格来说,中国地方政府的土地财政或"第二财政"几乎完全表现为居住用地和商业用地的出让收入。尽管2002年国土资源部出台的《关于通过招标、挂牌、拍卖国有土地使用权的规定》确立了市场对国有土地使用权的配置功能,但在我国建设用地出让中,真正做到市场化出让方式的其实只有居住和商业用地部分。据统计,政府以公共利益名义划拨供应的道路、绿化、科教文卫用地等,约占整个城市建设用地的50%;约25%—30%协议出让的工业用地低于成本价甚至"零地价"供应,政府在其中是难以获得什么收益的;只有通过"招、拍、挂"出让的用于商业、娱乐、旅游、商品住宅等经营性用地才能带来当期收益,各地真正通过"招、拍、挂"出让的土地只占15%—20%左右。一种说法是,地方政府其实是采用了一种巧妙的交叉补贴制度,即通过抬高商业和居住用地的出让价格来补贴入不敷出的工业用地出让价格,以在各种招商引资的竞争中胜出并促进地方经济增长。这一点在表3-1中已经体现得非常明显。更严重的是,简单的价格理论告诉我们,如果工业地价低于其实际价值,必然导致对工业建设用地的需求膨胀,从而加剧城市居住用地的紧张状态。城市空间扩张的速度远高于包含常住人口在内的城市人口扩张速度,造成城市建成区的平均密度不高,而城市居民区的人口密度畸高(党国英,2013)。有关调查结果表明,我国城市的工业用地面积占比过高,一般在25%以上,有些甚至超过35%,远高于国外15%的水平。例如,北京的工业用地效率仅相当于东京历年平均水平的5%左右,每公顷工业用地的从业人员数只相当于东京历年平均水平的12%左右。[①]

　　刘守英(2012)曾经将这种"以地谋发展"背后的制度支柱归结为我国建立的一套独特的土地产权制度和管理制度。具体来说就是:权利二元、政府垄断、非市场配置和管经合一。权利二元表现为:农村土地属于农民集体所有,农民集体拥有农地农用时的土地使用权、收益权和转让权,在农地转为非农用时,农民的土地权利在获得原用途的倍数补偿后即告丧失。城市土地属于国有,地方政府享有建设用地的处置权、出让权和收益权。政府垄断表现为:地方政府成为农地转为建设用地的唯一合法管道,一手从农民手中征地,另一手将转到自己名下的建设用地独家出让。非市场配置主要表现为:耕地占用实行审批制度,地方建设用地实行指标控制,建设用地的划拨和协议出让仍占相当比重,政府深深介入和控制经营性用地的出让和定价。"管经合一"是指地方政府既是土地的管理者,又是土地的经营者。在这套土地权利结构中,强制、低价的征地制度和政府垄断下的国有土地有偿使用制度是两项最核心的制度安排。在此情境下,处于横向竞争中的地方政府

[①] 唐敏:《中国"最严格节约用地"推进城镇化潜力巨大》,见http://politics.people.com.cn/n/2012/1008/c1001-19190061-1.html。

的纳什均衡(也是上策均衡)必然是走向依赖土地出让或抵押来缓解乃至彻底解决地方财政约束,并以此来促进地区经济增长,最终在相对绩效考核中胜出。

给定上述的发展模式和土地制度架构,高房价的制度背景终于形成。一些学者曾将这种以地谋发展的模式形成的原因归结为分税制。认为分税制后中央上收财权下放事权,导致地方政府财政紧张,不得不依靠土地出让。让我们做一个反事实推论,即如果不实施分税制,给定地方政府间竞争和地方政府控制土地的局面,今天的情况会有所不同吗?答案是不会有什么改变。因此,维持商品房的高价格进而维持商品住宅用地的高价格成为地方政府的生命线。在此过程中,中央政府关于房价的调控很容易受到地方政府的杯葛。

一旦高房价形成,并且成为地方政府的生命线,农业转移人口的进城之路就变得格外曲折。除少数城市近郊或因为城市外延扩张占用农地的农民外,绝大多数农业转移人口受制于城市的高房价,城市政府的保障性住房项目在应对由高房价中被挤出的城市原有户籍人口尚且应接不暇,根本无力也无意照顾这些居住在城中村、工棚的民工。他们只是城市的过客。因此目前统计数据显示的城市化水平仅仅是居住于城镇的常住人口,并非中国真正的城镇化水平。有专家估计,我国真正的城镇化水平可能只有36%左右。毫无疑问,如果真正希望城镇化能够成为中国扩大内需和经济增长的新引擎,目前的这种居住分割状态应该彻底改变。

第三节 高房价下的农户过度住宅投资

面对城市里无法企及的高房价,农户转而进行收入约束条件下的自选择:在农村进行住宅投资。但是,受土地制度二元结构的影响,农户住宅投资无法解决其城市住房的贫困问题。

一、城乡分割与农村转移人口的城市住房贫困

如上所述,在高房价的制约下,庞大的农业转移人口并没有真正融入城市,而是直接表现出他们与城市原有市民的居住分割状态。这种居住分割带来了各种不利影响。要知道,城市的众多公共服务资源(如教育医疗、基础设施、治安等)和社会资源(如人力资本和社会资本、工作机会和其他机会)都是有形或无形地附着在区位之上。住房不仅是遮风避雨的物质空间,它还决定了城市居民的生活环境和社会交往空间,为社会民众获得各种城市资源,积累人力资本和社会资本,融入城市主流社会提供了机会(世界银行,1995)。在这个意义上,住房是社会分割和融合的中间机制。生活于建筑工棚、城中村等农民工聚居区中的庞大农业转移人口被阻隔在城市资源之外,信息和机会的缺失使其难以进行有效的人力资本积累,他们之间的相互影响在社区内产生相对严重的失业、贫困和犯罪等各种社会问题,与城市主流社会间的隔阂和矛盾也会激发社会冲突。这不仅会进一步拉大当代人生存和发展机会的差距,而且会影响到后代人的受教育机会和人力资本水平,使贫困代际相传。在人力资本、社会资本和干中学效应越来越重要的今天,如果绝大部分农民工始终无法通过人力资本的积累达到城市部门对高技能劳动力的要求,无法跳出非正式经济而融入城市正式经济体系,那么就无法实现真正的城市化(陆铭等,2008)。

另一方面,我们还要看到由于庞大的农业转移人口受制于高房价,无法彻底融入城市,农村和农户的住宅投资也在迅速增加。根据《中国统计年鉴》2014年提供的数据计算,2013年全国农户固定资产投资中大约有64%用于住宅投资,这是个相当惊人的比例。从1978年到2012年,我国农民人均住宅面积从8.1平方米上升到37.1平方米。我们在资料收集过程中,发现大量的省、市级统计部门对农户住宅的过度投资表示担忧。需要说明的是,相

对于城市居民而言,农户的住宅投资统计有所不同,其并不包含土地的价值。而在纳入到房地产开发投资中的城镇住宅投资统计是包括土地购置费用的。因此考虑到城镇土地价格的飞涨,农村住宅投资的增长更多地体现了实际住宅投资的增长。我们根据《中国固定资产投资统计数典》和《中国统计年鉴》中的资料,整理了1982年以来的农户住宅投资数据。如表3-2所示。

表3-2 我国农户的住宅投资金额(1982—2013年)

年份	住宅投资总额（亿元）	人均住宅投资（元）	年份	住宅投资总额（亿元）	人均住宅投资（元）
1982	162.6	20.3	1998	1907.2	229.4
1983	214.54	26.6	1999	1799.1	219.3
1984	239.38	29.8	2000	1946.5	240.8
1985	313.15	38.8	2001	1879.5	236.2
1986	388.56	47.9	2002	1917.7	245.1
1987	487.21	59.7	2003	1875.1	244
1988	580.97	70.5	2004	2002.2	264.5
1989	641.68	77.2	2005	2211.6	296.7
1990	649.78	77.2	2006	2567.1	350.9
1991	759.25	89.7	2007	3204.1	448.2
1992	678.52	79.8	2008	3711.5	527.2
1993	760.26	89.1	2009	4986.2	723.3
1994	1002.73	117	2010	5263.9	784.3
1995	1349.9	157.1	2011	5636	858.4
1996	1766.4	207.6	2012	6051.6	942.3
1997	1890.7	224.6	2013	6735.9	1069.9

资料来源:《中国统计年鉴(2014)》,1995年以前的数据参考《中国固定资产投资统计数典》。

二、农户过度住宅投资:现状和制度成因

考虑到1982年以来尤其是近十年来我国城市人口的增长,以及农户住宅投资一般依靠自筹资金而无法贷款的事实,农户住宅投资的增长尤其令人关注。因此,我们接下来要分析的问题是,当前农户住宅投资的主体是谁?资金来源于何处?显而易见,当今农村农户住宅投资热除少数城郊地区或城中村依托住房租赁市场的火爆谋取出租收益外,大多数农户住宅投资者其实是返乡民工,其资金来源也是打工收入。这与农户住宅投资的金额巨大且无法利用贷款分不开。我国《担保法》规定:宅基地使用权不得抵押,这基本上堵死了农户住宅投资过程中获取贷款的途径。根据《中国统计年鉴(2014)》提供的数据,在农户的四大收入来源中,来自纯农业家庭经营性的收入占总收入的比重已经从1990年的75.5%下降到2013年42.6%,工资性收入从20.2%上升到45.3%。由于官方统计系统中存在的问题,农户的务工收入在相当大程度上被低估了(高文书等,2011)。对很多农户来说,家庭经营性收入只能解决吃饭问题,而各种大件支出尤其是建房只能靠外出打工获取工资性收入和大量的私下借债来实现。

根据蔡昉(2012)的估算,全国2010年年底离开本乡镇6个月及以上的农村劳动力有1.53亿人,其中95.6%进入城镇。《2014年国民经济和社会发展统计公报》的数据显示,全国人户分离的人口为2.98亿人,其中流动人口为2.53亿人。一方面,绝大部分农民工没有相对稳定的、适于家居生活的住所。在城市的居住条件很差,合伙借住或租住于设施简陋、环境恶劣、空间狭窄、房租便宜的临时住房,聚居在城乡结合地带或"城中村"。另一方面,他们省吃俭用积攒资金回乡盖房,而一旦盖完房子,要么是家徒四壁、负债累累,要么继续在城镇打工还债,家里的房子处于空置状态。因此,我国城镇的住房空置率更多的是结构性的(有房没人住和有人没房住并存),而很多农村住房的空置却是总量性的。这种"在城镇像老鼠一样的居住,而农村的房子给老鼠住"的状态既是当前民工居住环境的真实写照,也对改革农村住房制度避免住宅投资浪费和过度提出了新的要求。

第三章 农户住宅投资、居住融合与新型城镇化

那么,为什么农户对住宅投资如此痴迷,我们并不否认农户仍然是理性的。长期存在的问题一定是在制度上或者约束条件上有问题。追根溯源,农户的住宅投资高涨与我国特有的二元土地制度和城市经济发展模式有关。这种二元土地制度概括而言,就是农村土地归集体所有,城镇土地归国家所有;农村集体所有的土地必须经过县级以上人民政府征收才能转为国有土地;农民无论是个体还是整个集体并没有单独处置集体土地的实际权利。与农户住宅投资紧密相关的宅基地也属于农村集体所有。国务院发展研究中心的刘守英(2011)曾经总结了宅基地的四大特征:第一,宅基地属于农民集体所有;第二,村社成员享有宅基地使用权并享有农房所有权,即"地随房走";第三,宅基地的取得以成员权资格为界,失去成员权资格,即意味着失去宅基地权利;第四,宅基地是农民可以依法获得并使用的建设用地。因此,宅基地制度的这种安排导致了类似"公地悲剧"的结果。虽然《土地管理法》明文规定实行一户一宅制度,但子女成人分家立户后必然要求新的宅基地,而父母的宅基地能名正言顺的继承,即使是已经取得城市户籍的减员,也可以继承宅基地上的房子而拥有宅基地事实上的控制权,从而导致事实上的一户多宅制度。对农户特别是民工来说,承包地和宅基地的存在,尤其是与农户住宅投资紧密相关的宅基地制度的存在,使得他们并没有彻底地实现"无产阶级化"(潘毅等,2009)。城市房价越高,他们越会觉得"还是家乡好"。而另外,从2004年开始,我国农村剩余劳动力供求开始发生逆转(蔡昉,2012),民工工资一改过去十年不变,开始显著上升[1],但比起城市商品房价的上涨速度仍然是远远不够,相对于在城市实现安居梦想,回到农村建房确实是要实惠和现实得多。

---

[1] 民工工资上升并非仅仅是劳动力供求逆转导致的,政府的废除农业税以及新农村建设提高了民工的机会成本,有助于改善他们在劳动力市场上的谈判地位。

第四节 农户住宅投资影响因素的实证分析

在这一部分,我们将对第三节的论述给出实证分析。我们的核心观点是,农户住宅投资的增长更多的是因为城市高房价的挤出。根据缪尔鲍尔和墨菲(Muellbauer 和 Murphy,1997)的建模思路,房地产需求可以表示为:

$$Q_{it}^d/pop = f(y, \mu, D) \tag{3-1}$$

其中,pop 为人口;y 表示人均收入;μ 为资本的使用成本(当购买住房时,表现为住房使用成本),D 为影响房地产需求的其他因素,如消费者预期、市场结构、信贷供给、利率水平等。

米什金(Mishkin,2007)认为资本的使用成本是住房资本需求的重要决定因素。而货币政策通过利率变动对房地产需求产生直接影响,主要是通过改变资本使用成本来进行的。在本章中,由于农户住宅投资绝大多数不通过银行贷款,其利率敏感性显著弱于城镇居民,故我们不考虑利率变量对农户住宅投资的影响①,基本的回归方程可以表述为下式:

$$\ln Q_{it}^d = \alpha_i + \alpha_1 \ln y_{it} + \alpha_2 \ln hp_{it}^u + \alpha_3 \ln pop_{it} + \alpha_4 \ln hp_{it}^r + \alpha_5 cpi + \varepsilon_{it} \tag{3-2}$$

在(3-2)式中,农户收入的增加(y)、人口的变动(pop)、建筑成本(即农民住宅价格 hp^r)和城市房价(hp^u)共同决定了农户的住宅需求。另外,有理由怀疑,住宅投资与 cpi 正相关,因此我们在方程(3-2)的自变量增加了 cpi。我们预期 α_2 显著为正值。由于全国城镇商品房价格从1987年才开始统计,采用时间序列数据

---

① 理论上,利率的变动也会影响农民住宅投资的机会成本和私下借贷的成本。

将减少自由度影响结果的稳健性,我们转而采用全国30个省区市的2004—2010年的面板数据(不包括西藏)。从2004年开始,国家统计局开始公布各地区农户当年的住宅投资总额,而在此之前,尽管每年的统计年鉴在"固定资产投资"栏目中有"农村农户固定资产投资和建房"数据,但是其细目为"竣工住宅投资"。由于口径的不一致,我们放弃了2004年以前的数据。其中对住宅的需求采用统计年鉴公布的全社会住宅投资数据中的农户住宅投资数据,此数据除以各地的建筑成本后得到各地农户住宅年度开工面积。由于住房作为资本形成的重要组成部分,我们在构建实际房价的过程中,采用了两种方法,一种方法是通过地区CPI定基指数缩减,另一种方法是采用地区固定资产投资价格定基指数缩减,统一以2003年为基期。

检验变量间的相关性发现,农户人均纯收入与城市房价的相关系数达到0.88,采用OLS混合回归后检验方差膨胀因子发现收入变量的方差膨胀因子最大,达到4.92。平均的方差膨胀因子为2.92,这是共线性的明显证据。目前为止针对面板数据的共线性问题还没有很好的处理办法。我们由此去掉了收入变量。即我们采用的回归方程变为(3-3)式,最终回归结果如表3-3所示。

$$\ln Q_{it}^d = \alpha_i + \alpha_1 \ln hp_{it}^u + \alpha_2 \ln pop_{it} + \alpha_3 \ln hp_{it}^r + \alpha_4 CPI + \varepsilon_{it}$$

(3-3)

表3-3 农户住宅投资的决定因素

	FE(1)	RE(2)	GLS(3)	FE(4)	RE(5)	GLS(6)
hp^u	0.286* (0.150)	0.319** (0.131)	0.597*** (0.079)	0.254* (0.148)	0.295** (0.129)	0.589*** (0.080)
pop	1.234*** (0.395)	0.955*** (0.092)	1.054*** (0.047)	1.219*** (0.394)	0.950*** (0.092)	1.051*** (0.047)
hp^r	-0.773*** (0.111)	-0.775*** (0.107)	-0.767*** (0.071)	-0.767*** (0.111)	-0.769*** (0.107)	-0.757*** (0.072)

续表

	FE(1)	RE(2)	GLS(3)	FE(4)	RE(5)	GLS(6)
CPI	2.753*** (0.462)	2.581*** (0.403)	1.622*** (0.281)	2.794*** (0.469)	2.601*** (0.407)	1.576*** (0.288)
	Hausman:χ^2 = 1.01			Hausman:χ^2 = 0.96		
R^2	0.831			0.834		

注:括号中为标准差,*、**、*** 分表表示通过10%、5%和1%的显著水平检验。(1)—(3)房价采用cpi缩减,(4)—(6)采用固定资产投资价格指数缩减。

从回归结果来看,固定效应回归和随机效应回归都显著地优于混合回归。尽管古扎拉蒂(2011)建议,"如果样本中的个体或横截面单元不是从一个更大的样本中随机抽取的,则固定效应更可取",但在随后的豪斯曼检验中我们发现,随机效应不能被拒绝,这意味着随机效应回归优于固定效应回归。另外,考虑到面板数据常见的异方差和序列相关问题,我们采用GLS程序给予修正,最终结果如表3-3中(3)和(6)所示。

从回归系数的符号和显著性来看,所有系数的符号都符合预期并且通过最低10%的显著水平检验。尤其是我们关心的两个价格的符号,即城镇商品房价格与不包含土地价格的农户自建房价格,两个系数的符号分别为正值和负值,这表明在农户的住宅投资过程中,确实比较了在城镇买房和回农村盖房的代价,即二者在某种程度上是替代关系。从回归系数来看,城镇商品房价格上升1%,将导致农户的住宅投资需求上升0.58%左右。这似乎是四个回归系数中最小的。但从现实来看,城镇商品房价格、农户住宅造价和人口以及CPI这四个因素中,变动最大的就是城镇商品房价格,例如,从2004年到2010年,全国农户住宅投资从5.21亿平方米上涨到9.43亿平方米,上涨了81%。商品房价格从2778元/平方米上涨到5029元/平方米,上涨幅度完全相同。更巧合的是,在这7年中,全国农户住宅造价从308元/平方米上涨到558元/平方米,也上涨了 81%(实际上涨幅度扣除物价变动后上涨 63.4%)。照此算来,城镇商品房价格的上涨导致农户住宅投资增加 38%。因此,我们的判断是这四个因素中,城镇商品房价格的实际影响是最大的,其迅速上涨有力地刺激了农户的住宅投资。另外,物价的上涨也是一个重要因素。而农户住宅造价的上升降低了住宅投资。表 3-4 是我们根据表 3-3 中模型(4)—(6)估计的不同变量对住宅投资变动的贡献。

表 3-4 四大因素对农户住宅投资的贡献

变量	变动	影响	贡献
hp^u	实际上涨 63.4%	使得投资增长了 38%	47%
pop	下降 11.4%	使得投资下降了 12%	−15%
hp^r	实际上涨 63.4%	使得投资下降了 38%	−47%
CPI	上涨 17.6%	使得投资增长了 28%	35%

传统的城市政府"以地谋发展"的发展道路最终难以为继。如果庞大的农业转移人口继续回乡盖房,城镇化就无法发挥其节约土地的功能。这中间存在两种传导机制,一是城市政府的土地出让思路扭曲土地要素价格后导致对建设用地需求膨胀,并自然地推动房价上涨,尽管国土资源部每年都在限制分配各地的建设用地指标,但几乎每个城市都觉得建设用地不够,要求增加指标。每年国土系统的"年会"——全国国土资源工作会议,都会成为地方政府诉苦缺地的大会。既然建设用地如此紧张,那用于城镇住宅建设的土地自然也会紧张,房价焉能不涨?二是庞大的农业转移人口既然融入城市无望,宅基地又无法跨区域流转,返乡盖房自然成了理性选择,于是农村建设用地屡屡失控。农村人口非农化引起的"人走屋空",以及农村住宅的"建新不拆旧"、大量农村住宅用地的闲置伴随着新的农村住宅用地的扩张,这也成为中国村庄区别于国外村庄演化发展的重要原因(宋伟等,2013)。

从包括农户住宅投资的整个投资和固定资本形成来看,近十年来,一直有中国是否投资过度的争议。例如,白重恩等人(2007)曾经从资本回报率的角度计算了包含住宅投资的整体资本回报率,认为中国并不存在投资过度,但其最新的计算结果表明2010年中国投资回报率就已经降到5%左右,已经是比较低的水平,这意味着从整体上讲已经出现了投资过度(白重恩,2012)。如果单独计算农户的住宅投资的回报率,即使考虑到外部收益,但因农户住宅投资占农户固定资产投资的绝大部分,且农户实际上大多是通过打工所得建房,而大部分时间并不居住,则很难谈得上回报率。毫无疑问,这种状况有损农民的福利和整个社会资源配置的效率。

在具体实证研究过程中,我们放弃了传统的从住宅投资和非生产投资的二分法以及社会和文化因素的传统视角,也没有考虑目前社会关注的农村集体土地的"小产权房"问题。我们并非认为这些因素没有作用,实际上农户住宅投资中的攀比、恐慌以及住宅投资偏好仍然发挥着很大的作用,但是从城市化的角度来看农户住宅投资能给我们更多的启示。目前的这种二元土地制度下地方政府便宜征地的低价工业化和高价城市化造成的浅层城市化或"半截子城市化"使得已经进城民工进退两难,在统计上他们大多数已被列为常住人口,但一方面他们在农村有宅基地,另一方面城市中的各种保障房建设项目很少将他们列入保障对象,城市房价的高涨迫使他们返乡建房。

根据《中国流动人口发展报告2011》调查,目前乡城流动人口中在城市购买商品房的比例为4.9%,在老家有自建房的比例为92.3%。很明显,住房和工作是解决农民工市民化的两个关键问题。在后"刘易斯拐点"时代,可能更关键的还是要解决住房问题。要实现深层次的城市化需要民工彻底融入城市,所要求的制度创新和顶层政策设计,我们认为还是要在土地制度上做文章。

事实上,目前学界讨论的将农民工纳入公共租赁房保障对象可能于事无补,农民工本身固然会欢迎这样的政策,但这不能阻止他们继续返乡建房,他们并不会将这种无产权的公共租赁房视为他们永远的家。所以要遏制农民工住宅投资过度,提高农民福利水平,一方面要降低城市房价,以吸引农民工在城镇购房,真正实现安居乐业。另一方面,改变目前宅基地由于不可交易或限制交易的产权状态,在实施基本农田保护和满足规划许可的前提下,真正实现同地同权,仅仅依靠地方政府实施的"宅基地换房",要么速度慢,要么房源地和工作地不匹配。如能实现,则农民进城与资本下乡会同时发生,农民的收入和福利也能大幅改善①。一言以蔽之,给农民更多的土地权利不会损害只会增加农民的利益(周其仁,2011)。

---

① 震后成都地区的农民房"联建"就是一个典型的案例。

第四章 住房买租选择、收入差距与房价租金"剪刀差"[①]

第一节 中国城市房价租金走势的"剪刀差"事实

人们把同一宗房地产销售价格与月租金之比称为房价租金比。房价租金比是判断房地产市场是否存在泡沫的主要衡量指标之一(Himmelberg 等,2005;Brunnermeier 和 Julliard,2008),它的变动一直受到人们的普遍关注。根据国家统计局公布的《35个大中城市房屋价格指数》,以 1998 年为基期,绘制房地产销售价格和租赁价格定基指数曲线(见图 4-1),由此可以观察中国 35 个大中城市房地产销售价格与租赁价格走势及房价租金比的变化。如图 4-1 所示,2003 年之前,中国 35 个大中城市房地产销售价格及租赁价格走势基本上是一致的,但是,2003 年以来,相对于租赁价格的走势,房地产销售价格呈现出明显的上涨趋势,表明房价租金比呈现出不断扩大的趋势。高波等(2008)借鉴工农业产品在交换过程中因为不等价交换而出现的工农业产品价格变化"剪刀差"

---

① 原载《经济研究》2013 年第 6 期,编入本书时做了适当调整。

趋势,首次将这种现象称为房价租金"剪刀差"。与此同时,大量数据表明中国城市房价租金比偏高或呈扩大趋势。根据国家发改委的抽样调查报告,2008年上半年全国房价租金比高达400。我们长期跟踪研究发现,2011年,南京、苏州、无锡、常州等城市的房价租金比在400—500之间。国际上通行的房价租金比合理区间为200—300,如果房价租金比超过300,意味着存在较大的房价泡沫。从理论上讲,房地产销售价格是房地产租金的资本化,如果一个地区的房地产租金回报率明显偏低,由租金资本化得到的价值大大低于房地产的市场价格,则说明房价完全脱离了房地产价值而出现泡沫,而房地产市场一旦出现泡沫并持续膨胀将导致泡沫破灭,甚至引发金融危机。但是,中国城市房价租金"剪刀差"已经持续了近十年时间,尽管出现了像鄂尔多斯等个别城市的房价泡沫崩溃现象,却并未引发全局性的泡沫破灭事件,这正是中国的城市房价租金"剪刀差"之谜。

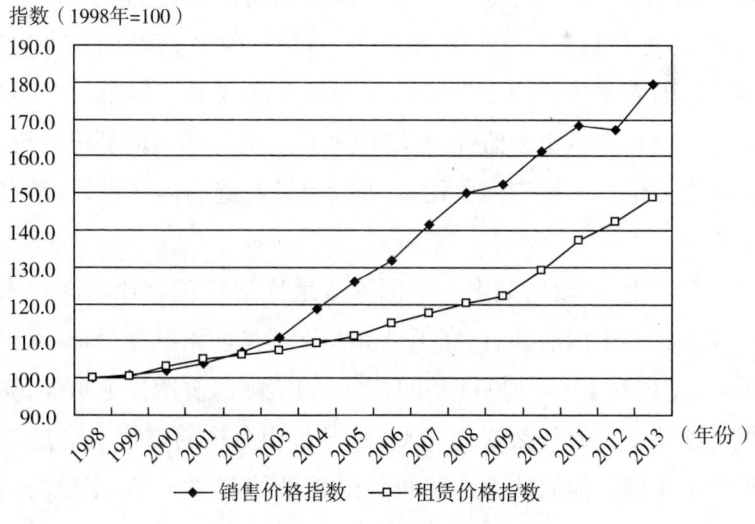

图 4-1 中国城市房价租金"剪刀差"

资料来源:历年《中国统计年鉴》和"70个大中城市住宅销售价格指数",经作者整理。

针对中国城市房价租金"剪刀差"之谜,学术界和实践部门做了多种解释。一种解释是,虽然中国房价一直呈现上涨趋势,尤其是2003年以后房价出现大幅上涨,但是在房价大幅上涨的同时,城镇居民人均可支配收入快速增长,且高于同期房价的上涨幅度(见图4-2),这使城市房价租金"剪刀差"扩大过程中泡沫固化。另一种解释则从货币投放和宏观经济因素出发,探究近年来中国城市房价租金比不断扩大的原因。王艺明(2008)认为银行过度放贷、人民币持续升值预期造成房地产价格大幅上涨,而租金等经济基本面因素并不能提供足够的支撑。陈建等(2009)认为投资者并不会基于经济基本面如租金的变化而作出购买决策,而是深受货币幻觉的影响,投资者的货币幻觉诱发了房价的膨胀和房价租金比上升。还有一种解释是从房地产买卖市场和租赁市场的市场结构差异,考察房价与租金形成机制的差异,进而分析房价与租金走势的不同。严金海(2006)认为中国房地产销售市场垄断有余、竞争不足,在一些地区甚至是寡头垄断市场,推高了房价。现实中,房地产租赁市场则存在竞争。可见,学者们已从多个角度、多个层面着手分析中国城市房价与租金的变动。但是,这些解释或者仅以几个城市为研究对象,或者缺乏更为深入的理论分析,并未能充分地揭示城市房价租金"剪刀差"之谜的内在逻辑,解释并不充分。

实际上,一段时期内一个国家或地区房价租金比不断扩大这一现象并非中国所独有,在国外亦并不鲜见。索默等(Sommer等,2011)发现在1995—2005年间,美国的实际房价增长了46%,实际租金则几乎没有什么变化,2006年房价租金比的峰值水平是2000年的1.4倍。他们认为这期间美国较低的利率水平、宽松的信贷条件以及高涨的收入水平一方面推动了房价的快速上涨,另一方面则阻碍了租金的上涨,因而部分解释了房价租金比不断扩大的现象。凯斯和希勒(Case和Shiller,2003)指出,长期的低利率政策

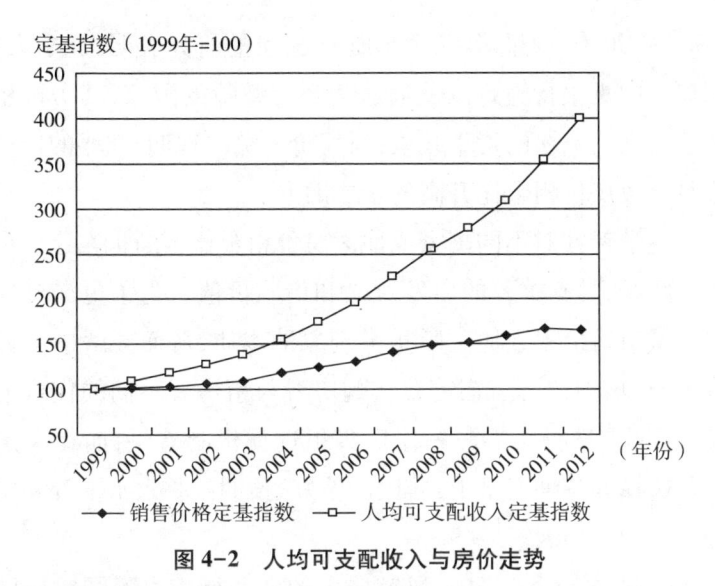

第四章 住房买租选择、收入差距与房价租金"剪刀差"

定基指数（1999年=100）

图 4-2 人均可支配收入与房价走势

资料来源：国家统计局网站，http://www.stats.gov.cn/。

是美国房价租金比不断扩大的主要原因，此外，购房时的税收优惠政策也促使房价租金比扩大。坎贝尔等（Campbell 等，2009）在动态戈登增长模型框架下，对美国房价租金比进行因素分解，发现预期未来租金增长在房价租金比的波动中仅起小部分作用，而预期实际利率和风险溢价的变化则解释了大部分的房价增长，意味着房价租金比的变动主要是由预期未来房地产价格变动引起的。温特斯（Winters，2012）认为人们对未来住房需求的扩大并不会影响当期住房租赁价格，相反却会影响当期的住房出售价格，进而导致房价租金比升高。格兰萨拉和库兹奎（Granziera 和 Kozicki，2012）研究发现有限理性预期能够很好地解释 2000—2005 年美国房价租金比不断扩大的现象。除了美国以外，20 世纪 90 年代末以来，英国、芬兰、西班牙和德国等工业化国家均不同程度地经历了以房价租金比不断扩大为标志的房地产泡沫（Taipalus，2006）。阿尤索和赖斯特（Ayuso 和 Restoy，2007）认为快速上涨的房价导致了西班牙房价租金比的扩大。弗拉帕和麦斯尼尔（Frappa 和

Mesonnier,2010)通过对17个OECD国家的研究表明,加拿大、澳大利亚等中央银行施行以反通胀为目标政策的国家,其房价租金比往往较高。宽松的货币政策、对房价上涨的预期、旺盛的住房需求等是导致房价租金比升高的主要因素。

上述学者针对不同国家或地区房价租金比不断扩大这一现象所做的解释,具有重要的启发意义和借鉴价值。为了更深刻地揭示中国城市房价租金比不断扩大现象的本质,从而破解中国城市房价租金"剪刀差"之谜,需要从购房者与租房者不同的住房消费(购房、租房)选择机制——住房买租选择机制着手,而在决定住房消费选择的各种变量中,居民的偏好、预期和收入水平等无疑是十分重要的影响因素。

在微观经济学理论中,研究居民的消费行为离不开对居民消费偏好的分析,在居民住房消费选择中房地产的需求模式选择(Tenure Choice)一直是研究的热点。住房买租选择,假定人们占有住房的模式之间是可以替代的。亨德森和约安尼兹(Henderson和Ioannides,1983)指出,在完全信息条件下人们选择持有住房与持有其他资产是无差异的,住房买租选择,取决于租赁的外部性,由于租赁外部性的存在人们更偏好持有住房而非租赁住房;在信息不完全时,人们持有住房的收益不再确定,相反持有其他资产的回报则是确定的,此时人们更加偏好租赁住房。近年来,一些研究表明,由于重男轻女的生育倾向导致的畸形婚恋市场(Wei Shangjin和Zhang Xiaobo,2011)、租房人的权益难以获得有效保障(高波、赵奉军,2012)等原因,中国人尤其是年轻人更加倾向于购买住房而非租赁住房。

预期是影响房地产市场运行和房价波动的重要因素。在房地产市场中,消费者的预期包括个人及家庭对未来收入、通货膨胀和房价的预期。仅从消费者对房价的预期来看,学者们研究发现人们对房价的预期是房价和房地产销售量的重要影响因素

第四章 住房买租选择、收入差距与房价租金"剪刀差"

(Wheaton,1990;Berkovec 和 Goodman,1996)。克莱顿(Clayton, 1996)构建了理性预期模型,指出由于理性预期的存在,房价可能短期偏离基本面。凯斯和希勒(Case 和 Shiller,2003)则认为人们对未来房价增长形成不现实的预期,很可能导致房价泡沫的产生。况伟大(2010)对预期与房价波动做了理论分析和实证检验,理性预期模型表明预期房价越高,房价波动越大;适应性预期模型表明,当消费性需求占主导时,上期房价越高,房价波动越小,当投机性需求占主导时,上期房价越高,房价波动越大;实证结果表明,预期对中国城市房价波动具有较强的解释力。从最近的研究来看,居民关于利率和房价变动的预期对房价租金比变动的影响逐渐为学者们所关注(Campbell 等,2009;Granziera 和 Kozicki,2012)。

居民可支配收入是住房需求的决定因素,收入水平的高低将影响居民的住房支付能力,对住房需求产生直接影响。而收入分配结构,即收入差距对住房需求则产生重要影响。在不完美资本市场的资金约束下,具有不同收入的居民实际购买力存在差异,从而导致居民收入差距对住房市场的两个子市场——住房买卖和租赁市场产生影响,形成挤出效应。戈利耶(Gollier,2001)认为不同收入群体的风险厌恶系数不是一成不变的。随着收入的增加,人们对风险的抵抗力将逐渐增强,从而会增持较高收益的风险性资产的比重。在房价上涨、房地产升值期间,收入差距的加大使高收入者收入增长得更快,导致资产组合中房地产的需求增加,从而对低收入者的购房需求产生负面影响。收入差距加大还将通过对总需求和宏观经济的影响间接作用于住宅市场。从已有的研究来看,收入分配主要通过信贷市场的不完善(Galor 和 Zeria,1993; Galor 和 Moav,2004)、财政政策(Alesina 和 Rodorik,1994;Persson 和 Tabellini,1994)和社会政治的不稳定性(Benhabib 和 Rustichini,1996;Carmignani,2003)等三个渠道影响宏观经济,从而间接作用于住宅市场。

综上所述，虽然偏好、预期和收入等因素对房地产市场的影响一直为人们所关注，但是现有文献却较少对这些因素进行综合分析，并系统考察这些因素对房价与租金的影响，对中国城市房价租金比变动的研究也很不足。因此，本章综合考察居民的偏好、预期和收入差距等因素，构建购房者与租房者的住房消费选择理论模型，并进行实证检验，揭开中国城市房价租金"剪刀差"之谜。

本章余下部分结构安排如下：第二节构建购房者与租房者的住房消费选择理论模型，并提出三个命题；第三节运用 2000—2012 年中国 35 个大中城市的动态面板数据，采用动态面板系统 GMM 估计方法对相关命题进行实证验证。在此基础上，进一步讨论城市化和租赁市场对城市房价租金比的影响；第四节是本章的结论及政策建议。

第二节　住房买租选择与房价租金比变动的理论模型

一、预期、住房买租选择与房价租金比变动

居民的住房消费包括购买住房与租赁住房两种消费行为，在本章中，我们不严格区分购买住房行为中的自住消费行为、投资购房行为与投机购房行为。假设消费者以购买住房 $h(h_1,h_2,\cdots,h_n)$ 和其他物品 $c(c_1,c_2,\cdots,c_n)$ 支出的组合 $X=X(c,h)$ 实现效用最大化，则这种消费组合的效用函数为：

$$U(c,h) = \prod X_i^{\alpha} \tag{4-1}$$

其中，$0 < \alpha_i < 1$，$X_i \geq 0$

将效用函数式(4-1)两边取对数，转化为：

$$U(c,h) = \alpha_1 \ln c + \alpha_2 \ln h \tag{4-2}$$

第四章　住房买租选择、收入差距与房价租金"剪刀差"

买租选择也称为居住权形式选择,购买比租赁对家庭更有吸引力(Henderson 和 Ioannides,1983),即家庭更偏好自有住房,自有住房可以使得住房所有权人获取住房未来的升值收益,更为重要的是相对于租赁住房,在中国自有住房可以使得所有权人更充分地享受以公共教育资源为代表的基本公共服务,这意味着1单位自有住房给居住者带来的效用大于1单位租赁住房的效用。因此,自有住房的效用函数需要在租赁住房效用函数的基础上乘上一个大于零的因子,设其为 γ,则自有住房的效用函数为:

$$U_h(c,h) = \alpha_1 \ln c + (1+\gamma)\alpha_2 \ln h, \gamma > 0 \quad (4-3)$$

根据传统的效用理论,在住房买租的两种方式下,由于贷款、税收、购买价格和租赁价格等的差异,使得消费者在住房买租的选择上面临不一样的预算约束线,消费者根据自身的实际情况将在购买和租赁两种住房消费方式中选择能带来更大效用的方案,最终使买房和租房在不同的效用函数和预算约束方程的作用下具有不同的市场需求函数。借鉴亨德森和约安尼兹(1983)的建模思想,本章做如下假设:

①消费者的目标是实现跨期效用最大化

②发生在第1期的住房使用成本在第2期承担

③除住房服务以外的其他商品价格标准化为1

作为购房者,其效用是第1期和第2期跨期效用的总和。第1期的效用是通过自有住房获得的住房服务和消费其他商品实现的,第2期的效用为消费者在支付了两期的费用后所拥有的剩余财富带来的间接效用。消费者对家庭财富进行配置实现效用最大化的方程组合为:

$$\max_{c,h}[U_h(c,h) + V(w)] \quad (4-4)$$

$$s.t.\ y'_1 + L = c + Ph + S \quad (4-5)$$

$$w = y'_2 + Ph(1+g) - L(1+r) + S(1+r)\ c > 0, h \geq 0$$
$$(4-6)$$

其中，$U(\cdot)$是第 1 期居住者消费住房服务和其他商品所获得的效用，$V(\cdot)$是间接效用函数，反映了第 1 期后消费者拥有的剩余财富所带来的效用，假设两者都属于递增（二阶连续可微）并且严格拟凹的函数；w 是第 2 期末的家庭净财富。y'_1 为住房自有者第 1 期的工资薪金等收入，y'_2 是住房自有者在第 2 期初所获得的收入。L 是为购房发生的银行贷款，g 为房价变动率，S 是第 1 期拥有的大于 0 的储蓄，市场实际利率为 r，P 是单位住房的价格，且 $P \gg 0$。

根据式(4-4)设拉格朗日函数为：

$$Z = U_h(c, h) + V(w) + \lambda_1(y'_1 + L - c - Ph - S) \quad (4-7)$$

将式(4-3)、(4-6)代入式(4-7)，并分别对 c 和 h 求导，根据最优解条件得：

$$P = \frac{(1 + \gamma)\alpha_2/h}{\alpha_1/c - V'(w)(1 + g)} \quad (4-8)$$

同理，作为租房者，对家庭收支状况进行配置实现效用最大化的方程组合为：

$$\max_{c,h}[U(c, h) + V(w)] \quad (4-9)$$

$$s.t. \ y_1 = c + Rh + S \quad (4-10)$$

$$w = y_2 + S(1 + r) \ c > 0, \ h \geqslant 0 \quad (4-11)$$

其中，y_1 为租赁者第 1 期的工资薪金等收入，y_2 是租赁者在第 2 期初获得的收入，R 是住房的租赁价格。根据效用最大化的方程组合设拉格朗日函数为：

$$Z = U(c, h) + V(w) + \lambda_2(y_1 - c - Rh - S) \quad (4-12)$$

将式(4-2)、(4-11)代入式(4-12)后对 c 和 h 求导，根据最优解条件得：

$$R = \frac{\alpha_2 c}{\alpha_1 h} \quad (4-13)$$

由式(4-8)和式(4-13)进而可得房价租金比为：

$$\frac{P}{R} = \frac{\alpha_1 \alpha_2 (1+\gamma)}{\alpha_1 \alpha_2 - V'(w)(1+g)\alpha_2 c} \tag{4-14}$$

根据式(4-14)分别就房价的变动率 g 和反映自有住房或租赁住房效用差异程度的 γ 对房价租金比求导。消费者的效用随财富增长而增加,$V(\cdot)$是递增并且严格拟凹的函数,有 $V'(w) > 0$,此外,$P \gg 0$,因此,求导可得:$\frac{\partial(P/R)}{\partial \gamma} > 0$、$\frac{\partial(P/R)}{\partial g} > 0$。

由此可以得到关于房价租金比的以下两个命题。

命题1:在收入、利率等因素不变的情况下,如果自有住房和租赁住房对消费者存在效用差异,随着这种差异的加大,消费者实现效用最大化的住房买租选择的结果是倾向于购房消费,将促使房价租金比升高。

亨德森和约安尼兹(1983)的研究认为由于租赁的外部性导致租赁者必然会对住房过度使用,这种负的外部性使得租赁住房得不到有效的保护,住房质量较差,促使消费者在支付能力允许的条件下尽可能购房居住而不是租房居住。在现实中,除了租赁的外部性,自有住房和租赁住房在房屋设施完善程度、新旧程度和社会公共权益等方面同样存在一定的差异,根据由住房服务产生效用引申出的住房特征价格方程,住房特征上的差异会产生效用上的差异,从而导致价格上的差异。在中国特有的文化环境下,人们往往将拥有的住房视为个人或家庭的最重要资产,是遗传给子孙后代的家产或祖屋。同时,因为人口性别比失衡所致的特殊婚恋市场,对旺盛的购房需求起到推波助澜的作用(Wei Shang-jin 和 Zhang Xiaobo,2011)。因此,上述种种因素使得消费者存在"重买轻租"的住房消费偏好,消费者对购房的偏好越大,促使房价的涨幅越大。

命题2:在收入、利率等因素不变的情况下,如果对房价有上涨预期,消费者实现效用最大化的住房买租选择的结果是房地产

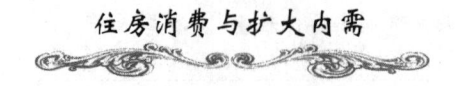

投机需求增加,将引致房价租金比升高。

将式(4-8)、式(4-13)分别对 g 求偏导可得:$\frac{\partial P}{\partial g} > 0, \frac{\partial R}{\partial g} = 0$,说明预期对房价有正向作用,而对租金没有影响。因此,当对房价有上涨预期时,房价走势将脱离租金走势而发生偏离。房地产市场有两种需求,即真实需求和投机需求。真实需求反映了经济基本面因素,如人口、收入、利率等因素对房地产市场的影响;而投机需求产生的必要条件有两个,即乐观的预期或宽松的金融环境。根据以往大量的研究,乐观预期导致的住房投机需求是造成房地产泡沫的一个重要推动力。而伴随着房地产真实需求的扩大,更易形成房价上涨的预期,推动房地产投机需求膨胀,房价上涨超过租金上涨,促使房价租金比进一步扩大。

二、收入差距、住房买租选择与房价租金比变动

住房的拥有者和租赁者根据家庭收入状况进行买租决策,实现跨期效用最大化的方程组合,表明对住房服务的需求是收入和房价(租金)的一个函数形式。对于购房者而言,住房需求函数为:

$$D_P = f_P(y_P, P, \theta_P) \tag{4-15}$$

其中,D_P 为消费者的购房需求,y_P 为购房者的家庭收入,θ_P 为预期、利率、通货膨胀、人口等除收入外影响购房行为的其他相关变量。

对于租赁者而言,住房需求函数为:

$$D_R = f_R(y_R, R, \theta_R) \tag{4-16}$$

其中,D_R 为消费者的租房需求,y_R 为租房者的家庭收入,θ_R 为利率、通货膨胀、人口等除收入外影响租房行为的其他相关变量。

价格方程可以通过需求方程的逆函数得到(Meen, 1990;

Muellbauer 和 Murphy,1997 等)。因此,根据式(4-15)和式(4-16),房价 P 和租金 R 可以表示为收入的一个函数形式,即 $P = f_P^*(y_P, \theta_P)$、$R = f_R^*(y_R, \theta_R)$,且 $\frac{\partial f_P^*}{\partial y_P} > 0$。法利斯(Fallis,1983)基于消费者效用经济学的住房选择理论模型,住房自有者和租赁者收入预算约束方程存在较大的差别,住房自有者预算约束方程与住房租赁者相比,不但在购房时承受首付购房款的负担,同时在持有住房期间还要支付抵押贷款、房屋维修费、财产税等费用。因此,购房者的收入状况一般要大于或等于租赁者的收入水平,才能实现购房的有效需求。假设房价函数中收入大于或等于租金方程中的收入,存在一个大于或等于 0 的差额 β,即 $y_P = (1 + \beta) y_R$,$\beta \geq 0$,则有:

$$\frac{P}{R} = \frac{f_P^*[(1 + \beta) y_R, \theta_P]}{f_R^*(y_R, \theta_R)} \tag{4-17}$$

将式(4-17)对 β 求偏导,可得:

$$\frac{\partial (P/R)}{\partial \beta} = \frac{\frac{\partial f_P^*[(1 + \beta) y_R, \theta_P]}{\partial [(1 + \beta) y_R]} y_R}{f_R^*(y_R, \theta_R)} \tag{4-18}$$

由于 $\frac{\partial f_P^*}{\partial y_P} > 0$,$y_R > 0$,可得:$\frac{\partial (P/R)}{\partial \beta} > 0$。

由此可以得到关于房价租金比的第三个命题。

命题3:在假定其他条件不变且房价是收入的增函数的情况下,随着购房者和租赁者收入差距的扩大,购房者的购房支付能力增强,租赁者的租房支付能力下降,导致房价租金比升高。

随着收入差距逐步扩大,高收入阶层在收入分配中的份额上升,收入增长速度快于低收入阶层,具有强劲的住房购买力;低收入阶层在收入分配中的份额下降,收入增长缓慢,面对日益高涨的房价,住房支付能力逐步减弱。由于房价持续高涨使房地产成为一项稳定的较高收益的投资,居民购房意愿不断增强,住房需求中投资或投机需求的比例增加,推动房价上涨,使不具有购房支付能力的低收入阶层排除在住房买卖市场以外。在房价持续高涨的情况下,高收入人群集中在住房买卖市场,低收入人群一般面向租赁市场,实现住房消费需求。因此,随着收入差距的扩大,富者愈富,且特别青睐房地产等优质资产,推动房价上涨。理论上来讲,房价上涨会对租金上涨有促进作用,但是,由于房价上涨使得住房的资产增值收益增加而住房的持有成本不会有明显变化,相反调整租金将面临菜单成本、改变租约带来的谈判成本等一些费用,这就从供给方面降低了住房所有者提高房租的激励。而租赁市场上低收入居民支付能力相对下降,则从需求方面抑制了租金的上涨。房价和租金的这种变动,促使房价租金比不断升高。

第三节 居民住房买租选择的影响因素分析

一、计量模型设定

本章利用2000—2012年中国35个大中城市的面板数据[①],设立动态面板数据模型进行实证检验。因为自变量中含有被解释变量的滞后变量,而滞后变量与误差项相关,使得OLS、RE和FE等估计方法容易得出有偏的估计结果。因此,本章将采用阿雷拉诺和鲍威尔(Arellano 和 Bover,1995)以及布伦德尔和邦德(Blundell 和 Bond,1998)提出的系统GMM(SYS-GMM)估计方法。与差分GMM估计方法相比,系统GMM方法由于可以同时利用变量水平变化与差分变化的信息,从而比差分GMM方法更有效。

---

① 由于涉及增长率的计算,最后进入回归方程的各变量的时间区间为2001—2012年。

由式(4-14)推导的结果,可设定计量模型如下:
$$HPR_{it} = \alpha_0 + \alpha_1 HPR_{it-1} + \alpha_2 E_{it}^* + \alpha_3 D\_HS_{it} + \alpha_4 X_{it} + \varepsilon_{it}$$
(4-19)

其中,HPR_{it} 为 i 城市 t 时刻的定基房价增速与定基租金增速的比值,HPR_{it-1} 为一阶滞后项,这里以 $\Delta HPR'$ 表示城市房价租金比的变动率,从数学角度来说,用市场交易价格计算得到的房价租金比的变动 $\Delta HPR'$ 与用定基指数计算得到的房价租金指数值之比的变动 ΔHPR 在数值上是相同的。这是因为,假设基期某城市同一宗房地产的房价水平值为 P_0,租金为 R_0,指数值均为 100,T 期房价水平值 P_t,租金 R_t,则定基房价指数值为 $(P_t/P_0)*100$,定基租金指数值为 $(R_t/R_0)*100$。分别计算 $\Delta HPR'$ 和 ΔHPR,结果表明:$\Delta HPR' = \Delta HPR = P_t R_0/R_t P_0 - 1$。可见,在数量上 HPR_{it} 的变动率与房价租金比的变动率是相等的。E_{it}^* 为 i 城市 t 时刻居民对房价增速的预期,本章将分别考察居民对房价增速的适应性预期与理性预期的影响,D_HS_{it} 为 i 城市 t 时刻商品房销售面积的增速,用以表示居民对购买商品房的偏好程度,X_{it} 为控制变量,主要包括居民的人均可支配收入 y、利率水平 r——衡量居民的购房成本、人均财政支出水平 s 以及城市的住房建筑成本 ch,ε_{it} 为误差项。

由式(4-18)推导的结果,可设定计量模型如下:
$$HPR_{it} = \beta_0 + \beta_1 HPR_{it-1} + \beta_2 G_{it} + \beta_3 D\_HS_{it} + \beta_4 X_{it} + \mu_{it}$$
(4-20)

其中,G_{it} 为 i 城市 t 时刻居民的收入差距,用基尼系数来表示,μ_{it} 为误差项,其余各变量的含义与上述相同。

二、数据说明与描述统计

被解释变量房价增速与租金增速的比值 HPR_{it},选取中经网——产业数据库中35个大中城市的房屋销售价格指数与房屋租赁价格指数计算而得。在核心解释变量中,对房价增速的预期测算E_{it}^*,以上一期房价的增速作为本期居民对房价的适应性预期E_1,以下一期房价的增速作为本期居民对房价的理性预期E_2。对城市基尼系数G_{it}的测算,本章采用胡祖光(2004)计算基尼系数的简易算法,即基尼系数近似地等于五分法中收入最高的那组人的收入百分比与收入最低的那组人的收入百分比之差。根据所选35个城市统计年鉴中"城镇居民家庭基本情况(按收入水平分)"表下的人均可支配收入数据,利用简易公式测算了2001—2012年各城市的基尼系数,由于太原、昆明、哈尔滨、西安、长春、银川、南昌、西宁、呼和浩特等9个城市的收入分组数据缺失,本章用这些城市所在省份的收入分组数据近似测算。对居民购买商品房的偏好程度的测算以商品房销售面积的增速D_HS_{it}表示,数据来源于各城市统计年鉴和中经网数据库。

在控制变量中,人均可支配收入y以市区人口平均可支配收入表示,并剔除各城市物价影响,数据来自各年度《中国城市(镇)生活与价格年鉴》中"大中城市家庭基本情况",通过对各城市居民的抽样调查得出城市居民人均可支配收入。利率水平r以各城市一年期商业银行贷款实际利率作为代理指标,将名义利率按实行的时间加权平均后剔除各城市的物价影响,数据来自中国人民银行网站。人均财政支出水平s是地方财政预算内支出和年末总人口数之比,来自中经网统计数据库。城市的建筑成本ch以各城市开发建设时的竣工房屋单位面积造价来表示,采用各城市所在省(自治区、直辖市)的建筑成本数据为近似值,数据来源于各年《中国固定资产投资统计年鉴》中"各地区房地产开发房屋建筑面积和造价"。

从35个大中城市房价与租金变动来看,2001年以来,除了北京、太原、长春、昆明以及西宁等少数几个城市以外,其他30个城市房价的涨幅均超过租金的涨幅,其中,尤其以上海、深圳、杭州、宁波、厦门、海口等东部地区城市为甚,房价涨幅超过租金涨幅的40%甚至更多。上述所有变量的描述统计见表4-1。

表4-1 样本数据描述

变量	观测数	均值	标准差	最大值	最小值
房价租金指数比(HPR)	490	1.014	0.0527	0.597	1.224
适应性预期(E_1)	525	3.641	4.044	-7.250	35.50
理性预期(E_2)	490	4.240	4.101	-7.250	35.50
基尼系数(G)	490	0.292	0.0431	0.179	0.442
商品房销售面积增速(D_HS)	455	0.207	0.343	-0.508	2.105
人均可支配收入对数(lny)	490	4.117	0.222	3.678	4.610
利率水平(r)	490	3.947	2.087	-1.360	10.18
人均财政支出水平对数(lns)	490	3.661	0.415	2.558	4.774
建筑成本对数($lnch$)	490	3.145	0.187	2.786	3.740

三、单位根检验

在进行实证分析之前,为了减少伪回归,还需要对样本数据进行单位根检验。根据是否为相同根,面板数据进行单位根检验的方法可以分为两类。一类是相同根情形下的单位根检验,此类单位根检验方法主要有 LLC、Hadri 检验;另一类是不同根情形下的单位根检验,此类单位根检验方法主要有 IPS、Fisher-ADF 和 Fisher-PP 检验。本章分别采取 LLC 方法(Levin,Lin 和 Chu,2002)与 IPS 方法(Im,Pesaran 和 Shin,2003)对各变量进行单位根检验。各变量 LLC 与 IPS 单位根检验的结果见表4-2。由表4-2可知,除了基尼系数(G)、商品房销售面积增速(D_HS)与利率水平(r)以外,各变量均为非稳定变量,但是一阶差分以后都是稳定的。

表 4-2　各变量 LLC 与 IPS 单位根检验结果

变量	原序列 LLC 检验		IPS 检验		一阶差分 LLC 检验		IPS 检验	
HPR	-3.4353***	(0.0003)	-4.6663***	(0.0000)	-10.6473***	(0.0000)	-2.1861**	(0.0144)
E_1	-3.9096***	(0.0000)	-4.3731***	(0.0000)	-3.9096***	(0.0000)	-3.5190***	(0.0002)
E_2	-6.8375***	(0.0000)	-6.4050***	(0.0000)	-15.1170***	(0.0000)	-4.5647***	(0.0000)
G	-6.7172***	(0.0000)	-5.8060***	(0.0000)	-8.4426***	(0.0000)	-4.8593***	(0.0000)
D_HS	-6.8889***	(0.0000)	-10.6082***	(0.0000)	-17.6761***	(0.0000)	-5.9186***	(0.0000)
lny	4.8195***	(0.0000)	18.9294	(1.0000)	-8.9814***	(0.0000)	12.9653	(1.0000)
r	-9.2755***	(0.0000)	-8.3051***	(0.0000)	-33.7973***	(0.0000)	-5.4399***	(0.0000)
lns	5.3800	(1.000)	14.2354	(1.0000)	-25.9097***	(0.0000)	11.9415	(1.0000)
lnch	6.7413	(1.00)	13.7447	(1.0000)	-7.6913***	(0.0000)	10.6099	(1.0000)

注：(1) 括号内为 p 值；
(2) ***、** 和 * 分别表示在 1%、5% 和 10% 水平上拒绝"有单位根"的原假设。

四、回归结果分析

本章采用两步法系统 GMM 对各方程进行估计，估计结果见表 4-3。表 4-3 中各方程的 Sargan 统计量结果表明，回归结果不存在工具变量的过度识别问题，工具变量是有效的。AR(1) 和 AR(2) 统计量的结果表明，模型不存在二阶序列相关问题。因此，各方程的回归结果呈现出良好的稳健性。

表 4-3　两步法系统 GMM 估计结果

	(1)	(2)	(3)	(4)	(5)
L.HPR	0.335***	0.266***	0.299***	0.327***	0.321***
	(0.0359)	(0.0259)	(0.0208)	(0.0646)	(0.0552)
E1	-0.00190***			-0.00152***	-0.00198***
	(0.000529)			(0.000534)	(0.000631)
E2		0.00178***		0.00195***	0.00152***
		(0.000315)		(0.000385)	(0.000465)

续表

	(1)	(2)	(3)	(4)	(5)
G			0.251***	0.184***	0.169***
			(0.0474)	(0.0386)	(0.0431)
D_HS	0.00800***	0.00536	0.00362**	0.00467	0.00543
	(0.00226)	(0.00332)	(0.00179)	(0.00323)	(0.00386)
lny	0.0533**	-0.00454	-0.0232	-0.0112	0.0184
	(0.0215)	(0.0168)	(0.0252)	(0.0222)	(0.0215)
r	-0.00795***	-0.00825***	-0.00773***	-0.00887***	-0.00856***
	(0.000577)	(0.000593)	(0.000545)	(0.000792)	(0.000780)
lns	0.00576	0.0186	0.01000	0.0174	0.0224*
	(0.00959)	(0.0117)	(0.0123)	(0.0146)	(0.0127)
lnch	-0.200***	-0.175***	-0.120***	-0.153***	-0.205***
	(0.0271)	(0.0295)	(0.0377)	(0.0456)	(0.0339)
Constant	1.095***	1.267***	1.100***	1.118***	1.128***
	(0.0667)	(0.0460)	(0.0572)	(0.118)	(0.117)
AR(1)	-3.8354	-3.5761	-3.8949	-4.0335	-3.9315
	(0.0001)	(0.0003)	(0.0001)	(0.0001)	(0.0001)
AR(2)	1.1575	1.5116	0.94921	1.5269	1.435
	(0.2471)	(0.1306)	(0.3425)	(0.1268)	(0.1513)
SARGAN	31.07624	32.17944	30.53381	29.66215	28.78856
	(1.0000)	(1.0000)	(1.0000)	(1.0000)	(1.0000)
EA					0.0790*
					(0.0611)
观测值	455				
城市数	35				

注:(1)括号内为标准差;
(2)***、**和*分别表示1%、5%和10%的水平上显著;
(3)AR(1)和AR(2)值为残差序列相关性的检验值;
(4)Sargan值为工具变量过度识别限制的检验值,括号内为p值。

各个模型的结果均表明,商品房销售面积增速的系数是正的,且在5%的水平上显著。商品房销售面积增长率每增加1%,房价增速与租金增速的比值将增加 0.005% 左右。因为商品房销售面积增速是用来衡量居民对购房的偏好的，商品房销售面积增速越大，表明居民对购房的偏好程度越大，所以，可以认为居民对购房偏好的增加，将导致房价增速与租金增速比值的增加，从而使房价租金比不断扩大。因此，命题 1 得到实证检验验证。

表 4-3 中的模型 1 是适应性预期对房价租金增速比值变动的回归结果，上期房价的系数是负的，且在 1% 的水平上显著。上期房价增长率每增加 1%，本期房价增速与租金增速的比值将减少 0.0019%。上期房价增加一方面诱使开发商增加住房供给，使得本期房价增长率下降，另一方面增量市场房价波动传导到存量市场，住房出租者将提高租金，因此本期房价增速与租金增速的比值下降。如果同时考察包括理性预期及经济基本面等因素，上期房价的系数仍然是负的，表明回归结果是比较稳健的。

表 4-3 中的模型 2 是理性预期对房价租金增速比值变动的回归结果，下期房价的系数是正的，且在 1% 的水平上显著。下期房价增长率每增加 1%，本期房价增速与租金增速的比值将增加 0.00178%。由于预期下一期房价将上涨，居民将更倾向于在本期购买住房，因此，本期房价将上涨。综合考察适应性预期和理性预期，理性预期对房价租金比升高的影响超过适应性预期对房价租金比下降的影响，可见在分析预期对房价增速与租金增速的影响时，需要区分预期的类型。从适应性预期来看，实证检验结果与命题 2 不一致。但从理性预期来看，实证检验结果与命题 2 完全一致。另外，综合各模型的结果来看，无论是适应性预期还是理性预期，对房价租金增速比值的影响均小于经济基本面的影响。

表 4-3 中的模型 3 中，基尼系数的系数为正，并通过显著性检验。模型 4 综合考察所有变量，基尼系数的系数也为正，且在 1% 的水平上也显著。基尼系数每增加 1%，房价增速与租金增速的比值将增加 0.184%，在所有变量中，其对房价增速与租金增速比

值的影响最大,而随着人均可支配收入的提高①,收入差距减小,进而使房价租金比下降。基尼系数是用来衡量居民收入差距的,基尼系数越小表明居民的收入差距越小,而居民收入差距越小,房价租金比越小。至此,命题3得到验证。

由表4-3中的模型5可知,居民人均可支配收入的对数每增加1%,房价增速与租金增速的比值将提高0.0184%,建筑成本的对数每增加1%,房价增速与租金增速的比值将减少0.205%,说明影响房价的因素中建筑成本未如预想中的形成正向推动。而利率水平的增加则倾向于降低房价租金比,利率水平每增加1%,房价增速与租金增速的比值将下降0.00856%;人均财政支出水平的增加倾向于提高房价租金比,人均财政支出对数每增加1%,房价增速与租金增速的比值将增加0.0224%。

为了考察区域间的差异,本章设定了区域虚拟变量 EA,如果该城市位于东部地区②,则记为1,否则为0。表4-3中的模型5的结果表明,区域虚拟变量 EA 的系数是正的,且在10%的水平上显著。这说明位于东部地区的城市房价与租金涨幅比值显著高于中西部城市,东部地区城市房价与租金涨幅比值平均高于中西部城市0.079%,中国城市房价租金比存在显著的区域差异。这是因为在居民普遍存在购房消费偏好的条件下,由于东部地区城市经济发展水平和居民的收入水平更高,人们对房价上涨的预期更强烈,促使更多的人购房居住,导致东部地区城市的房价水平普遍高于中西部城市(高波等,2012),东部地区城市房价相对于租金涨幅更大。

---

① 收入水平高的城市可以有更多的财政资金用来弥合收入差距。
② 根据《中国统计年鉴》的划分方法,本章所选取的35个大中城市中,东部城市共有16个,分别为北京、天津、石家庄、沈阳、大连、上海、南京、杭州、宁波、福州、厦门、济南、青岛、广州、深圳和海口。

五、稳健性分析

为了进一步验证回归结果的可靠性,我们进行了稳健性检验①。各方程的 Sargan 统计量结果表明,回归结果不存在工具变量的过度识别问题;AR(1) 和 AR(2) 统计量的结果表明,模型不存在二阶序列相关问题。(1) 考虑到回归结果是否因估计方法的不同而有所差异,对模型进行了差分 GMM 估计。模型 1 差分 GMM 估计的回归结果与系统 GMM 估计的回归结果相比,本章重点关注的核心解释变量仍然是显著的,并且影响方向相同,稍有不同只是系数数值有所减少。(2) 模型 2 中在对居民购房偏好的处理上,采用商品房销售额增速来代替原变量。系统 GMM 估计结果表明核心解释变量仍然是显著的,并且影响方向相同。(3) 考虑到土地是房地产市场中尤为重要的因素,将地价变动考虑进来,在模型 3 中加入了地价指数。系统 GMM 估计结果表明,考虑地价因素之后,各变量仍然是显著的,并且影响方向相同。(4) 将被解释变量——房价与租金增速比值的定基数据用同比数据来代替,仍然采用系统 GMM 估计方法,模型 4 回归结果表明,除了基尼系数变量的系数不再显著以外,其他各变量仍然显著且影响方向不变。(5) 考虑到各区域之间存在的差异,剔除北京、上海、广州和深圳四个一线城市,回归结果仍然表明本章考察的各变量的影响没有显著的变化。根据稳健性分析,表明回归结果在整体上是稳健的。

六、进一步的延伸讨论

上述从居民偏好、预期和收入差距视角对中国城市房价租金"剪刀差"之谜的解释,具有很强的说服力,居民的住房买租选择

---

① 限于篇幅,此处未详细报告稳健性检验的结果,感兴趣的读者可向作者索取。

行为及心理预期是导致城市房价租金"剪刀差"的根本原因。但是,影响住房价格和租金水平的因素还有很多,囿于数据匮乏等原因,有些因素难以做进一步的实证分析。而快速城市化和租赁市场不完善,是导致城市房价租金比扩大的不可忽视的因素。

第一,快速城市化使人们产生强烈的房价上涨预期,而进入城市的低收入群体租赁住房的消费能力低,导致城市房价租金比上升。2000—2014年,中国的城市化率由36.22%提高到54.77%,平均每年增长超过1个百分点。根据第五次和第六次人口普查公报的数据,2000年中国东中西部地区的城市化率分别为46.47%、32.58%和28.77%,而到2010年城市化率分别达到59.15%、44.03%和39.72%。东部地区不仅城市化水平显著高于中西部地区,而且城市化速度快于中西部地区。同时,东部地区城市的房价租金比高于中西部地区城市。城市人口规模是影响居民住房消费需求的重要因素,快速城市化必将对房地产市场产生影响。在实证分析过程中,将35个大中城市的城市化率放入回归方程中,发现城市化率并不显著,而考虑城市的人口规模,将可支配收入和财政支出这两个变量以人均值的形式放入回归方程,计量结果均是显著的,这表明城市化确实是影响房价租金比的一个比较重要的因素。在快速城市化过程中,城市人口的增加、城市建成区的扩张和城市规划的调整对房价产生强烈的上涨预期,房价水平包含了城市未来发展的升值空间。而住房租金水平是住房使用功能的具体体现,城市中心区的住房租金回报率相对较高,城市新区的住房租金回报率普遍较低。这导致城市新区高房价和低租金并存,房价租金比上升,推高整个城市的房价租金比。在城市化过程中,大量农村人口进入城市但收入水平较低,购买住房的支付能力不足,只能租赁低租金的住房,拉低了整个城市的住房租金水平,从而提高了城市房价租金比。

第二,住房租赁市场不完善制约了居民住房租赁需求,促使更多的消费者购房消费，推高了城市房价租金比。2012年，城镇居民人均住房建筑面积已经达到32.9平方米，中国已经形成了一个越来越庞大的存量房地产市场。但是，在住房租赁市场上，投资者购房出租的意愿不强，消费者偏好居住自有住房，住房租赁市场存在严重缺陷，阻碍了消费者自由的住房买租选择。一是住房租赁市场多以私人和分散的房产资源为主，租赁交易处于不正规状态（国务院发展研究中心课题组，2007）。私人住房租赁市场缺乏第三方对租赁行为的监管，住房出租者享有不对称的权利。很多租赁行为的发生并没有受到合适的监管，承租的住房在质量上也难以保证，并且住房出租者在租赁合同制定上有很大的权限，住房出租者可以随意涨价或者解除租赁合同（许德风，2009），而一旦租赁合同签订，出租者又缺乏对出租住房以及承租者监管的激励，导致出租住房不能得到及时的维护、承租人随意改变住房的用途或者转租等现象的发生。二是消费者租赁住房难以享受教育等基本公共服务，不能解决子女就地入学问题，租房人的公共产品消费权益得不到有效保障。三是住房租赁市场的政策设计和制度安排不完善，缺乏完善的住房租赁市场的统计数据，没有定期公开发布住房租金、租赁房源等信息。住房租赁市场不完善，提高了住房租赁市场的交易成本，促使消费者更倾向于购房而不是租房消费，导致住房销售价格涨幅超过租赁价格，城市房价租金比上升。

第四节　政策含义

本章针对近年来中国城市房价租金比扩大，房价和租金增速呈现的"剪刀差"现象，从居民住房买租选择机制入手构建理论模型，据此提出了关于消费者偏好、预期及收入差距变动对房价租金比影响的三个命题，并运用2000—2012年中国35个大中城市的

第四章 住房买租选择、收入差距与房价租金"剪刀差"

面板数据,使用动态面板系统 GMM 估计方法,从消费者的购房偏好、适应性预期和理性预期以及收入差距对房价租金比的影响做了实证分析,在控制收入、利率、人均财政支出和建筑成本等变量的情况下,解释城市房价租金"剪刀差"之谜。本章主要的研究结论和启示如下:

第一,在其他条件不变的情况下,居民住房买租选择更倾向于购房居住,这种消费偏好使住房市场的购房交易旺盛,进而促使城市房价租金比升高。理论上,如果对房价有上涨预期,将引致城市房价租金比上升。而实证检验表明,适应性预期和理性预期对城市房价租金比变动的影响不同。在适应性预期下,房价租金比下降。在理性预期下,房价租金比上升。

第二,随着城市居民收入差距扩大,导致城市房价租金比升高。居民收入差距扩大,对房价租金比变动的影响,不仅大于居民的购房偏好对房价租金比变动的影响,而且大于居民的适应性预期和理性预期对房价租金比变动的影响。可见,城市居民收入差距扩大是引发城市房价租金比升高的主要因素。

第三,经济基本面因素对房价租金比的影响十分显著。居民人均可支配收入、人均财政支出水平的增加,将使城市房价租金比升高;而利率水平和住房建筑成本的提高则使城市房价租金比下降。

因此,为了降低城市房价租金比,防止房价泡沫不断膨胀和破灭,政府必须逐步完善收入分配制度,不断降低居民收入差距,并加强居民的房价预期管理,引导居民的住房买租选择行为,大力培育和完善住房租赁市场,方便居民以租赁方式满足住房消费需求,促使居民住房理性消费。与此同时,要加强面向中低收入群体的保障性住房供给,增强对中低收入群体购房消费的金融支持,抑制房地产投资和投机需求。

本章对中国城市房价租金"剪刀差"所表现的房价泡沫固化

现象做了一种解释。当然,研究仍然存在一些不足之处。影响房价和租金变动的因素较多,本章仅侧重于从居民住房买租选择及心理变动的视角探究城市房价租金比的变化,未能对城市化和租赁市场的影响做更深入的实证分析。对居民预期变动以及不同预期对房价租金比所产生的影响没有进行更深入的分析。这些都有待于今后做更进一步的研究。

第五章 重估中国住房消费——兼论住房消费与经济增长[①]

第一节 住房消费与居民消费

中国高速经济增长中一个不协调的现象就是其低下的居民消费率。根据《中国统计年鉴》提供的数据,截至 2013 年,我国消费率大约在 49.8%,不仅远远低于发达国家的消费水平,也低于我国 1990 年的 62.5%、2000 年的 62.3%。数据显示,我国消费率的下降正是发生在 2003 年之后。这一阶段与房地产市场大发展、投资大提速的轨迹叠加。如果计算居民消费水平,2013 年的居民消费率更是低到只有 36.2%。

对这种低下的消费率的成因及其后果的研究已经相当丰富。近年来,一些学者开始反思这种统计数据是否刻意低估了中国的消费率。根据《中国统计年鉴(2012)》提供的数据,2011 年城乡居民住房消费支出为 27398 亿元,仅占 GDP 总额的 5.79%,而 2004 年该数据为 5.99%。这意味着,城乡居民住房建设的高涨、居住水平的提高和住房租售价格的上涨,住房消费的占比反而降低了。

[①] 原载《现代经济探讨》2014 年第 7 期,编入本书时做了适当修改。

另根据西南财经大学组织的《中国家庭金融调查(2013)》提供的数据,我国居民的财富配置中,大约有66%集中于住房。这不得不让人怀疑我国存在住房消费的系统低估。例如,朱天和张军(2012)的论文就认为中国国民经济核算中对住房消费的处理存在严重缺陷,大大低估了中国住房消费的真实数据,从而低估了中国的消费率。其他诸如徐昕和崔小勇(2011)的著文认为我国不应该采用SNA(1993)体系来核算住房产出,而应该将住房支出直接纳入到私人消费中。我们认为,这种完全推翻国际通行标准的做法并没有多少理论基础。更正确的做法是改进目前已有的统计规范,并且已有少数学者在这方面做了探索性的工作,例如,周清杰(2012)以美国经验为例,讨论了我国住房消费中自有住房虚拟租金核算的优化问题;郭万达等人(2012)通过使用成本法对我国四个一线城市——上海、北京、广州、深圳的住房租赁活动进行了核算。结果表明,2010年北京、上海、广州和深圳的城镇居民住房消费支出占GDP的比重达到了9%—17%,明显高出现行的统计数据。

在本章中,我们在国际经验的基础上结合现有的数据重新分析了住房消费对中国总产出的贡献,结果发现,就全国而言,我国的住房消费确实存在系统性的低估,尤其是低估了自有住房的虚拟租金。但是考虑到自有住房消费的虚拟租金后,消费占比低下的问题并没有显著地提升。本章结构这样安排:第二节以美国为例介绍了住房消费核算的国际经验;第三节分析了我国现有住房消费核算方案的缺陷;第四节采用新的方法重估了我国住房消费;第五节分析了住房消费、经济增长与城镇化的互动过程;最后是结论。

第二节 住房消费的国际经验

在国内生产总值的核算中,住房服务对总产出的贡献是一个

第五章 重估中国住房消费——兼论住房消费与经济增长

相当棘手的问题。联合国与一些相关机构于2008年公布的最新的《国民经济核算体系》(即SNA2008)认为:"住宅是为所有者提供住房服务的货物,因此,住户在住宅上的支出属于固定资本总形成。所有者出租住宅的租金记为所有者的住房服务产出和承租人的最终消费支出。如果是所有者的自用住宅,其住房服务的虚拟价值要同时记录为所有者的产出和最终消费支出"。并明确指出:"如果不计算虚拟自有住房服务的价值,住房服务生产和消费的国际比较和跨期比较就会失实。"

目前,SNA(2008)已经在主要发达国家中得到广泛采用。以美国为例,美国2013年的住房消费总额为17685亿美元,占GDP的比例为10.5%。具体可以细分为四类,第一类是租户所支付非农业住房租金(Rental of Tenant-Occupied Nonfarm Housing)4502亿美元,第二类是自有非农业住房的虚拟租金(Imputed Rental of Owner-Occupied Nonfarm Housing)12915亿美元,第三类是农村房租(Rental Value of Farm Dwellings)249亿美元,第四类是公屋租金(Group Housing)18亿美元。如果涵盖水电燃气类消费,则住房消费会达到20989亿美元,占GDP的比例为12.5%。

由此可见在住房消费中,关键是自有住房虚拟租金的核算。这里也有必要讨论一个流传甚广的说法。例如,一种观点认为"买房是投资,租房是消费"。这句话严格来说并非如此。在国民收入核算中,居民购房支出确实列入到资本形成中的住宅投资中,但是如果是购买的自住房,同样需要计算自有住房的虚拟租金。因此购买自住用房既是投资也是消费,至少从国民收入核算意义上是如此。在上述美国的例子中,自有住房虚拟租金占到总住房消费的73%。

在核算自有住房消费中,SNA推荐了两种方法,一种是使用者成本法(User Cost),另一种是等价租金法(Rental-Equivalence Approach)。对于租赁市场不完善的国家,采用前一种方法更为合理。美国由于住房租赁市场发达,在核算居民自有住房消费采用的方法主要是等价租金法。在这种方法中,统计部门是把位置、面积、房龄、朝向、结构等条件与自有住房类似的租赁房的租金作为自有住房服务所产生的虚拟价值。

从时间序列数据来看,限于数据的可得性,我们以美国为例考察住房消费的变动特征。在持续五十余年的大都市化过程中,美国居民住房租赁消费占 GDP 比重形成了波动中持续上升的长期趋势。1959 年美国居民住房消费占 GDP 的比重为 8.4%,2013 年上升到 10.5%(见图 5-1)。住房消费(不含水电燃气费)成为美国居民消费的重要组成部分。

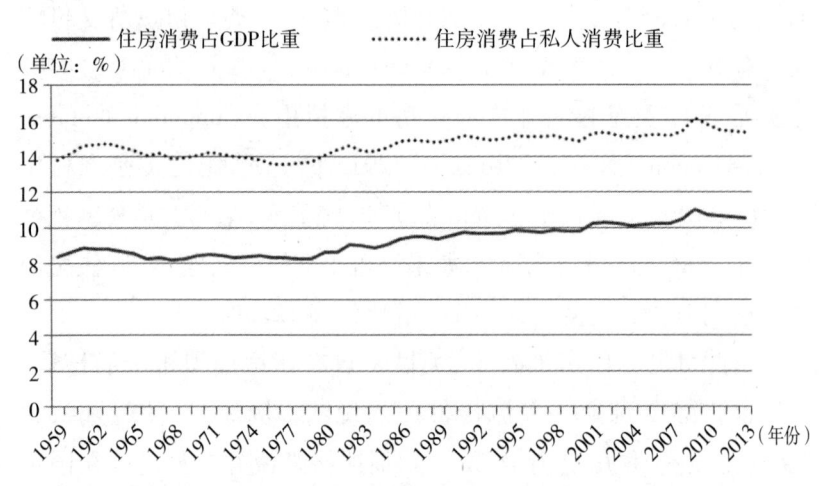

图 5-1 美国住房消费占总产出变动(1959—2013 年)

资料来源:美国商务部,www.bea.gov。

我们还可以通过美国的数据继续考察住房消费的内部结构,如图 5-2 所示。市场租金反映了租赁住房的消费规模,虚拟租金反映了自有住房的消费规模。由于只考虑了住房消费总额中的第一类和第二类,因而比例之和并不为 1。从图 5-2 中可以看出,1959—2013 年的五十多年间,美国市场租金和等效租金所占比重有比较大的波动。其中从 1986 到 2005 年的 20 年里,代表自有住房的虚拟租金比重从71%上升到78%。导致比值（虚拟租金/市场租金）一路向上从2.5上升到3.9。这期间的关键原因在于同期美国住房自有率大幅攀升。根据美国人口普查局的统计数据（见图5-3），从1965年开始一直到1993年，美国住房自有率一直在63%—66%间上下波动，从1993年开始，住房自有率开始直线上升，1993年住房自有率为63.2%，到了2005年上升到69.1%。这期间正是美国经济一片繁荣，各大金融机构采取降低首付和初期利率撤除按揭门槛，使越来越多的穷人拥有自己的住房，提高了住房自有率。2007年次贷危机爆发，大量的住房陷入止赎困境。住房自有率开始迅速下降，截至2013年，已降低到65%的水平。由于住房自有率的降低，虚拟租金代表的自有住房消费比重开始降低，导致比值也从2005年的最高点3.9降低到2.9。

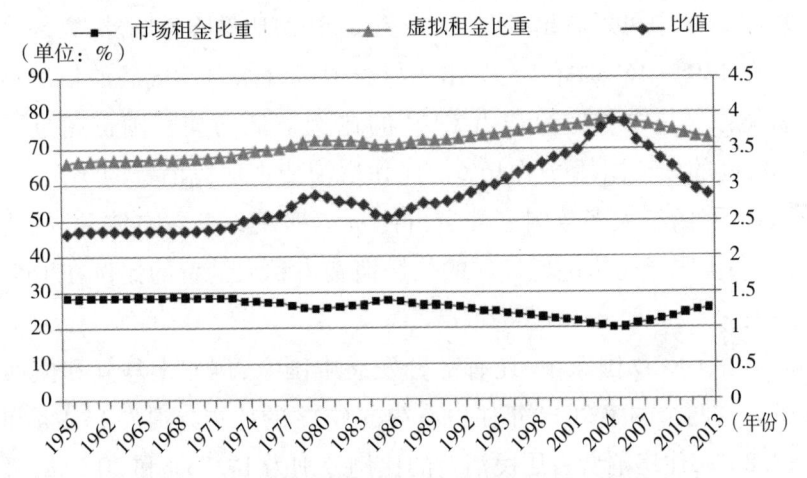

图5-2 美国市场租金与虚拟租金及其比值变动（1959—2013年）

资料来源：美国商务部，www.bea.gov。

最后，我们还选取除美国以外的部分OECD国家2012年数据来观察住房消费占GDP和居民消费的比例。如图5-4所示。需要说明的是，在OECD统计数据库中，住房消费支出不仅包括实际租金和虚拟租金，与住房有关的水、电、燃气等支出也涵盖在内。

住房消费与扩大内需

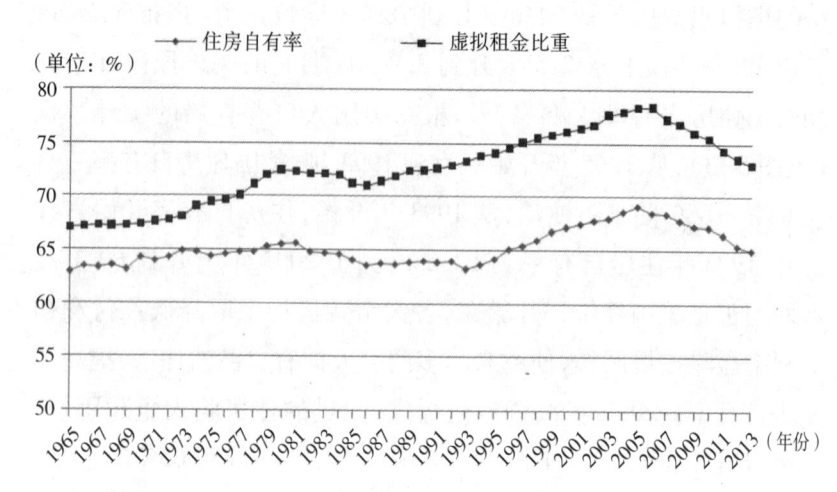

图 5-3　美国自有住房消费与住房自有率变动（1965—2013 年）

资料来源：美国人口普查局，www.census.gov。

从图 5-4 中可以看出，住房消费占 GDP 的比例除韩国外，大部分都在 12%—16%左右，这个比例与美国包含水电燃气后的住房消费类似。其中住房消费占 GDP 的比例最低的如韩国也超过了 8%，高的如英国超过了 16%。而住房消费占居民消费的比例中，除韩国外，绝大多数国家消费占比基本都在 22%左右波动，相比之下，美国涵盖水电燃气后的住房消费占私人消费的比例在 18%左右。

在 OECD 国家中，还有部分发展中国家，例如土耳其和墨西哥。这两个国家 2012 年住房消费占 GDP 的比例分别为 13.9%和 13.86%，住房消费占居民消费的比例分别为 19.85%和 20.5%，可见，至少在 OECD 范围内，发达国家和发展中国家在上述统计数据方面并没有显著差异（见图 5-4）。

从上述国际经验中我们可以得到如下几个基本结论：第一，住房消费是一个包含自有住房在内的所有住房服务的货币流量，而住房的购买支出并不计入消费；第二，在具体核算过程中，自有住房的虚拟租金才是住房消费的主体，且随着住房自有率的攀升而

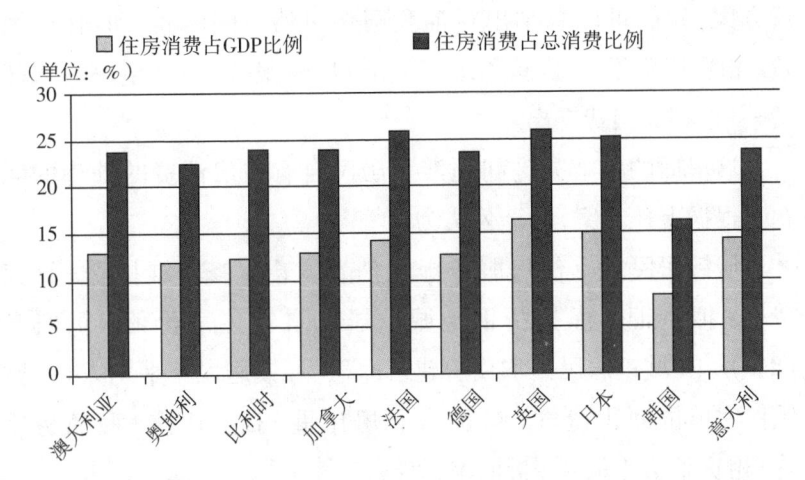

图 5-4　部分 OECD 国家住房消费占总消费和 GDP 比例（2012）

资料来源：OECD 统计数据库，www.stats.oecd.org。

增加，但住房总消费不受住房自有率的影响（更多的人拥有自有住房并不必然意味着住房消费会增加）；第三，住房消费占 GDP 的比值无论是跨国经验研究还是时间序列数据都显示保持在 10% 左右，占居民消费的比例在 20% 左右。

第三节　我国住房消费的核算方法及其缺陷

根据《中国非经济普查年度 GDP 核算方案（2010）》，我国 GDP 核算方法采用的是生产法，居民的消费支出共分为十二大类，其中与住房支出有关的是两类，分别是第三类居住类支出和第十类自有住房服务虚拟支出。其中居住类支出主要包括：住房支出、水电燃料取暖费等、居住服务费①，其中住房支出包括租赁房房租、住房装潢支出和维修用建筑材料及其他消费支出。根据上

---

① 含物业管理费、维修服务费等。

述方案,我们可以总结出目前我国住房消费的内涵,即:住房消费=租赁房房租[①]+装潢和维修支出+居住服务费+水电燃料取暖费+其他相关消费支出。

这里面的一个关键问题涉及居民自有住房消费的处理的问题。根据上述方案,计算公式为:

城镇居民自有住房服务虚拟消费支出=修理维护费+管理费+虚拟折旧。虚拟折旧=城镇居民自有住房价值×折旧率(2%)=〔(城镇居民人均住房建筑面积×城镇居民年平均人口×城镇住宅单位面积造价)×(原有私房比重+私房比重+商品房比重+租赁私房比重)〕×折旧率(2%)。

农村居民住房全部作为自有住房,总产出按住房服务成本价格计算,包括房屋修理维护费和虚拟折旧。其中,虚拟折旧=农村居民自有住房价值×折旧率(3%)=〔(农村人均住房面积×农村居民年平均人口)×农村居民住房单位面积价值〕×折旧率(3%)。

按照上述方法,我们可以从历年《中国统计年鉴》中获得我国城乡居民包含自有住房在内的住房消费总值,如表5-1所示。其中,折旧率的确定是从2010年才开始更改的。在2010年之前,城市自有住房的折旧率为4%,农村为2%。从2010年开始,分别调整为2%和3%。另外把居民自有住房价值从按历史成本价格估价调整为按当期建筑成本价格估价;这样一来,要获得纵向可比的住房消费非常困难。我们重点以2010和2011年数据为例,来看按照上述方法核算得到的中国住房消费核算状况(《中国统计年鉴(2013)》中没有公布城乡居民居住类支出)。以2010年为例,当年全国城镇居民居住类支出为21596亿元,其中城镇居民居住类现金人均支出为1332元。这个1332元除以12刚好为111元。回忆一下,2011年5月,国家统计局曾经公布了我国2010年城镇

---

① 包含自有住房虚拟租金。

第五章 重估中国住房消费——兼论住房消费与经济增长

居民的人均居住支出为 111 元。此数据曾经引发了持久的争论，以至于国家统计局需专门撰文解释此数据。

表 5-1 中国城乡居民的住房消费（2004—2013 年）

	城镇居民居住类支出（亿元）	农村居民居住类支出（亿元）	城镇居民居住人均现金支出（元）	城镇居民居住总现金支出（亿元）	虚拟折旧部分（亿元）	占 GDP 比例（%）
2004	6749.4	2839.6	733.5	3981.658	2767.74	6.00
2005	7765.3	3363.8	808.7	4545.864	3219.44	6.02
2006	10760.3	3834.9	904.2	5270.401	5489.90	6.75
2007	12306.1	4415.8	982.3	5955.98	6350.12	6.29
2008	14187	5005	1145.4	7147.64	7039.36	6.11
2009	15888	4850	1228.9	7927.88	7960.12	6.08
2010	19168	5042	1332.1	8922.139	10245.86	6.03
2011	21596	5792	1405	9705.6	11890.4	5.79
2012	—	6977	1484	10563.41	—	—
2013	—	7767	1745	12757.87	—	—

注：城镇居民居住类支出来自于历年《中国统计年鉴》；城镇居民居住人均现金支出来自《中国统计年鉴》。

另外，在一些地方的统计年鉴中，我们可以很方便地找到统计部门公布的省级或市级的城镇居民住房消费支出。奇怪的是，地区层面的统计数据中单独列出了自有住房服务的虚拟支出，并与居住类支出并列。以《重庆统计年鉴（2013）》为例，如表 5-2 所示，我们看到重庆城镇居民自有住房服务的虚拟支出在 2012 年为 358.1 亿元，而居住类支出远远超过自有住房的服务虚拟支出，对于一个绝大多数城镇家庭都居住在自有产权房屋的城市来说，这些数据让人无法理解。同时，重庆住房消费占 GDP 和居民消费的比例也远低于全国平均水平，重庆 2012 年人均 GDP 为 38914 元，全国人均 35181 元，重庆的发展水平包括城镇化率都要高于全国平均水平约 10%，但住房消费却滞后全国平均水平，这也是令人费解的。

住房消费与扩大内需

表 5-2　重庆城乡居民住房消费支出（2010—2012 年）

	自有住房服务虚拟支出（亿元）	居住类支出（亿元）	住房消费总额（亿元）	消费支出总额（亿元）	GDP总额（亿元）	占消费支出比例（%）	占GDP比例（%）
2010	68.4	238.1	306.5	3812	7925	8.04	3.87
2011	79.38	279.9	359.28	4641	10011	7.74	3.59
2012	88.4	358.1	446.5	5393	11409	8.28	3.91

资料来源：《重庆统计年鉴（2012）》和《重庆统计年鉴（2013）》。

无论是表 5-1 中的全国的数据，还是表 5-2 中重庆的数据，我国按照现有统计方法核算的城乡居民住房消费支出[①]占 GDP 的比例，确实是一个我们所见到的最低的住房消费比例。让人不得不怀疑目前的核算方法确实系统地低估了我国城乡居民的住房消费水平。还是以表 5-1 为例，表 5-1 中"城镇居民居住类支出项"在概念和范围上与本章第二节所说的美国包含水电气的住房消费最接近，相对而言，租赁房的市场租金、水电费和其他项目即表 5-1 中的"城镇居民居住人均现金支出"统计是比较准确的，但国家统计局并没有公布自有住房服务的虚拟支出，只是公布了一个笼统的"城镇居民居住类支出"和"农村居民居住类支出"。这个城镇居民居住类支出是包含了自有住房服务的虚拟折旧的。我们以城镇居民人均现金支出乘以当年的城镇总人口，然后作为城镇居民居住类支出的被减项，得到推算的我国城镇居民自有住房服务的虚拟支出。从推断结果来看，按照现有的统计核算标准，我国自有住房服务的虚拟支出在 2009 年之前都远低于城镇居民居住总现金支出。这是我们难以理解的。在前述的第二节美国的数据中，即使市场租金加上全国所有政府的水电燃气项目，也要远远低于自有住房的虚拟租金，而美国的住房自有率还要远远低于中国。所以，总体上看来，目前的核算标准可能确实低估了我国城乡

---

① 包含水电燃气费等。

居民的住房消费尤其是居民的自有住房消费。在我们看来，造成这种低估主要是目前的核算方法存在如下三个缺陷：

第一，混淆了自有住房与私有住房的概念。中国居民的住房产权结构可以大概分为五类，分别是：租赁公房、租赁私房、原有私房、房改私房和商品房，后面四种属于私有住房。由此计算的只是私有住房率，而不是自有住房率。而按照通行的规范，所谓自有住房，考察的是有多少家庭拥有自有产权的房子，而私有住房考察的是有多少房子属于私人。理论上，私有住房率可能达到 100% 的同时自有住房率可能只有 1%，即 100 套房子都是属于 1 个家庭，其他 99 户都是租住住房。而按照统计局的现行核算方案，住房自有率会达到 100%，但其实只有 1% 而已。在如前所述的《重庆统计年鉴（2013）》，私有住房和自有住房就完全没有区分，统一标注为"自有（私有）住宅（self-owned or private）"。因此，国家统计局核算方法中的自有住房服务总产出应该是私有住房服务总产出。

第二，很容易造成错漏计算。如上所述，由于混淆了住房自有率和住房私有率，核算方案中把租住私房比重也纳入到自有住房虚拟租金中。这明显会造成重复计算。即对租赁私房的个体来说，房租费用会计入到居住类支出中，同时由于租赁私房计入到"城镇居民自有住房"，所以同时会计算折旧。而对纯粹自有房，只会计算折旧，并把折旧当作虚拟房租，这样一来，对自有住房者来说，由于把折旧当作了虚拟房租，导致房租少算了一大块。根据住房的使用成本理论，如果租买选择没有差异，租赁费用不仅包含折旧，还包含资金成本。因此，目前统计年鉴中公布的自有住房服务虚拟支出是远远不够的。

第三，自有住房服务虚拟支出中采用当前房屋造价没有合理性。对于一套 100 平方米的城镇住房来说，根据统计年鉴给出的数据，住房造价在 2012 年大概是 2498 元/平方米左右，即房屋的当前价值大概是 25 万元，如果按照城市 2% 的折旧计算虚拟房租，这套自有住房的虚拟租金一年只有5000元。这个租金完全无法匹配现有市场租金。在使用成本法中，通常使用的住房价格是当前的住房的销售价格而不是房屋的造价。

第四节 对我国住房消费的重新估计

重新估计我国的住房消费确实相当困难，在仅有的少量文献中，基本上都是根据市场租金推算自有住房的虚拟租金，然后再汇总得到的。本章另辟蹊径，采用水电燃料费用支出占住房消费支出的比例来反推住房消费总额。

在本章的第二节中，我们曾谈到美国在计算住房消费中水电燃料费用为3131亿美元，包含自有住房在内的租金为17418亿美元，租金是水电燃料费的5.56倍。这个比例明显与我们的感觉是相符的，即无论是自住还是出租，水电燃料费大约占到纯粹租金的18%。相比之下，在表5-1中公布的2010年1332元城镇居民人均居住现金支出中，水电燃料及其他为807.86元，住房现金支出为421.19元，当年城镇人口为6.7亿，可以得到城镇住房总体现金支出为8922.139亿元，其中水电燃料等总支出为5412亿元。根据国家统计局住户调查办公室王有捐(2010)的文章，我们可以合理地推断这421.19元现金支出全部是货币房租，则根据当年的城镇居民总数可以得到全国城镇住房的货币租金只有2822亿元。再由总体城镇居民居住类支出19168亿元减掉城镇住房现金支出得到城镇住房的虚拟折旧部分为10245亿元。由此可以得到我国城镇住房消费租金市场租金2822亿元加上虚拟折旧部分10245亿元共计13067亿元。最终我们得到国家统计局2010年公布的19168亿元住房消费的构成：19168亿元＝水电燃气费5412亿元+住房市场租金2822亿元+其他670亿元+虚拟租金部分10245

第五章 重估中国住房消费——兼论住房消费与经济增长

亿元。这个纯粹的住房消费金额13067亿元只是水电燃料费5412亿元的2.4倍。

即使我国与美国在总体上发展阶段不一样,差距也不应该如此之大。进一步研究发现,从1959—2013年,美国包括自有住房在内的住房租金大约在水电燃料费的5倍上下波动,20世纪70年代,石油危机爆发后水电燃料费用支出大增,倍数一度降低到4倍。以此来看,我国当前城镇住房租金消费统计明显低估。即使我们按照4倍来计算,全国城镇住房的租金应该在21648亿元,加上水电燃料费后城镇住房消费额在27060亿元,比现有数据增加了7892亿元。住房消费占GDP的比例就会上升7.8%(对于农村居民的住房消费,我们仍然采用统计年鉴中公布的相关数据)。这个估计是否离谱呢?我们可以结合2010年我国第六次人口普查资料来对照。根据第六次人口普查数据,我国城镇住房总面积为179亿平方米。如果这179亿平方米出租,年租金支出为120元/平方米。即一套90平方米的住房,月租金在900元左右,这个租金价格还是比较符合市场实际的。如果我们按照5倍计算,则住房消费总额大约在37500亿元,占GDP的比例进一步上升到9%。由同样的逻辑,我们可以继续推导获得2011年的数据。最终估计结果如表5-3所示。

尽管这种方法很粗糙,但我们也可以通过SNA推荐的另一种方法——市场租金法来相互印证。例如,根据REICO工作室的数据,2008年我国城镇住房中大概有11.3%是出租用的。我们沿用此数据。根据第六次全国人口普查的数据,全国城镇居民大约有179亿平方米的住房,则出租房总量在2010年大约有20.22亿平方米,根据前面计算的结果,2010年的市场租金大概为2822亿元,可以计算获得全国城镇住房的总体市场租金大约为24982亿元。实际上,在现实生活中,租房者的年收入和住房面积一般都小于自有住房者。另外,居民自住用房往往位置、室内装修都要好于市场出租住房,因此,包含城镇自住住房在内的租金,理论上应该大于上述简单推算结果。由此可见,采用水电燃料费反推全国住房租金的方法是站得住脚的。

如前所述,在联合国推荐的两种算法中,使用成本法适合租赁市场不发达的国家或地区。目前,也有部分学者采用使用成本法核算了我国整体的住房租金(许宪春等,2012)。但是考虑再三,我们放弃了采用使用成本法,原因主要有三点:一是国际经验表明,只要一个国家房屋存量市场中租赁房的比例超过10%,就可以考虑采用等值租金法来估算自有住房服务的虚拟租金(Juntto和Reijo,2010);二是采用使用成本法要求房价变动平稳,否则我们无法处理使用成本中住房预期升值项,在某些情形下,由于住房升值迅速,可能导致计算的住房使用成本为负,一个负的住房使用成本如何能代表自有住房服务的虚拟租金呢?三是住房使用成本公式中利率项采用何种利率并没有定论。在前述的许宪春等(2012)采用的使用成本法计算过程中,尽管他们的最终结果与本章估算的差异不大(例如,他们估算2010年城镇居民住房租赁消费总额为26901亿元,与表5-3中的27060亿元非常接近),但用通胀率代替住房资本的预期升值收益并不完全合理,同时他们采用的利率主要是贷款利率同样也有待进一步讨论。

我们需要进一步指出的是,即使我们提高了中国城乡居民的住房消费,但是否真的如朱天和张军(2012)所说的,消费占GDP的比例会有质的改变呢?答案是没有。例如,根据2010年的数据,如果按照4倍计算,城乡居民消费总额增加了7892亿元,当年公布的个人消费总金额为140758.6亿元,加入这个7892亿元的数字后变为148650亿元,占GDP的比例从之前的35.1%上升到36.3%;如果按照5倍计算,城乡居民消费总额增加13304亿元,消费占GDP的比例也只是从35.1%上升到37.1%(见表5-3)。可见,无论我们采用较为保守的4倍还是放宽到5倍,住房消费确实有显著增加,尤其是放宽到5倍后,重估后的住房消费占居民消费的比例已经不低于包括墨西哥和土耳其在内的很多 OECD 国家,但分母也在发生变化,最终居民消费占 GDP 的比例并没有显著地增加。因此,那种认为考虑到自有住房的虚拟租金消费后我国消费占比会发生显著变化的观点并不成立。中国总体上消费占比低下的问题并不是一个核算错误。

表 5-3 住房消费重估后的消费占比变动

	以 4 倍计算			以 5 倍计算		
	2010	2011	2012	2010	2011	2012
人均水电燃料费(元)	807.86	841.7	941	807.86	841.7	941
水电燃料费总额(亿元)	5412	5814	6698	5412	5814	6698
重估全国城镇住房租金(亿元)	21648	23257	26792	27060	29070	33490
全国农村居民居住支出(亿元)	5042	5792	—	5042	5792	—
重估全国城乡住房消费总额(亿元)	32102	34863	—	37514	40676	—
原全国城乡居民住房消费额(亿元)	24210	27388	—	24210	27388	—
重估后住房消费占居民消费比重(%)	21.6	19.8	—	24.3	22.3	—
重估后住房消费占 GDP 比重(%)	7.8	7.3	—	9	8.4	—
重估后居民消费占 GDP 比重(%)	36.3 (35.1)	36.7 (35.7)	—	37.1	37.5	—

资料来源:作者估算,括号内为按照统计年鉴中公布的数据计算的消费率。

第五节 住房消费与经济增长

一、住房消费对经济增长的贡献

从过去的数据来看,即使是按照传统的计算方法,如表 5-1

所示，住房消费的增长也是相当显著的。不过由于从2010年开始，城镇居民自有住房消费的折旧率和价格调整方法有重大变革，所以2010年前后的数据无法做纵向对比，加之2012年统计数据无法获得，所以我们只能计算2011年对经济增长的贡献。计算方法为：住房消费对经济增长的贡献=住房消费的增加额/GDP增加额*100%。结果显示，在2011年的经济增长中，住房消费贡献了4.45个百分点。

应该说，这种贡献与美国相比是远远不够的。如图5-5所示，从1959—2013年，住房消费对美国经济增长的贡献平均为9.85%，也就是说，美国经济增长中，大概有一成来自住房消费的增长，这种贡献的差异与我国非常大。这不仅仅是一个计算方法导致的贡献差异，或者更准确地说，即使按照本章提出的算法，住房消费对经济增长的贡献也很难达到美国的水准。这更多的是一个发展阶段的差异导致的住房消费贡献差异。

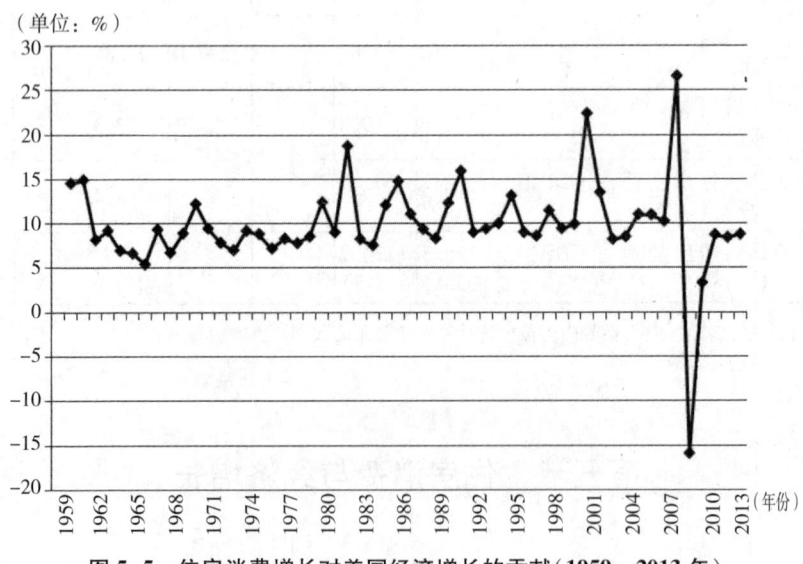

图5-5　住房消费增长对美国经济增长的贡献（1959—2013年）

第五章 重估中国住房消费——兼论住房消费与经济增长

另外,在图5-5中,我们发现,尽管在长期,美国住房消费对经济增长的贡献围绕在10%的水平上下波动,但在个别时期会大起大落,例如,2008年和2009年,2008年住房消费对经济增长的贡献上升到26.5%,但到了2009年又一度跌到-15.8%。仔细观察数据会发现,这种负的贡献并不是住房消费出现了问题,2008和2009年美国住房消费仍然是正常增长的,但是2009年美国的GDP受到金融危机严重打击,GDP由2008年的14.72万亿美元首次下降到14.41万亿美元,但住房市场泡沫的破灭并不影响住房市场的租金和根据住房市场租金推算的自有住房虚拟租金。这里就涉及一个有趣的现象,即住房的销售价格往往与租赁价格的走势并不一致,房价朝左、房租朝右并不仅仅美国如此,我国2008—2009年也曾出现类似的现象。究其原因,在于房价泡沫的破灭实际上降低了住房升值预期,等于提高了住房持有成本,从而间接促进了租金的提升(赵奉军、王先柱,2010)。

需要指出的是,本章这里所谈到的住房消费对经济增长的贡献,仅仅是核算意义上的贡献,并非因果意义上的贡献。一国的经济增长从根本上讲是一个供给的问题,在短期,当宏观经济低于其潜在总产出运行时,凯恩斯学派认为通过刺激总需求能使得经济重回正轨。任何一个严肃的经济学者不会认为通过扩大或促进某种产品的需求或消费能有助于一国的长期经济增长。在住房消费问题上,我们同样持类似观点,即在短期内,如果住房市场上存在大量的过剩生产能力,类似于1998年亚洲金融危机后中国经济在寻找新的经济增长点,从而启动城镇住房体制货币化改革以刺激住房需求和消费,从而使得中国经济走出通货紧缩的阴影。一些经济学者认为正是1998年城市住房制度改革的突破和2001年加入WTO为随后的所谓"黄金十年"奠定了基础(任若恩,2008;赵奉军,2012)。因此,若希望以住宅消费来推动经济增长,一个重要的前提是消费者或城乡居民的住房消费由于各种原因被限制,同时宏观经济低于其潜在产出,即存在过剩的生产能力。从这个角度来讲,曾经全国四十多个城市的住房限购或限贷是不利于住房消费的,也不利于扩大内需和经济增长。可能有人认为,住房限购并没有影响到住房消费,毕竟城市政府没有限制住房租赁,反而会因为政府限制住房购买后市场租金上升从而提升住房消费。事实并非如此,一个正常的市场应该是居民在租买选择中尽量不要受到人为的强制干预,即使是购房贷款利息抵税这样一个偏向住房购买的政策现在也有很多人在反思(Andrews 和 Sánchez,2011;Hilber 和 Turner,2010)。当然,我们并不是完全反对政府限购。另一方面,现阶段针对住房租赁者,由于住房和户籍挂钩,而户籍又和子女教育挂钩,同时中国城市的租约中由于无法保证租客的利益,租约偏短且随意涨价(许德风,2009),这使得拥有自己的住房与租房根本不具有可比性。这种租买选择机制的缺失和拥有住宅所有权带来的非经济收益必然会促使人们只要有支付能力,必然会偏向购买住宅,从而阻碍了正常的住房租赁消费。导致的后果必然是住宅的投资过度和房价租金比居高不下。链家地产市场研究中心与光大银行 2010 年合作完成的一份报告显示,北京首套房贷者的平均年龄只有 27 岁,在英国为 37 岁,在德国和日本为 42 岁。这种购买者的低龄化正是租买选择机制的缺失的必然结果。

二、从经济增长到住房消费

毫无疑问,一国经济增长、人均收入水平的持续提高,必然会带来人均居住水平的改善。在这一点上,中外没有不同。从图 5-1 中已经可以看出,从 1959—2013 年,美国住房消费占 GDP 的比例是稳步上升的,这意味着随着经济增长,住房消费增长得更快。事实也正是如此,在上述时间跨度内,住房消费的年均增长率(名义值)为 7.08%,GDP 年增长率(名义值)为 6.64%。从走势上看,二者的方向变动基本一致(见图 5-6)。采用通行的 Granger

第五章 重估中国住房消费——兼论住房消费与经济增长

因果关系检验后发现,如表 5-4 所示,结果与我们前述理论分析的相同,即认可经济增长是住房消费增长的 Granger 原因。

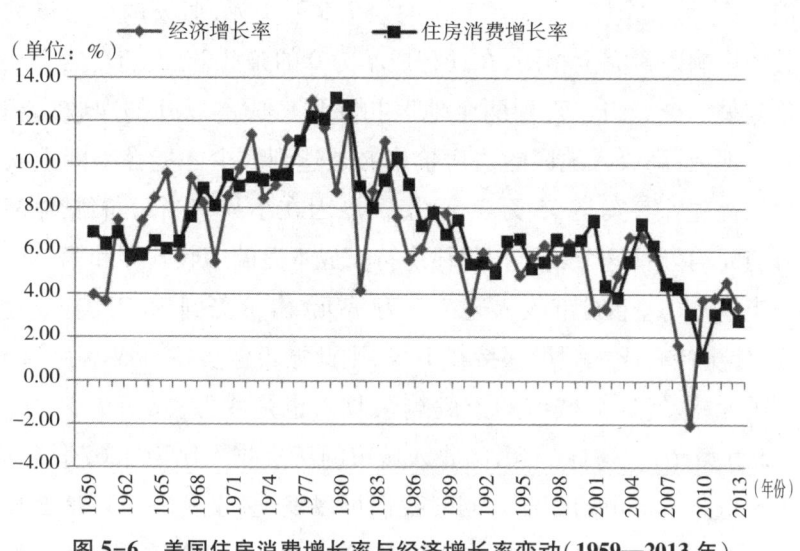

图 5-6 美国住房消费增长率与经济增长率变动(1959—2013 年)

表 5-4 住房消费与经济增长的 Granger 因果关系检验

原假设	观测值	F 统计量	P 值
经济增长不是住房消费增长的 Granger 原因	53	18.5198	0.000
住房消费增长不是经济增长的 Granger 原因	—	2.99388	0.0897

注:滞后阶数的选取根据所建立的 VAR 模型的稳定性,为滞后 1 阶。

从微观层面上,经济增长促进住房消费更快地增长可以通过一个城市经济学的基本原理来理解。我们知道,消费者在不同城市之间选择居住空间,在消费者实现空间均衡时,无论在哪个城市,消费者的效用应该是无差异的。因此,高收入的城市,或者有着更高收入机会的城市,其房价会因为人口的持续流入面临上涨。并且,房价的城市间差距会远高于收入差距。哈佛大学城市经济学家格莱泽(Glaeser,2006)曾经举了一个例子来说明这种现象。如果某个城市的家庭年收入 5 万美元,住房价格为 10 万美元/套。

进一步假设各种持有成本为10%，即一套住房按年使用成本为1万美元，于是该家庭每年估计可以剩余4万美元用于其他商品的消费；在另一个城市，家庭年收入为7.5万美元，假设两个市场的其他影响因素完全相同，在迁移成本为0的条件下，人们自然会迁移到另一个城市。直到两个地区扣除住房成本以外的净收入相等。那么，高收入地区的住房价格必须达到多少才能在空间上实现均衡呢？答案是35万美元/套。原因在于只有当房价涨到35万美元/套后，这个城市扣除住房持有成本后的净收入才和第一个城市一致（这个城市收入是7.5万美元，房价涨到35万美元/套后，住房持有成本假设保持在10%，则此城市住房持有成本为3.5万美元，最终这个城市的家庭剩余收入也是4万美元（7.5万—3.5万美元）。这样一来，高收入城市的房价收入比为4.67倍，远大于低收入城市的2倍。同时我们可以发现，收入虽然只是增长了50%，但住房消费（按照住房持有成本计算）却从1万美元增加到3.5万美元，增长了250%。住房消费的增长远远高于收入的增长。注意我们这里所说的住房消费仅仅是从货币意义上而言的，如果是指住房的面积，未必如此。在上述的空间均衡案例中，消费者在高收入的城市付出了更高的住房使用成本，但居住面积未必会提高。这也是在计算住房的需求收入弹性中需要指出来的。目前国内外对住房需求的收入弹性的估计很少有超过1的。例如，陈杰和金珉州（2012）以国家统计局统计调查队2007年对上海居民家庭的大样本抽样调查问卷为数据基础，运用两阶段模型来估计上海居民住房需求的收入弹性，30—44岁年龄组为0.419，45—59岁年龄组为0.559。郑思齐和刘洪玉（2005）对北京的研究表明，北京市购房家庭的收入弹性约为0.86，该值比西方发达国家要低。对不同收入和不同年龄家庭的分组估计表明，随着收入和年龄的增长，收入弹性均呈现先升后降的趋势。

三、以城镇化促进住房消费和经济增长

那么是否存在一种机制既能一方面促进住房消费需求,另一方面又能有助于增加总供给促进经济增长呢?有的,那就是城镇化。城市越大、人口越多,往往聚集效应和规模效应越明显,根据新经济地理学的总结,城市规模经济的来源主要有三个:即分享(sharing)、匹配(matching)、学习(learning)。大量的人口涌入城市,能更有效地分摊各种固定资本的投入,能更容易地找到各种工作机会实现就业,同时市场规模的扩大,能以更有效的分工促进人力资本的提升。这些都是经济增长不可或缺的推力。

根据城市经济学的基本理论,住房价格实际上由三部分租金的资本化组成,一是被放弃的农用地租金,二是建筑租金,三是位置租金。如果考虑到城镇规模的扩大,还必须加上第四项,即位置变动导致的租金增长。因此,即使不考虑城镇规模的扩大,更多的农村转移人口涌入城市,无疑会带来住房需求和消费的增长,同时扩张生产的可能性边界和总供给。单就住房消费而言,城镇的市场化的租金决定的住房消费一般要远大于农村自有住房。但现存的一个难以解决的问题就是,目前进城的大多数农业转移人口的住房消费环境堪忧,不仅影响他们的身心健康,也威胁着中国城镇化的健康发展。同时我们也要看到,这些进城转移人口虽然相对于农村原有居住方式增加了住房消费,但大多数仍然是省吃俭用,其边际消费倾向远低于其他阶层,不仅如此,其储蓄资金大量流向农村住宅投资。而这些农业转移人口之所以不敢放心大胆地增加消费,有多方面的原因,本书第三章曾经对农户转而在农村住宅投资过度有过深入分析,在此不再赘述。解决之道应该是积极探索农业转移人口农村财产权利(主要是土地权利)的退出机制,如果这些进城的农业转移人口没有这笔"第一桶金"是无法实现类似原有城镇居民的住房梯度消费的。否则,目前这种中国特色"逆城市化"不仅仅会造成土地资源的极大浪费,也会影响包括农业转

移人口在内的所有阶层的福利。

　　从统计核算的角度，我们并不赞成所谓促进住房消费需求的提法。对自住者来说，无论是买房还是租房，都会计入到住房消费中。只不过买房后按年计入自有住房的虚拟租金消费，租房后计入实际的货币租金消费。住房市场租买选择无差异时，二者应该是等价的。当然，当前中国住房市场上一个吊诡的现象就是住房的持有成本远高于市场租金，房价租金比高得吓人。要恢复到租买选择无差异，要么销售价格跌，要么租赁价格上涨。如果是后者，意味着住房消费支出将会进一步上升。

　　另一方面，如果考虑随着人口增加带来的城镇地理规模的扩大，整个城市的住房租金都会提升，尤其是原有城市边缘地带的租金上升得更快，这种租金的提升固然使得大家感叹居住不易，但这是城镇化的结果，同时我们也会看到，租金提升后城镇居民会相应地减少住房消费面积，这正是城镇化实现集约土地利用的机制所在。

　　本章借鉴国外主要是美国的经验分析了我国住房消费的核算缺陷，估计结果显示，中国的住房消费在统计核算方面确实有很大的提升余地。毋庸讳言，我们这种通过水电燃料费来反推住房消费的算法仅仅是一次大胆的尝试。随着中国城镇租赁房市场的成熟，更为准确的算法确实是应该通过等值租金法来推算所有住房的消费金额。这在统计方法上并没有什么困难之处。本章的结论主要有以下四点：

　　第一，住房消费尤其是自有住房的消费是居民消费和 GDP 的重要组成部分，应破除那种买房是投资而不是消费的观点；从国际经验来看，随着人均收入的提高，住房消费无论是绝对值还是相对值都会有明显提升。

　　第二，我国现阶段的住房消费核算存在明显缺陷，低估了自有住房服务的虚拟租金。重新估计后发现，住房消费在绝对值上会明显增加。但重估后的住房消费并没有显著改变消费占GDP的比例,中国要改变长期的消费占比低下问题还需要多管齐下。

第三,在长期,并不存在所谓的通过住房消费来促进经济增长的机制,美国的时序数据表明,住房消费是经济增长的滞后指标;但在短期中的某个特定时期,通过促进住房消费确实有利于宏观经济走出泥潭。

第四,城镇化既能直接促进住房消费和土地集约使用,又能通过促进经济增长间接促进住房消费。就中国当前状况而言,从福利的角度来说,促进消费包括住房消费本身应该是目的,而经济增长反而不是;这需要我们改变当前农业转移人口在城镇住房消费上的困境,避免中国特色的逆城市化愈演愈烈。

第六章 房价波动、家庭财富配置与居民生活水平[①]

第一节 家庭财富配置与居民消费

住房作为家庭的重要财富之一,兼具消费品和投资品的双重属性。面对房价波动,微观主体从效用最大化的角度出发进行策略选择,他们有可能在房价上升时卖出房子套现,也有可能购进房产等待继续升值,这些选择改变了家庭的财富配置比例,并对居民的生活水平产生影响。居民家庭的微观行为最终将传递到宏观领域,对宏观经济产生冲击(Becker,1988;Barro 和 Becker,1989)。因此,研究房价波动对微观层面的影响机理,对制定有效宏观政策、改善居民生活水平、保证宏观经济健康平稳运行具有重大理论价值和现实意义。本章主要从房价波动影响居民的家庭财富配置角度,探讨房价如何影响居民的资产配置,进而分析对其生活水平产生何种影响。

家庭财富一方面衡量了一个国家的经济实力,另一方面也反映了人民的生活水平。随着改革开放的不断深入,我国居民家庭

---

① 原载《南方经济》2009 年第 12 期,编入本书时做了适当修改。

第六章 房价波动、家庭财富配置与居民生活水平

财富在经济生活中扮演了越来越重要的角色。国家统计局城调队2002年对中国八个省市城市居民家庭抽样调查显示,在城市家庭财富构成中,房产价值占47.9%[1],2008年由清华大学中国金融研究中心开展的抽样调查发现,在我国家庭资产构成中,房产是最主要的资产,占比62.72%。[2] 2014年由北京大学中国社会科学调查中心发布的报告称,在中国家庭财产的构成中,房产占比超7成[3]。可见,十多年来,在我国居民消费由生存型向发展型逐步过渡的大背景下,房产已成为城市居民家庭财富中最重要的一部分。如本书第二章所述,自2003年以来,中国房地产价格经历了一个快速上涨的过程[4],2008年下半年以来,房价涨幅开始回落,部分城市房价出现下跌。而2009年在宏观政策的刺激下,中国房价出现了V型反转,2011年则进入相对平稳期。房价波动对家庭财富配置的影响比较复杂,因为消费者买房的时间不同、付款方式不同、购房目的不同,对房价波动有着不同的反应。要研究房价波动对居民生活到底产生了或将会产生何种影响,必须对市场现状、消费者特征进行深入分析,在尽量贴近现实的假定下做严格的理论推导,并进行实证检验,以得出有说服力的结论。

家庭财富配置涉及家庭消费与最优投资组合理论,即消费者在给定的市场条件下,寻找能够满足效用最大化目标的投资、消费策略,实现个体投资与消费的动态平衡。从20世纪50年代开始,概率论和随机过程理论的发展及其在金融学上的应用,推动了消费与最优投资组合理论的发展。马科维茨(Markowitz,1952)以方差来度量资产收益率的分布,将以往文献对个别资产的分析推进

---

[1] http://www.stats.gov.cn/tjfx/ztfx/csjtccdc/index.htm.
[2] http://finance.ifeng.com/news/house/20090928/1290609.shtml.
[3] http://news.ifeng.com/a/20140812/41544612_0.shtml.
[4] 国家统计局和国家发改委对35个大中城市房价的监测数据显示,1999—2007年全国房地产销售价格年均增长4.6%。本书第二章对2000—2012年中国房价波动情况做了更为全面的研究。

到对组合资产分析的阶段,由此产生了现代投资组合理论,但他关注的只是单期离散时间模型,没有考虑消费行为。后来,萨缪尔森(Samuelson,1969)建立了多期离散时间模型,通过动态随机过程研究消费者在生命周期内的消费与投资策略,使消费行为进入了模型的分析框架。事实上,如果离散时间间隔很短,则成为近似的连续时间,借助连续时间随机过程数学工具得出的结果比离散时间模型更精确。默顿(Merton,1969、1971)将动态规划方法运用于最优投资与消费选择策略的求解过程,建立了连续时间下的最优投资与消费选择模型,开创了消费与投资组合研究的新时代。此后的许多研究(Hindy 和 Huang,1993;Liu,2007)都是在此基础上的拓展与升华。

在关于投资组合的文献中,除了债券、股票等金融产品外,房产作为一种可以带来租金和升值收益的投资品也逐渐受到研究者的重视。正如阿让德尔和勒菲弗(Arrondel 和 Lefebvre,2001)所说的,因房产具有投资品和消费品的双重属性,在分析家庭的投资组合决策时,如果把它考虑进来则使分析变得更为困难,但不考虑进来又不能反映真实情况。房屋既然是一项家庭财富,其价值变动就会影响家庭消费,但其影响方式不同于一般财产,格罗斯曼和拉罗克(Grossman 和 Laroque,1990)认为房屋等耐用消费品的流动性较差,存在交易成本,故最优消费不是房屋财产的平滑函数。消费者总是把消费与财产的比值保持在一定的范围内,当该比值高于或低于临界值的时候,消费者将置换房产以使其回到理想的范围。房价波动对消费影响的不确定性在于房屋本身既是消费品又是投资品,亨德森和约安尼季斯(Henderson 和 Ioannides,1983)区分了房屋的消费和投资两种功能,分析了行为人的消费及财富配置策略。根据他们的理论方法,阿让德尔和勒菲弗(2001)对法国的实证研究发现,决定房屋居住需求的是投资组合动机而非消费动机。而约安尼季斯和罗森塔尔(Ioannides 和 Rosenthal,1994)的实证研究却发现,决定美国房屋居住需求的是居民的消费动机。可见,同样是作为一项家庭财富的房屋,在不同的国家可能表现出不同的特征,其价格波动对居民财富配置会产生不同的影响效果。李培(2009)通过建立代表性消费者的租房与购房决策选择模型,实证分析了不同住房决策间的相互影响机理,发现获得房屋产权和提高住房面积均有利于提高居民的生活满意度,这说明中国居民对房屋居住价值的重视度高于投资价值。

已有文献对中国房地产价格的研究多集中在宏观领域(袁志刚、樊潇彦,2003;张晓晶、孙涛,2006;杜梅杰、刘霞辉,2007),房价波动对微观资源配置影响的研究相对较少,易君健、易行健(2008)在家庭资源约束的假设下,研究房价与生育率的关系,实证分析了香港房价波动对家庭资源配置、家庭经济行为的作用机制。李实等(2005)认为中国的公房私有化、住房制度改革初期,大量金融资产转化为房产以及随后的房价上涨,导致了城镇居民家庭财产中的房产价值比例上升,改变了城镇居民内部的财富分布。更多的研究并没有涉及家庭财富配置,而仅仅是对房地产财富效应的考察。高春亮、周晓燕(2007)对中国34个城市的住宅财富效应进行检验,发现2001—2004年财富效应为负。他们认为导致住宅财富效应为负的原因可能是存在消费者信贷约束:尽管住宅财富增加,但缺乏把财富转换为消费支出的机制;或者是预防性储蓄抑制了消费支出。同样使用年度数据,骆祚炎(2007)以全国城镇居民1985—2004年的人均不变价格数据为样本建立向量误差修正模型(VEC),发现中国城镇居民住房资产的财富效应微弱。鉴于中国房地产市场发展的阶段性特点,使用较长的年度数据可能存在方程的结构性变动问题,使用较短的年度数据,又会影响回归的质量。刘旦(2008)利用2000—2006年的季度数据,实证研究了中国城镇居民住宅资产的财富效应,发现高档住宅具有财富效应,经济适用房和普通住房价格的上涨抑制了消费,总体而言中国城镇住宅市场不具有财富效应。同样采用季度数据,宋勃(2007)研究了我国 1998—2006 年的房地产财富效应,但发现我国房地产市场是存在财富效应的,产生分歧的原因主要是使用的数据不同,宋勃(2007)的各变量数据都是以 1998 年为基期的指数数据,这一点与其他文献不同。以上文献从不同角度分析了房地产价格波动对居民消费支出水平的影响结果,遗憾的是,关于房价波动对中国居民消费支出结构及家庭财富配置的影响、关于房价波动对居民生活水平的影响,目前的文献无法给出有力的实证结论。

本章将在最优消费与投资组合理论的基础上,分析房价波动对家庭财富配置行为的影响机理,以长江三角洲和珠江三角洲 25 个城市为例,通过面板数据计量模型检验房价波动对居民家庭消费结构、财富配置偏好的长期和短期影响效果,从定性和定量的角度,探讨房价的涨跌究竟对城市居民生活水平产生怎样的影响。以下内容的结构安排是:第二节为理论模型的推导及命题的给出;第三节报告实证研究的结果并进行相应的解释和分析;最后是本章的简要结论。

第二节 房地产财富效应的理论分析

理性的消费者在一定的预算约束下,通过选择不同的商品组合来获得最大效用。本章假定消费者面对的商品向量 X 包含两类:一般消费品 x 和住房 h,即 $X=X(x,h)$,效用函数满足斯通—盖利(Stone—Geary)形式:

$$U = \prod X_i^{\alpha}$$

$0 < \alpha_i < 1, X_i \geq 0$

转化为对数形式为:

$$U(x,h) = \alpha_1 \ln x + \alpha_2 \ln h \tag{6-1}$$

x 是消费性支出,h 是购买住房面积,α_1 是消费效用弹性,α_2 是住房效用弹性。借鉴亨德森和约安尼季斯(1983)以及阿让德尔和勒菲弗(2001)的思想,本章做如下假设:(1)家庭财富被分配到一般商品和房产上,居民在一个两期模型中通过财产配置来最大化自己的效用;(2)消费者在第一期购买房产,用收入和融资来支付一般消费品和购房费用,并进行相应的资产配置;(3)第二期的财富包括第二期的收入及房产增值收益,负债为第一期贷款及产生的利息;(4)消费者家庭效用由本期消费水平、住房面积和下一期的财富水平决定,效用函数拟凹,二阶连续可微。

基于以上假设,理性的消费者对家庭财富进行配置以最大化下列效用函数为目标:

$$\max_{x,h} U(x,h) + \beta E[V(w)] \tag{6-2}$$

$$\text{s.t.} \ y_1 + L = px + Ph \tag{6-3}$$

$$w = y_2 + Ph(1+\theta) - L(1+r) \tag{6-4}$$

$$x > 0, h \geq 0$$

这里,$V(\cdot)$ 是间接效用函数,拟凹且二阶连续可微。$E[V(w)]$ 表示第二期财富间接效用的期望,β 是折现系数,$0<\beta<1$。y_1、y_2 分别为消费者在第一期和第二期的收入,L 为从银行获得的贷款,p 为一般性消费品价格,P 为房地产价格,w 为第二期财富净值,房价涨幅为 θ,由于房价存在波动性,即 θ 的值是不确定的,故房产属风险资产。

设拉格朗日函数:$Z = U(x,h) + \beta E[V(w)] + \lambda(px + Ph - y_1 - L)$
根据最优化条件,得到:

$$Z_x = U_1 + \lambda p = 0 \tag{6-5}$$

$$Z_h = U_2 + \beta E[V'(\cdot)P(1+\theta)] + \lambda P = 0 \tag{6-6}$$

$$Z_\lambda = px + Ph - y_1 - L = 0 \tag{6-7}$$

其中,λ 是拉格朗日乘子。本章假定家庭有正常的购房和消费行为,故排除角点解的情况。把(6-1)式代入(6-5)、(6-6)式,得到如下关系：

$$\alpha_1/px = \alpha_2/Ph + \beta E[V'(\cdot)(1+\theta)] \quad (6-8)$$

该式表明，若预期房价上涨，消费者或者增加本期购房面积 h，或者减少消费性支出 x，而更大的可能性是两者同时发生，因为收入已被假定为不变。将(6-8)式变形，得到：

$$\alpha_2 + \beta E[V'(\cdot)Ph(1+\theta)] = \alpha_1 \times Ph/px \quad (6-9)$$

(6-9)式等号左边为住房效用弹性与预期房产增值效用之和，右边的 Ph/px 为住房价值与消费支出的比例。可以发现，对住房未来价值的预期会影响居民当期家庭财富配置，本章主要关注的是房产在家庭财富配置中的作用，因此，用房产价值与一般性消费支出的比例关系来反映家庭财富配置的特征，于是得到如下命题：

命题1：假定收入、利率等不变的情况下，如果预期房价上涨，消费者在本期家庭财富配置中会增大房产部分所占比重，反之，则减少。

由方程(6-6)可知，住房的影子价格 $U_2/(-\lambda) = P + \beta E[V'(\cdot)P(1+\theta)]$ 为当期房价与预期的房屋增值所带来的间接效用之和。为了更清楚地看到预期房价变动 θ 对消费者本期购房 h 及消费支出 x 的影响，下面推导各选择变量对 θ 的比较静态关系。在方程(6-5)、(6-6)和(6-7)中对房价 θ 进行全微分，得到如下表达式：

$$\begin{bmatrix} 0 & p & P \\ p & U_{11} & U_{12} \\ P & U_{21} & U_{22} + P^2\beta E[V''(\cdot)(1+\theta)^2] \end{bmatrix} \begin{bmatrix} \dfrac{\partial \lambda}{\partial \theta} \\ \dfrac{\partial x}{\partial \theta} \\ \dfrac{\partial h}{\partial \theta} \end{bmatrix} = \begin{bmatrix} 0 \\ 0 \\ -\beta E\{V'(\cdot)P[1+(1+\theta)Ph]\} \end{bmatrix} \quad (6-10)$$

第六章 房价波动、家庭财富配置与居民生活水平

(6-10)式左边的第一项为(6-2)式最优化的加边海赛矩阵,定义为 F,设 F_{ij} 为 F 的余子式。根据克莱姆法则,得到:

$$\frac{\partial x}{\partial \theta} = -\beta E\{V'(\cdot)P[1+(1+\theta)Ph]\}\frac{-|F_{32}|}{|F|}$$

$$\frac{\partial h}{\partial \theta} = -\beta E\{V'(\cdot)P[1+(1+\theta)Ph]\}\frac{|F_{33}|}{|F|}$$

其中,$|F|$ 为矩阵 F 的行列式,$|F_{ij}|$ 为 F 的代数余子式,经计算得到:

$$\partial x/\partial \theta = -\beta E\{V'(\cdot)P[1+(1+\theta)Ph]\}Pp < 0 \qquad (6-11)$$

$$\partial h/\partial \theta = \beta E\{V'(\cdot)P[1+(1+\theta)Ph]\}p^2 > 0 \qquad (6-12)$$

由(6-11)和(6-12)式可以看出,追求效用最大化的消费者对 $X(x,h)$ 进行选择,在其他条件不变的情况下,θ 上升,即房价存在上涨预期,消费者会增大购房面积 h,减少当期消费性支出 x。后一点看起来似乎与财富效应相悖,其实不然,因为我们对模型做了如下设定:(1)购房行为发生在本期(模型中的第一期),消费者意识到房屋会在下期升值,于是在实施本期的购房行为时增加了购房面积,挤出了本期消费性支出;(2)模型中,房产的投资性仅反映在下期房屋自身价值的升值上,而不考虑用来出租时获得的租金收入部分,所以房屋的这种虚拟升值不会提升本期消费支出。本章认为,在对房屋的投资和消费两种需求中,后者占优,即对房地产以消费性需求为主。当然,这一假设还需要通过实证检验来证实。

命题2:对一个消费性需求占主流的房地产市场,预期房价上涨,会降低本期居民的消费水平,房价上涨的替代效应大于财富效应。

以上将消费者假定为有购房需求且选择在本期购房的居民,若某个地区的消费者群体具有这一特征,则这一地区的房价上涨会影响居民消费性支出水平,人们出于对未来房屋价值的追求会

部分牺牲当期的生活水准(这里的生活水准指日常消费性支出给人们带来的效用)。于是得到：

推论：在一个房地产财富效应不明显的市场，房价上涨会降低居民生活水平。

第三节 房地产财富效应及对居民生活影响的实证检验

一、变量选取、数据描述与计量模型

本章在模型设定中把消费者的效用函数设定为当期效用和预期间接效用之和。消费者在权衡当期效用与未来效用后对家庭财富配置作出选择，这种微观基础的宏观表现是房地产价格、居民收入、消费及人民生活水平的相互作用关系，本章用长江三角洲和珠江三角洲25个城市2000—2012年的面板数据对此进行实证分析。样本城市的选取是基于以下考虑：(1)这些城市的房地产市场化改革起步较早，市场化程度较高，经济现实与主流经济理论的假设更加接近，便于模型应用；(2)这些城市在经济发展水平、城市结构、文化及居民生活习惯等方面具有相似性，便于城市间横向比较，也可减少回归过程中可能存在的异方差；(3)长江三角洲和珠江三角洲地处我国沿海经济发达地区，引领中国经济发展，其发展模式对其他地区具有先导性和示范性作用，因此，对该地区的经验和现状的分析可为我国其他城市提供启示性经验。

为得出便于进行计量估计的回归方程，我们需要根据前文的命题和推论对模型具体化，模型中涉及的变量包括：

1.房产消费比(K)。指家庭财富中房产价值与年消费支出的比例，由于各个城市住宅资产占家庭财富的比重数据较难获得，本章用该指标衡量居民财富配置偏好，若房产消费比增大，表明消费

者偏好于在家庭财富中配置较多的房产。房产价值用房地产价格 P 与人均居住面积 s 的乘积表示,根据当前我国住宅用地出让期限为 70 年的现实,把生命期的房屋价值分割到每一年,以近似作为流量处理;人均消费性支出用 x 表示,则 $K=\dfrac{\dfrac{Ps}{70}}{x}$。

2.消费者对房价波动的预期(θ)。根据适应性预期理论,人们对未来的预期是建立在过去(历史)经验的基础上,本章用过去房价的涨跌作为人们预期未来房价的指标。

3.存款利率(r)。采用实际存款利率,用一年期存款利率减各城市当年 CPI 得到。

4.居民收入(y)。选取对居民消费产生影响的城镇居民人均可支配收入作为衡量居民收入水平的指标,为消除物价水平的影响,以 2000 年为基期,取实际值。

5.房地产价格(P)。以 2000 年为基年对各城市商品房销售价格进行平减,得到房地产价格的实际值。

6.居民消费性支出水平(x)。用城镇居民消费性支出表示居民的消费水平,同样以 2000 年为基年对各城市名义值进行平减,得实际居民消费性支出水平。

7.恩格尔系数(En)。一般用恩格尔系数衡量一个地区的居民生活水平,恩格尔系数为用于食品的支出占消费性支出的比例。

本章数据来源于历年《中国统计年鉴》《中国区域经济统计年鉴》《长三角和珠三角及港澳行政区统计年鉴》以及相关各省区市历年统计年鉴,部分变量以对数形式进入模型。样本包括长江三角洲的上海、南京、杭州、宁波、苏州、无锡、常州、南通、扬州、镇江、泰州、嘉兴、湖州、绍兴、舟山、台州等 16 个市和珠江三角洲的广州、深圳、珠海、佛山、江门、东莞、中山、惠州、肇庆等 9 个市。江门市数据不全,2000—2003 年的人均可支配收入、2000—2002 年的人均消费性支出数据缺失,本章以与之在各方面都比较接近的肇庆市为参考,估算补齐以上数据。

由式(6-9)及以上分析可知,K 是 P 的函数,考虑长三角与珠三角可能存在区域差异,加入一个虚拟变量 D:若是长三角的城市 $D=1$,否则,$D=0$。设满足(6-2)式最优化一阶条件的 K 具有如下回归方程的形式:

$$\Delta K_{it} = \beta_0 + \beta_{it}\Delta P_{it} + \gamma_{it}r_{it} + \delta_{it}D_i + \varepsilon_{it} \tag{6-13}$$

其中,β_0 为常数项;β_{it} 衡量房屋增值预期对居民当期家庭财产配置的影响;存款利率 r 是作为控制变量进入方程的;ε_{it} 是随机扰动项,服从独立同分布。该式是(6-9)式具体化后得到的,为了更清楚地看到命题1所描述的事实,方程(6-13)中加入了一个控制变量——收入增长,得到:

$$\Delta K_{it} = \beta_0 + \beta_{it}\Delta P_{it} + \gamma_{it}r_{it} + \theta_{it}\Delta y_{it} + \delta_{it}D_i + \varepsilon_{it} \tag{6-14}$$

对命题2的检验,实质上是对房产财富效应的检验,这里仍然根据适应性预期理论,假定消费者根据当期房价判断未来房价。同样考虑区域差异加入虚拟变量,设满足最优化一阶条件的 x 具有如下函数形式:

$$\ln x_{it} = \beta_0 + \beta_{it}\ln y_{it} + \gamma_{it}\ln P_{it} + \delta_{it}D_i + \varepsilon_{it} \tag{6-15}$$

这里,β_0 为常数项,β_{it} 表示收入消费弹性,γ_{it} 表示房价消费弹性,ε_{it} 服从独立同分布。区域虚拟变量 D 作为控制变量引入,当样本城市属于长三角时 $D=1$,否则,$D=0$。

对于推论,给出如下计量方程以检验其真伪:

$$\ln En_{it} = \beta_0 + \beta'_{it}\ln y_{it} + \gamma_{it}\ln P_{it} + \delta_{it}D_i + \varepsilon_{it} \tag{6-16}$$

这里,β_0 为常数项,β'_{it} 为收入对生活水平的弹性系数,γ_{it} 为房价对生活水平的弹性系数,ε_{it} 为服从独立同分布的随机误差项。按照推论,在一个财富效应不明显的房地产市场中,预期的 γ_{it} 为正值,即 P 值越高,恩格尔系数越高。D 的意义与方程(6-15)相同。

二、单位根检验和协整检验

表 6-1　单位根检验结果

变量	差分阶数	滞后阶数	ADF 统计值	Prob.	结论
ΔK	0	0	108.205	0.0000	I(0)
r	0	0	98.5739	0.0001	I(0)
Δy	0	0	90.4431	0.0004	I(0)
ΔP	0	0	85.7332	0.0012	I(0)
$\ln P$	1	0	118.495	0.0000	I(1)
$\ln x$	1	0	108.128	0.0000	I(1)
$\ln y$	1	0	104.031	0.0000	I(1)
$\ln En$	0	0	82.0970	0.0028	I(0)

注：I(n)表示序列经 n 阶差分后平稳。

在进行正式的计量分析之前，必须对所用变量序列进行平稳性检验，否则，误用非平稳序列将导致伪回归，使结果不可信。本章首先采用 Eviews6.0 软件对各变量进行 ADF 检验，由于所检验序列均值不为零，故检验时应包含常数项，采用 Schwarz 准则确定消除序列相关所需滞后的阶数。

由表 6-1 可知，ΔK、Δy、ΔP、r 及 $\ln En$ 是平稳序列，其他是非平稳序列。非平稳序列在一阶差分后都是平稳的，即一阶单整。所以，方程(6-13)、(6-14)中的变量都是平稳序列，可以直接进行回归；方程(6-15)、(6-16)中的变量含有非平稳序列，不能直接进行回归，对于非平稳序列可以通过差分后再进行回归或者通过协整检验，分析变量间的长期趋势。方程(6-15)的各变量都是一阶单整，可以直接进行协整关系检验。在方程(6-16)中，被解释变量是平稳序列，两个解释变量都是一阶单整。根据协整检验的原则，不同阶数的序列进行协整检验的规则比同阶序列要复杂一些，一个必要条件是：在协整序列中最高阶的同阶非平稳序列至少要有两个，且被解释变量的单整阶数不高于任何一个解释变量的单整阶数。方程(6-16)满足以上条件,两个一阶单整的非平稳序列解释变量可以通过线性组合来降低非平稳阶数,从而与被解释变量构成协整关系。Eviews6.0 软件可以对面板序列进行协整检验,采用的是基于 Engle—Granger 两步法的 Pedroni 面板协整检验方法。根据 Pedroni(2001)的相关分析,原假设 H_0:没有协整关系,对方程(6-15)、(6-16)的变量序列协整检验结果(表6-2)拒绝了变量间不存在协整关系的原假设,表明方程变量序列之间存在着协整关系,可以进行回归并分析变量间的长期均衡关系。

表6-2 方程(6-15)、(6-16)变量序列协整检验结果

	组内统计量(Weighted)	组间统计量
方程(15)	Panel v - Stat. = - 2.91087 (0.0058)	Group rho - Stat. = 4.127828 (0.0001)
	Panel rho - Stat. = 1.963917 (0.0580)	Group PP - Stat. = - 9.49108 (0.0000)
	Panel PP - Stat. = - 7.39671 (0.0000)	Group ADF - Stat. = - 12.1379 (0.0000)
	Panel ADF - Stat. = - 8.5643 (0.0000)	
方程(16)	Panel v - Stat. = - 4.377753 (0.0000)	Group rho - Stat. = 5.419102 (0.0000)
	Panel rho - Stat. = 4.383506 (0.0000)	Group PP - Stat. = - 18.63020 (0.0000)
	Panel PP - Stat. = - 9.670046 (0.0000)	Group ADF - Stat. = - 9.605114 (0.0000)
	Panel ADF - Stat. = - 4.741271 (0.0000)	

注:括号内是对应统计量的伴随概率。

三、模型形式设定与系数的估计

为避免模型设定错误带来的估计结果与真实经济现实的偏差,需要对模型的具体形式进行设定。面板数据模型有三种基本类型:无个体效应的不变系数模型、变截距模型和变系数模型;若

存在个体效应时,则又分为固定效应(Fixed Effect)和随机效应(Random Effect)。本章采用构建于 F 统计量基础上的协方差检验来判定模型形式;采用豪斯曼检验来判定固定效应还是随机效应。根据高铁梅(2006),计算得到 F_1、F_2 的值及查表得它们在相应的置信度下的临界值(见表6-3)。首先检验 F_2,若 F_2 的值不小于给定置信度下的相应临界值,则继续检验 F_1,否则采用无个体影响的不变系数模型;若 F_1 的值仍不小于给定置信度下的相应临界值,则采用无约束模型,否则,采用变截距不变系数模型。

由表6-3的结果可知,方程(6-13)、(6-14)的形式为无个体影响的不变系数模型,对存在个体影响的方程(6-15)和方程(6-16)通过豪斯曼检验发现,不能拒绝R.E.的原假设,故方程(6-15)、(6-16)为随机效应变截距模型。

表6-3 模型形式设定检验

方程	F 统计值	自由度	临界值 ($\alpha=0.1$)	临界值 ($\alpha=0.05$)	临界值 ($\alpha=0.01$)
方程(13)	$F_2=1.028504$	$F(72,75)$	1.40	1.53	1.84
	$F_1=0.955676$	$F(48,75)$	1.44	1.59	1.94
方程(14)	$F_2=1.379520$	$F(96,50)$	1.40	1.54	1.85
	$F_1=1.339953$	$F(72,50)$	1.44	1.58	1.93
方程(15)	$F_2=2.000325$	$F(72,100)$	1.32	1.43	1.66
	$F_1=0.950371$	$F(48,100)$	1.34	1.46	1.70
方程(16)	$F_2=3.694873$	$F(72,100)$	1.32	1.43	1.66
	$F_1=1.545279$	$F(48,100)$	1.35	1.50	1.76
方程(17)	$F_2=1.693132$	$F(96,50)$	1.40	1.54	1.85
	$F_1=1.143398$	$F(72,50)$	1.44	1.58	1.93

注:α 为相应的置信度。

根据模型形式设定,把方程(6-15)的具体形式表达为:

$$\ln x_{it} = \beta_0 + \beta_i^* + \beta_{it}\ln y_{it} + \gamma_{it}\ln P_{it} + \delta_{it} D_i + \varepsilon_{it} \quad (6\text{-}15')$$

住房消费与扩大内需

这里，β_0表示各截面城市的平均效应。β_i^*是个体效应，表示个体对平均效应的偏离，用以反映样本城市间的消费差异。β_{it}是消费收入弹性。γ_{it}是消费房价弹性，表征财富效应，若$\gamma_{it}>0$表示财富效应占优，若$\gamma_{it}<0$，表示替代效应占优。δ_{it}是地区虚拟变量D的系数，ε_{it}服从独立同分布。

对具有协整关系的方程(6-15′)进行回归，采用的是基于恩格尔—格兰杰(Engle—Granger)两步法的误差修正模型。由戴维森等人(Davidson等,1978)提出的误差修正机制(Error Correction Mechanism)模型，假定消费与收入间存在长期稳定关系(均衡关系)，而短期内当消费与收入的比例发生偏离时，消费的短期动态变化就会依据前一期消费对长期稳定关系的偏离程度不断进行调整。后来的ECM模型把财富也作为解释变量包含进来，协整理论的发展进一步推进了ECM模型的应用。根据梁云芳、高铁梅(2007)的方法，首先对具有长期均衡关系的方程(6-15′)进行协整回归，并对回归残差进行平稳性检验，ADF检验结果(为节省篇幅，未报告，下同)显示，残差序列是平稳的，这进一步印证了方程(6-15′)的变量具有协整关系的结论。用残差序列表示误差修正项，以ECM_{it}表示，令：

$$\hat{\varepsilon}_{it} = ECM_{it} = \ln x_{it} - \hat{\beta}_0 - \hat{\beta}_i^* - \hat{\beta}_{it}\ln y_{it} - \hat{\gamma}_{it}\ln P_{it} - \hat{\delta}_{it}D_i$$

再对方程(6-15′)建立如下误差修正模型：

$$\Delta\ln x_{it} = \beta'_0 + \beta'_{it}\Delta\ln y_{it} + \gamma'_{it}\Delta\ln P_{it} + \alpha_{it}ECM_{i,t-1} + \mu_{it} \qquad (6-17)$$

方程(6-15′)和(6-17)一起构成了反映收入和房价对居民消费影响的动态模型。方程(6-15′)反映了消费与影响消费的各因素之间的长期均衡关系，方程(6-17)表示消费的短期波动不仅受短期因素的影响，还受消费偏离均衡趋势程度的影响。经模型设定(表6-3)及豪斯曼检验，方程(6-17)为固定效应变截距模型，由于固定效应是在每一个截面上除去时间均值的组内变换，而本章中的区域虚拟变量在截面上是固定不变的，所以方程(6-17)中不再含有虚拟变量;方程中对数变量的系数表示弹性。为考察样本城市的消费差异,把方程(6-15′)的个体效应系数列于表6-4中,并把对数还原回去(表6-4中第3、6、9栏),以反映面板数据的横截面上个体自发性消费支出对总体平均消费水平的偏离。自发性消费支出按从高到低排序是:东莞、杭州、常州、上海、台州、南京、深圳、宁波、惠州、绍兴、中山、佛山、无锡、舟山、湖州、苏州、广州、嘉兴、镇江、珠海、江门、南通、肇庆、泰州、扬州。

表6-4 方程(6-15′)的个体效应估计结果及偏离系数($\phi = e^{\beta_i^*}$)

城市	β_i^*	ϕ	城市	β_i^*	ϕ	城市	β_i^*	ϕ
南京	0.024495	1.025	上海	0.047942	1.049	广州	-0.01411	0.986
无锡	0.001427	1.001	杭州	0.078548	1.082	深圳	0.024425	1.025
常州	0.055042	1.057	宁波	0.021003	1.021	珠海	-0.02322	0.977
苏州	-0.00755	0.992	嘉兴	-0.01661	0.984	佛山	0.002432	1.002
南通	-0.05149	0.950	湖州	-0.00134	0.999	江门	-0.02742	0.973
扬州	-0.08534	0.918	绍兴	0.00845	1.008	东莞	0.086135	1.090
镇江	-0.02336	0.977	舟山	-0.00031	1.000	中山	0.003274	1.003
泰州	-0.08251	0.921	台州	0.031591	1.032	惠州	0.019518	1.020
						肇庆	-0.07103	0.931

注:ϕ为个体效应对平均效应的偏离系数。若系数为1,则表示该城市与平均效应无偏离;大于1则表示有正偏离;小于1则表示有负偏离。

对方程(6-16)的回归,仍然采用基于恩格尔—格兰杰两步法的误差修正模型。首先对具有长期均衡关系的方程(6-16)进行回归,并加入地区虚拟变量D,长三角的城市$D=1$,否则$D=0$。ADF检验结果显示,回归残差序列平稳,表明均衡是有意义的。以该残差序列作为误差修正项ECM_{it},令:

$$\hat{\varepsilon}_{it} = ECM_{it} = \ln En_{it} - \hat{\beta}_0 - \hat{\beta}_{it}\ln y_{it} - \hat{\gamma}_{it}\ln P_{it} - \hat{\delta}_{it}D_i$$

对方程(6-16)建立如下误差修正模型:

$$\Delta\ln En_{it} = \beta'_0 + \beta'_{it}\Delta\ln y_{it} + \gamma'_{it}\Delta\ln P_{it} + \alpha'_{it}ECM_{i,t-1} + \delta'_{it}D_i + \mu_{it} \quad (6-18)$$

经模型设定形式的检验(为节省篇幅,方程(6-18)的设定检验过程不再报告),方程(6-18)是不变系数、不变截距模型。

四、回归结果分析

方程(6-13)—(6-18)的回归结果如表6-5所示。

表6-5 方程回归结果

自变量＼因变量	方程(6-13) ΔK	方程(6-14) ΔK	方程(6-15) lnx	方程(6-17) Δlnx	方程(6-16) lnEn	方程(6-18) ΔlnEn
C	0.000543 (0.214156)	0.004783* (1.740876)	1.707063*** (7.372133)	0.011004 (1.426643)	1.173572*** (5.286695)	0.009725 (0.931612)
r	−0.000313 (−0.867403)	−0.000460* (−1.720763)				
ΔP	0.0000338*** (20.00695)	0.0000347*** (22.65233)				
Δy		−0.00000408*** (−3.778482)				
lny			0.763931*** (18.12846)		−0.265007*** (−8.466714)	
lnP			0.042499 (1.534851)		0.042063* (1.783065)	
Δlny				0.651039*** (8.469796)		−0.313643*** (−2.874315)
ΔlnP				−0.002670 (−0.025238)		0.006466 (0.172398)
ECM				−0.756458*** (−9.210468)		−0.410263*** (−6.448428)
D	−0.002983 (−0.952389)	−0.002011 (−0.645900)	−0.153262*** (−7.132091)		0.033319 (1.592956)	−0.000166 (−0.016659)
R^2	0.768688	0.80115	0.92851	0.618647	0.476429	0.251583
$Ad-R^2$	0.763935	0.795664	0.927256	0.534249	0.467244	0.230937
F-stat.	161.7276	146.0478	267.316	7.330124	51.86782	12.18554

续表

	方程(6-13)	方程(6-14)	方程(6-15)	方程(6-17)	方程(6-16)	方程(6-18)
Prob(F)	0.000000	0.000000	0.000000	0.000000	0.000000	0.000000
D.W.	2.040497	2.134283	1.660070	1.998506	1.497735	2.534140

注:括号内为 t 检验值;***,**,* 分别表示对应的回归系数在1%、5%和10%的水平上显著不为零。

(一)房价波动对居民家庭财产配置的影响

方程(6-13)的回归结果表明,如果市场预期房价会上涨,居民在本期配置家庭财产时,会增大房产部分所占比重,且预期每平方米房价上涨100元,则本期房产消费比会增加0.00338。方程(6-14)控制了收入变量,回归结果显示,房价波动仍然会影响居民对家庭财产的配置,此时,如果预期每平方米房价上涨100元,本期房产消费比增加0.00347,与未控制收入变量相比变动不大。虚拟变量回归系数在方程(6-13)和(6-14)中都未能通过检验,表明房价波动对居民家庭财产配置的影响在长三角和珠三角没有显著的区域性差异。另外,一个有趣的现象很值得注意:收入变动的系数为负,这表明收入增加时,房产消费比会减小,或者说,在本章的样本城市中,收入水平较低的居民承受了相对更高的购房负担(房产与消费的比值更大)。因此,提高收入对减缓居民购房负担、提高居民消费水平、优化微观资源配置具有重要作用。

(二)房产财富效应及样本城市的消费特征

方程(6-15)和(6-17)分别是对消费与影响消费的变量间长期和短期关系的描述。回归结果中,$\ln y$ 的系数在1%水平显著不为零,表明收入对消费具有显著的影响,样本城市的居民收入平均每增长1%,在长期里会使消费性支出增加0.76%,在短期内,仅能增加0.65%,说明人们对短期收入不够"信任",短期收入的不确定性使居民不会轻易改变其消费水平。虚拟变量 D 的系数从长期看通过了1%显著性水平检验,其值为-0.153262,表明在控制了其他变量的情况下,长三角地区的居民自发性消费支出要低于珠三角,这种差异可能是由两地消费习惯不同引起的。$\ln P$ 和 $\Delta \ln P$ 都未通过显著性检验,表明无论长期还是短期,房地产的财富效应都不明显,尽管如此,我们还是可以通过系数的符号来推断房地产价格对居民消费影响的方向:长期来看,房价上涨会使居民增加消费支出;短期来看,房价上涨会压缩居民消费支出,但都不是很明显。误差修正项 ECM 的系数表明当消费的短期波动偏离长期均衡时,将以 -0.8 的调整力度将非均衡状态拉回到均衡状态。

(三)收入、房价与居民生活水平

方程(6-16)中 $\ln y$ 的回归系数显著不为零,说明从长期来看,收入对居民生活水平具有显著、稳定的影响,收入每提高 1%,居民生活水平将提高 0.27% 左右。收入对生活水平的短期影响系数为 0.31%,且显著不为 0,收入对居民生活水平具有短期冲击作用。在控制了收入的情况下,房价对居民生活水平的影响在长期里显著,房价每提高 1%,生活水平会下降 0.042%;但短期不显著。方程(6-18)的误差修正项系数通过了显著性检验,系数值为负,表明当居民的生活水平在短期内偏离长期均衡时,会以 -0.4 左右的力度将非均衡状态拉回均衡状态。区域虚拟变量 D 的回归系数在方程(6-16)和(6-18)中都未通过显著性检验,表明长三角和珠三角地区的城市在生活水平上没有明显的区域性差异。

本章以最优消费和投资组合理论为基础,把房产价值纳入消费者效用函数,通过最优化过程分析了房地产价格波动对家庭财产配置及居民生活水平的影响机理,并给出两个命题和一个推论。利用长江三角洲和珠江三角洲 25 个城市 2000—2012 年的面板数据对理论假说进行实证检验,得出以下结论:(1)未来房价上涨的预期,会使消费者在本期对家庭财产配置时增大房产部分所占比重;(2)随着居民平均收入水平的提高,房产价值所占家庭财产的

第六章　房价波动、家庭财富配置与居民生活水平

比重会降低,城镇居民的购房负担降低;(3)样本城市的财富效应不显著,仅从回归系数的符号来判断,长期看房价上涨促进消费,短期看房价上涨挤出消费;(4)平均而言,珠三角城市的自发性消费高于长三角,未控制收入变量时,珠三角城市家庭财产配置中房产部分所占比重高于长三角城市,除此之外,本章的研究内容中未发现两大城市群的明显区域性差异;(5)收入对居民生活水平具有短期冲击作用,短期影响强度大于长期。房价上涨在长期里降低了居民的生活水平,在短期里这种影响并不显著。

总之,本章的实证结果证实了由理论模型得到的命题和推论,并给了我们如下启示:鉴于房价预期对消费者配置当期家庭财富的影响,要特别注意对相关信息的即时公布,防止因买卖双方信息不对称而出现房地产价格泡沫,影响微观资源配置,进而传导到宏观领域引起经济剧烈波动。在房地产的财富效应还不十分明显的情况下,说明房地产的消费性需求大于投资性需求,相应的金融政策的制定,应注意对两类需求的区分,避免在出台抑制投机需求的政策时伤及消费性需求,加重居民生活负担。另外,减轻居民购房负担不能仅仅盯着房价,更要不断提高居民收入,优化微观家庭资源配置,提高居民生活水平;要尽量保持居民收入水平长期稳定增长,使收入的长期效应显现出来。

第七章 遗产动机与财富效应下的"以房养老"[①]

第一节 消费观念与"以房养老"

"以房养老"是发达国家主要的养老途径之一,而在我国却遭遇了较大的阻力。究其原因,尤为关键的是来自传统遗产观念的现实压力,但遗产观念如何影响"以房养老"的过程及具体影响程度,还相对缺乏严密而统一的系统论证。本章引入遗产的时变特性,拓展了生命周期理论模型,从理论上证明了遗产动机的存在会抑制住房财富效应的发挥,进而阻碍了"以房养老"的展开。同时,基于我国城市层面的问卷调查数据,基本证实了理论模型的推论。具体说来:第一,老人通常要比年轻人具有更高的住房财富效应,即随着住房价格的上涨,老人消费得更多。第二,考虑遗产动机时,老人的住房财富效应相比无遗产动机时,会降低很多。特别是当主要针对于家庭有房人群时,其几乎降低了一半。从这点看来,"以房养老"之所以受到局限,主要是由于传统的遗产观念对住房财富效应的发挥起到了抑制作用。因此采取渐进式的"以房

[①] 原载《经济研究》2013年第9期,编入本书时做了适当修改。

养老"模式、适当试点开征遗产税、稳定住房市场等将有助于"以房养老"的实现。

20世纪70年代末以来,我国人口老龄化呈现一种加速发展的趋势。2012年老年人口数量达到1.27亿,老龄化水平达到9.4%,2013年老年人口数量达到1.32亿,老龄化水平达到9.7%[①],均远远高于7%的"红线"。老龄化加剧不仅会使得人口红利消失,还会导致养老负担不断加重。在中国,家庭养老一直是主要的养老模式,但是低生育率导致的家庭照料老人的人力资源非常短缺。这种传统的家庭养老机制正受到严峻的挑战,而社会养老机制正逐渐成为主导。但是,人口老龄化的过程中呈现出明显的"未富先老"和"未备先老"的特征,导致了养老保障的公共支出对财政补贴的依赖程度日益加剧,现行的社会养老保障制度潜伏着财务危机。

在传统的子女赡养与公共财政支出无力兜底所有养老问题的时候,"以房养老"作为一项重要的思路被提出,并且进行了一些试验。"以房养老"本质是一种和传统按揭方式相反的"倒按揭"养老模式[②],早在2007年上海就曾有过"住房自助养老"试点,也曾经陆续出现了一些新的模式,如南京汤山"温泉留园的倒按揭模式"、新疆保投国际所推行的新按揭办法、中信银行实施"以房养老"[③]方案、福建模式等。但是,"以房养老"的模式在现实中却遭遇了极大的阻力,使得该方案屡次搁浅。一部分人士认为,之所以"以房养老"不易推行,很重要的原因是观念障碍,中国人讲究"但存方寸地,留与子孙耕",传统文化、风俗习惯赋予了老人似乎

---

① 数据来源于《中国统计年鉴(2014)》,老年人口指65岁及以上的人口。
② "以房养老"又被称为"住房反向抵押贷款"或者"倒按揭"。其主要指的是老人可以把自己的产权房抵押或者出租出去,以定期获得一定数额养老金或者接受老年公寓服务的一种养老方式。
③ 也称"养老按揭"。

应该将住房传承给自己的后代，而不是将住房"倒按揭"；但是另外一部分人则认为，主要是缺乏必要的法规和市场环境，没有清晰可循的操作途径，使得老人难以迅速从住房财产中获得稳定的财富收益，从而增加自身消费，以达到自我供养的目的。也就是说，如果市场的资源配置环境①相对健全的话，人们可以通过金融市场等合理进行资源配置，从而能获得稳健的收益，可以大大增加自身的消费水平。

要想清晰地界定"以房养老"方案推行不利的原因，需要从源头上把握两个关键问题：老人是否更愿以持有的住房财富为载体来实现自身消费支出的增加？如果考虑遗产动机的话，这种影响如何变化？只有深刻了解了这两个问题，才可能突破当前"以房养老"实施过程中存在的困境，寻找出有效的解决方案。同时，这也能为合理发挥房地产市场的积极作用，充分保障和改善民生提供坚实的理论基础。

第二节 有关"以房养老"的相关研究

一般来讲，住房的财富效应指住房价格波动对消费的影响（伊特韦尔，1996），它是"以房养老"的重要理论动因，如果具有正向的财富效应，即住房价格上涨引起的住房财富增加，可以有效地增加消费，从而使得"以房养老"在理论上成为可能。

而若要明晰"以房养老"方案推行不利所面临的两个问题，就需要先考察不同年龄段导致的代际差异对住房财富效应的影响。

巴尔迪尼、马扎菲洛和奥诺弗里（Baldini, Mazzaferro 和 Onofri, 2002）指出不同年龄的人群，不仅规模不同，对待消费的态

---

① 如金融市场自由化程度、宏观政策的支持力度等。

度也不同,这就是典型的代际差别。很多文献已经直接或间接指出了代际差异会使得住房财富效应发生变化的可能性(Banks, Blundell 和 Smith 2004;Bover, 2006),但是结论却呈现较多的不一致性。

传统的生命周期理论假设早就暗示由于存在消费的平滑,老人会具有较高的财富效应(Li 和 Yao,2007;Bajari, Chan, Krueger 和 Miller, 2010;陈彦斌、邱哲圣, 2011 等)。斯金纳(Skinner, 1989)的研究,较早地引入了遗产动机,发现存有遗产动机的家庭会消费较少,其住房财富效应较小。基于美国数据的很多实证研究,均得出了老人面临上涨的房价,会更多地提高消费(Feinstein 和 McFadden, 1989;Fisher 等, 2007)。克罗斯利和奥斯特(Crossley 和 Ostrovsky, 2003)基于加拿大的数据,坎贝尔和科克(Campbell 和 Cocco, 2007)利用英国的家庭调查数据,卡尔卡尼奥、弗尼罗和罗西(Calcagno, Fornero 和 Rossi, 2009)利用意大利的 SHIW 数据,基乌里和贾佩里(Chiuri 和 Jappelli, 2010)基于 17 个 OECD 国家的 30 万个数据,也得出了类似的结论。赫德(Hurd, 1999)指出尽管住房是遗产的重要组成,但是,住房同时具有消费与投资的功能,理性和利己的个体通常会平滑消费,在年老时会将持有的住房卖掉,换成较小的房子居住或者租房,甚至采用资产增值抵押贷款(Housing Equity Withdrawal,以下简称 HEW)来支持以后的消费支出(Mitchell 和 Piggott, 2004)。与斯金纳(1989)相似,梵迪和怀斯(Venti 和 Wise, 2002、2004)也指出存在遗产动机的话,有可能会使得老人的边际财富效应降低。

但是,部分学者的研究成果发现,老人的住房财富效应不一定比年轻人更高。斯金纳(1996)的研究指出,户主在 45 岁以下的家庭的住房财富效应通常是 45 岁以上家庭的两倍。迪士尼和怀特豪斯(Disney 和 Whitehouse, 2002)指出了尽管有退休金的老人可能会更换自己的住房,实现财富升值,但是由于存在着租房的移动成本，大多数老人并不愿变现自己的住房财富，其财富效应并不大。亚科维耶洛(Iacoviello,2004)的研究证实，年轻人由于受到流动性约束的可能性较大，随着房价的上涨，可以获得更多的 HEW，从而日常消费大约提高 18%—26%。博斯蒂克、加布里埃尔和佩因特(Bostic, Gabriel 和 Painter,2009)基于美国 2001—2005 年的住房财富数据，研究发现年轻人相对老人具有更高的财富效应。阿塔纳斯奥等(Attanasio 等,2005)、马龙马伦(Marron,2007)、施瓦兹、刘易斯和诺尔曼(Schwartz, Lewis 和 Norman,2008)、贝尼托(Benito,2009)也发现了类似的结论。而莱纳特(Lehnert,2004)利用 PSID 的数据，分析了不同年龄人群的住房财富效应，发现存在着明显的差异，并不支持老人一定比年轻人具有更高的住房财富效应。他发现年龄在 25—34 岁之间和 52—62 岁之间的两类人群的财富效应很大。面向不同国家之间的研究结论也存在着显著的差别，如田岛大木和朱(Tatsiramos 和 Zhu,2004)基于欧洲 1994—2001 年的家庭面板数据，研究发现中欧、西欧国家(如法国、德国、荷兰和英国)的老人住房财富效应较高，而南欧国家(如意大利和西班牙)较低。

更加引人注意的是，一些学者的观点不同于斯金纳(Skinner,1989)等的研究结论，遗产动机对住房财富效应的具体影响呈现出一定的模糊性，遗产动机也不一定能降低老人的住房财富效应。赫德(1987,1990)、莱文(Levin,1992)的研究详细地论证了这一点。实际上，卡尔沃等(Calvo 等,1979)很早就指出，如果考虑遗产动机，标准的生命周期模型的假设条件不一定有效，忽视遗产动机是生命周期假说受到批评和质疑的一个重要原因(Kopczuk 和 Lupton,2007)，以此为基础分析的结论也就不能具有普适性。而预防性储蓄被根植于遗产动机中(Chiuri 和 Jappelli,2010)，使得遗产动机影响住房财富效应的过程也充满了不确定性。莱特纳和乔斯特(Laitner 和 Juster,1996)基于 TRAA—CREF 数据库的研究发现,遗产动机并不能解释居民消费的低迷现象。

国内从遗产动机与财富效应角度去从事"以房养老"的研究并不太多。陈彦斌、邱哲圣和李方星(2010)、陈彦斌、邱哲圣(2011)基于包含房价高速增长特征的比尤利(Bewley)模型,揭示且解释了我国城镇年轻家庭比中年家庭消费率更低的现象。部分学者则对居民消费的预防性储蓄行为进行了验证,龙志和、周浩明(2000)选择中国城镇居民1991—1998年间平行面数据,对预防性储蓄模型进行估测,研究结果表明我国城镇居民存在显著的预防性储蓄动机。但是,施建淮、朱海婷(2004)对我国35个大中城市1999—2003年的数据进行计量分析,结果发现35个大中城市的居民储蓄行为中的确存在预防性动机,但预防性动机并非如人们预期的那么强。此外,还有的学者证实了消费习惯在消费决策中的作用(田青、马健、高铁梅,2008)。而更多的学者侧重于住房财富效应的研究,但是依然很难取得一致的结论。部分学者的研究结论证实住房具有正向的财富效应(王松涛和刘洪玉,2009;尹志超和甘犁,2009;王培辉和袁薇,2010;陈杰和张卫涛,2008;骆柞炎,2008)。但是,也有的研究发现住房为负向的财富效应(况伟大,2011;王子龙、许箫迪,2011;易宪容,2009;陈斌开、杨汝岱,2013;颜色、朱国钟,2013)或没有财富效应(高波和王辉龙,2011)。尽管有一些直接涉及"以房养老"的文献,但是侧重于从政策制定等方面进行分析(柴效武、胡平,2010;傅鸿源、孔利娟,2008等),朱劲松(2011)则使用Logit模型进行了实证研究,得出影响中国老年群体参与其中的关键因素是传统习惯影响的结论。

综述以上的研究,尽管部分文献已经指出了代际差别会导致年龄不同人群的住房财富效应发生变化,但是实证结论存有很大的争议,而且用于我国的经验数据进行验证的文章也非常稀少。此外,更为关键的是以往的研究尽管有的模型利用标准的生命周期模型进行了推理,但是,大多数模型未考虑遗产动机(Calcagno

等,2009),即使部分文献如斯金纳(1989)等提到了遗产动机,却没有就此详细展开,详细地对不同年龄段对应的财富效应进行理论分析,而且关于遗产动机的相关的研究结论也存在较大的争议。此外,这些文献所采用的遗产动机,没有将预防性储蓄等纳入到遗产动机的作用方式中,忽视了遗产的时变性,使得结论具有较大的局限性。

因此,本章将首先在效用函数中引入赋予时变特征的遗产,基于跨期消费模型进行拓展,得出不同年龄人群对应住房财富效应的变化规律,探究遗产动机作用下住房财富效应的发挥机制,并基于中国城市层面的家庭调查数据,进行实证检验,此外,出于稳健性考虑,采用非参数的方法做辅助检验,以确保结果的可靠性,最后得出结论。

第三节 纳入一般消费、住房服务的家庭效用模型

本章借鉴斯金纳(1996)、卡尔卡尼奥等(2009)的分析范式,引入遗产动机[①],假定典型家庭的效用来源于日常的消费、住房服

[①] 尽管斯金纳(1989)也已经将遗产动机引入了效用函数中,所采用的遗产设定形式是存在于生命截止时刻的,而且仅传递给子女后代,并且这种方式相对忽视了遗产动机中所隐含的其他重要动因(如预防性储蓄和策略性动机等),此外,也未就代际差异引致的住房财富效应差别的理论机理进行更为深入和翔实的论证。本章则基于传统的遗产函数(Traditional Bequest Fuction)框架,结合 Warm-glow Bequest Motive 的基础设定形式,将赋予时变特征的遗产引入效用函数中,详细论证了考虑遗产动机下,不同年龄段人群对应的住房财富效应的运作机理,更加全面反映了尽可能多的遗产动机形式,还能兼顾子女、夫妻等核心家庭成员的受赠可能性,从一定程度上扩展了遗产动机的作用效力和解释能力,这部分的更为详细的说明和解释可参见本章实证部分模型设定中的脚注三。关于 Warm-glow Bequest Motive 设定的基础形式可参照赵波(Zhao Bo,2011)的具体解释。

第七章 遗产动机与财富效应下的"以房养老"

务及遗产,将典型家庭效用函数设定为如下的时间可分离的等弹性形式(两期):

$$U(c_t, c_{t+1}, h_t, h_{t+1}, b_t, b_{t+1}) = \frac{c_t^{1-\sigma}}{1-\sigma} + \mu \frac{h_t^{1-\sigma}}{1-\sigma} + \varphi \frac{b_t^{1-\sigma}}{1-\sigma} +$$

$$\frac{1}{1+\delta}\left(\frac{c_{t+1}^{1-\sigma}}{1-\sigma} + \mu \frac{h_{t+1}^{1-\sigma}}{1-\sigma} + \varphi \frac{b_{t+1}^{1-\sigma}}{1-\sigma}\right) \quad (7-1)$$

设定日常消费为 Numerical 形式,将其价格标准化为 1,则跨期预算约束条件如下①:

$$b_t + c_t + R_t h_t + \frac{b_{t+1} + c_{t+1} + R_{t+1} h_{t+1}}{1+r} = y_t + R_t \overline{h_t} +$$

$$\frac{y_{t+1} + (\overline{h_t} - h_{t+1}^*) P_t + R_{t+1} h_{t+1}^* + \frac{P_{t+1} h_{t+1}^*}{1+r}}{1+r} \quad (7-2)$$

其中,U 表示效用函数,c_t、c_{t+1}、h_t、h_{t+1}、b_t、b_{t+1} 分别表示典型家庭居民在 t 和 $t+1$ 时的日常消费、住房消费、遗产。y_t、y_{t+1}、R_t、R_{t+1}、P_t、P_{t+1} 分别表示居民在 t 和 $t+1$ 时收入、租金、房价。$\overline{h_t}$、h_{t+1}^* 分别表示最初的住房资产禀赋和第一时期末家庭选择的最优住房持有量。σ 表示替代弹性,此处 $0 < \sigma < 1$。μ 表示住房消费动机的强度,而 φ 则表示遗产动机的强度。δ 表示主观折现率,r 则表示客观的报酬率。

这是含有遗产的预算约束条件的一般形式,其直观含义就是家庭的收入、住房的资本利得、新房出租收益、生命周期结束时的住房变现价值之和应该能满足基本的日常消费支出、住房的使用需求②及遗产需求。

---

① 本章在设定预算约束时,暂时未考虑金融资产的收益和支出,做了适当的简化,并不直接影响本章的研究结论。

② 此处形式上将住房使用需求的支出定位于租金,并未直接考虑买房成本,实际上在式(7-2)中房地产的资本利得已经隐含了买房的成本。

而在均衡时,会存在无套利条件①:

$$P_t - R_{t+1} = \frac{P_{t+1}}{1+r} \qquad (7-3)$$

即家庭 t 期卖出住房的价值 P_t 应该等于 $t+1$ 期卖出价值的折现值 $\frac{P_{t+1}}{1+r}$ 加上等待期的出租收益 R_{t+1}。直观地说,在均衡时,家庭在任何时候卖出住房的收益是一样的。

将(7-3)式代入(7-2)式,得出:

$$\begin{aligned}b_t + c_t + R_t h_t &+ \frac{b_{t+1} + c_{t+1} + R_{t+1} h_{t+1}}{1+r} \\ &= y_t + R_t \overline{h_t} + \frac{y_{t+1}}{1+r} + \frac{P_t \overline{h_t}}{1+r}\end{aligned} \qquad (7-4)$$

为了具体分析不同年龄人群的住房财富效应,简单地将人群分为青年人和老年人。

一、出生在 t 时刻的人(青年人),在 t 时刻的住房财富效应

根据(7-4)式的预算约束条件,可以求式(7-1)的最优解,具体从略。然后根据最优解中的消费方程对 P_t 求偏导,得出:

$$\frac{\partial c_t^y}{\partial P_t} = \frac{\left(\frac{\partial R_t}{\partial P_t} + \frac{1}{1+r}\right) \overline{h_t}}{S} \qquad (7-5)$$

其中

$$S(\varphi,\sigma,\mu,\delta;r,R_t,R_{t+1}) = \left[1 + \varphi^{\frac{1}{\sigma}} + R_t\left(\frac{u}{Rt}\right)^{\frac{1}{\sigma}} + \left(\frac{1+r}{1+\delta}\right)^{\frac{1}{\sigma}}(1+r)^{-1} + \left(\frac{1+r}{1+\delta}\right)^{\frac{1}{\sigma}}(1+r)^{-1}R_{t+1}\left(\frac{R_t}{R_{t+1}}\right)^{\frac{1}{\sigma}}\left(\frac{U}{R_t}\right)^{\frac{1}{\sigma}} +\right.$$

---

① 此处忽略了交易成本,不影响分析的结果。

$$\left(\frac{1+r}{1+\delta}\right)^{\frac{1}{\sigma}}(1+r)^{-1}\phi^{\frac{1}{\sigma}}$$

由于 $\frac{\partial R_t}{\partial P_t} > 0$,所以 $\frac{\partial c_t^y}{\partial P_t} > 0$ ①

二、出生在 $t-1$ 时刻的人(老年人),在 t 时刻的住房财富效应

其预算约束不同于(7-4),只需要考虑最后一期的预算约束,因此变为：

$$b_t^o + c_t^o + R_t h_t^o = y_t + R_t \overline{h_t} + P_t \overline{h_t} \qquad (7-6)$$

老年人对应的效用函数形式,也由两期变为一期,具体形式为：

$$U(c_t, h_t, b_t) = \frac{(c_t^o)^{1-\sigma}}{1-\sigma} + \mu \frac{(h_t^o)^{1-\sigma}}{1-\sigma} + \varphi \frac{(b_t^o)^{1-\sigma}}{1-\sigma}$$

求解最优化问题的解②,得出均衡时老年人的消费 c_t^o：

$$c_t^o = \frac{y_t + R_t \overline{h_t} + P_t \overline{h_t}}{1 + R_t \left(\frac{\mu}{R_t}\right)^{\frac{1}{\sigma}} + \varphi^{\frac{1}{\sigma}}} \qquad (7-7)$$

由(7-7)对 P_t 求偏导,得出：

$$\frac{\partial c_t^o}{\partial P_t} = \frac{\left(\frac{\partial R_t}{\partial P_t} + 1\right)\overline{ht}}{1 + Rt\left(\frac{u}{Rt}\right)^{\frac{1}{\sigma}} + \phi^{\frac{1}{\sigma}}} \qquad (7-8)$$

通过比较(7-5)与(7-8)式,可以得出命题1和命题2：

---

① $\phi \geq 0$ 是暗含的条件,$\phi = 0$ 表示无遗产动机,$\phi > 0$ 表示有遗产动机。对应于式(7-1)的效用函数,可以看出,实际上存在任何形式的遗产动机,都应该会增加效用。

② 在此省略了具体的 F.O.C 结果。

命题1:老年人比青年人具有更高的住房财富效应,即住房价格上涨所带来的财富增值,会使得老年居民更愿意消费。

很显然,由于 $1 + \varphi^{\frac{1}{\sigma}} + R_t (\frac{\mu}{R_t})^{\frac{1}{\sigma}} < S$,而(7-8)式右侧的分子大于(7-5)式右侧的分子,所以 $\frac{\partial c_t^o}{\partial P_t} > \frac{\partial c_t^y}{\partial P_t}$,对应于住房价格的上涨老人会更愿意增加消费,所以住房财富效应会更高。

命题2:引入遗产动机后,老年人与青年人的住房财富效应都会相对于无遗产动机时更低。

从(7-5)式与(7-8)式中可以看出,由于遗产动机的存在,即 φ 的引入,使得两式中的住房财富效应的分母相对于无遗产动机时($\varphi=0$)的财富效应的分母值要大。所以可以看出,随着遗产动机的引入,老年人与青年人的住房财富效应都会降低。

第四节　居民家庭对"以房养老"态度的实证研究

一、数据来源与变量定义

(一)数据来源及调研过程

本章使用的数据来源于教育部哲学社会科学研究重大课题攻关项目的课题问卷调研数据库,该调研数据库是对全国30个大中城市的城市家庭进行分层抽样后随机采访而得到。整个调研的主要内容涉及三大部分:受访家庭基本情况、居住状况和消费投资意愿、住房制度评价和改革建议。

本章采用的数据样本是来源于第一批次调查(2011年的7—9月份之间执行完毕)的20个城市的数据。整个第一批次的数据调研过程,共派出5个调研小组,按照交通路线最优原则,依次展开。

结合预调研的结果,以及具体的执行难度和成本等,为了更有效率、更高质量地完成此次调研活动,实际向20个城市的3600户家庭发放问卷,回收3186份,剔除了无效问卷数456份,得到的有效问卷数为2730份。但是其中4个城市的部分数据指标缺失较为严重,并不适合本章的研究内容,所以予以剔除,最终能用于本研究的16个城市有效问卷数为2183份。这16个大中城市为北京、上海、天津、重庆、武汉、成都、西安、济南、哈尔滨、昆明、南宁、南昌、广州、深圳、南京、杭州。

在具体抽样过程中,首先将受访对象总体界定为城市家庭,具体受访对象为家庭户主,接着综合考虑行政区划、人口分布、收入水平等指标,将每个城市划分为5—6个大的区域,然后在每个区域中结合具体的住房类别、新旧程度等再次细分,对潜在的受访家庭再采取随机性调查,获得分层抽样的结果。这样分层抽样的结果汇总起来就组成了总体的样本容量,同时还降低了抽样的误差。此外,在整个问卷设计、调研过程中,都存在着过滤机制和自动识别机制,以帮助识别出问卷是否有效。为检验样本的信度和效度,对本问卷中的相关问项进行了具体的测算,均符合要求。限于篇幅,并没有具体列出信度和效度检验的结果。关于样本家庭人口统计学的基本特征描述,在此没有赘述,核心的关键数据变量可参照表7-1。

(二)变量定义与描述

基于问卷调查的样本数据,本章研究的基本变量种类、定义及描述性统计如表7-1所示。

表7-1 基本变量的种类、定义及描述性统计

变量种类	变量名称	变量符号	变量定义与备注	均值	标准差
被解释变量	居民消费支出	CPC	被调查家庭的月度消费支出(不含住房消费)	2872.048	2303.256

续表

变量种类	变量名称	变量符号	变量定义与备注	均值	标准差
主要的解释变量	年龄组1	Age1	被调查家庭户主如果处于30—37岁,该哑元变量等于1,否则为0	0.203	0.403
	年龄组2	Age2	被调查家庭户主如果处于38—45岁,该哑元变量等于1,否则为0	0.137	0.343
	年龄组3	Age3	被调查家庭户主如果处于46—53岁,该哑元变量等于1,否则为0	0.117	0.321
	年龄组4	Age4	被调查家庭户主如果处于54—60岁,该哑元变量等于1,否则为0	0.065	0.247
	年龄组5	Age5	被调查家庭户主如果>60岁,该哑元变量等于1,否则为0	0.045	0.208
	房价	AHP	商品房平均价格①	9489.285	4832.383
	家庭人口总数	NHP	被调查家庭每户的家庭人数	3.637	1.361
	家庭核心成员人数	CM	被调查家庭每户的核心家庭人数,包括包括夫妻、子女、父母	2.637	1.361
	家庭子女数量	FD	被调查家庭每户的子女数量	0.483	0.664
控制变量	收入组1	IG1	被调查家庭如果月度收入处于[1200,4800)内,该哑元变量等于1,否则为0	0.444	0.497
	收入组2	IG2	被调查家庭如果月度收入处于[4800,9000)内,该哑元变量等于1,否则为0	0.277	0.447
	收入组3	IG3	被调查家庭如果月度收入处于[9000,15000)内,该哑元变量等于1,否则为0	0.123	0.329
	收入组4	IG4	被调查家庭如果月度收入处于[15000,30000)内,该哑元变量等于1,否则为0	0.066	0.249
	收入组5	IG5	被调查家庭如果月度收入处于[30000,+∞)内,该哑元变量等于1,否则为0	0.051	0.220

① 数据基于《中国统计月报》2011年第10期的基础数据计算得到。

第七章　遗产动机与财富效应下的"以房养老"

续表

变量种类	变量名称	变量符号	变量定义与备注	均值	标准差
控制变量	性别	gender	被调查家庭户主如果是女性,该哑元变量等于1,否则为0	0.481	0.500
	高中	edu1	被调查家庭户主如果为高中毕业,该哑元变量等于1,否则为0	0.239	0.433
	大学	edu2	被调查家庭户主如果为大学毕业,该哑元变量等于1,否则为0	0.536	0.499
	研究生	edu3	被调查家庭户主如果为研究生或以上毕业,该哑元变量等于1,否则为0	0.111	0.315
	就业状态1	employee1	被调查家庭户主如果被他人雇佣,该哑元变量为1,否则为0	0.568	0.502
	就业状态2	employee2	被调查家庭户主如果自我创业,该哑元变量为1,否则为0	0.137	0.344

注:此处变量定义中,为了简化方便,已经将各哑元变量组中的设定基准组去掉。
(1) 被解释变量定义。本研究的被解释变量——居民消费支出。
(2) 基本解释变量定义。主要的解释变量为房价、各年龄组等,详见表7-1。
(3) 控制变量的定义。本研究中的控制变量主要包括各收入组、区位变量、家庭的基本属性等,其中包括户主受教育程度、就业状态、城市区位等①。

二、模型设定与计量结果

(一) 计量模型设定

为了更为直观地考察各年龄组对应的财富效应,将原始年龄组整合成三个年龄组:青年组、中年组和老年组②来进行类比分析,以求获得更为直观的结果。出于稳健性的原因,计量模型设定采用对数化处理的方式,同时由于本章分别采用子女数量(FD)和

---

① 限于篇幅,各城市的区位虚拟变量以及其他的家庭属性变量在此省略。
② 借鉴阿塔纳西奥等(Attanasio 等,2005)、萨尔明斯卡和特赫曼诺华(Sierminska 和 Takhtamanova,2007)的划分方式,并且适当的修改,具体的分组方式为将被调查家庭户主的年龄37岁之前的样本定义为青年组,38岁至53岁定义为中年组,而54岁之后定义为老年组。当然这个分组方式并不是绝对的,也可以有其他的分组方式,尽管个别计量结果有变化,但是不会根本改变遗产动机对财富效应影响的相对程度,不影响本章的核心结论,在此省略。

家庭核心成员人数(CM)来作为遗产动机的代理变量①,所以具体的计量模型设定如下:

1.模型一:以子女数量(FD)作为遗产动机的代理变量

①未考虑遗产动机的计量模型

$$LnCPC = \alpha + \beta_1 Age + \beta_2 LnAHP + \beta_3 IG + \beta_4 Age * LnAHP + \beta_5 X + \varepsilon \qquad (7-9)$$

$LnCPC$ 表示家庭月度消费支出的对数,Age 指代各种年龄组分类 $\{Young, Median, Old\}$,$LnAHP$ 表示商品房均价的对数,IG 指 $\{IG1, IG2, IG3, IG4, IG5\}$,$Age * LnAHP$ 则指 Age 与 $LnAHP$ 的对应交叉项;X 则指的是其他的控制变量组 $\{NHP, FD, gender, edu1, edu2, edu3, employee1, employee2\}$ 等②。NHP 表示家庭人口总数。需要注意的是各年龄组及对应的交叉项等哑元变量组,其参与计量的回归变量数要比总组内数量少1个,目的是消除"虚拟变量陷阱问题"。α 代表截距,β_i 则是对应变量的回归系数($i=1,2,3,4,5$),β_4 表示的是未考虑遗产动机时,各年龄组对应的住房财富效应,ε 则是模型残差。

②考虑遗产动机的计量模型

具体的计量模型设定如下:

---

① 实际上,结合中国的实践,更好的处理方式可以根据家庭中子女的性别比例,特别是男孩比例的多少作为重要的代理变量。但是,一方面囿于数据的限制,无法获取相应的数据样本;另一方面,男孩作为家庭遗产传承的主要人群的这种观念,更多的是根植于广大的农村家庭中,在城市家庭中,这种观念已经相对弱化,此外,尤为关键的是农村不存在真正意义上的房地产市场,因此住房价格等变量的数据无法有效计算和使用。而且国外最新的研究也表明家庭中的配偶等也是重要的遗产受赠群体,如莱特纳和森纳格(Laitner 和 Sonnega,2010)等。此外,全面考虑子女、夫妻、父母等家庭成员受赠的可能性,可以更加全面地反映纯利他式的遗产动机、策略性动机、预防性储蓄等多种形式的遗赠动因。因此,本章分别选用子女数量和家庭核心成员人数(包括夫妻、子女、父母)作为遗产动机的代理变量。

② 此处并未直接控制诸如房产税等交易成本的影响,主要原因是目前在我国仅是对上海和重庆做了试点,未能有足量的数据样本支持。

$$\mathrm{Ln}CPC = \alpha + \beta_1 Age + \beta_2 \mathrm{Ln}AHP + \beta_3 IG +$$
$$\beta_4 Age * \mathrm{Ln}AHP * FD + \beta_5 X + \varepsilon \qquad (7\text{-}10)$$

$Age * \mathrm{Ln}AHP * FD$ 则为对应 Age 的附有遗产动机时对应的交叉项①，β_4 表示考虑遗产动机时，各年龄组对应的住房财富效应。X 则指的是其他的控制变量组，除了包含式(7-9)中对应的控制变量外，还应该适当控制三阶交叉项 $Age * \mathrm{Ln}AHP * FD$ 中各变量所对应的两两的二阶交叉项，即 $Age * FD$、$\mathrm{Ln}AHP * FD$、$Age * \mathrm{Ln}AHP$。

2.模型二:以家庭核心成员人数(CM)作为遗产动机的代理变量

①未考虑遗产动机的计量模型

$$\mathrm{Ln}CPC = \alpha + \beta_1 Age + \beta_2 \mathrm{Ln}AHP + \beta_3 IG +$$
$$\beta_4 Age * \mathrm{Ln}AHP + \beta_5 X + \varepsilon \qquad (7\text{-}11)$$

与模型一中的式(7-9)相似，只不过控制变量组 X 略微改变，X 变为 $\{CM, gender, edu1, edu2, edu3, employee1, employee2\}$ 等，β_4 表示的是未考虑遗产动机时，各年龄组对应的住房财富效应。

②考虑遗产动机的计量模型

$$\mathrm{Ln}CPC = \alpha + \beta_1 Age + \beta_2 \mathrm{Ln}AHP + \beta_3 IG +$$
$$\beta_4 Age * \mathrm{Ln}AHP * CM + \beta_5 X + \varepsilon \qquad (7\text{-}12)$$

$Age * \mathrm{Ln}AHP * CM$ 则为对应 Age 的附有遗产动机时对应的交叉项，β_4 表示考虑遗产动机时，各年龄组对应的住房财富效应。X 则指的是其他的控制变量组，除了包含式(7-9)中对应的控制变量外，还应该适当控制三阶交叉项 $Age * \mathrm{Ln}AHP * CM$ 中各变量所对应的两两的二阶交叉项，即 $Age * CM$、$\mathrm{Ln}AHP * CM$、$Age * \mathrm{Ln}AHP$。

---

① 这类似于斯金纳(Skinner,1989)等文献中遗产动机代理变量的通常处理方法。

(二)实证结果分析

在实证过程中,考虑可能存在的内生性影响,采用工具变量法进行分析。在本章中,选用土地供给作为房价的工具变量,类似于陈斌开、杨汝岱(2013)的选择方式。其主要的选择理由是,我国地方政府垄断土地供给,土地供给对房价有着很强的影响,但是却并不直接影响居民消费。所以土地供给是一个可以满足工具变量设定条件的良好选择。本章最终选择了各地区 2011 年度 1—9 月份(2011 年 9 月为本章所用问卷调查的截止日期)的本年购置土地面积(对数化后记为 LnLand)[①]作为土地供给的典型指标,进而将其作为房价(对数化后记为 LnAHP)的工具变量。

出于稳健性的考察,本章既采用了全样本的数据进行分析,也对拥有住房的家庭样本进行了分析。具体的实证结果如表 7-2 所示。

表 7-2　引入遗产动机前后各年龄组对应的住房财富效应的计量分析结果[②]

被解释变量	LnCPC							
样本种类	全部样本				拥有住房样本[③]			
计量模型设定	模型一		模型二		模型一		模型二	
是否引入遗产动机	未引入	引入	未引入	引入	未引入	引入	未引入	引入
Median	-1.754* (1.079)	-0.974 (1.547)	-1.222** (0.612)	-0.923 (1.414)	-2.249** (0.883)	-1.625 (1.268)	-1.551** (0.714)	-1.139 (1.717)

---

① 数据来源于《中国统计月报》2011 年第 10 期。当然衡量土地供给的指标更加直观的还有土地开发面积等,但是考虑到当年度城市层面数据获取的难度,因此选择了本年度的土地购置面积作为近似的替代变量,由于地方政府垄断的土地供给,土地购置面积是可以显著反映土地供给特征的指标。

② 其他的控制变量,如各城市区位虚拟变量等都已经在实证中控制,限于篇幅,具体的结果在此省略。

③ 此处需要注意的是针对于有房群体样本,实际上还可以基于住房真实财富来测算财富效应,限于篇幅,此处省略。

续表

被解释变量	LnCPC							
Old	−1.897 (1.274)	−1.294 (1.618)	−1.349 (0.840)	−0.720 (1.937)	−3.077*** (1.056)	−1.835 (1.293)	−2.786*** (0.986)	0.318 (2.127)
LnAHP	−0.325* (0.198)	−0.292 (0.240)	−0.213*** (0.061)	−0.032 (0.087)	−0.360* (0.201)	−0.240 (0.246)	−0.213** (0.095)	−0.042 (0.125)
NHP	0.010 (0.010)	0.012 (0.010)			0.018 (0.012)	0.020 (0.012)		
FD	0.068*** (0.020)	1.366 (0.949)			0.060** (0.024)	1.380* (0.832)		
CM			0.023*** (0.009)	0.602*** (0.205)			0.028** (0.011)	0.572** (0.274)
Median * LnAHP	0.204* (0.119)	0.121 (0.170)	0.146** (0.068)	0.111 (0.158)	0.254*** (0.099)	0.187 (0.141)	0.177** (0.080)	0.135 (0.193)
Old * LnAHP	0.225* (0.141)	0.161 (0.178)	0.164* (0.093)	0.089 (0.216)	0.350*** (0.118)	0.215 (0.144)	0.316*** (0.110)	−0.044 (0.237)
Median * LnAHP * FD		0.209 (0.148)				0.104 (0.147)		
Old * LnAHP * FD		0.173 (0.183)				0.345* (0.215)		
LnAHP * FD		−0.141 (0.104)				−0.145 (0.092)		
Median * FD		−1.941 (1.335)				−0.965 (1.312)		
Old * FD		−1.615 (1.639)				−3.158* (1.915)		
Median * LnAHP * CM				0.013 (0.056)				0.017 (0.069)
Old * LnAHP * CM				0.027 (0.081)				0.168* (0.094)
LnAHP * CM				−0.064*** (0.022)				−0.061** (0.030)
Median * CM				−0.111 (0.495)				−0.168 (0.613)
Old * CM				−0.225 (0.725)				−1.457* (0.842)

续表

被解释变量	LnCPC							
IG1	0.278*** (0.062)	0.268*** (0.062)	0.267*** (0.062)	0.271*** (0.062)	0.103 (0.084)	0.100 (0.083)	0.068 (0.082)	0.084 (0.082)
IG2	0.556*** (0.065)	0.545*** (0.067)	0.548*** (0.064)	0.553*** (0.064)	0.297*** (0.086)	0.290*** (0.086)	0.257*** (0.083)	0.270*** (0.083)
IG3	0.686*** (0.070)	0.673*** (0.070)	0.687*** (0.070)	0.688*** (0.070)	0.401*** (0.089)	0.393*** (0.089)	0.340*** (0.088)	0.345*** (0.088)
IG4	0.848*** (0.076)	0.835*** (0.076)	0.846*** (0.076)	0.855*** (0.076)	0.599*** (0.096)	0.597*** (0.096)	0.499*** (0.095)	0.512*** (0.095)
IG5	0.953*** (0.079)	0.937*** (0.079)	0.952*** (0.079)	0.960*** (0.079)	0.768*** (0.097)	0.764*** (0.097)	0.608*** (0.097)	0.622*** (0.097)
gender	0.051** (0.024)	0.053** (0.024)	0.050** (0.024)	0.051** (0.024)	0.032 (0.028)	0.034 (0.028)	0.030 (0.027)	0.027 (0.027)
edu1	0.140*** (0.041)	0.140*** (0.041)	0.133*** (0.042)	0.135*** (0.042)	0.100* (0.051)	0.095* (0.051)	0.070 (0.050)	0.059 (0.050)
edu2	0.159*** (0.042)	0.159*** (0.042)	0.141*** (0.042)	0.140*** (0.042)	0.165*** (0.052)	0.160*** (0.052)	0.130** (0.051)	0.121** (0.051)
edu3	0.155*** (0.054)	0.160*** (0.054)	0.132** (0.054)	0.132** (0.054)	0.192*** (0.066)	0.187*** (0.066)	0.151** (0.065)	0.142** (0.065)
employee1	0.077* (0.045)	0.082* (0.045)	0.060 (0.044)	0.061 (0.044)	0.079* (0.047)	0.077* (0.047)	0.011 (0.061)	0.001 (0.061)
employee2	0.014 (0.051)	0.013 (0.051)	0.005 (0.051)	0.003 (0.051)	0.067 (0.061)	0.065 (0.061)	0.026 (0.064)	0.015 (0.064)
常数项	9.749*** (1.751)	9.422*** (2.140)	8.754*** (0.568)	7.111*** (0.803)	10.343*** (1.754)	9.264*** (2.159)	8.957*** (0.858)	7.437*** (1.140)

注：表中的数字精度保留至小数点后三位。括号内数字表示标准差，***、**和*表示在1%、5%和10%的水平下显著。

表7-2中对应的模型一、模型二分别表示以子女数量(FD)和以家庭核心成员人数(CM)为遗产动机代理变量对应的估计结果，全部样本下的回归结果显示，引入遗产动机之前，控制了相关变量后，老年人(54岁以上)的住房财富效应(Old * LnAHP 的数值)都大于中年人(30—45岁)的住房财富效应(Median * LnAHP 的数值)。但是引入遗产动机之后的结果则不太显著,可能的原

因是全样本中包括有房群体和无房群体,而无房群体中,遗产动机对住房财富效应的影响相对较弱,这可能是导致引入遗产动机后结果不显著的重要原因。所以可以发现,拥有住房样本引入遗产动机前后的实证结果,明显比全样本下的结果更为显著①,具体说来,当以子女数量(FD)为遗产动机代理变量时,尽管引入遗产动机后中年人的结果不太显著,但是引入遗产动机前,控制了相关变量后,老年人(54岁以上)的住房财富效应大于中年人(30—45岁)的住房财富效应。引入遗产动机后,老年人的住房财富效应(Old * LnAHP * FD 对应的数值)比引入遗产动机前(Old * LnAHP 对应的数值)有所降低,由 0.35 降低到 0.345,降低的程度不太大,主要的原因可能是采取对数化处理后的系数表示的是弹性的大小,另外可能的原因是子女的数量在各城市家庭层面的相对差异并不像农村那样显著,这些可能都会对具体的估计结果产生影响,但是从整个的计量结果来看,基本上证明了理论模型的命题。而以家庭核心成员人数(CM)作为遗产动机代理变量进行实证的结果,则表现得较为显著,基本上可以发现,老年人②的住房财富效应都大于中年人③的住房财富效应。特别是针对于老年人群,引入遗产动机后的住房财富效应(Old * LnAHP * CM 对应的数值)明显低于引入遗产动机前的数值(Old * LnAHP 对应的数值),大约降低为引入遗产动机前的 53%,降低了接近一半。需要注意的是引入遗产动机后中年人的住房财富效应的估计值依然并不太显著,这可能与初始问卷设计时的收入分组形式有一定的关联。但是总体来讲,就本章的研究重点,即如何验证遗产动机对"以房养老"的影响而言,本章的计量结果,已经给出了相对合适

---

① 本章后面非参数分析的结果也佐证了就考察遗产动机对住房财富效应的影响而言,基于拥有住房样本的检验可能比全样本更精确。
② 指 54 岁以上人口。
③ 指 30—45 岁人口。

的证明,即由于引入了遗产动机,老人的住房财富效应明显降低,这确实阻碍了"以房养老"的实施。

(三)非参数分析

在对样本进行参数检验后,有必要通过非参数的方法做稳健性考察①,具体的示意如图7-1、图7-2所示。图7-1(a)—(c)描述的是全样本下青年(young)、中年(median)和老年(old)三年龄段人群有无遗产动机时的平均住房财富效应的两两对比情况。图7-1、图7-2中的实线、虚线分别表示引入遗产动机前后对应的平均住房财富效应mph的kernel密度。从中可以发现,未引入遗产动机时的财富效应大于引入遗产动机后的概率很高,特别是老年人群(54岁之上)更显著。从图7-1中还可以看出,引入遗产动机前后,三年龄段中老年人群出现在较高的平均住房财富效应mph的概率相对更高。图7-2(a)—(c)描述的是拥有住房样本下三年龄段人群有无遗产动机时的平均住房财富效应的两两对比情况。从图7-2中也可以发现与图7-1类似的结论,引入遗产动机前的财富效应大于引入遗产动机后的概率很高,尤其是老年人群更为明显。同时还可以发现,图7-2比图7-1更加直观、显著,说明针对于拥有住房样本的结论,更适合探讨遗产动机作用于财富效应的过程,这点与前述计量回归过程的描述是相似的。

综合前面的微观计量结果和非参数分析,总体来看,基于当前的年龄分组数据,本章的理论模型的命题基本得以证实。我们可以发现,老年群体要明显大于中青年群体的住房财富效应。特别是老年有房人群,考虑遗产动机后,老人的住房财富效应相对于未考虑遗产动机时,数值会降低很多,这从一定程度上说明,在我国,遗产动机对住房财富效应的影响巨大,正是因为有这样一个传统

---

① 限于篇幅,本章仅以核心家庭人数为遗产动机代理变量的情况为例,进行了非参数的描述。其他情况的非参数描述,在此省略。

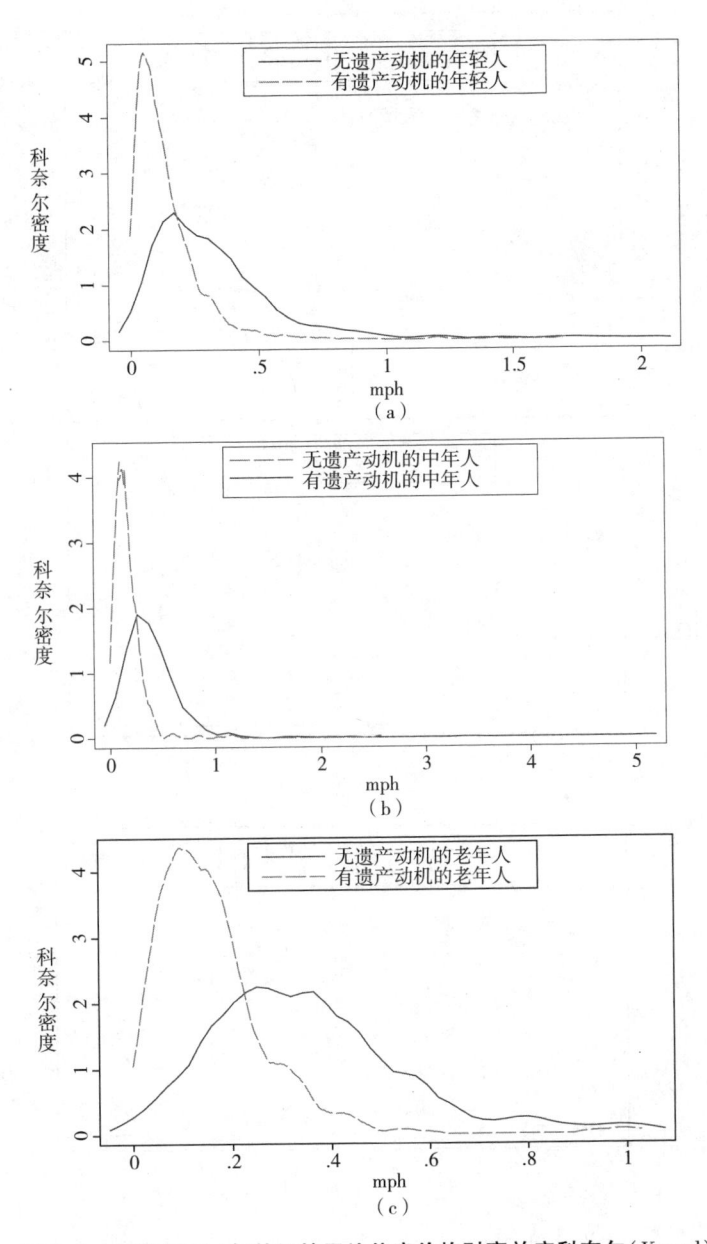

图 7-1 全样本下三年龄组的平均住房价格财富效应科奈尔(Kernel)密度图(无遗产动机和有遗产动机)

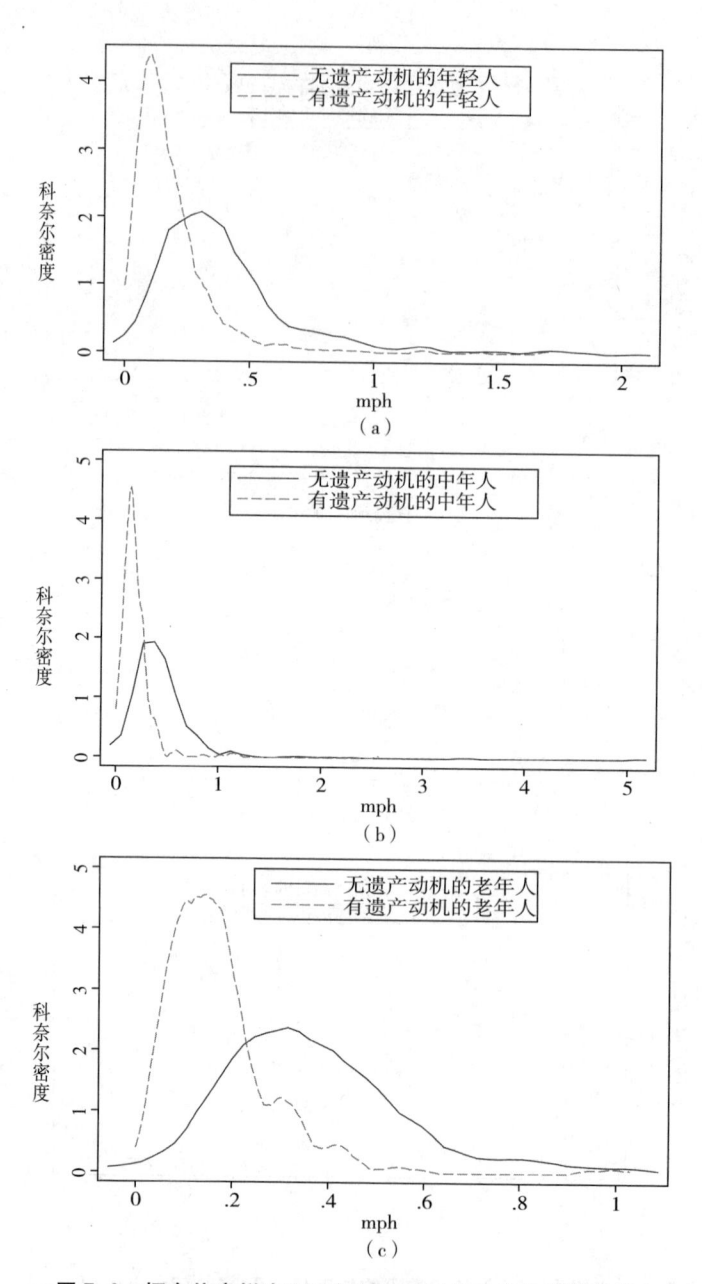

图7-2 拥有住房样本下三年龄组的平均住房价格财富效应科奈尔(Kernel)密度图(无遗产动机和有遗产动机)

第七章 遗产动机与财富效应下的"以房养老"

的遗产观念,抑制了我国的住房财富效应的正常发挥,阻碍了"以房养老"的有效实现。

本章将赋予时变特性的遗产,引入效用函数中,拓展了生命周期理论模型,详细论证了遗产动机影响"以房养老"的作用机理,同时,基于我国城市层面的问卷调查数据,研究发现,遗产动机确实对老人的住房财富效应产生了很大的抑制作用,从而弱化了老人参与"以房养老"的积极性和动力。从这点看来,"以房养老"之所以受到局限,主要是由于传统的遗产观念对住房财富效应的发挥起到了抑制作用。因此,对于"以房养老",本章有如下建议:

第一,采取渐进式的"以房养老"模式,逐步引导传统观念改变。首先要做好"以房养老"的宣传推广,明晰"以房养老"是"老有所依、老有所乐、老有所医和老有所学"的重要途径,推广过程可先易后难,可以先从无子女、有房产的老人开始推广[①],再逐渐过渡到普通的老人,或者采取其他相对易行的变通方式,如租房养老和换房养老等[②],待时机成熟再全面开展真正的"以房养老"模式;然后需要大力培养养老服务市场,提供有效的养老服务保障,再辅之以金融机构的高效介入,营造良好的"以房养老"的外部环境,让老人愿意通过这种途径享受到更好的生活体验。此外,考虑到传统老人之所以遗产观念较重,主要是家庭亲情的作用,而现实中"空巢老人""独居老人"往往缺乏现实关怀,因此通过"以房养老"模式置换出的资金等资源,可以大力建设并完备社区式养老公寓,让具有共同世界观和价值观的同类老年群体,群居在一起,可有利于缓解现实中的感情空白,更具有现实意义。

---

① 根据2012年中国老龄协会发布的数据显示,中国有10%的无子女、有房产老人。基于这个数据计算,截至2012年年底,中国有将近1900万左右的老人属于无子女、有房产的情况。

② 租房养老指靠出租用房费用住进养老院的模式。和"倒按揭"相比,"租房养老"由于产权不发生变化,更容易被接受。"换房养老"的模式,就是拿一套大房换成两套小房,或是内环房变为外环房,当中产生的差价用于养老补贴。

第二,着力稳定房价预期,避免房价的过度波动。住房财富效应是"以房养老"能够实现的基础理论动因,是吸引各方主体积极参与的关键因素。发达国家的"以房养老"之所以普及的主要原因之一是与其房地产市场的成熟稳定有关,房地产市场预期相对容易把握,无论是房价的估算,还是相应房地产折旧的预测都相对容易,并且波动并不大。而且成熟的交易市场,也为金融机构提供了非常好的退出机制,一旦发现存有风险隐患,可以及时变现或采取金融工具等规避风险。在我国,影响住房市场稳定的因素,除了市场本身的供求关系外,还有住房政策的不确定性,比如,国有居住土地使用权年限到期后的政策走向,至今都比较模糊,这就使得提供"以房养老"模式的金融机构难以准确把握未来的预期,面临较大的市场风险,不利于住房市场的稳定健康发展。这些因素都会制约"以房养老"的实现,因此,采取合理有效的政策组合,稳定住房市场,对于住房财富效应的发挥尤其重要。特别是给予参与主体一个相对清晰、稳定、连贯的政策预期,尽量避免房价的过度波动,以降低各方参与主体的投机动机,减少道德风险,从而真正有助于"以房养老"的实现。

第八章　收入分配、总需求与城市居民住房支付能力

第一节　收入分配、总需求和经济增长

在提到住房消费对宏观经济的影响效应时，人们通常的逻辑是：住房消费增加，带动生产领域开工，按揭贷款和开发贷款通过乘数效应，进一步带动相关领域的投资和消费。这里有一个非常重要的约束条件：要让住房"需要"变成住房"需求"。但目前在我国住房消费市场上已经发生了结构的不均衡，高收入者持有多套住房，即使闲置也不愿意出售；中等收入者将大部分资产配置到住房上，本书第六章中提到，在中国家庭财产的构成中，房产占比超七成；低收入者几乎无力承担当前的住房价格。本章我们把研究住房消费的视角转向收入分配问题。

一、收入分配与经济增长

收入分配问题是政治经济学的核心问题。从1978年以来，中国创造了世界经济增长历史上的又一个奇迹，但同时，收入和财富分配的不平等也在急剧上升。这种不平等的上升不仅威胁着中国经济的持续增长，还影响着整个社会的和谐稳定。收入分配的不

平等扩大的原因是多方面的,其对整个社会经济的影响也是深远的。在本章中,我们将从收入分配的角度来看待如何引导居民住房消费和扩大内需。我们将重点放在收入和财富分配的不平等与房地产市场上。我们的基本思想是,当前我国的收入分配状况不仅制约着我国扩大内需以促进经济持续增长的战略,也客观上导致了我国房地产市场的一些乱象,例如房价过高、供应结构不合理和市场秩序混乱等。而城市房价上涨、房地产金融化和房地产市场上的一些制度安排不合理也是当前收入和财富分化的重要原因。另外,由于房价泡沫导致的金融危机爆发后,本身会导致收入和财富分配的恶化,而世界各国包括我国的财政和货币刺激政策会进一步加剧收入和财富的不平等。如何跳出这个恶性循环,需要调整房地产市场的政策乃至整个国民收入分配结构。

收入分配与经济增长的关系是一个永不过时的问题。与本章研究主题相关的文献主要涉及两个方面,一是研究收入分配对经济增长和扩大内需的影响,二是研究收入分配和房地产市场的相互作用。文献检索发现,前者的文献相对来说比较丰富,后者研究相对薄弱。限于本篇的主旨,我们重点回顾收入分配不平等程度对总需求和经济增长的影响。从收入分配到经济增长的传导机制上,主要通过信贷市场的不完善(Galor 和 zeria,1993; Galor 和 Moav,2004)、财政政策(Alesina 和 Rodorik,1994; Persson 和 Tabellini,1994)以及社会政治的不稳定(Benhabib 和 Rustichini,1996; Carmignani,2003)等三种渠道。得出的结论殊途同归,即收入不平等不利于经济增长。当然,也存在相反的看法,即收入分配的不平等对产品创新和经济增长是有好处的。福特(Forde,2000)和巴罗(Barro,2000)的研究得出收入不平等可以助推经济增长,因为富人的储蓄率较穷人要高,而更高的储蓄将会带来更高的投资率,从而促使经济的高增长。另外,因为在需求导致的创新中(demand-induced inventions),富人往往是新产品的最先使用者,这一点在医药市场上体现得特别明显(Acemoglu 和 Linn,2004;Kremer,2001;Finkelstein,2004)。如果收入分配平等,则厂商可能面临着创新激励不足的问题,从而损害长期经济增长。

在实证研究方面,遵循着两条不同的路径,一条是跨国的回归分析,即在经济增长方程中引入收入不平等变量,分析其对经济增长的影响。从收入不平等与经济增长的实证研究来看,学者们从不同的作用机制出发,针对收入分配不平等对经济增长的影响进行了经验验证,得出了截然不同的结论。早期的研究主要使用了跨国截面数据,得出的结论认为收入分配不平等会降低经济增长率。鉴于跨国截面数据存在种种缺陷,帕特里奇(Partridge,1997)利用美国各州的数据进行估计,得出基尼系数和中间阶层的收入份额与经济增长率都有显著的正向关系。这些研究受到了福布斯(Forbes)的批评,她认为单纯的横截面数据只能比较收入不平等与经济增长在不同稳态之间的关系,并不能充分验证两者在单个经济中的动态关系,因此她使用了高质量跨国的面板数据进行经验分析,得出收入分配不平等与经济增长呈正相关关系。巴罗(2000)运用面板技术分析了一百多个国家收入不平等与经济增长之间的关系,结果表明若以全部国家为样本,收入不平等程度与经济增长率不存在显著的相关关系,但在区分穷国和富国后却发现,穷国收入不平等会阻碍经济增长,而富国收入不平等则会促进经济增长。巴尼扎(Panizza,2002)利用美国48个州的面板数据对收入分配不平等与经济增长间的关系进行检验,并没有得到两者间的正相关关系,他发现两者间有一定的负相关关系,但这种关系并不稳健。

另一条是回到经济史,通过各国经济增长的不同历史,讨论收入和财富分配不平等对经济增长的影响。恩格尔曼和索罗科夫(Engleman 和 Solokoff,2002)在其关于新大陆经济增长的不同路径中得出的结论是,南北美洲的不同增长道路究其根源与二者初始的资源禀赋和收入分配状况有很大关系。而阿西莫格鲁等人(Acemoglu 等,2005)在研究西班牙的衰落和英国的崛起后,也得出了大体相同的答案,即财富和收入分配的均质化对市场规模和随后的经济政治演进路径产生了根本性的影响。

二、收入分配与总需求

如果直接考虑收入分配和总需求,则学术界一般认为收入分配的不平等抑制了总需求的扩张。施莱费尔和维什尼(Shleifer 和 Vishny,1989)曾经从市场规模的视角研究了收入分配影响市场规模和总需求的机制。他们假定一个正处于工业化阶段的农业国,根据贫富两个阶层对消费品偏好的差异、国内市场规模等推断出贫富悬殊会导致国内市场需求规模缩小,不利于工业化的发展。因为在收入分配严重不均等的农业国,富人需求更为偏好高档消费品,而这部分需求主要源于进口,穷人阶层购买力有限,从而导致本国商品制造业的需求不足,并最终影响经济增长。基弗和科纳克(Keefer 和 Knack,1995)的经验研究支持了上述的结论。对投资需求而言,收入分配的不平等也会产生影响。墨菲等(1989)认为在市场规模过小时,企业无法采取规模报酬递增的技术,从而阻碍了企业的技术进步和投资增长。泊松和塔贝里尼(Persson 和 Tabellini,1994)研究发现,收入差距的扩大会导致对产权的严重威胁,会影响企业的投资需求。与此类似,阿里斯纳和让瑞克(Aliesina 和 Rodrik,1994)从收入再分配和财政的视角分析了收入不平等对投资的影响。他们认为,在一个收入分配不平等的社会里面,穷人和富人的政治主张往往尖锐对立,政治家如果屈从于再分配政策必然会影响企业的投资需求。阿里斯纳和帕罗蒂(Alesina 和 Petroti,1996)对 71 国所做的实证研究发现,在一个收入差距过高的社会里,往往会造成一种充满不确定性的国内政治经济环境。由于投资者一般不愿意在一个充满不确定性的环境中

第八章　收入分配、总需求与城市居民住房支付能力

进行长期投资,因此,收入分配恶化的结果,就很容易制约投资需求的扩张。在一些收入分配持续恶化的发展中国家,其中的高收入阶层往往将巨额资金变成流动性非常强的资产,而不是用于长期投资,要不然就干脆将资金流到国外。这是因为在收入分配不平等的情况下,穷人犯罪的机会成本较低,如果穷人将时间更多地配置在攫取富人财富的非法活动上,其收益可能会更高,因此,收入分配的不平等鼓励穷人从事更多的犯罪活动(Kelly,2000)。另外,相对于失业和贫穷这些因素而言,收入分配不平等更易激发底层民众的不公平心理,更易形成群体性的愤怒和抵触情绪,更易触发社会的阶层矛盾。

第二节　收入分配与房地产市场

收入分配除了影响经济增长和总需求外,也会对房地产市场产生影响。一种机制就是房地产的金融化,即通过房地产金融化和债务消费解决由收入分配不平等产生的需求不足的困扰。如图8-1所示(赵奉军、高波,2010)。以往的研究表明,来自住房市场的财富效应是来自股票市场财富效应的3倍。这在很大程度上与人们将住房看作是不动产,其保值增值功能良好有关。因此一旦房价上升,很多人会以为这是其恒常收入的上升,根据生命周期消费理论,住房价格的上升会被视为财富的显著增加,这种财富的增加会促进消费的上升。房地产增值对美国人的消费模式产生了重大影响。在美国宏观经济的金融化历程中,住房市场充当了资产泡沫的载体。当利率降低、房价升高,房主就可以重新贷款(refinancing)或利用房屋净值贷款取出多余的现金消费。例如在2000年购进一栋价值15万美元的住宅,30年期抵押贷款利率为8%,到2005年该利率降到6%,而住宅价值扣除通胀因素后

上涨了33%或5万美元,同时每年的利息支出却减少了3000—4500美元。房主可用这笔钱购买各种商品和劳务,如汽车、服装、高档消费品和旅游度假等。仅在2005年,美国家庭通过房屋重新贷款获得2300亿—2500亿美元现金用于消费,有力地推动了经济增长。但是这种经济增长实际上是建立在房地产金融化推动的资产泡沫基础上的,一旦泡沫崩溃,宏观经济迅速陷入困境。

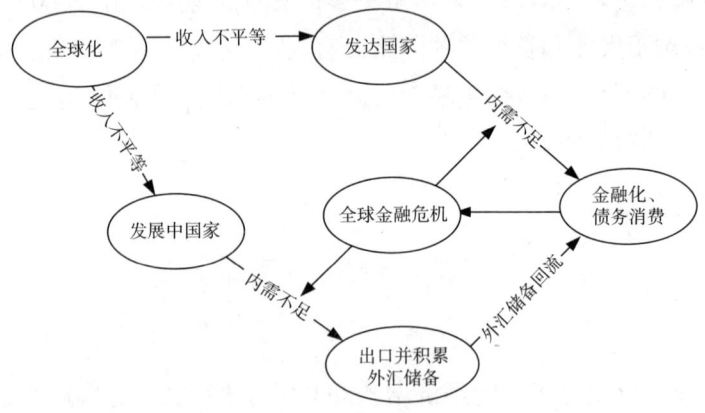

图8-1 全球金融危机的演变机理:收入分配的视角

收入分配还有可能通过挤出效应影响房地产市场。瑞达(Rodda,1994)通过美国某区域住宅市场的调研数据发现,当收入差距扩大时,高收入者对高档住宅需求会增加,由于低档住宅被改造成高档住宅,低档住宅供应减少并且价格升高,低收入者会被逐渐过滤出去。麦洛克和维格多(Matlack和Vigdor,2006)通过美国1970—2000年间的问卷调查数据也指出,收入差距扩大会提高低收入阶层的住房负担,并降低了低收入者的剩余消费支出,因此富人的收入上升时,穷人的福利会下降,即使此时穷人的真实收入不变。科利尔(Gollier,2001)研究通过放弃风险规避系数固定的假设,认为财富的增长将导致对风险资产需求更快的增长,从而推高资产价格。这种机制在房地产市场上体现得非常明显,即富人通过购房实现资产配置的多元化,从而推高房价,一方面实现了自身资产的保值增值,但另一方面却将穷人挤出了房地产市场。乔克、迈耶和西奈(Gyourko, Mayer 和 Sinai, 2006)的研究也证实了在一些超级明星城市中,位居收入顶层的阶层的收入上升将使得这些明星城市的房价明显上升。

我们可以借助图8-2和图8-3来描述其中的机制。假设经济中有低收入者和高收入者两个群体,并且共同面对一种并非完全弹性的商品(比如住房),当收入差距扩大时,由于高收入者有更大的支付能力推高了商品价格,低收入群体的支付能力会恶化,从而消费将会被挤出。

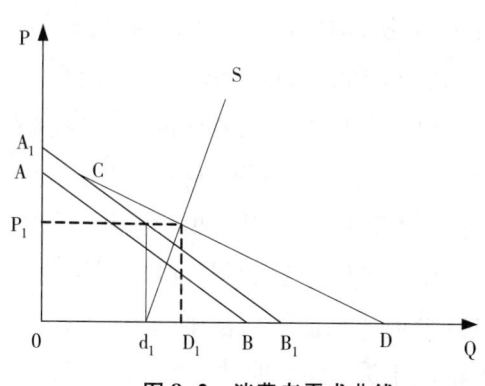

图8-2 消费者需求曲线

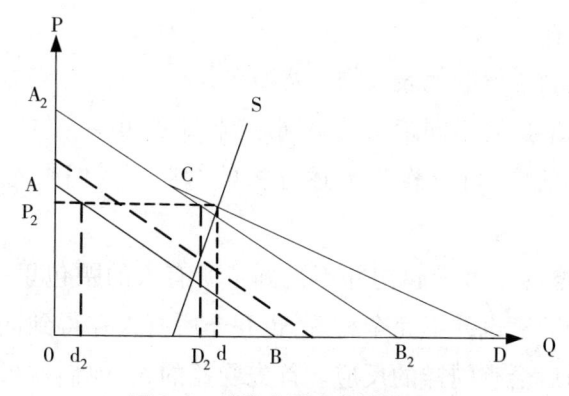

图8-3 消费者需求曲线偏移

图 8-2 中，AB 和 A_1B_1 分别表示低收入者和高收入者的需求曲线，A_1CD 代表加总的市场需求曲线，S 表示总供给曲线。均衡价格为 P_1。此时，D_1 是高收入者的消费量，d_1 是低收入者的消费量。图 8-3 中，低收入者的收入不变，而高收入者在金融支持下其需求曲线向右上方移动到 A_2B_2，总需求曲线变为 A_2CD。新的市场均衡价格为 P_2，此时高收入者的消费量为 D_2，低收入群体的消费量为 d_2。很明显，价格上升导致低收入群体的支付能力降低，消费量减少到 d_2。从图 8-2 我们可以看出，首先，"挤出效应"只和相对收入有关，与绝对收入无关，即使低收入者的收入提高，只要在金融支持下高收入者支付能力增长的速度更快，消费的挤出效应就可能发生；其次，即使供给增加，只要增长的幅度不够大，不足以保持价格不变，低收入者的消费仍然会下降。另外，如果考虑到高收入者在房价上涨后的财富效应或财产性收入的增加，其在下一期住房市场上获得金融支持的能力会更强。

当然，从图 8-3 中我们也可以看出，在以下情况下挤出效应会得到缓解：第一，市场的竞争性加强，此时供给曲线逐渐趋于平缓，完全竞争市场（此时供给曲线为水平）情况下挤出效应并不存在；第二，供给大幅度上升（供给曲线右移）；第三，高收入者和低收入者在不同的市场中消费。遗憾的是，这三个条件在住房市场上都不存在。

奥地利学派的代表人物米塞斯在其经典论著中曾探讨过货币供应量的增加对不同阶层的不同影响，即货币供应量的增加所带来的挤出效应，可以作为上述分析的对照。我们来看这样一段论述：

"新增的货币量起初并不是到了所有人的腰包里；首先受益的得到的数额也并不完全相等，也并非所有人在得到同样数目的新增货币后会有同样的反应。首先受益的人，他们就可以为他们想要的商品或服务支付更多的货币。他们所能支付的新增货币之

第八章 收入分配、总需求与城市居民住房支付能力

数目使得市场上的物价和工资上升。但是并不是所有的价格和全部的工资都上升,而且上升也不会是同等幅度……由于市场上某些群体的收入没有上升,但是却要为一些商品(也就是通货膨胀中首先受益的人所需求的商品)支付更高的价格。"

在实证研究方面,台湾学者姜尧民(2002)利用台湾的数据证实了这种挤出效应确实是存在的。大陆的尹向飞和陈柳钦(2008)将贫富差距细分为收入差距、财富差距和收入增长利用协整等方面理论对这三个变量和房地产价格的因果关系进行分析,其研究结果认为收入分配不均导致了房价上涨,房价上涨加剧了财富分配的差距,同时房价上涨使得最高收入阶层收入增长速度加速,使得收入进一步两极分化。

当然,在挤出效应存在的同时,也可能存在另一种效应,即中低收入阶层面对由高收入者推动的日益上涨的房价陷入恐慌性购买和预防性购买中,如果没有具体针对投资需求的限制性措施,住房的消费需求和投资需求往往同进同退,进一步推动了房价的上涨,并导致房价上涨预期的自我实现。这种由投资需求裹挟的住房消费需求,从总体上讲正是住房不理性消费表现,尽管从个体行为上讲,很难说这种行为是非理性的决策。但每个个体理性的行为有时会导致集体的非理性。

另外,房地产市场的发展也可能会对收入分配产生重要影响,随着城市房价的迅速上涨,一方面会拉大城市内部的收入差距,另一方面也会扩大城乡收入差距,使得财富从穷人流向富人,从农村流向城市,导致整体收入分配恶化。例如,宁光杰(2009)运用中国健康与营养调查(CHNS)1991年、1993年和2004年、2006年中的相关数据进行实证分析。研究发现在住房制度改革过程中,由于政策不统一、改革不稳步,住房的分配存在较大的差距和不公平。劳动者获得住房的产权形式不同,住房价值也存在较大差异,从而会影响居民的收入分配结构和消费水平差异。改革后房地产

市场上房价的过快增长又将这种收入差距进一步扩大。不完善的、过快的住房市场化改革是造成目前中国居民收入差距扩大的重要原因。韩国信(Kookshin Ahn,1997)的分析表明韩国 1965 至 1994 年间的收入分配持续恶化,他认为韩国房价 30 年单边上涨是造成贫富差距扩大的主要原因。随着房地产价格的上涨,有房族的资本利得和租金收入日益增加,而穷人们增收的大部分都用于支付了更高的租金。

收入差距的扩大不仅通过直接的挤出效应影响房价,还通过间接影响国民经济结构和经济增长,从而间接影响房价。其对国民经济结构最大的影响就是体现在通过对储蓄的影响传导到国民经济的内外均衡。

中国社会的高储蓄率是伴随中国经济增长的一个难解之谜,这种高储蓄率不仅表现在国际比较的差异中,还表现在纵向对比中。在 2000—2010 年间,储蓄率占 GDP 的比率由 37.3%上升至 52.4%。在形成高储蓄率的成因上一直众说纷纭,一些人主张预防性储蓄论,也有人认为是高增长带来高储蓄(陈利平,2005),还有人认为是性别失衡导致的竞争性储蓄(Shang-Jin Wei 和 Xiaobo Zhang,2011)。不过,最简单的解释仍然是收入差距的扩大。例如,金等人(Jin 等,2009)的微观数据研究证实了收入不平等程度的上升是中国居民储蓄倾向上升的一个重要原因;根据王小鲁(2010)的估算,从过去 30 年的经验数据来看,基尼系数每上升 0.01,储蓄率就上升 0.76 个百分点。

如果收入差距的扩大推高了储蓄率,那会如何影响住房市场呢?这主要通过三种机制。首先,储蓄率的上升导致了更多的可贷资金。对于房地产商品来说,充裕的信贷资金对房价具有明显的助推作用。反过来看,更高的房价能够充当价格更高的抵押品,从而获得更多的贷款,因此,房价与信贷资金的关系可能是双向的。同时,高储蓄率也导致了利率向下的压力。观察 2001 年以来

第八章　收入分配、总需求与城市居民住房支付能力

的央行的利率会发现,作为基准利率的一年期定期存贷款利率,21世纪以来的平均值要远低于20世纪90年代,这其中固然有进入21世纪后我国再没有发生如20世纪90年代高通胀的原因,也有因为储蓄率的上升导致利率向下的压力的原因。这种高储蓄导致利率向下的压力并非中国独有,即使在泡沫经济破灭后的日本在储蓄率降低到正常状态后,由于历史上累积下来的国民储蓄余额仍然高达1440万亿日元,这些钱存(投)入银行、保险公司等金融机构,金融机构再投资国债,使日本国债不但易于发行,而且利率较低(熊鹭,2011)。

其次,高储蓄直接带来高投资,尤其是住房市场的高投资。中国住房市场一个令人困惑的现象就是住宅投资占GDP的比重如此之高,这从供给方面来看应该对房价是有向下的压力的,但是房价仍然难以遏制。根据《中国统计年鉴》提供的数据,以全社会住宅投资作为统计口径,从1998—2010年,住宅投资占GDP比例最低也在7.6%以上,最高2010年达到11.7%。这种投资规模从国际比较来看是前所未有的。根据OECD统计数据,1956到2000年间住宅投资(Residential Investment)的比例,就平均值而言,德国比重最高,达6.4%;法国、日本、荷兰、加拿大、意大利和澳大利亚在5%以上;美国和英国则较低,英国仅为3.5%,在普遍投资较多的欧洲国家中是特例。即使是经历过严重泡沫经济的日本,其最高住房投资比例也不过8.8%左右。要解释这个困惑仍然是中国特有的高储蓄率。即高储蓄率一方面从供给方面推动了中国住宅的生产,另一方面也从需求方面为吸收这些供给提供了充足的支撑。这意味着中国的住房市场从整体上讲并不缺乏购买力以至于中央政府要祭出限购限贷来遏制中上层收入群体的投资需求。

最后,储蓄率的上升还会通过外部失衡影响到国内的资产价格。个中的机理在于,国内的投资无法吸收高储蓄,必然表现为外贸顺差。如果汇率机制不具有某种弹性,这种外贸顺差必然转变

为央行为稳定汇率释放的大量基础货币供给。货币供给的增加又会对本国包含一般商品在内的整体物价形成强大的上涨压力。幸运的是，如果这种货币供给的增加带来总需求的增加面临的是一条水平的总供给曲线，则不会对物价上涨形成压力，此时物价即CPI有可能保持不变，但资产价格仍然有上涨压力，因为资产尤其是住房的供给受限于土地和时间，因而并非水平线。因此水平的总供给曲线在刘易斯拐点之前总是存在的。一旦无限劳动供给不复存在，则总供给曲线开始变得有弹性，此时，由货币扩张带来的总需求扩张就会对物价上涨形成压力，而通胀与房价的正相关关系会导致房价继续上涨。当然，收入差距的上升并非仅仅通过储蓄率的上升影响到外部失衡。墨菲、施莱费尔和维什尼（Murphy，Shleifer 和 Vishny，1989）提出了收入分配通过市场规模影响经济增长的机制，即所谓收入分配的"大推动"（Big Push）理论。他们认为工业化要求充分大的国内市场以使规模收益递增的技术获得盈利性，而收入分配不平等、财富过于集中可能会限制市场规模，从而妨碍经济增长。在这种情形下，企业可能倾向于通过寻求出口以获得足够的市场，这仍然会影响到一国的外部失衡。最新的研究表明，由于中国国内的市场分割严重，有效市场规模过小，导致中国企业在国际比较中更倾向于出口。胡晓（2011）利用 VAR 模型的实证研究也表明，收入差距的扩大具有扩大净出口的效果。

收入差距的扩大除了直接通过储蓄率的上升影响到房地产市场外，还会通过经济增长效应影响到住房市场。而收入差距与经济增长的关系直到如今仍没有定论。因此收入差距的攀升通过经济增长的渠道对房价的影响需要更多的实证研究。

另外，收入差距的扩大容易导致一个断裂的社会、利益集团分化，从而影响到政府对房地产市场的干预的方向和力度，并最终影响房价。住房市场从来就不是一个理想的市场，正如奎格利（Quigely，1991）所说，住房是所有市场中受到政府管制和干预最多的。尽管在中国经济增长的实践中,有人主张中性政府论,但地方政府在住房市场上未必如此。比起担忧房价上涨,地方政府更担心房价下跌。而在收入分化背景下,民众的呼声局限在应然世界中,无法深入到实然世界层面与政府的干预行为形成良性互动。这是一个政治经济学的问题。

第三节 收入差距对住房市场影响的实证检验

在这一节,我们将实证检验收入差距的扩大对住房市场的影响。我们放弃了将销售价格作为因变量的传统方法,转而考虑收入差距的扩大对住房需求的影响。如上所述,无论是微观的挤出效应还是宏观的通过储蓄的上升导致的更高的房价,中间变量都是通过影响住房需求进而影响房价。

一、计量模型设定

根据缪尔鲍尔和墨菲(Muellbauer 和 Murphy,1997)的建模思路,房地产需求可以表示为:

$$Q_{it}^d/pop = f(y,\mu,D) \tag{8-1}$$

其中,pop 为人口,y 表示人均收入,μ 为资本的使用成本(当购买住房时,表现为住房使用成本),D 为影响房地产需求的其他因素,如消费者预期、市场结构、信贷供给、利率水平等。

米什金(2007)认为资本的使用成本是住房资本需求的重要决定因素。而货币政策通过利率变动对房地产需求产生直接影响,主要是通过改变资本使用成本来进行的。资本使用成本(μ)可以写成:

$$\mu = ph[(1-t)i - \pi_h^e + \delta] \tag{8-2}$$

其中，ph 表示新建房地产相对旧房地产的资本价格，i 为银行贷款利率，π_h^e 为预期房价增长率；δ 为折旧率；t 为边际税率。如果考虑到通货膨胀因素，资本使用成本包含三个部分，其一是真实的税后利率；其二是房地产价格的真实增长率；其三是折旧率。则住房的使用成本可以改写为：

$$\mu = ph\{[(1-t)i - \pi^e] - (\pi_h^e - \pi^e) + \delta\} \quad (8-3)$$

可见，实际税后利率越高，房地产价格的实际预期增值率越低，资本使用成本越高；反之，资本使用成本越低。但在真实的房地产市场中，难以准确刻画住房的使用成本，例如，个人住房抵押贷款利息支出会受到未来通货膨胀率、货币政策等的影响；住房价格的增值则受到未来住房价格变化的影响，而这些都是无法准确预测的。结合(8-1)和(8-3)式，并考虑本章实证研究，可以给出住房需求的对数化形式：

$$\ln Q^d = \alpha_0 + \alpha_1 \ln y + \alpha_2 \ln p + \alpha_3 r + \alpha_4 \ln pop + \alpha_5 gini + \varepsilon \quad (8-4)$$

二、数据来源

实证检验中涉及的关键变量是关于收入差距的衡量问题。自从2000年公布中国基尼系数为0.412之后，国家统计局再也没有对这项统计公布过具体数字(2012年年底，国家统计局正式公布了过去七年的总体基尼系数)。一些学者也计算过基尼系数，北京师范大学的李实教授共进行了4次关于基尼指数的大型调查和测算，结果分别为：1988年0.382，1995年0.455，2002年0.454，2007年0.48，但如果加上对高收入人群的收入估算，基尼系数可能上升到0.52—0.53。除此之外，联合国的世界收入分配数据库和世界银行网站也提供过不同年份中国的基尼系数指标。但这些数据来源无法满足本章实证研究数据连续性需要。因此，本章计算基尼系数所采用的数据完全来自历年《中国统计年鉴》公布的城市家庭按收入分组数据,计算方法参考胡祖光(2004)。最终计算结果如图 8-4 所示。考虑到实证结果的稳健性,我们同时计算了 1987 年以来的城市基尼系数(gini)和最高收入阶层所占总收入比例(bili)。其他变量包括被解释变量 Q^d 表示的房地产需求,来自于历年统计年鉴中的房屋销售面积,y 表示实际人均可支配收入,p 表示实际房价。r 表示实际利率,实际利率采用一年期贷款利率减去通胀率,来自于中国人民银行网站。pop 表示新增城市人口数。

需要特别说明的是,尽管采用面板数据能增加样本量和自由度,但本章最终放弃了面板数据。除数据的可获得性外,我们认为很多省会城市的房地产需求其实是来自外地,因此利用这些城市统计部门公布的不同收入阶层数据无法体现房地产市场实际购买力和收入分配的真实差异。

图 8-4 我国城镇基尼系数与房价变动(1987—2010 年)

三、单位根检验和协整检验

我们首先对变量进行单位根检验,检验结果如表 8-1 所示。在具体检验过程中,对房屋销售面积、房价、人均可支配收入和人口取对数后一阶差分计算 ADF 统计量,基尼系数、高收入阶层所占比例和实际利率未取对数。检验结果表明,除实际利率外,所有变量皆为I(1)序列。进一步采用詹森(Johansen)协整检验(最大特征值检验),检验结果如表8-2所示。协整检验结果表明,变量之间至少存在一个协整向量。

表8-1 变量单位根检验结果

变量名称	检验方式	ADF 统计量	5%临界值	10%临界值	结论
房屋销售面积	C,0,2	−5.290	−3.02	−2.650	I(1)
房价	C,0,0	−3.355	−1.957	−2.674	I(1)
实际利率	C,0,1	−4.2834	−3.004	−2.642	I(0)
新增城市人口	0,0,0	−3.295	−1.957	−1.608	I(1)
人均可支配收入	C,0,0	−3.086	−2.642	−3.769	I(1)
基尼系数	0,0,0	−3.035	−1.957	−1.608	I(1)
高收入阶层所占收入比例	0,0,0	−2.921	−1.957	−1.608	I(1)

表8-2 Johansen 协整检验结果

协整方程个数	特征值	最大特征跟统计量	0.05 临界值	P 值
无	0.980308	86.40540	40.07757	0.0000
最多一个	0.925112	57.01876	33.87687	0.0000
最多两个	0.703187	26.72239	27.58434	0.0641
最多三个	0.606365	20.51128	21.13162	0.0609
最多四个	0.450076	13.15543	14.26460	0.0743
最多五个	0.027690	0.617779	3.841466	0.4319

四、回归结果

我们采用了三种回归方法来分析收入分配状况对住房需求的影响。第一种方法是传统的OLS回归,其中考虑了时间序列分析常有的序列相关问题,我们采用Newey—West的自相关异方差一致性估计(Autocorrelation and Heteroskedastisity Consistent

Covariance Estimates)来调整预测误差的方差,并以此来调整 t 统计量值。第二种方法是稳健性估计(ROBUST OLS),以避免异常值或高杠杆值的影响。第三种回归方法是完全修正最小二乘法 FMOLS(Full modified ordinary least square),这种方法主要是用于解决变量的内生性。该方法的主要思想是用半参数的方法来修正长期协方差,从而消除解释变量与干扰项之间的相关性,从而使所估计的结果要优于 OLS。另外,考虑到 1999 年城市住房制度改革的影响,我们给出了系数的稳定性检验结果。最终估计结果如表 8-3 所示。

表 8-3 回归结果

	(1) OLS	(2) OLS	(3) ROBUST OLS	(4) ROBUST OLS	(5) FMOLS	(6) FMOLS
C	−5.331*** (0.730)	−6.611*** (0.574)	−5.302*** (0.950)	−6.567*** (0.814)	−5.578*** (0.654)	−6.806*** (0.585)
y	1.363*** (0.326)	1.423*** (0.347)	1.404*** (0.383)	1.462*** (0.381)	1.376*** (0.268)	1.447*** (0.268)
pop	0.152* (0.073)	0.157 (0.076)	0.133 (0.089)	0.139 (0.091)	0.216 (0.060)	0.226 (0.062)
p	0.443 (0.284)	0.394 (0.299)	0.417 (0.382)	0.377 (0.382)	0.396 (0.275)	0.3359 (0.277)
r	−0.002 (0.003)	−0.002 (0.003)	−0.002 (0.005)	−0.002 (0.005)	−0.002 (0.0036)	−0.0015 (0.0037)
$gini$	4.696*** (1.405)		4.608*** (1.510)		4.565*** (1.038)	
$bili$		6.377*** (2.080)		6.279*** (2.181)		6.166*** (1.507)
R^2	0.992	0.992				

注:C 为截距项,*** 和 * 分别表示在 1% 和 10% 的水平下显著。括号中为系数的标注差。

回归结果显示,本章所关注的关键变量即收入分配指标,无论是用基尼系数表示的整体收入分配状况,还是用高收入阶层所占总收入的比例,系数都是高度显著为正。另外,整体收入的增加也对房地产需求具有高度显著的积极影响。在控制变量中,新增城市人口变量在 OLS 回归和 FMOLS 回归中显著性水平分别为 10% 和 1%,但在 ROBUST OLS 回归中不显著。实际利率变量尽管有正确的符号,但在所有回归中都不显著。房价变量在考虑了收入分配状况后,无论是在 OLS 回归还是考虑了变量的内生性问题的 FMOLS 回归中都是不显著的。

五、稳定性检验

由于时间序列往往存在一些断点,断点的存在对模型的稳定性影响很大,因而有必要检验模型的稳定性。对系数的稳定性检验有多种,如递归最小二乘法、CUSUM 检验以及著名的邹检验等。我们采用了汉森(Hansen,1992)的参数稳定性检验以避免需要事先确认断点。原假设是系数是稳定的。表 8-4 是系数的稳定性检验结果。结果表明,不能拒绝系数稳定性的原假设。

表 8-4 系数稳定性检验结果

	hp	inc	pop	r	gini
统计量	0.253	0.245	0.258	0.147	0.175
P 值	0.18	0.19	0.17	0.38	0.31

第四节 收入分配与我国城市居民住房支付能力

在这一节,我们将结合收入分配的现状来评估我国当前的房地产市场。从整体上看,我们一直认为,中国房地产市场的购买能

第八章 收入分配、总需求与城市居民住房支付能力

力或支付能力不存在什么问题。很多人拿中国住房市场的泡沫与美国次贷危机爆发前的房价泡沫相比,是完全不合适的。美国次贷危机简单点说就是金融机构借钱给本来买不起房的人,并通过各种眼花缭乱的金融创新放大了住房需求从而制造了房价泡沫。但中国的泡沫不是这样(如果存在的话)。中国的房价泡沫是被"有钱人买房"或"有钱就买房"这两种力量推高的。所以,笔者的这个判断看起来似乎违背高房价收入比带来的支付能力低下的事实,但其实并不矛盾。购买力并不是由平均收入决定的,而是由有购买意愿者的收入决定的。有购买意愿者的收入又必须考虑到中国的国情,概而言之,就是有恒产者有恒心和通胀预期带来的住宅投资偏好;独生子女政策带来的代际收入和购买力转移;各种因素导致的中国高储蓄率;收入分配失衡带来的财富和资产配置需求;金融管制的放松和金融杠杆的引入;以及腐败因素对住房市场的冲击等,这些可称之为制度或环境因素。这些制度因素与持续高速的经济增长和快速的城市化等基本面因素合在一起,共同导致了中国住房市场上的庞大购买力。所以,当我们说房价太高时,我们也不得不承认,买得起的人仍然如过江之鲫。

评估中国城市居民的可支付能力,毫无疑问需要多维的视角。目前关于衡量城市居民住房可支付能力的指标有从静态到动态的房价收入比、住房支出收入比、剩余收入法以及需求和供给的不匹配程度等指标。这些指标各有其利弊。利用简单的房价收入比的分析表明,从整体上看到的居民住房支付能力并不存在严重的问题,但这种视角忽视了中国收入分配结构和社会分层结构的独特性,也忽视了中国经济社会发展和房价的地区差异。

按照全球著名网上普查机构 Demographic 的定义,凡是房价收入比值超过 5.1 就是极为不可承受(severely unaffordable),4—5.1 之间是严重不可承受(seriously unaffordable),3.1—4 之间是中度不可承受(moderately unaffordable)。只有 3.0 以下才是被认

为可承受的。但现实远远不是如此,根据这个组织利用2010年第三季度数据公布的2011年国际大城市(主要是英国、美国、澳大利亚、新西兰、中国香港)住房支付能力调查报告显示,在总数为325的城市住房支付能力调查中,只有115个城市符合可承受标准,中度不可承受、严重不可承受和极为不可承受的数字分别为94、42和74。可见,住房的可支付能力问题并不是中国独有的问题。

从住房支付能力的内涵上讲,可以大致理解为居民家庭难以使住房和其他消费都达到社会可接受的最低水平,或者说一个家庭在维持与社会救济金领取者同等的生活水准后,无法支付社会可接受水平的住房(张清勇,2007)。用住房支付能力来概括和总结住房问题是常用的方法。从20世纪80年代起,有关住房支付能力的研究开始受到政策制定者的重视,到90年代越来越多的学者参与其中。不少学者曾就中国的住房支付能力做过研究。近年来,谢昭平(2005)、马斯塔珐等(Mostafa等,2006)、劳和李(Lau和Li,2006)、陈杰等(2008,2010)等对中国及部分省市的住房支付能力也做了相关的研究。

目前,学术界在分析住房支付能力方面已经远远超越了传统的房价收入比概念。从已有的文献来看,除传统的房价收入比外,还有动态房价收入比、住房支出收入比、剩余收入法、供需不匹配程度等指标。考虑到数据的可得性和本章的主旨,我们不准备对这些指标一一分析。我们仍然采用传统的房价收入比指标并结合具体城市的收入分配状况来分析我国城市居民的住房支付能力。

据联合国人居中心发布的《城市指标指南》,房价收入比(Housing Price to Income Ratio,以下简称PIR)是指市场居住单元的中间价格与中间家庭的年收入之比,它是衡量商品房销售价格偏离其真实价值程度的重要指标,也是预测商品房价格未来走势的重要依据。计算公式为:

第八章　收入分配、总需求与城市居民住房支付能力

$$PIR = \frac{MEDPRICE}{MEDINC} = \frac{AP \times AF}{N \times AY} \qquad (8-5)$$

PIR 表示房价收入比；$MEDPRICE$ 表示一套住宅的中位数房价，AP 表示住宅的平均单价，AF 表示每套住宅的中位数面积；$MEDINC$ 表示家庭年可支配收入的中位数，N 表示家庭平均人数，AY 表示家庭年人均可支配收入。在实际计算中，由于中位数据难以获取，常用平均住房价格与平均家庭收入的比值来代替。

依照最常用的房价收入比的计算方法，我们按照公式(8-5)计算了我国 2000—2010 年的整体房价收入比。所用数据来自历年《中国统计年鉴》，其中，住房单位面积均价数据来自"按用途分的商品房屋平均销售价格"表，住房套均面积分别以 80 平方米和 90 平方米计算，全国的城镇户均人口数取自"居民家庭基本情况统计"，全国城镇居民人均收入取"城乡居民家庭人均收入及恩格尔系数"表的可支配收入数据。

如图 8-5 所示，从 2000 年到 2010 年，无论是住房建筑面积按照 80 平方米计算(PIR1)还是按照 90 平方米(PIR2)计算，我国城镇居民的房价收入比总体上都是降低的。即使是在房价暴涨的 2009 年，房价收入比也似乎没有超过 9 倍。如果考虑到我国经济迅速增长和人均收入继续提高的现实，这个房价收入比似乎意味着我国整体上城镇住房支付能力不存在很大问题。

但是这种简单的计算方法有三个重大的缺陷，一是我们使用的是商品住宅平均销售价格，这个价格并不是同质的，随着城市的发展，房地产开发逐渐由中心向城市外围渗透，由此导致的新建商品房越来越位于城市外围，这必然使得按照上式计算出来的房价收入比代表的支付能力小于实际房价收入比。

二是没有考虑到我国城市之间的差异，对于一些一线城市或超级明星城市(super star cities)，房价收入比远远超出图 8-5 中所显示的全国平均水平。以北京、上海、广州、深圳这四个一线城市

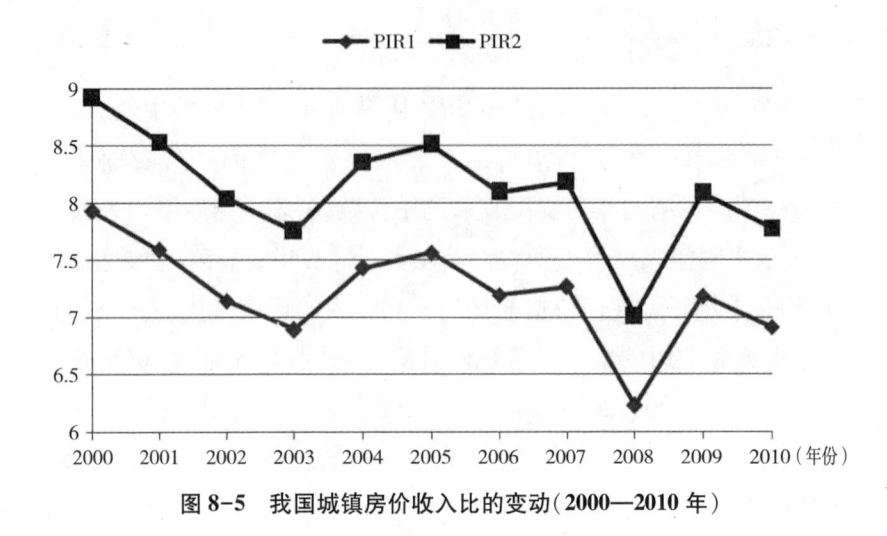

图 8-5　我国城镇房价收入比的变动（2000—2010 年）

为例,按照 80 平方米计算,2010 年这四个一线城市除广州低于 9 倍外,其他三个城市都要远高于全国平均水平,最高的北京超过 16 倍,上海也超过 12 倍。

表 8-5　一线城市住房支付能力的变动（2000—2010 年）

	上海 2000	上海 2010	北京 2000	北京 2010	广州 2000	广州 2010	深圳 2000	深圳 2010
房价(元/m²)	3326	14213	4557	17152	Na	10615	5275	18953
收入(元/人)	11718	31838	10349	30664	13966	30658	21626	32380
家庭人口数	3.04	2.90	Na	2.79	3.13	3.17	3.21	3.22
PIR	7.47	12.31	11.74	16.03	Na	8.74	6.08	14.54

资料来源:各城市统计年鉴,2010 年数据来自于《中国统计月报》2011 年第 2 期。

三是没有考虑到收入分配的差异。在表 8-5 中,除广州外,一线城市住房支付能力整体上严重不足,但这没有考虑到我国收入分配的差异。根据《中国统计年鉴（2011）》的资料,我们得以计算出 2010 年不同收入阶层的房价收入比。如表 8-6 所示,居于收入分配金字塔顶端的收入群体之间的差距要远远高于底端的收入差距,收入分布严重右偏,这导致了中位数收入远小于平均收入,所以如果严格按照中位数收入计算住房支付能力,那么以平均收入计算的方法就会高估城市居民的住房支付能力。计算发现,就全国而言,我国城市居民至少有 40% 的房价收入比超过 10 倍,处于极为不可承受之列,即使是处于中等收入阶层的 20%,其房价收入比也超过 8 倍,如果不考虑收入增长,这个阶层的住房支付能力也是存在严重问题的。

表 8-6　不同阶层的住房支付能力(2010 年)

	最低收入户(10%)	低收入户(10%)	中等偏下户(20%)	中等收入户(20%)	中等偏上户(20%)	高收入户(10%)	最高收入户(10%)
收入(元/人)	5253	8162	11243	15399	21017	28386	46826
家庭人口数	3.29	3.23	3.04	2.84	2.71	2.61	2.51
PIR	20.64	13.53	10.43	8.15	6.26	4.81	3.03

资料来源:国家统计局:《中国统计年鉴(2011)》,中国统计出版社 2011 年版。

在各个城市内部,上述情形同样存在。以上海为例,根据《上海统计年鉴(2011)》的资料,上海 2010 年城镇居民人均可支配收入按照五等分分组分别为 13205、19230、24717、32212、57726,如果仅仅是看待包括上海在内的最高收入的 20% 群体,则这个群体的住房支付能力是毫无问题的,简单计算,这个群体即使不考虑各种灰色收入,其房价收入比在 2010 年大概在 6.42 倍。目前上海约有 500 万户,也就是说其中大约有 100 万个家庭有足够的支付能力购买商品住房。而目前上海每年的新房大约在 20 万套。如果再考虑到流入这些一线城市的外地资金,那么结论必然是:上海等一线城市整体不可支付的同时,居于收入金字塔顶端的高收入群体却有足够的支付能力维持目前上海的房地产市场。除此之外,至少有超过 60% 的群体在一线城市是无力购房的(一般有 60% 的人的可支配收入是低于平均可支配收入的)。根据上海相关统计资料,截至2009年年底,尚有近40%的家庭住在已购公房中,另有20%的家庭租房,真正购买了商品房的家庭其实只有40%。即使那些已经购买了公房,希望通过卖掉公房实现住房的梯度消费者,对于如此高的房价收入比,他们的支付能力也是严重欠缺的。其他一线城市也大体都是如此。

我们这里用的居民收入数据来自国家统计局的居民调查,而统计局自己也承认该数字低估了居民的"真实"收入。据称,对中高家庭收入群体收入的低估情况更严重一些。有些学者估计"灰色收入"所占比重很大且没有纳入官方统计(王小鲁,2010)。但考虑到统计局公布的房价数据同样并不准确,且保障房价格也纳入到平均销售价格统计中,采用现有的计算方法并没有低估中国城市居民中的住房支付能力。这样一来,我们对中国居民住房收入支付能力的实证研究得出的结论是从全国总体看来,居民的住房支付能力问题确实比较严重。考虑到强劲的经济增长,除中等收入、中高收入和高收入群体之外的大约有40%—60%的群体是缺乏住房支付能力的。而在一线城市或超级明星城市,这个比例要超过60%甚至达到80%。

上述分析带来的一个疑问是,如果住房支付能力真的存在严重不足,那为什么住房销售额还能一再创新高呢?根据《中国统计年鉴》提供的数据,从1999到2010年,我国住房销售额从2413亿元增加到43953亿元,增长了17.21倍,年均增长超过30%;销售面积从1.3亿平方米增加到9.3亿平方米,增长了6.15倍,年均增长19.6%,这远远超过城镇人均可支配收入的增幅。可见,要解释中国房地产市场总体支付能力的增长不能仅从人均收入的提高等基本面因素来解释。

中国在经历30年的经济高速增长之后,已积累了较大的生产能力,制造业更是得到"世界工厂"的称号。因此,中国经济的持续发展日益凸显了需求,特别是消费需求的地位,要适时完成从

第八章　收入分配、总需求与城市居民住房支付能力

"制造大国"向"消费大国"的转变,这就对居民收入水平以及收入分配提出了新的要求。目前出现的各种内外经济不平衡,包括房地产市场的复杂局面都与居民收入水平和分配差距息息相关。未来中国经济持续增长需要有稳定的社会发展环境,这也必须由缩小收入分配差距和实现公平分配来保障。

由于住房价格已经超越了城市一半人口的住房支付能力,无论是从任何一个方面来看,解决中低收入阶层的住房支付能力必须提上议事日程。住房市场完全遵循价高者得的市场原则应该被抛弃,政府应该干预住房市场。无论是从理论上还是从国际经验上,住房市场的政府干预都是有必要的。事实上,住房市场本身也确实是被政府干预最严重的一个市场。著名的房地产经济学家奎格利在1991年曾经说过:"所有国家都有某种形式的住房问题,且不管它们对自由市场和中央计划是什么取向,都采用各样的住房政策。它们以各种复杂形式控制、调整和补贴房屋的生产、消费、融资、分配和区位。事实上,与其他商品相比,住房或许是所有消费品中受管制最重的。"

就本章所做的关于收入分配政策研究而言,不仅仅是针对扩大内需还是针对促进住房理性消费。现行的收入分配差距的扩大不仅损害了内需的扩大,而且导致了房价的高涨和住房市场的挤出效应,这并非中国经济增长之福。公平发展不仅有利于改善收入分配,创造更为均衡的发展,还能够减缓社会矛盾和冲突,从而有利于经济可持续发展和住房市场的良性发展。目前学界关注的"中等收入陷阱"正是因为在经济发展到一定程度后无法解决收入分配的公平问题,造成整个社会凝聚力下降和利益冲突剧烈所致。因此,要扩大内需并促进住房理性消费,必须调整现行的收入分配政策。

第一,要调整当前我国国民收入主体分配格局,平衡政府、企业和居民主体间分配关系,在短期内如果无法改变政府收入格局,

可以调整政府支出结构，增加社会性支出，同时限制行业垄断，提高市场竞争活力。加强对垄断行业收入分配的控制和央企利润分配管理，这不仅能防止少数企业长期获得超额垄断利润，提高市场竞争活力，而且还可以缩减居民收入差距。

第二，要严厉控制住房投资需求。我们的分析表明，房价的非理性上涨与收入分配恶化存在正反馈关系。房价的迅速上涨不仅恶化了城乡收入和财富分配，还会导致城市居民内部的收入和财富转移。一个投资需求旺盛的房地产市场，其性质必然与赌场类似。而赌场的长期均衡结果必然是收入和财富分配的两极分化，这一点必须反复强调。因此，采取各种行政、法律或税收、金融手段控制投资需求膨胀，也应该成为广义收入分配政策中的重要一环。

第三，考虑引入针对住房的遗产税。我们认为，普遍征收遗产税的可能条件尚不成熟，而目前重庆、上海所采取的针对增量房或高端房产征收的房产税无论是调节收入分配还是控制投资需求都近乎是隔靴搔痒，而遗产税不但能有效调节收入和财富分配，还能改变住房市场的供求状况且很难转嫁，应尽早进入政策制定者的视野。

第四，保障性住房政策应坚持将城市务工人员纳入到保障房体系中。目前地方政府的一种思路是千方百计地维持高房价，然后通过土地出让收入来为保障房建设融资。这种思路是不可取的。原因在于房价越高，中低收入者更无法实现安居梦想，保障房建设压力越大。国务院决定开工建设保障性住房、大面积推进棚户区改造，这已作为约束性指标写入国家的"十二五"规划纲要中。大规模的保障房建设能有效降低商品房价格，缓解中低收入阶层的住房支付压力和恐慌性购房心理。

第九章 土地财政对住房消费和居民消费的经济效应

第一节 土地政策与房地产市场

　　扩大内需不仅仅是拉动经济增长的问题,更以推动我国经济结构转型升级而成为学术界研究的一个热点,也是国民经济管理中的难点。"十二五"规划纲要明确提出要构建扩大内需的长效机制,把扩大消费需求作为扩大内需的战略重点。为此,我国政府出台了一系列宏观调控措施,包括土地政策、产业政策、财政政策以及金融政策,力求进一步拓展消费空间,释放城乡消费潜力。然而,由于社会保障供给的不足,教育、医疗、住房的市场化改革推进过快,居民的预防性储蓄显著增加,扩大内需的政策效果并不显著。截至2013年年底,城乡居民储蓄存款年底余额占GDP比重从1978年的5.7%增至78.7%,而最终消费率则由1978年的62.1%下降到51.36%,降幅达到10.74个百分点[①]。究其原因,除了财政、税收及金融政策有待完善之外,土地政策没有有效平抑房

[①] 数据来源:国家统计局:《中国统计年鉴(2014)》,中国统计出版社2014年版。

价的过快上涨、满足居民基本住房需求，也是扩大内需没有取得实质性进展的重要原因。有观点认为，中国房地产市场出现的一系列问题的根源在土地。在"促进经济增长方式转变、实现经济结构战略性调整"的背景下，如何制定科学合理的土地政策，引导居民住房消费和扩大内需，具有重要学术价值和实践意义。2015年《政府工作报告》提到要加快培育消费增长点，其中特别提到要稳定住房消费，支持居民自住和改善性住房需求，促进房地产市场平稳健康发展。本章通过研究土地财政、住房消费和居民消费之间的关系，分析土地政策通过影响住房消费，进而对居民消费支出的影响效应，为完善扩大内需政策提供了决策参考。

学术界对土地政策的关注主要集中在土地政策对房地产市场的影响效应方面。卡茨和罗素（Katz 和 Rosor，1987）通过对美国住宅市场的分析，发现严格限制土地供给量、住宅最小面积标准、住宅小区密度等土地管制政策，都将显著增加土地开发的成本，政府土地利用限制政策导致了新增住房成本的上升及房屋销售价格的上涨。施瓦茨、汉森和格林（Schwartz、Hansen 和 Green，1981），布鲁克尼（Brueckner，1990）也认为政府对土地利用的管制政策提高了住宅的销售价格。

格莱泽、乔克和萨克斯（Glaeser、Gyourko 和 Saks，2006），萨克斯（2008），沃米伦和阿默润（Vermeulen 和 Ommeren，2009）在研究房价与劳动力供求关系时，发现在美国一些严格控制土地利用规模、限制新建筑数量的城市，劳动需求的变化提高了房价与工资水平，但就业率并没有受到显著的影响。芒克、皮尔斯和怀特黑德（Monk、Pearce 和 Whitehead，1996）认为土地政策中的土地利用计划产生了较大社会效益，但是也需考虑显著的个人和社会成本。他们进一步研究了土地利用计划、住房用地供给及房价之间的关系，认为用地计划带来社会成本，比如，经济增长时期通胀的加重等，在衰退时期还可产生住房供大于求等不利影响，政府的用地计

第九章 土地财政对住房消费和居民消费的经济效应

划还将导致住房供给类型单一以及消费者获得选择权的难度加大等。

一些学者研究了土地利用管制对房地产市场的影响。贝尔托和马尔佩奇(Bertaud 和 Malpezzi,2001)认为土地利用管制的效果本身并不意味着好或者不好,关键是特定管制政策在特定市场状况下的成本与收益。他们构建了两个模型分析土地政策的成本及收益,对土地利用管制如何影响最终竣工住宅的种类及位置进行研究。在此基础上,学者们认为,了解此种影响的关键是理解土地使用的决定、城市发展模式与住宅可获得性的关系(Burchell,1998;Green,1999;Monk 和 Whitehead,1999)。迈尔和萨默维尔(Mayer 和 Somerville,2000)将土地利用监管分为两类:收取一定的土地使用费用以及对开发过程进行管理。他们分析了土地利用监管政策与住宅结构的关系,认为土地监管政策具有增加成本、不确定性及延长开发过程等特征。因土地限制政策所收取的费用将对土地开发的时间、强度及分布等产生影响(Fischel,1987;Brueckner,1997、1998)。麦克唐纳和麦克米林(McDonald 和 McMillen,2003)构建三个理论模型分析土地利用管制政策的影响以及制定合理政策的方法,认为分区政策与政府权力挂钩可带来三种收益:土地出租收入、增加用于公共教育支出的地方税收以及就业效益。米奇·润克(Mitch Renkow,1993)通过对巴基斯坦土地价格与地租关系的研究,认为农业生产技术对实际土地租金产生积极影响。杜克迪克斯、拉夫德和奥克兰汉姆(Ducourtieux,Laffort 和 Acklokham,2005)通过对老挝土地政策演变和土地制度改革的分析,认为一国地理状态的差异对土地政策实施效果的影响存在区域差异。由于地方土地法规存在可由当地传统习惯加以解释的弊端,若考虑地方特权,土地改革在保护森林和实现农业现代化方面往往适得其反,这将使得社会最贫穷的群体被边缘化而对社会发展产生负面影响。

一些文献孤立地分析个别或几个城市土地利用监管方式，比如，分区制（Pogodzinski 和 Sass，1991）、密度细分规范（Real Estate Research Corporation，1974）、价格的控制（Malpezzi，1993）、建筑准则（Muth 和 Wetzler，1976）等。地方政府土地利用限制政策中的分区制对已开发的土地产生了积极影响，对未开发土地造成了不利影响（Muth 和 Wetzler，1976；Ohls、Weisburg 和 White，1974）。哈努谢克和奎格利（Hanushek 和 Quigley，1990）认为土地利用监管政策在美国城市中普遍存在，国家和地方政府将这些政策结合起来对市场进行干预。土地利用监管包括一系列对经济活动的管理规范，例如，对商业和工业地产设计、资本强度的管制、新居住区及其他居住密度受限区的居住用地最小面积及卧室数量的规定，要求开发商承担新开发小区的基础设施建设责任等。

"土地财政"是中国特定的财政体制下产生的特有现象。国外学术界对土地财政的关注相对较少。现有研究主要集中于土地财政的产生、影响及利弊方面。曹、冯和冉（Cao、Feng 和 Ran，2008）认为中国地方政府限制土地出让的目的是通过拍卖土地或者出让土地获得更多预算外收入，地方政府具有人为控制土地供给以最大化土地出让金的天性。一些学者认为我国政府选择土地财政的根源是1994年分税制改革后财权和事权的不匹配（吴群、李永乐，2010），地方政府承担各自辖区公共产品的生产与维护（Head，1974；Kimr，2008），使地方政府面临着巨大的财政支出压力，以及提高政绩以应付地方竞争的需要（周业安，2000；张德元，2006；谢颖，2007；杜雪君等，2009）。地方政府为缓解财政支出压力，提升政绩，对土地财政的依赖程度将提高，进而推高地价与房价（陶然、袁飞、曹广忠，2007；郭艳茹，2008；周彬、杜两省，2010）。杜雪君等（2009）还认为城市化过程中城市外延和规模的扩张给地方政府带来的财政效应也是土地财政产生的原因。周飞舟（2010）认为地方政府对土地财政依赖程度的提高，主要是因为土地征用、开发和出让及其带动的建筑业和房地产业的兴盛,但是,土地财政并不会必然促进地方政府将大量收入用于公共服务。政府对土地财政的过度依赖,必然会产生一系列社会经济问题(陈明,2010;李宝春,2010)。

关于住房消费与居民消费关系的相关研究,在本书的导论部分做了专门梳理。主要分为两大类,一是认为住房消费负担过重,会挤压一般消费支出。如王选选(2000)认为住房、医疗及教育的市场化改革迫使居民不得不调整自己的消费行为,增加储蓄、减少其他商品的消费。李学彦、刘霄(2006)在研究我国过度储蓄问题时发现,我国居民的养老、医疗、住房、教育等刚性支出是导致过度储蓄的重要原因。骆祚炎(2010)构建包含住房支出和财富效应的居民消费函数,通过实证分析,发现居民住房支出与居民消费的增长速度之间呈现反向变动关系,居民住房支出对居民消费产生一定的影响。近年来,随着住房消费在中国居民家庭购买结构中的比重上升,相对压缩了居民的最终消费率,从而导致了近年来的最终消费率出现不断下降(付文林,2010)。二是认为解决好住房问题可以有效释放一般消费需求,提高居民消费能力。如高波(2010)认为住房保障对于中低收入阶层具有显著的消费扩张作用,他进一步指出满足中低收入家庭的住房需求是扩大中国居民消费的重要途径。

从以上文献来看,学术界比较关注土地政策及其对房地产市场的影响,也对土地财政产生的原因、影响等方面进行了深入的研究。但是,关于土地财政影响住房消费,进而影响一般居民消费的传导机制及实证检验方面的研究涉及不多。作为本书关注的宏观经济政策影响住房消费进而影响扩大内需效果的一个方面,本章将利用全国30个省(自治区、直辖市)面板数据,采用动态面板GMM估计方法检验土地财政对住房消费以及住房消费对居民最终消费的影响效应。

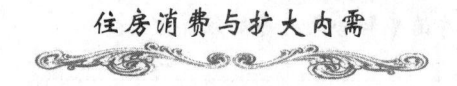

第二节　土地财政、住房消费与居民一般消费支出

一、土地财政、住房消费和居民消费的描述分析

（一）土地财政与住房消费的统计分析

20世纪80年代末，我国土地市场逐步发育，1992—2003年，全国土地出让收入达到1万多亿元。自2004年实施土地"招拍挂"制度以来，全国土地出让收入迅猛增加。2005—2010年的5年间，我国土地出让收入超过7万多亿元。《2013年国土资源统计公报》数据显示，2013年国有建设用地出让合同价款4.2万亿元，而当年预算内地方财政收入是6.9万亿元。可见，土地出让收入对地方财政的重要性，也正因为如此，"土地财政"才成为地方政府重要的收入来源。根据《中国统计年鉴》的数据，至2013年年底，房地产开发企业购置土地费用从1998年的375亿元增至13502亿元。与此同时，住房消费也大幅增长[①]，住房消费从1998年的10827万平方米增至115723万平方米，年均增幅达17个百分点。图9-1显示了1998—2013年我国房地产开发企业购置土地费用与住房消费的变动趋势。如图9-1所示，全国层面的购置土地费用与住房消费具有明显的相关性。通过Eviews6.0测算，发现两者相关系数为0.960229。为了增加稳健性，我们从区域层面采用土地出让金数值，截取了图9-1区间的子集，即1999—2009年10年间的数据，图9-2显示出东、中、西部地区的土地出让收入与住房消费之间也具有明显的相关性，相关系数分别为0.96、0.99、0.98。

---

① 本章中的居民住房消费变量用住宅销售面积替代。

第九章　土地财政对住房消费和居民消费的经济效应

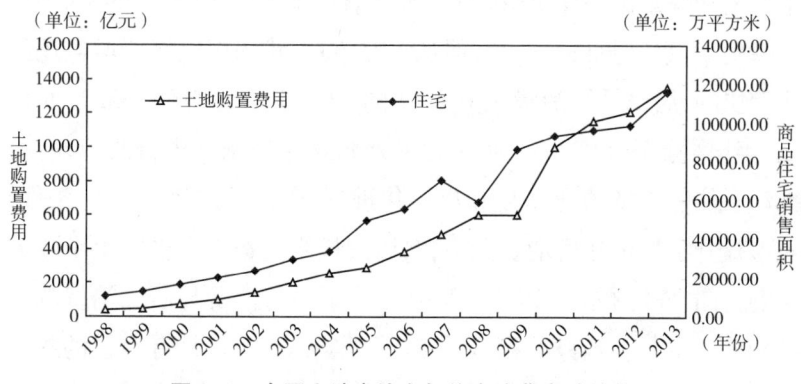

图 9-1　全国土地出让金与住房消费变动趋势

资料来源：国家统计局：《中国统计年鉴（2014）》，中国统计出版社 2014 年版。

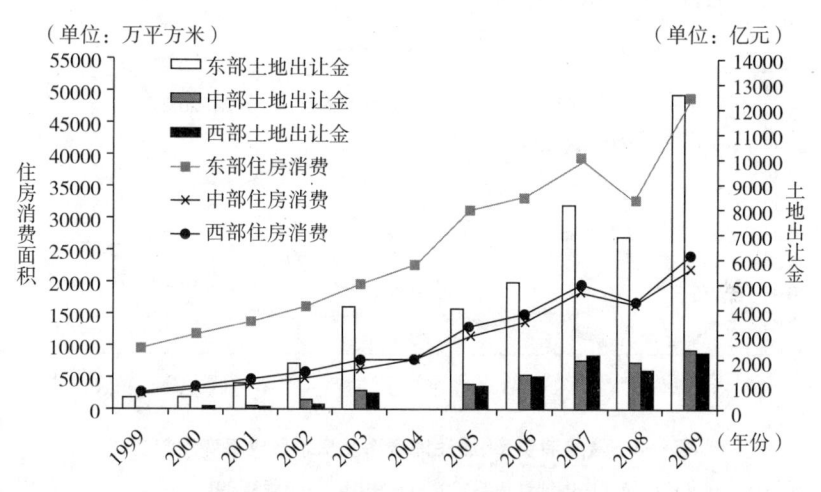

图 9-2　不同区域土地出让金与住房消费

资料来源：CCER 数据库及 2000—2010 年《中国财政统计年鉴》。

（二）住房消费与居民消费的描述分析

改革开放三十多年来，我国经济建设取得了巨大成就，综合国力迈上了新台阶。但是，我国居民的消费能力却提升缓慢。尤其是近二十年来，我国最终消费率总体上处于下降趋势。截至 2010 年年底，最终消费率由 1978 年的 62.1% 下降到 47.4%，而同期世界平均消费率则保持在70%左右;居民消费率也从1978年的48.79%下降到33.8%(见图9-3)。但从绝对值看,我国居民消费增幅还是比较快的,居民最终消费从1978年的1759.1亿元增至133290.9亿元,年均增幅达14%。1998年我国开始对住房制度进行改革,有力推动了住房市场的商品化和市场化进程,改善了居民的住房条件,极大提升了居民住房消费能力,对居民最终消费支出也产生了较大影响。图9-4显示了1986—2010年我国住房消费与居民消费的变动趋势。由变动趋势可看出,住房消费与居民消费具有明显的相关性,通过Eviews6.0测算,相关程度达到0.973。从区域层面看,图9-5显示出了东、中、西部地区住房消费与居民消费支出之间具有显著相关性,相关系数分别为0.965、0.985、0.979。

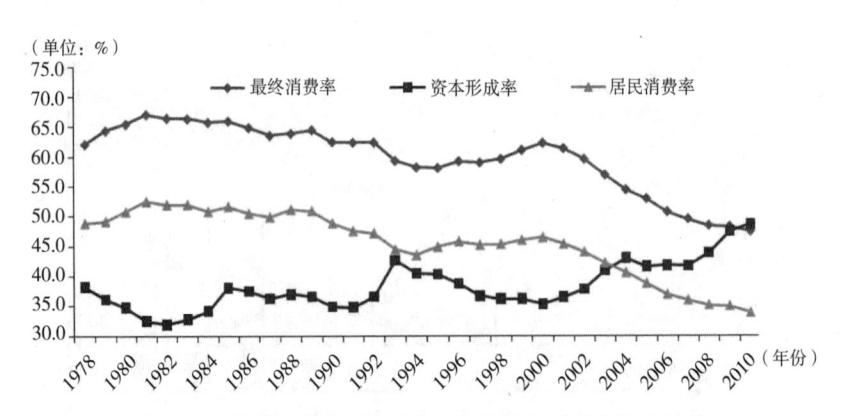

图9-3 最终消费率、居民消费率及资本形成率变动趋势

资料来源:国家统计局:《中国统计年鉴(2011)》,中国统计出版社2011年版。

二、土地财政对住房消费的影响机理

土地财政对现阶段我国社会经济的发展具有一定积极的意义,是推动城市化和经济发展的重要工具。截至2010年年底,我国城市化率从1998年的30.4%提高至47.5%[①],城市建成区面积从1995年的19264平方公里扩张至40058平方公里;城市建设用

---

① 截至2014年年底城镇化率已达54.77%。

第九章　土地财政对住房消费和居民消费的经济效应

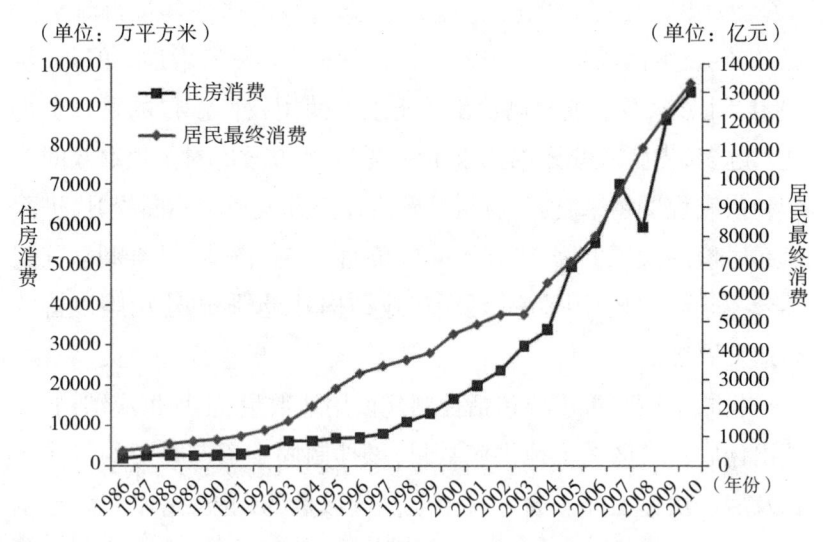

图 9-4　全国住房消费与居民消费支出变动趋势

资料来源：CCER 数据库及 2000—2010 年《中国财政统计年鉴》。

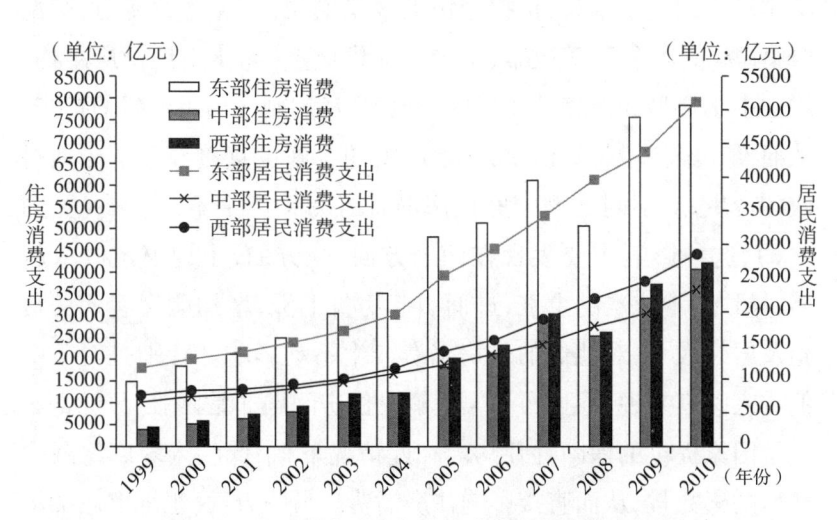

图 9-5　区域住房消费与居民消费支出的变动趋势

资料来源：国研网数据库及 2000—2010 年《中国财政统计年鉴》。

地面积从 1995 年的 22064 平方公里扩张至 39758.4 平方公里。伴随着城市化的加快及经济的快速发展，房地产市场也经历了

住房消费与扩大内需

"黄金十年",住房消费增幅明显。同时,城市居住环境得到极大提升,居民生活质量显著提高,带动了住房消费的增加。但是,从2000年以来,政府通过高价出让土地的使用权而获得的财政资金越来越多,占财政收入的比重不断提高,地方政府对土地财政的迷恋和依赖程度越来越高,直接导致房地产开发成本不断提升,进而引起房价的大幅上涨,带来了一些负面效应。例如,社会利益分配不公、降低资源使用效率、延缓产业结构升级、城市建设难以持续高速发展等。

我国土地政策主要包括控制建设用地数量、土地供应结构、土地出让成本及区域土地供应数量,以抑制固定资产投资的过快增长及房价快速上涨。通过对土地供应数量的调控,可以有效地调节经济运行,对居民的消费产生影响。当经济过热时,减少供地量或提高土地出让价格以抑制过度的住房和一般商品的消费需求,抑制投资的过度增长,保持经济的平稳增长;当经济过冷时,则配合财政、货币、行政等政策,增加土地供应量,优化土地供应结构,增加中小户型和保障性住房的土地供应量,刺激居民消费的扩张,从而推动经济增长。但是,土地政策的实施也直接导致了土地财政的产生,对不同类型家庭住房消费行为将产生不同影响(见图9-6),这种影响主要表现在两个方面:一方面,土地财政收入越高,导致土地成本的上涨,进而引起房价上涨,增加购房者购房负担及居住成本,对他们的住房消费产生不利影响。特别是对于中低收入家庭来说,通过市场渠道解决住房问题非常困难,只能寄希望于国家提供的保障性住房。在此情况下,中低收入家庭将减少住房购买数量,从而直接影响住房消费。另一方面,土地财政推动的房价快速上涨为投资投机性购房提供了巨大的获利空间,刺激了投资投机性住房需求的增加,增加了住房消费。另外,土地财政作为地方政府预算外收入,一部分用于地方公共事务的支出,改善了当地的生活环境,推动城市化进程加快以及经济加速发展,进而

第九章 土地财政对住房消费和居民消费的经济效应

增加当地的刚性及改善性住房需求。当土地财政引发房价上涨时,所减少的住房消费量大于房价上涨引致的住房消费的增量时,将引起总住房消费的下降,从而降低住房消费需求。反之,土地财政则可增加住房消费需求。

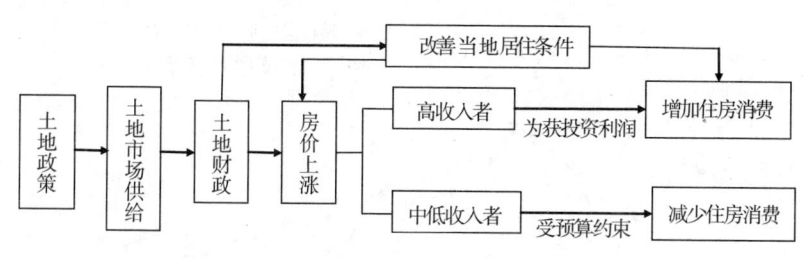

图 9-6 土地财政对住房消费的影响机理

三、住房消费对扩大内需的影响机理

在我国居民家庭财富构成中,房地产是极其重要的组成部分。随着房价的快速上涨,居民住房购买的投资性支出大幅增加,其住房资产占家庭资产的比重已达较高水平。据 2002 年国家统计局城调总队的调查报告显示,房地产在我国家庭总资产中所占比重达 47.9%。到 2009 年,中国城镇居民家庭资产中房产占比已达到 73.44%[①]。由此可知,住宅已成为我国城镇家庭最重要的财富,居民住房消费也逐年增加。与此相对的是,我国城乡居民消费能力却日渐萎缩,城乡居民的消费倾向呈现逐年走低的态势。到 2010 年年底,我国城镇居民平均消费倾向从 1990 年的 0.84 降至 0.7,农村居民平均消费倾向从 1978 年的 0.88 降至 0.74(见图 9-7);1978 年以来最终消费率已下降了 15.3 个百分点,而投资率却上升了 10.4 个百分点;但是,居民人均消费水平却从 1998 年的 3159 元增至 9968 元,增长了 2 倍多。我们认为,引起此种现象的原因是我国居民以

---

① 数据来源于 2010 年 9 月 17 日"清华——花旗中国消费金融与投资者教育调研"发布的其第二年度《中国消费金融与投资者年度教育报告》。

住房投资为代表的消费结构升级,既对其他商品消费支出产生挤出效应,也带动了居民非耐用品消费支出的增加。具体而言,住房消费对居民消费具有扩张效应和挤出效应。

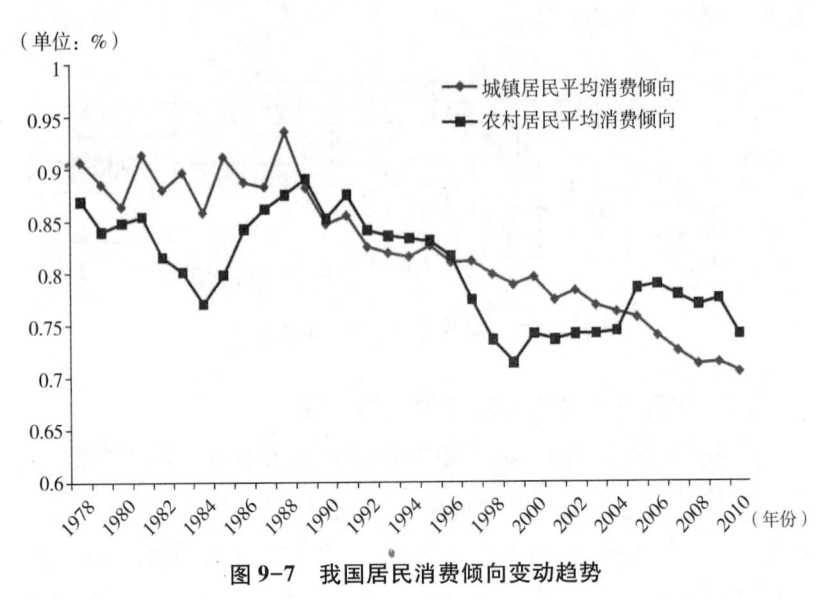

图9-7 我国居民消费倾向变动趋势

资料来源:中国经济统计数据库。

(一)住房消费的扩张效应

在我国,居民住房需求主要是改善居住条件的刚性需求及因投资渠道缺乏而产生的投资投机性需求。因而,房价上涨带来房地产当期价值以及未来预期价值的增加,使购房者感觉自己更加富有,从而增加消费支出。同时,房价的上涨将引起房租的上涨,增加房屋所有者的收入,也可增加房屋所有者的消费支出,最终实现正向财富效应。另一方面,房屋租金的上涨,将增加承租者的居住成本,减少其收入,降低消费支出,从而产生负向财富效应。2010年我国居民住房自有率达到83%(王子龙、许箫迪,2011),居民中租房比例相对较低,故而租房者的负向财富效应小于自有住房者的正向财富效应。由此可知,住房消费需求增加引发的房地产财富效应为正。住房消费的财富效应的产生机理如图9-8所示。X轴表示住房,Y轴表示其他商品,住房与其他消费品都为正常商品。AB_1表示最初预算线,AB_2表示土地财政导致住房消费增加时的预算线,U_1与U_2表示无差异曲线。当不存在土地财政时,最初均衡点为E_1,对应的住房消费和其他商品的最优消费数量分别为X_1、Y_1。当地方政府通过出让土地获得土地财政收入后,房价提升,其他商品相对价格下降,消费者增加对其他商品的消费。因而,非住房商品消费数量的增加,需求曲线向上移至AB_2,与无差异曲线相切于均衡点E_2,最优商品消费数量分别为X_2、Y_2。相对于均衡点E_1,E_2点的均衡住房消费数量与其他商品消费数量都有所增加。从图中可知,Y_1Y_2为土地财政所引起的正向消费效应。

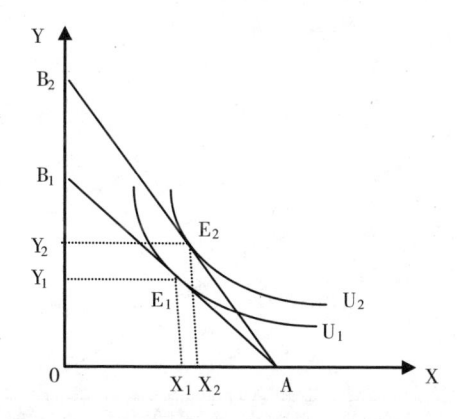

图9-8 住房消费对居民消费的扩张效应

(二)住房消费的挤出效应

对于刚需购房者而言,为实现住有所居的基本要求,当房价上涨时,购房者将减少对其他商品的消费,节约开支积攒首付款用于购房。若房价过高,过高的首付款和月供支出将挤出刚需购房者的消费需求,削减对其他商品的消费,从而产生挤出效应。挤出效应的产生机理如图9-9所示。X轴表示住房,Y轴表示其他商品,住房与其他消费品都为正常商品。A_1B_1表示最初预算线,与无差异

曲线 U_1 相切于均衡点 E_1，X_1 和 Y_1 分别为最初住房消费与其他商品消费数量。当消费者住房消费数量增加后，A_1B_1 向右上方移动形成新的预算线 A_2B_1，与无差异曲线 U_2 相切于均衡 E_2，对应的均衡数量为 X_2 和 Y_2。为得到住房消费对其他商品的挤出效应，将 A_2B_1 向左平移到 A_3B_2，与无差异曲线 U_1 相切于均衡点 E_3，对应的均衡数量为 X_3 和 Y_3。相对于 E_1 点，E_3 所对应的效用未变，故而可由此求出住房消费对其他商品消费的挤出效应。通过均衡点可知住房消费的增量为 X_1X_3，其他商品消费的减少量为 Y_3Y_1。由此可知，住房消费的挤出效应为 Y_3Y_1。而对于投资投机性购房者来说，房价上涨，不存在挤出效应或者挤出效应较小。因此，在土地财政的作用下，消费者的住房消费已成为挤占我国城镇居民消费的重要原因。

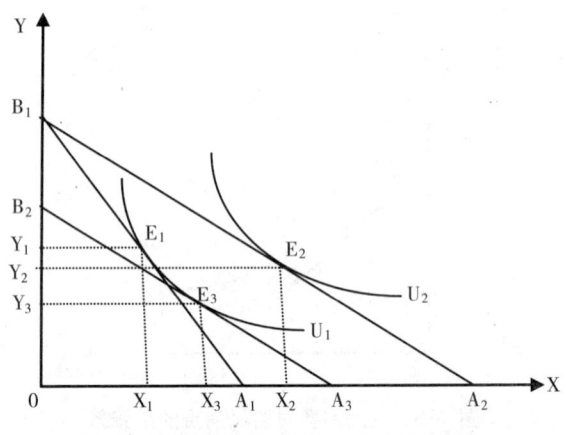

图 9-9　住房消费对居民消费的挤出效应

第三节　土地财政影响住房消费的实证分析

一、模型的设定和变量的选择

为了深入分析土地财政与住房消费之间的关系，本章对温贝

里等(Weinberg 等,1981)家庭住房需求函数进行修正,将居民住房消费需求函数设定为:

$$D = D(P, Y, E, C, R) \tag{9-1}$$

其中,Y 为居民持久收入,P 为住房销售价格,E 为地方政府提供的公共服务,依据蒂伯特(Tiebout,1956)观点,若地方政府提供的公共服务越多,地方居住环境越好,则迁移到该地区居住的居民越多,对该地区住房的购买量相应增加,因此公共服务数量也是影响住房消费需求的因素。由于地方政府公共服务水平与土地财政等预算外收入有关,因而将公共服务水平设定为土地财政的增函数,即 $E = E(LF)$,LF 为土地财政;C 为住房维护成本,R 为住房租金。对(9-1)式取对数,可得:

$$\ln(D) = \alpha_1 \ln(P) + \alpha_2 \ln(Y) + \alpha_3 \ln(LF) + \alpha_4 \ln(C) + \alpha_5 \ln(R) \tag{9-2}$$

其中,系数 α_i 为各变量对居民住房消费需求的影响效应。根据(9-2)式,基于分析的需要,我们将土地财政与居民住房消费需求之间关系以下面的面板计量模型表示为:

$$\ln HCA_{it} = \alpha_0 + \alpha_1 \ln LF_{it} + \alpha_2 \ln M + \mu_i \tag{9-3}$$

其中,i 及 t 分别表示城市与年份,HCA_{it} 为被解释变量,LF_{it} 为解释变量,表示土地财政收入,包括土地出让金和土地出让面积两个指标;M 表示控制变量,包括人均国内生产总值、房价及通货膨胀率;α_0 为截距项,α_1、α_2 分别表示各变量的回归系数,μ_i 为随机误差项。

另外我们构建了居民最终消费对数型的计量经济模型:

$$\ln HCS_{it} = \beta_0 + \beta_1 \ln HCA_{it} + \beta_2 \ln M + \nu_{it} \tag{9-4}$$

其中,i 及 t 分别表示城市与年份,HCS_{it} 为被解释变量,HCA_{it} 作为解释变量;M 为控制变量,包括房价、人均国内生产总值及通货膨胀率;β_0 为截距项,β_1、β_2 分别表示各变量的回归系数,ν_{it} 为随机误差项。

根据实证研究的需要,本章所使用各变量的具体含义如下:

住房消费水平(HCA)。限于现有居民的居住面积及存量房数据难以收集,故本章用人均商品住宅销售面积表示居民的住房消费支出水平。

居民消费水平(HCS)。限于城市层面居民消费支出数据难以获取,考虑到居民最终消费支出与社会消费品零售总额之间具有较高相关性,通过 Eviews6.0 测算两者全国层面时间序列数据,发现相关系数达到 0.996,本章将利用人均社会消费品零售总额衡量居民消费支出水平。

土地出让金(LLI)。由于我国土地财政主要是指政府的非税收入,如土地租金、土地出让金、耕地开垦费等,其中,土地出让金是地方政府最倚重的预算外财政收入,故本章用人均土地出让金代表各省土地财政变量。

土地出让面积(LS)。为了更好地衡量土地政策对社会居民住房消费和一般商品消费的影响程度,本章利用人均土地出让面积作为土地财政的替代变量进行实证检验。

人均国内生产总值(PGDP)。本章将人均国内生产总值作为影响消费者住房消费的收入变量。

商品住宅平均销售价格(HP)。本章将住宅平均销售价格作为影响消费者购房的需求变量引入模型中。

通货膨胀率(CPI)。本章用各省居民消费价格指数的变动率表示通货膨胀,反映物价变动对消费者住房消费及其他一般消费行为的影响。

城镇化率(UR)。用于衡量城市发展对居民最终消费的影响。

二、数据的来源与描述性统计

由于我国住房制度市场化改革是在 1998 年取得突破,之前的省级房地产数据较少,所以将样本期定为 1999—2012 年,选取全国 30 个大中城市的面板数据进行分析①。本章商品住宅销售面积、社会消费品零售总额的数据来源于 2000—2013 年《中国统计年鉴》；房地产企业资金来源中其他资金、人均 GDP 数据来源于国研网统计数据库；住房均价数据来源于 2000—2013 年《中国房地产统计年鉴》；土地出让金和土地出让面积数据来源于 2000—2013 年《中国国土资源年鉴》；城乡收入差距比、实际利率及通货膨胀率数据经 CCER 数据库及国研网统计数据库中的数据计算得到。城镇化率由 2000—2013 年《中国城市统计年鉴》的数据计算得到。在进行实证分析之前，本章对除通货膨胀率之外的所有变量进行了自然对数处理，以消除异方差的干扰和量纲问题。各变量的描述性统计分析结果见表 9-1。

表 9-1 变量的描述性统计

	均值	最大值	最小值	标准差	观测值
HCA	0.885	5.605	0.074	0.707	360
HCS	14274.93	115471.7	1448.48	14684.1	360
LLI	1452.896	15656.64	4.646	1986.099	360
LS	2.306	26.047	0.063	2.4501	360
HP	3547.541	18954	1265.311	2532.004	360
CPI	1.607	8.4	−4.1	2.322	360
UR	48.955	99.95	15.729	19.539	360
PGDP	29472.4	152099.2	4649.004	21340.92	360

三、单位根检验与协整检验

为了消除回归过程中存在的伪回归问题，保证结果的无偏性

---

① 30 个大中城市主要包括东部的北京、天津、石家庄、沈阳、上海、济南、南京、杭州、福州、广州、深圳、海口，中部地区的太原、南昌、合肥、长沙、武汉、郑州、哈尔滨和长春以及西部地区的重庆、成都、贵阳、昆明、西安、兰州、西宁、银川、南宁、呼和浩特。

及有效性,采取 LLC 检验和 PP-Fisher 检验方法对面板数据进行单位根检验,原假设为存在单位根。结果如表 9-2 所示,住房需求、土地出让金、土地出让面积和通货膨胀率是平稳序列;其他变量为非平稳序列,经一阶差分之后为平稳序列,即为一阶单整,体现出了一定的平稳性,可以进行协整检验。

表 9-2 变量的单位根检验结果

	水平序列值 LLC	水平序列值 PP-Fisher	一阶差分序列值 LLC	一阶差分序列值 PP-Fisher	结论
HCA	-3.998*** (0.000)	63.204 (0.364)	-3.167*** (0.001)	351.391*** (0.000)	I(1)
HCS	9.597 (1.000)	17.405 (1.000)	-2.198** (0.014)	205.176*** (0.000)	I(1)
LLI	-11.712*** (0.000)	89.059*** (0.009)	-9.359*** (0.000)	339.163*** (0.000)	I(0)
LS	-11.824*** (0.000)	152.198*** (0.000)	-12.609*** (0.000)	351.36*** (0.000)	I(0)
HP	12.457 (1.000)	0.308 (1.000)	-7.603*** (0.000)	134.495*** (0.000)	I(1)
CPI	-8.239*** (0.000)	159.085*** (0.000)	-25.088*** (0.000)	511.529*** (0.000)	I(0)
UR	2.567 (0.995)	29.122 (0.999)	-3.233*** (0.001)	264.311*** (0.000)	I(1)
PGDP	1.931 (0.973)	11.401 (1.000)	-3.622*** (0.000)	198.320*** (0.000)	I(1)

注:I(n)表示序列经 n 阶差分后平稳。

为了提高回归结果的可靠性,本章利用 Kao 检验和 Pedroni 检验对面板数据进行了协整检验,原假设为不存在协整关系。其中,Pedroni 检验选取的是 Panel-PP 统计量值和 Group-PP 统计量值。结果如表 9-3 所示,两种协整检验方法均拒绝了原假设,表明各变量之间存在长期稳定关系。

第九章　土地财政对住房消费和居民消费的经济效应

表 9-3　多变量的协整检验结果

	统计量名	土地出让金与住房消费方程	土地出让面积与住房消费方程	住房消费与居民一般消费方程
Kao 检验	ADF	-4.626(0.000)	-4.408(0.000)	-5.768(0.000)
Pedroni 检验	Panel-PP	-3.626(0.0001)	-3.504(0.0002)	-7.951(0.000)
	Group -PP	-7.547(0.000)	-13.232(0.000)	-6.4578(0.000)

注：表中非括号内数字为统计值，括号内数字为相对应的 P 值。

四、实证结果分析

为了提高实证分析结果的可靠性及稳健性，从全国层面和区域层面对土地财政与居民住房消费、住房消费与最终消费的关系进行了分析。

（一）土地财政对住房消费的影响

1. 全国层面的实证分析

为了考察土地财政对居民住房消费的影响，本章从土地出让金和土地出让面积两个角度，分别采用静态面板估计法和动态面板模型中的系统 GMM 估计法进行回归分析。实证结果如表 9-4 所示。由豪斯曼（Hausman）检验结果可知，土地出让金和土地出让面积方程均采用固定效应模型（FE）进行检验。由 Wald chi2 的值、Sargan 检验值和 Arellano-Bond 检验值可知，模型所选工具变量是有效的，残差项不存在序列自相关，模型的内生性得到有效控制。此外，从表 9-4 中的模型 1、模型 2、模型 3 和模型 4 可知，大部分系数的估计结果基本一致，表明估计结果总体上是稳健的。相对而言，用两步系统 GMM 估计法所得结果更具有可靠性。

首先，从模型 1 和模型 2 可知，土地出让金对居民住房消费的影响在 1% 水平上显著为正，表明土地出让收入显著推动了住房消费需求的增加，主要由两方面原因引起：一方面，土地财政推动了城市建设步伐的加快，提高了基本公共服务水平，带动了居民住房消费需求的增加；另一方面，土地财政的存在推高了房价，刺激了房地产市场的投资投机性需求。尽管房价的快速上涨抑制了部分自住型住房需求,但是刚性和改善型住房需求的稳步增加以及投资投机性需求的增长还是能够推动住房净需求的增长。在控制变量中,房价和通货膨胀对住房需求的影响在1%水平上显著为负,人均GDP对住房需求的影响在1%水平上显著为正,这与我们的经验观察相一致。

其次,从模型3和模型4可知,土地出让面积对居民住房消费的影响在1%水平上显著为正,表明土地出让面积的增长,有效增加了商品房和保障性住房的供给量,抑制了房价的过快上涨,有助于增加居民的住房需求。在控制变量中,房价和通货膨胀对住房需求的影响在1%水平上仍显著为负,人均GDP对住房需求的影响在1%水平上显著为正。

表9-4 土地财政对全国层面住房消费的估计结果

自变量＼方程	土地出让金方程		土地出让面积方程	
	模型1	模型2	模型3	模型4
HCA(-1)		0.398*** (11.17)		0.429*** (9.26)
LLI	0.127*** (6.94)	0.075*** (8.09)		
LS			0.112*** (4.20)	0.078*** (4.46)
HP	-0.327*** (-3.82)	-0.404*** (-6.98)	-0.202** (-2.16)	-0.306*** (-3.59)
PGDP	1.028*** (13.09)	0.822*** (11.13)	1.187*** (14.70)	0.854*** (8.92)
CPI	0.002 (0.19)	-0.035*** (-15.12)	0.005 (0.55)	-0.039*** (-14.14)
常数项	-8.961*** (-16.45)	-5.638*** (-15.03)	-10.833*** (-23.08)	-6.302*** (-13.82)
AR(1)		0.0016		0.0014
AR(2)		0.0614		0.0517

续表

自变量 \ 方程	土地出让金方程 模型1	土地出让金方程 模型2	土地出让面积方程 模型3	土地出让面积方程 模型4
Sargan test		1.0000		1.0000
Wald chi2(P值)		7110.52 (0.000)		12594.85 (0.000)
R^2	0.6248		0.6133	
chi2(P值)	7.03 (0.1344)		49.82 (0.000)	
观测值	360	330	360	330
模型类型	FE	two SYS-GMM	FE	two SYS-GMM

注：(1)表中括号内为相应的z值；***、**、*分别表示在1%、5%和10%的水平上显著；
(2)AR(1)、AR(2)值为残差序列的差分检验值，括号内为相应P值；
(3)Sargan值为工具变量联合有效性的检验值，括号内为相应P值；
(4)Wald chi2值是模型系数是否均为零的检验值，括号内为相应P值。

2.区域层面的实证分析

由豪斯曼检验结果可知，除东部土地出让金方程采用固定效应模型之外，其余方程均采用随机效应模型(RE)进行检验，结果如表9-5所示。

首先，从土地出让方程的检验结果可知，土地出让金对东、中、西部地区居民住房消费的影响均为正；但从弹性影响系数大小判断，土地出让收入对东部地区居民的住房消费的影响程度最大。房价对中部地区居民住房消费的负向影响程度最大，人均GDP对三大区域住房消费的影响均为正，而通货膨胀对居民住房消费的影响均不显著。

其次，从土地出让面积方程的检验结果可知，土地出让面积对东、中、西部地区居民住房消费的影响均为正；但从弹性影响系数大小判断，土地出让收入对东部地区居民的住房消费的影响程度最大。房价对东、西部地区住房消费的影响不显著，对中部地区居民住房消费的影响显著为负。人均 GDP 对三大区域居民住房消费的影响仍显著为正,但通货膨胀对居民住房消费的影响不显著。

从以上实证结果可知,土地财政对住房消费的影响存在显著的区域差异,对东部地区的影响最大。可能的原因是东部地区经济最为发达,土地财政规模更大,用于提供公共服务和改善基础设施条件的财政投入更多,居住环境更好,从而能够吸引更多外来人口到东部地区购房定居或投资性购房。因此,东部地区土地财政对住房消费的影响最大。而在中西部地区,更多消费者的住房消费是出于自住型或改善型的目的,受土地财政收入的影响更小。

表 9-5 土地财政对区域层面住房消费的估计结果

自变量 \ 方程	土地出让金方程 东部	土地出让金方程 中部	土地出让金方程 西部	土地出让面积方程 东部	土地出让面积方程 中部	土地出让面积方程 西部
LLI	0.171*** (5.46)	0.119*** (4.03)	0.089*** (2.87)			
LS				0.240*** (5.55)	0.134*** (3.02)	0.025 (0.58)
HP	−0.356*** (−3.12)	−0.837*** (−4.16)	0.204 (0.94)	0.0365 (0.31)	−0.807*** (−3.87)	0.271 (1.18)
PGDP	0.820*** (6.28)	1.523*** (10.29)	0.798*** (5.03)	0.779*** (5.88)	1.655*** (11.49)	0.978*** (6.25)
CPI	0.005 (0.36)	−0.012 (−0.91)	0.003 (0.26)	0.008 (0.56)	−0.009 (−0.64)	0.009 (0.64)
常数项	−7.018*** (−7.16)	−10.005*** (−11.78)	−10.284*** (−9.72)	−8.857*** (−10.82)	−10.869*** (−13.47)	−12.058*** (−13.67)
R^2	0.636	0.746	0.696	0.722	0.736	0.671
chi2(P值)	16.03 (0.003)	2.48 (0.648)	3.81 (0.433)	5.50 (0.239)	1.99 (0.738)	2.79 (0.594)
观测值	144	96	120	144	96	120
模型类型	FE	RE	RE	RE	RE	RE

(二)住房消费对居民一般消费的影响

1.全国层面的实证分析

为了分析居民住房消费对其一般消费行为的影响,确保实证结果的稳健性,本章分别采用静态面板估计和动态面板系统GMM估计法分别进行回归。估计结果如表9-6所示,由豪斯曼检验结果可知,采用固定效应模型(FE)进行静态面板数据的检验。由Wald chi2值、Sargan检验值和Arellano-Bond检验值可知,模型所选工具变量是有效的,残差项不存在序列自相关,模型的内生性得到有效控制。此外,从表9-6中的模型1和模型2可知,大部分系数的估计结果基本一致,表明估计结果总体上是稳健的。居民住房消费对其一般消费的影响在1%水平上显著为正,表明居民的住房消费行为并没有对其一般消费产生挤出效应,反而带动了居民一般消费支出的增加。房价对居民的一般消费的影响显著为正,意味着房价的财富效应为正,房价的上涨部分地推动了居民消费支出的增加。人均GDP和城镇化率对居民一般消费的影响显著为正。在系统GMM回归估计结果中,通货膨胀对居民一般消费的影响亦显著为正,但其影响系数较小,表明温和通货膨胀对居民消费具有一定的促进作用。

表9-6 住房消费对居民一般消费影响的估计结果

自变量\方程	全国层面		区域层面		
	模型5	模型6	东部	中部	西部
HCS(-1)		-0.053*** (-9.12)			
HCA	0.171*** (4.45)	0.259*** (23.87)	0.110*** (3.97)	-0.114 (-1.25)	0.306*** (3.55)
HP	0.559*** (8.36)	0.647*** (26.22)	0.514*** (12.77)	0.283 (1.35)	0.414** (1.99)
PGDP	0.321*** (4.30)	0.275*** (12.64)	0.218*** (4.21)	0.932*** (4.37)	0.392** (2.40)

续表

方程 自变量	全国层面		区域层面		
	模型5	模型6	东部	中部	西部
CPI	0.002 (0.29)	0.004*** (6.22)	0.011** (2.19)	-0.016 (-1.17)	-0.005 (-0.42)
UR	0.264*** (2.94)	0.076** (2.33)	0.737*** (12.41)	-0.113 (-0.50)	-0.135 (-0.73)
常数项	0.608 (1.12)	1.589*** (10.05)	0.174 (0.44)	-2.061 (-1.61)	2.531** (2.08)
AR(1)		0.132			
AR(2)		0.822			
Sargan test		1.000			
Wald chi2		354761.07 (0.000)			
R^2	0.594		0.876	0.742	0.744
chi2(P值)	15.10 (0.010)		7.13 (0.211)	2.25 (0.814)	45.97 (0.000)
观测值	360	330	144	96	120
模型类型	FE	twoSYS-GMM	RE	RE	FE

注:(1)表中括号内为相应的z值;***、**、*分别表示在1%、5%和10%的水平上显著;

(2)AR(1)、AR(2)值为残差序列的差分检验值,括号内为相应P值;

(3)Sargan值为工具变量联合有效性的检验值,括号内为相应P值;

(4)Wald chi2值是模型系数是否均为零的检验值,括号内为相应P值。

2.区域层面的实证分析

由豪斯曼检验结果可知,东、中、西部地区面板数据均采用随机效应模型(RE)进行检验,结果如表9-5所示。首先,住房消费对居民一般消费的影响存在显著的区域差异,对东、西部的影响显著为正,对中部地区的影响则不显著,其中,对西部地区居民一般消费的影响大于东部地区。其次,房价对居民一般消费的影响存在显著的区域差异,对东、西部地区的影响显著为正,对中部地区的影响不显著,其中,对东部地区居民一般消费的影响最大,西部地区次之。最后,人均GDP对居民一般消费的影响也存在显著的区域差异,对中部地区居民一般消费的影响最大,西部地区次之,东部地区最小。住房消费对居民一般消费的影响存在差异的原因可能是一方面,西部地区三、四线城市居多,在国家对一、二线城市房地产市场加大保持调控力度不动摇情况下,西部地区房价的相对上涨速度更快,所以西部地区居民购房所产生的财富效应更大,那么增加的其他一般商品消费也越多,所以对住房消费的影响最大。另一方面,东部地区房价上涨的绝对值更大,尽管其上涨速度没有西部快,但是其房价上涨的正向财富效应还是大于中西部,所以,房价对东部地区居民一般消费的影响最大。

第四节 拓展分析

一、土地财政对居民一般消费的短期和长期影响

通过前文的分析,我们发现土地财政对居民住房消费具有显著的促进作用,而居民住房消费进一步带动了居民一般消费支出的扩张,表明土地财政对居民一般消费具有间接促进作用。为了验证短期和长期土地财政的直接影响效应,本章将参考陆铭和陈钊(2009)的研究方法,在计量模型中加入土地财政的一次滞后项以及一次滞后项的平方项作为解释变量,进一步分析土地财政对居民一般消费的影响。构建计量模型如下:

$$\ln HCS_{it} = \chi_0 + \chi_1 \ln LF_{it-1} + \chi_2 \ln LF_{it-1}^2 + \chi_3 \ln M + \eta_{it} \quad (9-5)$$

其中,i及t分别表示城市与年份,HCS_{it}为被解释变量,LF_{it-1}和LF_{it-1}^2分别表示一次滞后项以及一次滞后项的平方项;M为控制变量,包括房价、人均国内生产总值及通货膨胀率;χ_0为截距项,χ_1、χ_2分别表示各变量的回归系数,η_{it}为随机误差项。为了消除模型的内生性问题,确保实证结果的稳健性,我们分别利用系统

广义矩估计法(SYS-GMM)和差分广义矩估计法(DIF-GMM)模型进行回归分析,结果如表9-7所示。

表9-7 土地财政对居民一般消费影响的估计结果

自变量 \ 方程	土地出让金方程 模型1	土地出让金方程 模型2	土地出让面积方程 模型3	土地出让面积方程 模型4
HCS(-1)	-0.034*** (-6.82)	-0.029*** (-4.61)	-0.031*** (-5.26)	-0.025*** (-5.99)
LLI(-1)	0.009*** (3.61)	0.008*** (4.23)		
LLI(-1)^2	0.001*** (5.07)	0.001*** (6.84)		
LS(-1)			0.019*** (8.68)	0.015*** (8.13)
LS(-1)^2			-0.018*** (-5.60)	-0.012*** (-5.14)
HP	0.552*** (26.67)	0.575*** (25.75)	0.541*** (23.57)	0.561*** (27.14)
PGDP	0.564*** (18.46)	0.556*** (23.03)	0.600*** (30.18)	0.606*** (27.02)
CPI	-0.001 (-1.36)	-0.001 (-0.80)	-0.0004 (-0.52)	-0.001 (-1.23)
UR	0.083*** (3.86)	0.042* (1.81)	0.114*** (7.45)	0.065*** (2.75)
常数项	-0.976*** (-4.44)	-0.950*** (-6.71)	-1.276*** (-23.29)	-1.359*** (-18.18)
AR(1)	0.093	0.098	0.093	0.096
AR(2)	0.243	0.249	0.171	0.164
Sargan test	0.999	1.000	0.999	1.000
Wald chi2(P值)	90472.47 (0.000)	49809.17 (0.000)	73846.66 (0.000)	150471.62 (0.000)
观测值	330	330	330	330
模型类型	two DIF-GMM	two SYS-GMM	FE	two SYS-GMM

注:(1)表中括号内为相应的z统计量值;***、**、*分别表示在1%、5%和10%的水平下显著;
　　(2)AR(1)、AR(2)和Sargan给出的是统计量所对应的P值;
　　(3)Wald chi2值是模型系数是否均为零的检验值。

由 Wald chi2 值、Sargan 检验值和 Arellano-Bond 检验值可知,模型所选工具变量是有效的,残差项不存在序列自相关,模型的内生性得到有效控制。同时,土地出让金方程和土地出让面积方程所对应模型的大部分系数的估计结果接近、符号一致,可知实证结果总体上是稳健的。此外,因系统 GMM 估计法能有效克服弱工具变量问题,所得结果的偏差更小。由表9-7的估计结果可知,土地出让金的滞后一期和滞后一期平方项的系数均在 1% 的水平上显著为正,这说明土地出让金所衡量的土地财政在较长时期内对居民一般消费支出具有显著的促进作用。土地出让面积滞后一期以及滞后一期的平方项的系数均在 1% 的显著性水平上显著,并且滞后一期项的系数为正,其平方项的系数为负,即土地出让面积的滞后一期与居民一般消费支出呈现出倒 U 型关系。这表明当土地出让面积低于一定水平时,增加土地出让面积将有助于居民一般消费支出的增加。但是,超过某一确定值之后,增加土地出让面积将抑制居民一般消费支出的增加。根据回归结果,不难计算出土地出让面积对居民一般消费支出影响的转折点为 0.63。在我们的观察样本中,大部分样本点落在土地出让面积有利于居民消费增加的区间内。这也进一步说明现阶段利用土地政策有助于增加居民消费以扩大内需,将土地政策配合财政、税收、金融、行政干预等政策,确实能够发挥积极的作用。长期内,继续增加国有建设用地的出让面积,可能会抑制居民一般消费支出的增加。

二、土地政策的实施方向和着力点

由本章上文分析可知,土地政策参与宏观调控起到一定的积极作用,通过不同传导途径有力推动了居民消费支出的增加,有助于扩大内需政策的进一步推行。但是,考虑到国际和国内经济运行的复杂性、不可预见性,作为宏观调控政策的重要组成部分,制定土地调控政策还需遵循正确的方向,并找准着力点。

由于我国市场机制还不健全、不成熟,社会经济运行过程中的非经济因素较多,因而单独运用财政、金融、税收等政策短期内扩大内需的效果较大,但扩大内需的长期效应则不能维持。为消除房地产市场运行过程中出现的不稳定因素,消除消费者的不确定预期,进而提高消费水平,可将土地政策与金融、财税等政策相结合进行运用,并遵循以下方向:短期内抑制房价的快速上涨,消减房价高位运行对消费的"挤出效应",增加消费者的即期消费;中长期内降低消费者的不确定预期,稳定消费者的消费预期;长期内维持房地产市场的健康发展,培养消费者的理性消费行为,形成消费者消费稳定增长的长效机制。

第一,适度控制住宅用地供应量,调节用地供应结构。首先,根据国民经济运行状况以及扩大消费性需求的目的,制定合理、有效的土地政策调节土地供应总量,保持房价稳定、消费增加以及经济持续稳定运行。其次,调控土地供应结构以满足不同阶层住房需求。增加中小户型住宅和保障性住房的土地供应,加快安居工程建设步伐,确保两个"70%"目标的实现,即城市新开工住房建设中,套型在90平方米以下的住房面积必须达到70%以上,廉租住房、经济适用住房、中小套型普通商品住房用地供应量不得低于70%。同时,根据经济运行情况,对于与国家产业政策发展方向不相符的建设用地要求则不予以满足。例如,对于高能耗、低效率行业则适当停止供地,而对于安居工程等则适当放宽供地指标。

第二,满足社会各阶层的多层次居住需求。当前,房价涨幅过高,房价收入比偏离正常水平较大,解决各收入阶层居民的居住需求就更显其重要性。在满足高收入消费者住宅"享受"需求的情况下,重点突出低收入群体住宅的"民生"需求,解决中低收入群体消费的后顾之忧,增加其当期消费,激发其消费潜能,进而提升整个社会的消费能力。

第三,优化建设用地的空间配置。根据区域经济发展的差异

第九章　土地财政对住房消费和居民消费的经济效应

性,经济发达且房价上涨过快地区,土地政策可与财政、金融政策结合起来使用,适当增加区域土地供应量,引导产业的合理布局。同时,利用利率、财税、法律和行政监管等手段控制房价过快上涨,将城镇住房价格控制在广大消费者能够承受得起的水平上,降低对居民消费的挤出效应。在供应住宅建设用地时适当照顾中低收入阶层的就业空间需求、交通空间需求、服务空间需求以及社会空间需求,减少中低收入阶层因工出行等相关的生活成本。

本章基于土地政策效应视角,对地价与住房消费、土地财政与居民消费和住房消费之间作用机理进行研究,探寻有效扩大内需的土地政策,并利用30个城市1999—2012年面板数据进行实证分析。研究发现土地财政对住房消费具有正向扩张效应,住房消费对居民最终消费的扩张效应大于挤出效应。由此可知,土地财政通过住房消费扩张的传导,引起居民最终消费支出的增加。此外,在宏观经济基本面因素中,房价上涨将抑制部分居民住房消费。地区收入差距拉大将抑制居民最终消费支出的增加,表明缩小城乡收入差距也是扩大内需的重要途径。另外,人口年龄结构对居民住房消费的影响显著为正,表明人口年龄结构的变动对居民消费的促进作用明显。基于上述结论,提出引导居民住房消费以扩大内需的政策建议。

第一,精准差别化施策,提高宏观调控的科学性和有效性。一是结合国家相关产业政策,制定差别化土地供应政策。地方政府应积极配合中央扩大内需政策,出台相应土地政策,把土地政策与产业发展政策相结合,加强对土地用途的管制、地价管制、供地结构和用途的规划;优先满足符合"保增长、惠民生、扩内需、调结构"的用地需求,切实保障自主创新和战略性新兴产业等国家扶持产业的用地需求,逐步停止高能耗、高污染、低能效、重复建设产业的用地供给,促其实施产业转型升级,保持社会经济的持续稳定发展,扩大社会总需求。二是土地政策与财政政策、金融政策配合使用。财政上要支持那些符合产业发展方向的土地政策,鼓励商业银行增加对保障性住房建设的信贷支持,满足中低收入者的"住有所居"的基本要求。通过土地政策与财政、金融政策的配合,既保持房地产业的良性发展,又加快保障房建设。在微观层面上,中低收入家庭通过保障房供给解决住房问题,高收入家庭通过商品房市场解决住房问题,有利于引导居民住房消费,减轻中低收入家庭购房压力,释放社会消费潜力。三是进一步规范中央和地方在财权与事权方面的分配比例。针对土地财政产生的原因,对此,中央政府应通过给予地方政府更多财政支持,弱化地方政府"以地生财"的冲动,降低地方政府对土地财政的过度依赖,逐步弱化土地财政在增加住房消费、加快城市化、发展经济中的短期作用。四是在坚持从严调控房价的同时,防止短期性行政调控政策长效化。制定科学有效的楼市调控措施,避免出现"一轮调控"式的短期效应,避免房价产生大幅波动,以保持房价增幅在消费者可承受范围内,增强房价的正财富效应,减轻消费者的购房负担,从而增加社会的总消费支出。

第二,全面深化改革,提高政府行政效率,转变居民住房消费观念。一是改革土地制度,逐步取消土地供应双轨制,改善土地供应和调控能力。按照土地资源市场配置基本原则,逐步取消土地供应双轨制,实现土地市场化,提高土地资源配置的效率与公平。加强对地方政府土地有偿使用及转让规划的管理,逐步剥离地方政府土地管理者和土地经营者的双重身份,最终化解产生"土地财政"的内因。公平对待城市和农村土地。打破城市与农村土地制度的二元结构,保障农民作为土地经营者的相应权利及权益。同时,改革农村现有集体所有土地管理体制,赋予土地承包者在土地规定用途内的自由转让权,按市场价格实施补偿或异地安置,增加失地农民的收入水平,间接促进消费的增加。二是继续加大财政税收改革力度,拓宽地方融资渠道。通过财政税收制度改革,以

第九章　土地财政对住房消费和居民消费的经济效应

房地产税或"土地财产税"等持续性税收收入取代一次性出让土地的巨额财政收入,形成地方财政增长的长效机制。同时,赋予地方政府合理举债权,拓宽地方政府融资渠道,降低地方政府谋求土地财政的动机,保持房价长期稳定,消除消费者对未来房价波动的预期,减少投资投机性需求,合理引导居民住房消费,形成居民消费增加的长效机制。三是规范政府收支行为,创新土地出让金管理方式。加强对地方政府收支行为及地方政府管理职能的监管。同时,可考虑建立类似于香港的土地基金管理制度,由中央统一管理一部分土地出让金,用于偿还地方政府债务问题以及调节土地出让收入不均问题,缩小地区收入差距,提高落后地区消费能力,进一步拓展消费空间。四是引导居民转变住房消费观念,树立正确消费观。在从严调控楼市的同时,需要及时转变消费者的住房消费观念,引导消费者逐步树立"先租后买、先小后大"的住房消费观。具体而言,优化房地产开发土地的供应结构,增加保障性住房土地供给,加大保障房建设力度,为广大中低收入者提供价格合理、覆盖面广、租赁期长的住房,帮助年轻人及中低收入者度过购房积累期。同时,严格控制高档商品房的用地供应,优先满足中小户型、中低价位普通商品房的用地需求,为购房者提供更多选择从而有效降低中低收入者的购房风险及住房负担。

第十章　财政政策、住房消费与扩大内需

第一节　财政收支与住房消费的理论阐述

凯恩斯理论认为,财政政策影响总需求的方式非常直接:财政扩张刺激总需求,财政紧缩则降低总需求。而李嘉图等价定理认为财政政策是无效的。财政收支对住房消费的影响效应同样存在不同的研究结论。

一、财政收支与居民消费

在某些条件下,政府无论用债券还是税收筹资,其效果都是相同的或者等价的。政府的任何债券发行都体现着将来的偿还义务;因而在将来偿还的时候,会导致未来更高的税收。如果人们意识到这一点,他们会把相当于未来额外税收的那部分财富积蓄起来,此时人们可支配的财富的数量与征税的情况一样。这就是著名的"李嘉图等价定理"。由于假定条件过于严格,李嘉图等价定理能否成立备受争议。阿肖尔(Aschauer,1985)建立联立方程并在理性预期假设下对李嘉图等价定理进行验证,实证结果认为在理性预期条件下李嘉图等价定理成立,政府对于居民消费的替代效应并不明显。霍尔(Hall,1978)的随机游走消费假说同样支持

第十章　财政政策、住房消费与扩大内需

李嘉图等价定理成立。另外一些研究则指出,由于不确定性等因素,李嘉图等价定理将不再成立(Blanchard,1985;Strawczynski,1995)。

政府财政支出对居民消费的影响需从支出总量和支出结构上进行分析。在财政支出总量方面,胡书东(2002)认为实施积极的财政政策,扩大财政支出,有助于刺激民间消费需求。李广众(2005)同样认为改革开放以来政府支出与居民消费之间表现为互补关系,李嘉图等价命题在中国可以得到初步的经验支持。而谢建国、陈漓高(2002)则认为在短期增加政府支出将增加总需求,但在长期均衡时政府支出完全挤占了消费支出。在财政支出结构方面,王宏利(2006)认为政府投资促进居民消费的效果要好于政府消费,无论是短期还是长期经济建设支出对居民消费均具有挤出效应。张治觉、吴定玉(2007)则发现1978—1998年间政府投资性支出对农村居民消费和城镇居民消费产生了挤出效应;从1998年开始,政府消费性支出对农村居民消费和城镇居民消费产生了引致效应,而政府转移性支出则在大多数年份对农村居民消费和城镇居民消费产生了引致效应。李春琦、唐哲一(2010)认为政府的行政管理费用支出对私人消费有挤出作用,政府的社会文教费用支出、经济建设支出以及其他补贴性的财政支出对私人消费有拉动作用。基础经济建设支出所呈现出的动态变化显示:短期内能促进私人消费,但随着时间的推移会出现一定的抑制作用。王立勇、高伟(2009)则认为财政政策对私人消费存在非线性效应:政府消费在1978—1980年和1984—1997年对私人消费产生显著非凯恩斯影响,政府投资对私人消费不存在非线性效应,但存在非对称影响。方红生、郭林(2010)同样认为中国的财政政策对居民消费存在非线性效应。可见,政府财政支出对居民消费的影响因不同时间、不同的经济环境影响而呈现出挤入或挤出效应。

在财政收入对居民消费的影响方面,由于政府财政收入中主

要是税收收入,因而学者较多地关注税收政策对居民消费的影响。从国内学者的研究来看,税收政策对居民消费的影响较为明确。安体富(2002)认为税收长期超常增长,加重了中国企业和居民的负担,从而不利于刺激消费、扩大内需、提高企业国际竞争力。李晓芳、高铁梅和梁云芳(2005)运用结构向量自回归(SVAR)模型方法,研究中国税收和政府支出政策对产出所产生的动态冲击效应,发现增税的税收政策倾向于抑制私人消费。杨文芳、方齐云(2010)同样认为我国过高的税负率对居民消费率的提高有负面影响,以间接税为主的财政收入结构不利于促进我国居民消费率的提高。陈创练(2010)研究表明税负和债务融资占用了居民可支配的消费资源,降低了政府消费性支出对居民消费的挤入效应,从而减弱了财政政策在刺激经济和扩大内需上的乘数效应。

二、房地产市场的财政政策效应

自从1998年我国大力推进房改以来,财政政策作为政府主要的调控手段之一,对促进房地产市场的健康发展同样发挥了重要的作用。房地产市场中与财政政策实施密切相关的有两个部分,一是作为财政收入部分的房地产税收,二是作为财政支出部分的城市基础设施建设、公共服务供给等。美国经济学家蒂伯特(Tiebout,1956)的"用脚投票"理论成为研究税收负担、公共产品供给、人口流动以及房价波动的开先河之作,蒂伯特(1956)研究认为居民将综合考虑城市的税收负担尤其是财产税负以及公共服务的供给水平来选择自己居住的城市。之后,奥茨(Oates,1969)、罗森塔尔(Rosenthal,1999)等利用"用脚投票"理论分别研究美国和英国地区公共支出水平、税收与房价的关系,并得出了相似的结论,即公共支出与房价正相关,而税收与房价负相关。而海曼和派瑟(Hyman和Pasour,1973)的研究则并没有发现财产税和地方公共支出对房地产价值有明确的影响。麦克米伦和卡尔森

(McMillan 和 Carlson,1977)同样认为在小城市中地方政府的财产税与公共支出并没有资本化到居民的房产价值中。

国内学者同样对税收负担、财政支出与房价波动之间的关系进行了检验。这些研究大体分为三类,一是研究地方公共支出与房价的关系;二是研究房地产税或财产税的市场效应;三是综合考察地方公共支出、税收负担对房价的影响。杞明(2005)利用蒂布特的"用脚投票"理论解释了中国地方政府的公共支出促进了房价上涨,高凌江(2008)对我国 35 个大中城市的面板数据进行 OLS 回归分析,发现地方财政支出和房地产价值存在高度正相关关系。踪家峰等(2010)则利用我国 30 个省、自治区、直辖市 1999—2008 年间的面板数据研究地方政府的财政支出资本化问题,实证结果同样表明我国地方政府的财政支出对房价有明显的促进作用。可见,如果单纯考察地方公共支出与房价的关系,研究多数认为公共支出与房价存在正相关关系。在房地产税的市场效应研究方面,陈多长等(2004)认为房产税在短期会提高房租,但在长期将降低住宅资产的均衡价格;而住宅转让所得税则降低了住宅的价格。况伟大(2009)以住房特性为切入点,构建了局部均衡的消费者——开发商模型和投资者——开发商模型,理论分析认为无论是对于消费者还是投资者,开征物业税均将导致房价下降;而实证结果表明对全国和东部而言,物业税能抑制房价上涨,但对中西部效果不明显。杨绍媛和徐晓波(2007)从住房成本和资产收益角度分析房地产税的市场效应,认为由于房地产需求弹性小,征收房地产税将导致房价上涨。杜雪君等(2008)对中国 1988—2006 年房地产税与房价的时间序列数据进行协整、向量自回归等分析,发现我国房地产税和房价之间存在正相关关系,在不考虑地方公共支出对房价影响的情况下,房地产税的长期影响效应大于短期影响效应。还有一些研究认为开征房产税对于房地产价值没有实质性的影响。王晓明等(2008)做了实际测算,认为开征房产税对满足自住需求的有房者和购房者影响不大，只会增加住房投资者持有成本并降低其投资收益。龚刚敏（2005）则利用李嘉图等价定理进行论证，同样认为开征房产税对房地产价值、租赁价格没有实质性的影响。如果同时考察地方公共支出、房地产税收对房价的影响，情况则更加复杂。胡洪曙（2007）认为财产税资本化与房产价值负相关，地方公共支出和房产价值正相关；财产税与地方公共支出的转换系数以及地方公共支出的效率系数共同决定房产价值。杜雪君等（2008）利用省际面板数据分析了我国地方政府公共支出、房地产税负与房价之间的关系，研究认为房价与地方政府公共支出、房地产税负之间互为因果关系，房地产税负会抑制房价而公共支出则促进房价上涨，并且公共支出对房价的长期影响大于短期影响而房地产税负对房价的长期影响小于短期影响。

第二节 扩大内需的财政政策着力点

凯恩斯主义以完美的理论阐释支持了通过财政政策扩大国内需求的政策选择的合理性。特别是当遇到严重需求不振时，财政政策经常被决策者放在首要考虑的位置。随着社会主义市场经济体制的逐步确立，面对日益复杂的国内外经济形势，中国政府运用财政政策等调控手段，对经济波动进行宏观调控，极大地促进了国民经济的健康发展。

一、财政政策影响扩大内需的工具

财政政策是指国家根据一定时期政治、经济、社会发展的任务而规定的财政工作的指导原则。财政政策工具也称财政政策手段，是指国家为实现一定财政政策目标而采取的各种财政手段和措施，它主要包括财政收入、财政支出、国债和政府投资。

第十章 财政政策、住房消费与扩大内需

政府收入包括税收收入与非税收入。税收收入是政府收入中最主要的部分，它是国家为了实现其职能按照法律预先规定的标准，强制地、无偿地取得财政收入的一种手段。与政府购买支出、转移支付一样，税收同样具有乘数效应，即税收的变动对国民收入的变动具有倍增作用。当政府税收不足以弥补政府支出时，就会发行公债，使公债成为政府财政收入的又一组成部分。公债是政府对公众的债务，或公众对政府的债权。它不同于税收，是政府运用信用形式筹集财政资金的特殊形式，包括中央政府的债务和地方政府的债务。非税收入主要包括专项收入与行政事业性收费收入等。

政府支出是指整个国家中各级政府支出的总和，由具体的支出项目构成，主要可以分为政府购买和政府转移支付两类。购买性支出政策又有公共工程支出政策和消费性支出政策之别，指政府对商品和劳务的购买，如购买军需品、机关公用品、政府雇员报酬、公共项目工程所需的支出等都属于政府购买。政府购买支出是决定国民收入大小的主要因素之一，其规模直接关系到社会总需求的增减。购买支出对整个社会总支出水平具有十分重要的调节作用。政府转移支付是指政府在社会福利保险、贫困救济和补助等方面的支出。转移支付不能算作国民收入的组成部分，它所做的仅仅是通过政府将收入在不同社会成员之间进行转移和重新分配。

国债又称国家公债，是国家以其信用为基础，按照债的一般原则，通过向社会筹集资金所形成的债权债务关系。国债是由国家发行的债券，是中央政府为筹集财政资金而发行的一种政府债券，是中央政府向投资者出具的、承诺在一定时期支付利息和到期偿还本金的债权债务凭证。国债是国家按照信用有偿的原则筹集财政资金的一种形式，同时也是实现宏观调控和财政政策的一个重要手段。由于国债的发行主体是国家，所以它具有最高的信用度，被公认为是最安全的投资工具，其种类有凭证式国债、实物式国债、记账式国债三种。

政府投资是指财政用于资本项目的建设性支出，它最终将形成各种类型的固定资产。政府的投资项目主要是指那些具有自然垄断特征、外部效应大、产业关联度高，具有示范和诱导作用的基础性产业、公共设施，以及新兴的高科技主导产业。这种投资是经济增长的推动力，而且具有乘数作用。

二、财政政策对扩大内需的影响机制

这里主要分析税收政策、政府消费支出、投资支出与转移支付政策影响扩大内需的传导渠道与机制。税收政策对居民的影响主要表现在两个方面。一是税收的总量问题，即税收应该征收多少。税收收入过大，表明税负较重，意味着居民即期收入的减少，对居民的消费率有负面影响。税收收入的总量越大，表示政府财政收入越大，从而财政支出能力与调节收入分配的能力越强，其对消费率提高的促进作用就越大。二是税收的结构问题，即税收如何征收的问题。从财政收入的结构来看，税收收入分为间接税和直接税两种。间接税虽然由纳税人负责缴纳，但最终是由商品和劳务的购买者即消费者负担的税种，主要包括增值税、营业税、消费税等。直接税包括所得税、遗产税和财产赠与税等税种，其纳税人本身就是税收负担人，一般不存在税负的转移或转嫁问题。逻辑上讲，一国间接税占的比例越小，直接税占的比例越大，财政政策在居民收入分配中的"调节"作用越直接，越能保证财富在居民中的分配公平，也越有助于调节该国居民的整体消费率。反之，结论则相反。

政府消费支出是为了维护公共管理机构正常运转的支出，如国防、公共安全、政府公共机构管理等方面的支出。政府消费性支出的增加会引起总需求增加，导致商品价格上升、居民的有效需求下降，政府消费支出对于居民消费存在"挤出效应"。

政府投资支出是政府为了使经济更快发展或反经济周期而进行的投资性支出，如基础设施、部分重大基础工业项目、区域开发、生态保护、航天和高新技术开发等领域的支出。政府投资性支出可能促进经济增长,增加居民就业和居民收入,进而有助于提高居民消费。

政府保障性支出指政府提供公共产品或社会救助而进行的支出,如对落后地区的转移支付、支农支出、对教育、社会保障和就业、医疗卫生的支出,这一种支出具有补贴低收入人群或为公众提供社会保障的功能,事实上起到了社会财富再分配的功能。在财政支出中用于保障性支出的越多,倾向于低收入者进行补贴的支出就越多,将越有利于实现社会财富分配的公平,进而有助于促进居民消费率的提高。但是,政府对一些公共产品如医疗、教育、体育等的支出,有可能挤占居民原本在这些公共品上的消费,从而导致降低居民消费。

第三节 财政体制改革对住房消费与扩大内需的支撑作用

本节讨论的财政体制改革区间是从 1978 年改革开放以来的这一时期。改革开放之前的财政体制虽然也有变革,但不具有市场化特征;加之那个时期是以高储蓄、高积累、低消费为政策导向的,基本不涉及扩大内需问题,与本书研究目的存在差距。

一、中国的财政收支:1978—2012 年

一般认为新中国成立以来,伴随着经济体制改革,我国的财政体制演变大致经历了三个阶段:1949—1978 年改革开放前,计划经济体制下的"统收统支"财政体制;1978—1993 年,计划经济向社会主义市场经济转型时期的"分灶吃饭"财政体制;1994 年至今,社会主义市场经济体制下的"分税制"财政体制。1998 年以来,我国的财政政策大体也经历了三个阶段:即 1998—2004 年积

住房消费与扩大内需

极的财政政策、2004—2008年稳健的财政政策、2008年年底以后积极的财政政策(李颖,2010)。

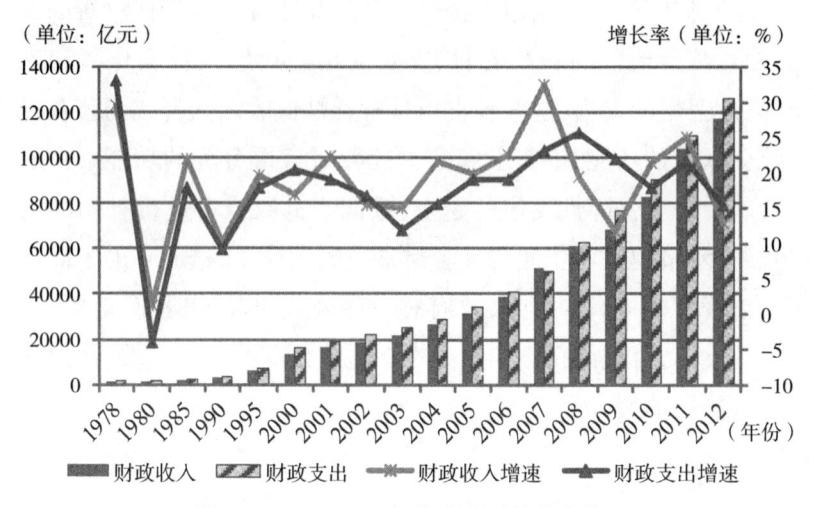

图10-1 1978—2012年中国财政收支状况

资料来源:历年《中国统计年鉴》。

1978年以后,随着改革开放步伐的加快,市场化进程也逐步取得进展,政府也经常运用作为宏观调控主要手段之一的财政政策来调节国民经济的运行。在此背景下,中国的财政收支状况呈现出以下特点(如图10-1所示):第一,政府的财政收入与支出规模逐渐扩大。从1978年至2012年,政府财政收入由1132.26亿元增长到117253.52亿元,25年间年均增长率达到20.39%;政府财政支出则由1122.09亿元增长到125952.97亿元,年均增长率约为20.78%。第二,政府财政收支稳步增长,且增速高于同期GDP增长率。1994年以前政府收支规模变动较大,个别年份甚至出现负增长。1994年分税制改革以后,政府财政收支规模以超过20%的速度稳步增长,且远高于同期GDP的增长率[①]。第三,财政

[①] 2007年财政收支科目实施了较大的改革,特别是财政支出项目口径变化很大,因此2007年以后与往年数据不可比。

赤字逐步扩大。1978—2012 年,除了少数年份以外,中国的财政收入均低于财政支出,财政赤字规模逐步扩大,2012 年财政赤字规模高达 8699.45 亿元。

二、财政政策作用于住房消费的理论分析

居民在选择居住地时将综合考虑当地的税收负担与公共服务水平,并在自己的预算约束下选择不同的商品组合来获得最大效用。本章假定消费者面对的商品向量 X 包含三类:一般消费品 x、住房 h 和公共服务 S,即 $X = X(x,h,S)$,效用函数满足 Stone-Geary 形式:

$$U = \prod X_i^\alpha \tag{10-1}$$

其中,$0 < \alpha_i < 1, X_i \geqslant 0$

考虑一个拥有 I 个地区 N 个消费者的模型,地区 i 的($i \in [1,I]$)代表性消费者 j($j \in [1,n]$,且 $\sum_{i}^{I} n_i = N$)的年均可支配收入为 Y_{ij},用于一般商品、住房和公共服务的消费。一般来讲,消费者可通过租房或者买房两种方式解决住房问题,在中国目前房地产大规模开发尚未结束阶段,我们假定消费者均是通过买房的方式解决住房问题。此外,本章还作出如下假定:(1)一般商品 x 是计价品,其价格标准化为 1;(2)住房的供给弹性大于需求弹性;(3)不考虑住房的维修与折旧;(4)居民在各地区可以自由流动。设 i 地区居民的所得税率为 t_i,则 i 地区代表性消费者 j 的可支配收入为 $y_{ij} = (1-t_i)Y_{ij}$。

因此,i 地区代表性消费者 j 的效用最大化问题为:

$$\underset{h_{ij}}{Max} U = x_{ij}{}^\alpha h_{ij}{}^\beta S_i{}^\gamma \tag{10-2}$$
$$s.t. (1-t_i)Y_{ij} = x_{ij} + hp_{ij}h_{ij}$$

式中,α、β、γ 分别为一般商品、住房与公共服务对消费者效用的贡献,hp_{ij} 表示房价。求解该最大化问题可得代表性消费者

的间接效用函数 $v(y_{ij}, hp_{ij}, S_i)$。

根据艾普和泽勒尼特兹(Epple 和 Zelenitz,1981)、斯塔特曼和贝林(Stadelmann 和 Billon,2010)的研究,由于假定居民可在各地区自由流动,则均衡时居民在任一地区的效用是相等的(否则的话,居民将迁移,直至在任意地区所获效用无差异为止),因此:

$$v(y_i, hp_i, S_i) = v(y_j, hp_j, S_j), i,j \in [1,I], i \neq j \quad (10-3)$$

假定地区 i 住房的总供给量为 H_i,则住房市场出清时,

$$\sum_i^I n_i h_i = \sum_i^I H_i \quad (10-4)$$

由(10-4)式可得:

$$\sum_i^I \frac{H_i}{h_i} = N \quad (10-5)$$

均衡的房价水平由(10-3)式、(10-5)式共同决定,即 $hp = hp(y,t,S)$。为了分析公共服务供给对于房价的影响,将(10-3)式、(10-5)式分别对 S_i 求导,可得:

$$\frac{\partial v}{\partial hp_i}\frac{\partial hp_i}{\partial S_i} + \frac{\partial v}{\partial S_i} = \frac{\partial v}{\partial hp_j}\frac{\partial hp_j}{\partial S_i} \quad (10-6)$$

$$\frac{1}{h_i^2}\left(\frac{\partial H_i}{\partial hp_i}\frac{\partial hp_i}{\partial S_i} \cdot h_i - \frac{\partial h_i}{\partial hp_i}\frac{\partial hp_i}{\partial S_i} \cdot H_i\right) + \sum_{j \neq i}\left[\frac{1}{h_j^2}\left(\frac{\partial H_j}{\partial hp_j}\frac{\partial hp_j}{\partial S_i} \cdot h_j - \frac{\partial h_j}{\partial hp_j}\frac{\partial hp_j}{\partial S_i} \cdot H_j\right)\right] = 0 \quad (10-7)$$

联立(10-6)式、(10-7)式,分别定义 $\eta_i = \frac{\partial H_i}{\partial hp_i}\frac{hp_i}{H_i}$ 和 $\varepsilon_i = \frac{\partial h_i}{\partial hp_i}\frac{hp_i}{h_i}$ 为住房的供给弹性和需求弹性,$MRS_i = \frac{\partial v/\partial S_i}{\partial v/\partial y_i}$ 为公共服务与收入之间的边际替代率,并运用罗伊恒等式,可得:

$$\frac{\partial hp_i}{\partial S_i} = \frac{MRS_i}{\frac{n_i}{hp_i}(\eta_i - \varepsilon_i)h_j / \sum_{j \neq i}\frac{n_j}{hp_j}(\eta_j - \varepsilon_j)h_i + 1} \quad (10-8)$$

由效用函数可知(10-8)式的分子 $MRS_i > 0$,再由假设住房的供给弹性大于需求弹性可知 $\eta_i > \varepsilon_i$,因此可得(10-8)式的分母亦为正,可知 $\dfrac{\partial hp_i}{\partial S_i} > 0$。由此得到下述命题:

命题:当公共服务带来正效用并且住房的供给弹性大于需求弹性时,公共服务水平的提高会助推房价上涨。

一方面,政府支出的增加将提高公共服务的供给水平,而公共服务水平的提高将助涨房价,从而会抑制住房消费;另一方面,政府支出中保障性支出(科教文卫等)以及转移支付的增加将增加居民的可支配收入,而居民的可支配收入的增加则倾向于促进其用于住房的支出。因此,政府财政支出对居民消费的影响取决于上述两方面的净效应。

三、财政支出、房价波动与居民消费

遵循坎贝尔和曼昆(Campbell 和 Mankiw,1989)、埃文斯和卡拉斯(Evans 和 Karras,1996)的思路,假设消费者中有一部分按持久收入进行消费,并在现行利率下进行借贷以最大化终身效用;另一部分则由于流动性限制或其他原因只根据当前收入进行消费,即不存在借贷行为。所有的消费者均追求终身效用最大化,即:

$$\max E_t \sum_{\delta=0}^{\infty} (1+\delta)^{-s} U(C_{t+s}) \qquad (10-9)$$

其中 U 为消费者效用,C 为消费,δ 为主观贴现率,E_t 表示理性预期消费者在时期 t 根据可得信息得出的条件期望。

假设第一类消费者可以按现行利率 r 进行借贷,则其终身效用最大化的一阶必要条件为:

$$E_t U'(C_{1,t+1}^*) = \dfrac{1+\delta}{1+r}(C_{1,t}^*) \qquad (10-10)$$

即当期消费的边际效用与下一期消费边际效用的现值相等,

其中下标 1 代表第一类消费者。如果 $r = \delta$，则保证终身效用最大化的消费满足随机游走，即：

$$C_{1,t+1}^* = \alpha + C_{1,t}^* + \mu_t \quad (10\text{-}11)$$

根据贝利(Bailey,1971)的假设，直接进入消费者效用函数的有效消费由私人支出和公共支出两部分组成，即：

$$C_{1,t}^* = C_{1,t} + \varphi G_t \quad (10\text{-}12)$$

结合式(10-11)和(10-12)，可得：

$$\Delta C_{1,t} = \alpha - \varphi \Delta G_t + \mu_t \quad (10\text{-}13)$$

第二类消费者仅根据当期可支配收入(由工资性收入和财产性收入构成)进行消费：

$$C_{2,t} = \lambda(Y_t + hp_t) \quad (10\text{-}14)$$

即 $\Delta C_{2,t} = \lambda(\Delta Y_t + \Delta hp_t)$，结合式(10-13)得到：

$$\Delta C_t = \alpha + \lambda_1 Y_t + \lambda_2 hp_t + \theta \Delta G_t + \mu_t \quad (10\text{-}15)$$

式(10-15)即为本章进行实证检验的核心公式(令 $\theta = -\varphi$)。可见居民消费不仅受到可支配收入的影响，还与公共支出密切相关。如果 θ 为正，则公共支出对居民消费具有引致效应；如果 θ 为负，则具有挤出效应；如果 θ 等于零，则二者不相关。

第四节 财政政策影响住房消费的实证分析

财政政策影响住房消费和居民消费的理论阐释虽然比较完备，但在中国特定的国情和时代背景下，其影响效果究竟如何，需要通过模型计量分析给出实证结论。

一、计量模型设定

结合第三节理论模型得出的命题以及上述分析，本节以新建住房销售面积为被解释变量，以政府财政支出作为解释变量；同时

考虑房价水平、人均可支配收入水平等因素对住房消费的影响。基于此,本章构建如下对数型计量模型:

$$\ln HS_{it} = C + \alpha_1 \ln GE_{it} + \alpha_2 \ln HP_{it} + \alpha_3 \ln PI_{it} + \alpha_4 \ln POP_{it} + \varepsilon_{it}$$

其中,i,t 分别表示地区与时间;HS_{it} 表示 i 地区 t 时期的住房消费;C 为常数项;GE_{it} 表示 i 地区 t 时期的财政支出;HP_{it} 表示 i 地区 t 时期的房价水平;PI_{it} 表示 i 地区 t 时期的人均收入水平;POP_{it} 表示 i 地区 t 时期的总人口数;α_1—α_4 为各变量的回归系数;ε_{it} 为随机扰动项。

二、数据来源与描述统计

本章的被解释变量为住房消费,核心解释变量为政府财政支出,其他变量还包括房价水平、人均收入水平以及城市人口规模等,各变量的定义如下:

(1)住房消费(HS):本章中的住房消费以各地区当年住房销售面积来表示。

(2)财政支出(GE):以各地区预算内财政支出表示。

(3)住房价格(HP):各地区房价以销售均价来表示,根据各地区1999—2012年住房销售额、住房销售面积计算而得。

(4)人均收入水平(PI):由于我国的房地产市场多集中于城市,本章中的人均收入水平以各地区城镇居民人均可支配收入表示。

(5)人口总数(POP):以各地区市辖区年底总人口数表示。

本章选取北京、天津、石家庄、太原、呼和浩特、沈阳、长春、哈尔滨、上海、南京、杭州、合肥、厦门、南昌、济南、郑州、武汉、长沙、广州、深圳、南宁、海口、重庆、成都、贵阳、昆明、西安、兰州、西宁以及银川在内的全国30个大中城市的面板数据。涉及的被解释变量、解释变量数据来源于中经网——中国统计数据库、历年《中国城市统计年鉴》以及部分城市的统计年鉴。此外,为了消除住房销售面积、财政支出、房价水平等数据中存在的异方差以及量纲的问题,在实证分析时,本章对所有变量进行了对数处理,各变量的描述性统计见表10-1。

表10-1 变量的描述性统计

变量	观测数	最小值	最大值	均值	标准误
LnHS	359	3.09	8.29	5.85	1.08
LnGE	359	10.85	17.29	13.86	1.25
LnHP	359	7.14	9.85	8.03	0.54
LnPI	359	8.47	10.42	9.36	0.46
LnPOP	359	4.00	7.34	5.70	0.74

三、单位根与协整检验

本章所用数据为1999—2012年全国30个大中城市的面板数据,为了避免伪回归,需要对各变量进行平稳性检验。根据是否为相同根,面板数据进行单位根检验的方法一般分为两类。一类是相同根情形下的单位根检验,此类单位根检验方法主要有LLC、Hadri检验;另一类是不同根情形下的单位根检验,此类单位根检验方法主要有IPS、Fisher-ADF和Fisher-PP检验。本章分别采取LLC方法(Levin,Lin和Chu,2002)与IPS方法(Im,Pesaran和Shin,2003)对各变量进行单位根检验。各变量LLC与IPS单位根检验的结果见表10-2。由表10-2可知,LnHS、LnGE、LnHP与LnPI各序列均为非稳定序列,但是一阶差分以后都是稳定的;LnPOP则为稳定序列。

表10-2 LLC与IPS单位根检验结果

变量	原序列 LLC检验	原序列 IPS检验	一阶差分序列 LLC检验	一阶差分序列 IPS检验	结论
LnHS	−6.82*** (0.00)	−0.61 (0.27)	−20.63*** (0.00)	−14.36*** (0.00)	I(1)
LnGE	1.14 (0.87)	6.61 (1.00)	−30.00*** (0.00)	−15.60*** (0.00)	I(1)
LnHP	19.21 (1.00)	19.76 (1.00)	−4.32*** (0.00)	−3.09*** (0.00)	I(1)

续表

变量	原序列 LLC 检验	原序列 IPS 检验	一阶差分序列 LLC 检验	一阶差分序列 IPS 检验	结论
$\text{Ln}PI$	-4.81 (1.00)	12.26 (1.00)	-10.38*** (0.00)	-6.62*** (0.00)	$I(1)$
$\text{Ln}POP$	-10.15*** (0.00)	-9.50*** (0.00)	-53.31*** (0.00)	-29.41*** (0.00)	$I(0)$

注:(1)括号内为 p 值;

(2)***、**和*分别表示在1%、5%和10%的显著性水平上拒绝"有单位根"的原假设。

在进行正式的回归分析之前还需要对面板序列进行协整检验,本章采用基于 Engle and Granger 二步法检验基础上的 Kao 检验与 Pedroni 检验,两种检验方法的原假设皆为原序列不存在协整关系。住房消费与政府财政支出的协整检验结果见表 10-3。

表 10-3 面板协整检验结果

检验方程	检验方法	检验假设	统计量名	统计量值（P 值）
住房消费与财政支出	Kao 检验	H_0:不存在协整关系($\rho=1$)	ADF	5.36** (0.0000)
	Pedroni 检验	$H_0: \rho_i = 1$ $H_1:(\rho_i = \rho)<1$	Panel v-Statistic	3.85** (0.0001)
			Panel rho-Statistic	1.13 (0.8704)
			Panel PP-Statistic	-18.27** (0.0000)
			Panel ADF-Statistic	-0.96 (0.1684)
		$H_0: \rho_i = 1$ $H_1: \rho_i < 1$	Group rho-Statistic	4.74 (1.0000)
			Group PP-Statistic	-22.61** (0.0000)
			Group ADF-Statistic	-1.90** (0.0287)

注:**表示在5%的显著性水平下拒绝原假设而选择备择假设。

佩德罗尼(Pedroni,1999)以协整方程的回归残差为基础,构建面板协整检验的 7 个统计量,其中 4 个是联合组内尺度描述统计量,即 Panel Variance-stat、Panel Rho-stat、Panel PP-stat 和 Panel ADF-stat;另外 3 个是组间尺度描述统计量,即 Group Rho-stat、Group PP-stat 和 Group ADF-stat。由表 10-3 可知 Pedroni 检验的 7 个统计量中,有 4 个统计量在 5%显著性水平下拒绝原假设而选择备择假设;Kao 检验第一阶段设定各截面个体具有不同截距项和相同系数的回归方程,第二阶段对残差序列进行平稳性检验(Kao,1999),表 10-3 中 Kao 检验结果表明住房消费与政府财政支出之间存在协整关系。因此 Kao 检验与 Pedroni 检验均表明考察期内住房消费与财政支出之间存在协整关系,从而可以对各变量进行回归分析以考察其长期的均衡关系。

四、计量结果分析

本章利用 Eviews6.0 软件对住房消费与政府财政支出之间的关系进行计量分析,实证结果见表 10-4 和表 10-5。其中,表 10-4 是全国层面的回归结果,表 10-5 则是区域层面的回归结果。

表 10-4 财政支出与住房消费计量分析结果:全国层面

	模型 I			模型 II		
	混合估计	固定效应	随机效应	混合估计	固定效应	随机效应
常数项(C)	−0.20 [0.57] (−0.35)	0.56 [0.62] (0.91)	0.51 [0.60] (0.85)	0.16 [0.55] (0.29)	0.70 [0.62] (1.13)	0.62 [0.55] (1.12)
财政支出(GE)	0.10** [0.05] (2.22)	0.07* [0.047] (1.68)	0.07* [0.04] (1.75)	0.11** [0.05] (2.36)	0.06 [0.04] (1.52)	0.07* [0.04] (1.82)
房价(HP)	−0.32*** [0.07] (−4.54)	−0.24*** [0.06] (−3.81)	−0.244*** [0.06] (−3.92)			

续表

	模型 I			模型 II		
	混合估计	固定效应	随机效应	混合估计	固定效应	随机效应
房价(HP(-1))				-0.32*** [0.07] (-4.44)	-0.21*** [0.06] (-3.29)	-0.23*** [0.06] (-3.71)
收入(PI)	0.22** [0.10] (2.13)	0.10 [0.11] (0.91)	0.11 [0.10] (1.02)	0.17* [0.10] (1.72)	0.07 [0.11] (0.62)	0.08 [0.10] (0.86)
人口(POP)	0.08 [0.05] (1.55)	0.05 [0.04] (1.18)	0.05 [0.04] (1.23)	0.07 [0.05] (1.46)	0.05 [0.04] (1.12)	0.05 [0.04] (1.24)
滞后项 (HS(-1))	0.82*** [0.03] (24.49)	0.89*** [0.03] (30.28)	0.88*** [0.03] (30.36)	0.82*** [0.03] (24.04)	0.89*** [0.03] (30.48)	0.88*** [0.03] (30.38)
R^2	0.93	0.96	0.94	0.93	0.96	0.94
调整 R^2	0.93	0.96	0.94	0.93	0.95	0.94
F 统计量 (P 值)	915.91 (0.00)	469.55 (0.00)	1015.93 (0.00)	913.46 (0.00)	464.01 (0.00)	983.58 (0.00)
D-W 值	2.63	2.29	2.32	2.60	2.28	2.38

注:(1)"[ ]"内为标准差,"( )"内为 t 值;

(2)***、**和*分别表示在1%、5%和10%的显著性水平上显著。

由表10-4可知,全国层面财政支出与住房消费各计量方程的拟合优度均在0.93以上,调整后的拟合优度同样在0.93以上,联合分布检验的F值概率均小于0.0001,且各回归方程的D-W值在2左右,说明各方程回归结果较好。在不含房价滞后项的回归方程中,无论是采用最小二乘法估计(OLS)、固定效应模型(FEM)和随机效应模型(REM)哪种方法,本章所关注的核心解释变量——政府财政支出均与住房消费显著正相关,三种回归方法中,政府财政支出的弹性系数分别为0.10、0.07与0.07,较为稳定且分别在5%、10%与10%的水平上显著;本期房价水平与住房消费显著负相关,本期房价的弹性系数分别为0.32、0.24与0.24,且均在1%的水平上显著;在其他控制变量中,收入在最小二乘法估计(OLS)估计方法中与住房消费显著正相关,且在5%的水平上显著,而通过固定效应模型(FEM)和随机效应模型(REM)两种方法的回归结果中,收入虽然与住房消费呈现正相关关系,但是在统计上并不显著;人口规模则无论在那种估计方法中均不显著。

如果将房价滞后项加入回归方程中,实证结果发现在混合估计和随机效应模型中财政支出与住房消费显著正相关,弹性系数分别为0.11和0.07,在固定效应模型中,财政支出虽然没有通过10%的显著性水平检验,但是如果放宽到15%的显著性水平,财政支出同样对住房消费显著正相关;上期房价水平与住房消费显著负相关,弹性系数分别为0.32、0.21与0.23,且均在1%的水平上显著;收入同样仅在最小二乘法估计(OLS)估计方法中与住房消费显著正相关,弹性系数为0.17;人口规模仍然不显著。

表10-5 财政支出与住房消费计量分析结果:区域层面

	东部		中部		西部	
	模型Ⅰ	模型Ⅱ	模型Ⅰ	模型Ⅱ	模型Ⅰ	模型Ⅱ
常数项(C)	-1.25 [1.00] (-1.25)	-0.95 [0.96] (-0.99)	0.83 [1.11] (0.75)	1.33 [1.09] (1.22)	-1.74 [1.12] (-1.56)	-1.66 [1.14] (-1.46)
财政支出(GE)	0.20** [0.08] (2.60)	0.24*** [0.08] (2.93)	0.27** [0.13] (2.08)	0.27** [0.13] (2.14)	0.06 [0.09] (0.64)	0.05 [0.09] (0.59)
房价(HP)	-0.32*** [0.12] (-2.68)		-0.33* [0.17] (-1.97)		-0.18 [0.138] (-1.33)	
房价($HP(-1)$)		-0.37*** [0.12] (-2.90)		-0.44** [0.19] (-2.38)		-0.13 [0.13] (-0.96)
收入(PI)	0.24 [0.16] (1.45)	0.21 [0.15] (1.35)	0.01 [0.24] (0.06)	0.04 [0.23] (0.19)	0.31* [0.19] (1.65)	0.26 [0.18] (1.43)

续表

	东部		中部		西部	
	模型 I	模型 II	模型 I	模型 II	模型 I	模型 II
人口(POP)	0.18** [0.09] (2.07)	0.16* [0.09] (1.87)	−0.12 [0.11] (−1.07)	−0.11 [0.11] (−0.97)	0.12 [0.09] (1.37)	0.13 [0.09] (1.39)
滞后项 ($HS(-1)$)	0.64*** [0.07] (8.51)	0.62*** [0.08] (8.08)	0.80*** [0.06] (12.23)	0.79*** [0.06] (12.15)	0.82*** [0.06] (13.08)	0.82*** [0.06] (13.01)
R^2	0.9278	0.9285	0.9285	0.9299	0.9436	0.9431
调整 R^2	0.9249	0.9257	0.9242	0.9257	0.9409	0.9404
F 统计量（P 值）	324.01 (0.00)	327.34 (0.00)	213.12 (0.00)	217.88 (0.00)	344.58 (0.00)	341.69 (0.00)
D-W 值	2.49	2.39	2.42	2.39	2.63	2.63

注：(1)"[ ]"内为标准差，"( )"内为t值；
(2) ***、** 和 * 分别表示在1%、5%和10%的显著性水平上显著；
(3) 东部地区包括北京、天津、石家庄、沈阳、上海、南京、杭州、厦门、济南、广州、深圳和海口12个城市；中部地区包括太原、长春、哈尔滨、合肥、南昌、郑州、武汉和长沙8个城市；西部地区包括呼和浩特、南宁、重庆、成都、贵阳、昆明、西安、兰州、西宁和银川10个城市。

从区域层面来看，在东部和中部地区，无论是否考虑房价的滞后项，混合估计的结果表明政府财政支出与居民住房消费均呈现正相关的关系，并且相对来讲，中部地区政府财政支出对居民消费的促进作用更大，政府财政支出每提高1%，居民消费将提高0.24%；无论是本期房价水平还是上期房价水平均与居民住房消费显著负相关，房价水平每提高1%，居民消费将减少0.32%以上，且房价对住房消费的这种抑制作用在中部地区更高，说明在中部地区，相对于居民收入而言，房价水平过高，过快上涨的房价抑制了居民的住房消费。在西部地区，财政支出与住房消费正相关，房价水平与住房消费负相关，但统计上并不显著；收入水平则与住房消费显著正相关，收入水平每提高1%，西部地区居民住房消费将增加0.31%。

综合表10-4和表10-5的计量结果，可以发现在全国层面以及东部、中部地区，政府增加财政支出都将促进居民的住房消费，且这种促进作用中部地区最高。另外，东、中部地区较高的房价抑制了居民的住房消费，同时也正是由于房价较高，东、中部地区居民的收入增加并未能促进其住房支出的增加，且房价对住房消费的抑制作用在中部地区更高；而在西部地区，情况则正好相反，房价的上涨并未抑制居民的住房消费，居民收入的增加则倾向于促进其住房消费。因此，为了促进居民的住房消费，除了增加财政支出以外，在东、中部地区控制房价的过快上涨，在西部地区加大转移支付等手段，通过收入再分配增加居民的收入水平成为应有之义。

本章基于1999—2012年中国30个大中城市的面板数据，通过实证分析发现：(1)无论是全国层面还是在东部、中部地区，政府增加财政支出都将促进居民的住房消费，且这种促进作用中部地区最高。(2)东、中部地区较高的房价抑制了居民的住房消费，而在西部地区房价上涨并未明显地表现出对居民消费的抑制作用。(3)相对于较高的房价水平，东、中部地区居民的收入增加并未能促进其住房支出的增加；而在西部地区，情况则正好相反，房价的上涨并未抑制居民的住房消费，居民收入的增加则倾向于促进其住房消费。根据实证研究结果，本章的政策建议如下：

第一，抑制房价过快上涨，保持房价平稳变动。当前部分地区出现了房价过快上涨的现象，这既不利于房地产市场的健康发展，也不利于宏观经济稳定与民生福祉。目前来讲，为了稳定房价，一个可行的措施是局部开征房产税。现阶段，局部开征房产税可以借鉴上海市征收房产税的试点方案，即在全国范围内推行对居民新购商品房超免税标准部分按规定开征房产税，并根据房地产市场的运行和发展状况，不断扩大税基、调整税率，在长期条件成熟时对居民已购买的存量房地产开征房产税。此外，还应增加住房供给量与优化住房的供给结构,加强经济适用房和保障房的建设力度。一方面,供给的增加本身就利于房价的稳定;另一方面,保障房的推出也将有利于解决中低收入者的居住问题,释放出更多的消费需求。

第二,优化财政支出结构,着力推进公共服务均等化。实证研究表明,财政支出增加将促进居民的住房消费,同时财政政策本身也是扩大内需的有效手段之一。因此,政府需要加大财政支出力度同时也应优化财政支出结构,增加保障性公共支出,推进区域间公共服务均等化。由于区域发展的不平衡,中国各地区基本公共服务分布非均等化问题严重,大量基本公共服务资源聚集在东部发达地区和各地区的中心城市。东部地区和大城市由于公共服务水平较高吸引大量的人口移居,而中西部地区则存在基础设施不完善、资源闲置等问题。区域间基本公共服务的差异使得我国房价在地区间加速分化,东部地区和区域中心城市房价上涨过快。为此,各级地方政府应优化财政支出结构,加大对中西部地区、城郊、中小城镇以及农村基础设施的投资力度,在房价上涨过快的东部发达地区和区域中心城市,则应加大对保障性安居工程的投资力度;着力促进基本公共服务在东中西部之间、大中小城市之间、城郊之间均等化分布,促进区域协调均衡发展。

第三,加大收入再分配力度,缩小地区间居民收入差距。税收和财政支出是政府实施国民收入再分配的主要手段,在我国区域间发展不平衡以及居民收入差距不断扩大的现实背景下,财政政策实施必须要履行自己的国民收入再分配职能。一方面从宏观调控的全局出发,有计划地将国家集中的财政收入,通过再分配,在不同部门、地区和企业之间调节使用。另一方面,建立完善的社会保障体系,保障劳动者的养老、医疗、失业以及社会救济、社会福利、优抚安置等,尤其要加大对中西部地区及中低收入者的转移支付,缩小地区间以及居民间的收入差距。

第十一章 货币政策影响住房消费的经济效应和区域差异

第一节 扩大内需的货币政策着力点：住房市场的视角

在本书第十章中，我们以凯恩斯主义理论为基础，阐述了通过财政政策提高居民住房消费能力、扩大内需的机制、路径和相关建议。在本章中，我们将讨论货币政策影响住房需求的经济效应和区域差异。

毋庸置疑，近年来中国房地产市场的需求呈井喷式增长，并直接体现在房价上。来自国家统计局的资料显示，全国平均房价（住宅）从2000年的约1948元/平方米上升至2013年年底的5850元/平方米，房价收入比也普遍高于国际安全区间的3—6倍。尤其是很多一线城市房价涨幅更是高于全国平均水平，大大加剧了房价与收入的背离。在房价上涨过程中，国家出台了一系列的宏观调控政策，包括货币政策、财政政策及价格管制等。过高的房价必然会通过价格信号①机制冲击真实的住房需求，同时，外生的宏

---

① 价格信号是价格信息的一种，是人们对特殊价格信息的别称，指价格变动特点、趋势的信息表现，以及它对商品生产、流通、消费等经济活动的指示作用。

第十一章 货币政策影响住房消费的经济效应和区域差异

观调控政策也必然对住房需求产生影响。本章要解决的问题是,货币政策对中国的住房需求有何影响?作用机制是什么?呈现出何种区域效应?弄清楚这些问题,对我们理解住房需求的政策支持体系具有重要意义。

从世界范围来看,各国央行的货币政策普遍介入房地产市场调控,学术界对于货币政策可以调控资产价格泡沫方面的观点也趋于一致,即适当的货币政策可以通过影响房地产市场资金的可得性、资金成本及公众的预期等来影响住房需求。但我们也清楚地看到,一方面,对货币政策的态度,在不同的现实背景和假设前提下,理论本身就有许多不同的观点,比如凯恩斯主义和"卢卡斯批判"[1];另一方面,房地产使用价值和投资价值的二元属性,也决定着货币政策对住房需求的影响机制是复杂的,比如财富效应和替代效应所引致的货币需求方向是相反的,进而会出现政策效果的冲突。对既有货币政策研究的梳理可以看出货币政策的复杂性。如一些学者研究发现货币政策具有非对称性,即通货紧缩时期和通货膨胀时期的货币政策效果是不对等的(Friedman、Schwartz,1963;Cover,1992;刘金全、范剑青,2001;万解秋、徐涛,2001;陆军、舒元,2002)。还有一些学者认为由于中国基础货币投放难以控制、货币乘数不稳定和货币流通速度的不均匀,使得简单使用货币供应量作为货币政策的中介目标是存在一定的局限性的,而应该将货币政策的目标动态化、具体化(夏斌、廖强,2001;

---

[1] 卢卡斯批判是新古典宏观经济学对凯恩斯主义理论批判的主要代表和集中体现。从经验检验方面,由于滞胀现象的存在,计量经济学对菲利普斯曲线形状的检验结果对新古典宏观经济学有利。从理论方面,凯恩斯主义强调适应性预期,新古典宏观经济学指出,适应性预期存在不合理性,个人行为存在不一致性、以国内生产总值作为评价政策的标准不能反映人们的福利状况。同时,基于理性预期假设,卢卡斯质疑凯恩斯主义政策的有效性,认为政府所实施的旨在调控宏观经济变量的财政政策和货币政策被理性预期的经济主体预期到,其政策效果就不能对国民收入等实际变量产生任何作用。

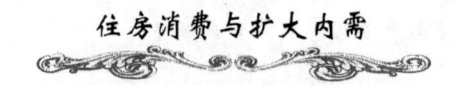

谢平、罗雄,2002;范从来等,2013;刘明志,2006;李春琦、王文龙,2007)。从研究技术层面来讲,已逐渐将货币政策表现出的非对称性同经济模型的非线性结构和经济行为的非线性调整联系起来。

　　本章关心的是,货币政策和价格信号究竟会对住房需求产生何种影响。麦格布鲁伯等(Megbolugbe 等,1991)把住房特征概括为四点,即相对高的供给成本、耐用性、异质性和空间固定性。除此之外,我们认为还应该考虑住房商品的金融属性。对于普通的正常商品而言,价格对需求的负向影响似乎是确定的,但对于住房商品而言,问题在于其投资品特征决定了除了要考虑普通的价格需求关系外,还需要考虑投资品市场的特性,比如存在适应性预期与羊群行为等。基于上述考虑,对关于住房需求领域的相关文献梳理如下:一种观点认为货币政策与房地产价格间的关系是显著的。伯南克和格特勒(Bernanke 和 Gertler,1995)认为房地产投资对利率的短期冲击反应通常强烈而且持续,而对长期利率的反应则比较小,且恢复很快。穆罕默德和马吉德(Mohammad 和 Majid,2002)构建英国房地产投资与宏观经济变量之间(1968—1999 年季度数据)的 VAR 模型,通过方差分解得出财政政策对房地产投资具有温和影响,而货币政策对房地产投资具有较长的冲击效应。张涛、龚六堂等(2006)运用协整方程研究了 2002—2005 年中国房地产均衡价格,结论是房地产价格的利率弹性为 0.024。梁云芳、高铁梅等(2006)运用 1995—2005 年的季度数据,实证研究房地产价格的利率弹性是 -0.01。高波、王先柱(2009)认为在信贷渠道的传导过程中,提高利率对控制商业银行在整个国民经济中的贷款供给是有效的,但对抑制商业银行在房地产市场的贷款供给效果不明显。提高房地产贷款利率,抑制了房地产开发企业从银行直接融资,但无法有效阻止房地产开发企业以个人住宅按揭贷款等途径从银行间接获取更多贷款。因此,在房地产贷款增加的条

第十一章 货币政策影响住房消费的经济效应和区域差异

件下,提高房地产贷款利率,不能有效抑制房地产价格上涨。魏巍贤、李阳(2005)研究了需求的地区差异性,但用的数据为省级数据,对于显著依赖级差地租的房地产而言,位置差异对市场的影响是很大的,如苏南和苏北地区的房地产市场变化可能截然不同。从2002年以来,国家出台了多轮针对房地产市场的货币政策,这些货币政策可能存在时滞或累积效应。对货币政策的时滞,尤其外部时滞及效果的分析,将有助于我们对以利率为代表的价格工具效果有一个合理的认识。

邦妮(Bonnie,1998)利用非结构估计技术(a nonstructural estimation technique),分析了4个关键的宏观经济变量对国家和区域层面房价和住房交易量的动态影响,运用VAR脉冲响应函数分析,发现宏观经济变量的变化促成了房地产周期波动,不论是国家还是区域层面,房地产市场对于来自就业率和抵押贷款利率方面的冲击都非常敏感。而另一种观点认为货币供应量导向的货币政策对房地产市场的调控效果是不显著的。货币供应量在基于托宾q(Tobin,1969)、持久收入理论(Friedman,1957)和生命周期理论(Modiglian,1963)等传统理论基础上,表现出对房地产市场影响的复杂性。王维安、贺聪(2005)认为房地产价格变动对货币需求的影响体现在三个方面:财富效应、交易效应和替代效应。前两个体现出正向货币需求,而后者体现出负向货币需求。由于三方面效应作用方向不一致,使得房地产价格波动对货币需求的影响具有不确定性,从而使得通过货币政策在盯住房地产价格上的作用是不显著的,这与王擎和韩鑫韬(2009)基于VAR模型实证研究的观点是一致的。

此外,还有一种观点认为货币政策具有显著的区域效应。这种观点最早起源于蒙代尔(1961)首次提出的最优货币区理论。他指出,最优货币区实际上是一个动态的概念,而且最优货币区的范围既可以超越国界,也可以在一国国界之内。一般而言,一个国家内部经济不会完全同质。尤其对于一个大国来说,因自然环境和历史背景的差异,必然存在着区域性或行业性的差别。而在一个地区经济发展有差距,特别是地区差距比较大的国家中实行单一货币政策,货币政策效果就很容易产生差异,甚至会对部分地区造成较大的负面影响,进而损害整体宏观经济目标的实现,此即单一货币政策的区域效应。泰勒(Taylor,1995),多恩布什、费沃罗和吉瓦茨(Dornbusch,Favero 和 Giavazzi,1998)等对欧元区内货币政策的区域效应进行了研究。这些文献主要研究 EMU 各成员国在货币政策执行效果上的差异,但他们大多忽视了在各成员国国内也可能存在货币政策区域效应的问题。此后,卡利诺和德菲娜(Carlino 和 DeFina,1999)对美国 48 个州的数据进行了分析,结果表明美联储的货币政策会产生区域效应,而利率渠道是导致货币政策区域效应的原因。吉奥高普罗斯(Georgopoulos,2001)对加拿大出现的货币政策区域效应从利率渠道、信贷渠道和汇率渠道三个方面寻找原因,但结果并不支持其中的任何一个原因。奥沃杨和沃尔(Owyang 和 Wall,2004)对美国八大经济区的研究表明利率渠道和信贷渠道都对美国货币政策区域效应有一定的解释力。宋旺、钟正生(2006)将国际经济领域的最优货币区理论运用于我国这样一个大国内部,指出我国并不满足最优货币区标准。利用 VAR 模型和 IRF 检验也证实我国货币政策存在显著的区域效应。

　　货币政策具有明确的目标趋向,从有利于扩大内需的角度来看,应该以宽松为主;但从房地产调控的角度来看,则根据市场情况相机抉择。房地产本身的复杂性,必然导致货币政策对其传导机制的复杂性。如果房地产市场过度繁荣,挤出了居民消费,宽松的货币政策有可能提高居民消费能力,但也有可能加剧房地产市场过热,而房地产市场过热又恶化了一般商品消费市场。宽松货币政策对房地产市场以及一般商品消费市场的影响效应到底是什么,最终要看货币通过何种渠道流向了哪里。

第二节 房地产市场货币政策
传导机制的理论分析

从严格的经济学意义来讲,需求的概念同时涉及两个变量,一是该商品的销售价格,二是与该价格相应的人们愿意并且有能力购买的数量,即是主观偏好和客观能力的统一。在这样的理论框架下,房地产产品的需求表现出如下两个重要特征。

一是房地产的商品属性,决定了其需求与价格或个人购买力紧密相关,与绝大多数商品遵循经济理论中的需求法则一样,在其他条件不变的情况下,某一房地产产品和服务的价格越低,消费者对该产品或服务的需求量越大,反之越小。而价格高低与个人购买能力是同一问题的两个方面,当前的房地产金融市场虽然可以通过信贷、按揭等信用工具实现对房地产的提前消费。但是,我们必须承认,这种金融支持存在的重要前提,同样取决于个人的收入能力或未来归还现金流的能力。否则,住房信用无从谈起,美国次贷危机正是丧失信用的典型案例。

二是房地产投资品的金融属性,决定了其需求同样受到宏观调控政策的影响。当房地产以虚拟资产的形式出现时,某种程度上会背离作为现实商品的实体属性,从而在资产价格上可能会出现泡沫,而在羊群效应下,又可能会出现泡沫的过度膨胀或刺破。所以,房地产需求因素中,还包含有货币政策等宏观环境的影响。

由图11-1可知,房地产市场需求量与市场价格呈显著的正向关系,这一趋势随着时间推移而愈加明显。在2000年时,商品房销售线位于销售价格线下方,随后销售线加速上升并不断趋近价格线,且波动幅度大于后者。这反映出市场价格往往起着先导性信号,在先导性信号不断上涨的背景下,引发市场对未来的良好预期,进而促成了真实交易。特别指出的是,2008年金融危机期间,房地产价格有一个明显回落,而此时交易量同样明显回落,印证了下跌的价格信号促成市场交易的负向预期。

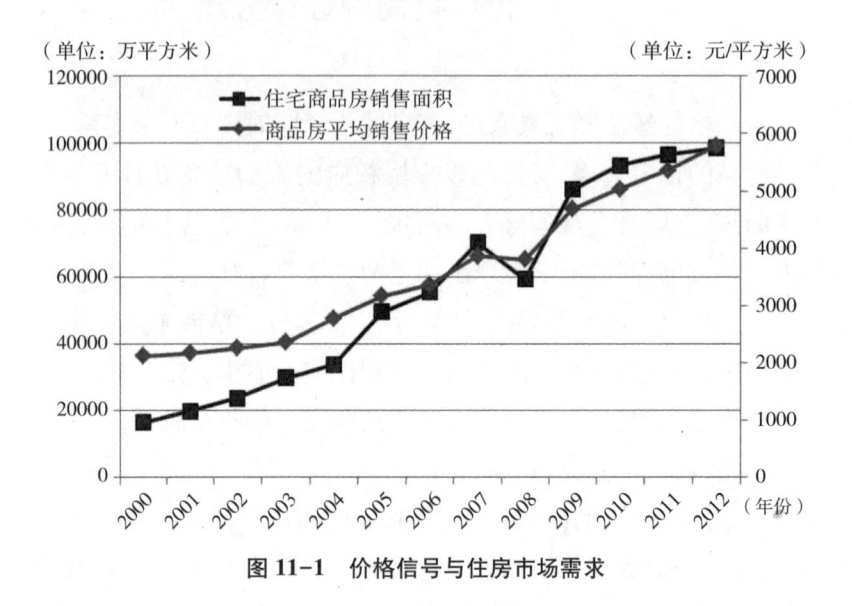

图 11-1　价格信号与住房市场需求

除此之外,房地产需求还受到如下因素影响:(1)制度和政策因素影响,正是1998年中国住房分配的货币化改革催生了中国房地产市场的繁荣与发展;(2)社会经济发展与城市化水平,这构成房地产需求的宏观性内生条件;(3)城市人口数量与迁移规律,对中国东中西部地区差异而言,在过去十余年间,人才、资金等生产要素由中西部向东部迁移,也客观决定了东部地区的房地产需求在某种程度上与中西部地区存在一些区域差异。

实际上,随着20世纪后期住宅经济学的诞生,逐渐形成了较为完善的住房需求理论与模型。依据新古典经济学的消费者行为理论的分析框架,在满足住房市场完全竞争、住宅商品均质性、无住房贷款约束的前提下,构建出既定预算约束下(收入和价格)的效用最大化住房需求函数,其一般形式如下:

第十一章 货币政策影响住房消费的经济效应和区域差异

$$H^* = f(Y, P, \xi) ,\tag{11-1}$$

其中,H^* 表示期望住房存量,Y 代表收入,P 为单位住房存量价格,ξ 是误差项。新古典住房需求理论模型将住房需求抽象为同质的商品和服务,这无疑抹杀了住房与其他商品的差别,从而造成了模型估计结果的偏差。

因此,奥尔森和穆斯(Olsen 和 Muth,1989)对上述的住房需求函数进行了一定的修正:

$$H^* = f(Y, P_h, P_0, T, \xi) \tag{11-2}$$

与(11-1)式不同的是,(11-2)式中考虑了其他商品的价格 P_0,家庭的偏好 T,从而赋予了住宅商品的异质性和除自身价格、收入水平外的其他影响因素。

然而,随着住宅市场金融化水平的提高,人们很快意识到住房市场除了消费属性外还体现出明显的投资品特征,从而对货币政策表现出很强的敏感性。一个完整的住房需求分析需要综合收入、相关价格和利息率等因素。为此,后来的学者们根据各自所关注的研究重点的不同,开始不断放松假设条件,通过引进更多的解释变量,选择不同的研究视角,尝试构建出更符合实际的理论模型。

本章将从房地产所具有的商品属性和金融属性的二元特征入手,重点分析以二元特征为区分条件的影响因素,即价格信号和货币政策工具的影响情况。受此启发,本章构建出包含利率这一货币政策价格工具变量及地区差异控制变量的住房需求函数,具体如下:

$$Q = f(Y, P_h, R, A, \xi) \tag{11-3}$$

(11-3)式中,Q 表示住房需求;Y 代表人均收入水平;P_h 代表住房价格;R 代表基准贷款利率;A 代表其他控制变量,如人口因素、住房建造成本、区位(地区)差异等。进一步,在分离出住房需求弹性 α,β 基础上,将(11-3)式用柯布—道格拉斯函数形式变化为:

$$Q = AP^{\alpha}R^{\beta} \qquad (11-4)$$

对(11-4)式两边取对数,即:$\mathrm{Ln}(Q) = c + \alpha \mathrm{Ln}(P) + \beta \mathrm{Ln}(R)$

第三节　货币政策影响住房消费的实证分析

正如本书反复强调的,住房消费是关系居民个人福利和国家扩大内需战略的重要变量。消费选择理论认为,消费者在选择消费品时,须考虑三类因素:收入,这构成预算约束;商品价格以及替代品和互补品的价格;消费者对资产的偏好。弗里德曼将货币看作是资产的一种形式,用消费者的需求和选择理论来分析人们对货币的需求。改革开放三十多年来,随着经济增长和城市化进程的推进,居民收入增加、商品种类丰富、人们对住房资产的偏好不断强化。居民住房消费结构升级成为社会发展的内在要求。

一、计量模型及变量说明

依据公式(11-1)显示的房地产需求函数,和对(11-4)的对数变换,可以得到如下计量模型:

$$\mathrm{Ln}(Q) = c + \alpha \mathrm{Ln}(p) + \beta \mathrm{Ln}(i) + \lambda \mathrm{Ln}(y) + \varphi \mathrm{Ln}(pop) + \eta \mathrm{Ln}(invest) + \varepsilon \qquad (11-5)$$

式中 $\mathrm{Ln}(Q)$ 是被解释变量,代表住房需求水平。解释变量分为两类:一类是核心解释变量,包括价格信号(本期及上期房价)和价格型货币政策工具两个;另一类是控制变量,由其他影响住房需求的因素构成。有关解释变量的说明如下。

1.核心解释变量

(1)价格信号。根据需求理论,价格信号对住房商品的需求会产生负向影响;同时,从现实观察可以看出,住房的价格信号却并非对需求产生自动调节作用,相反,价格越高,往往会带来更大

第十一章 货币政策影响住房消费的经济效应和区域差异

的市场需求,即产生了明显的"羊群效应"。因此,通过计量手段,探讨现实总住房价格信号与住房需求间的关系,以及其区域效应,具有积极的意义。

(2)货币政策。伯南克和布林德(Bernanke 和 Blinder,1992)一直提倡使用联邦基金利率来识别货币政策状态,这是因为政策制定者在近三十年当中经常采取"盯住"和"非盯住"利率的策略,利率的变动已经成为货币政策变动的标志。利率变化对住宅需求的影响是比较复杂的,对住宅投资需求和消费需求的影响都很大,可以从短期和中长期两个角度进行考察。一般来讲,短期内利率的变化对住宅价格和住宅需求有直接影响。利率变化首先直接影响到住宅价格,当利率上升时,住宅开发商的资本成本会上升,住宅开发费用也将全面上升,住宅价格也必然随之上升;反之,当利率下降时,住宅价格也将随之下降,而住宅价格对住宅需求又会产生反向的影响。其次,利率变化会影响居民储蓄,当利率降低时,使得居民降低银行储蓄,将部分储蓄转向消费或其他投资,居民在寻找消费或投资出路的同时,可能会考虑扩大住宅的消费或住宅的投资,而对于那些原本已经计划扩大住宅消费或投资的居民,更会加快他们增加住宅需求的行动步伐。最后,在利率降低时,住宅贷款的利率也会同时降低,这实际上降低了居民的住宅消费或投资的成本,也同样会增加住宅需求。

2.控制变量

本章中控制变量包含如下:(1)人均收入(y)。该指标反映出客观的购买力,是影响住房需求的重要因素。(2)人口密度(pop)。该指标反映出住房需求的潜在规模,同样是影响住房需求的重要因素。(3)房地产开发投资额($invest$)。

二、数据说明和统计描述

依据上述理论模型,利用我国 30 个大中城市 2002—2012 年的面板数据对我国房地产需求影响情况进行估计。本章数据来自历年《中国统计年鉴》、《中国城市统计年鉴》、各省区市统计年鉴、各省市历年统计公报、中国经济信息网数据库、中宏数据库、中经网产业数据库、《70个大中城市房地产价格指数》。选取北京、天津、石家庄、沈阳、长春、哈尔滨、上海、南京、杭州、厦门、济南、郑州、武汉、长沙、广州、重庆、成都、西安、合肥、海口、深圳、昆明、南昌、贵阳、太原、南宁、西宁、兰州、银川、呼和浩特30个大中城市,时间跨度从2002年到2012年,利率依据中国人民银行官方网站公布的贷款利率,并平减了各个城市CPI指数后的真实利率。数据的统计描述见表11-1。

表11-1 数据统计描述

	均值	中位数	最大值	最小值	标准差	偏度
人均收入(元)	13460.6	12491.18	30705.79	6607.25	5537.25	13460.6
人口密度(人/平方公里)	1715.21	1376.02	5759.81	398.04	1125.64	1715.21
实际利率(%)	4.1516	4.6331	8.38345	-4.42124	2.3754	4.1516
开发额(亿元)	384.2388	221.6598	3104.177	15.86928	455.4562	384.238
住房销售面积(万平方米)	756.964	500.0806	4265.352	43.763	746.8001	756.964

三、单位根检验与协整检验

对各序列的ADF检验表明,原始序列都为非平稳序列,但一阶差分后的变量都在1%的水平下显著(见表11-2),趋向于平稳,所以各变量都为I(1)序列,符合协整检验的条件。然后应用Johansen方法对这三个指标之间的协整关系进行检验,我们选择滞后阶数为2,由线性趋势与截距项得出协整检验结果(见表11-3)。协整检验结果表明在5%的显著水平下只有一个协整方程,各变量之间存在长期协整关系。

第十一章 货币政策影响住房消费的经济效应和区域差异

表 11-2 LLC 与 IPS 单位根检验结果

变量	原序列 LLC 检验	原序列 IPS 检验	一阶差分序列 LLC 检验	一阶差分序列 IPS 检验	结论
Lnp	-6.366*** (0.00)	1.499 (0.92)	-19.597*** (0.00)	-14.619*** (0.00)	I(1)
Lny	9.891 (1.00)	13.429 (1.00)	-9.436*** (0.00)	-6.689** (0.00)	I(1)
Lni	6.972*** (1.00)	14.574 (1.00)	-9.779*** (0.00)	-5.511*** (0.00)	I(1)
Lnpop	10.613 (1.00)	16.486 (1.00)	-10.084*** (0.00)	-4.581* (0.00)	I(1)
Lninv	9.376 (1.00)	14.850 (1.00)	-5.699** (0.00)	-2.845*** (0.00)	I(1)

注：(1) 括号内为 p 值；
(2) ***、**和*分别表示在1%、5%和10%水平上拒绝"有单位根"的原假设。

表 11-3 协整检验结果

	检验方法	检验假设	统计量名	统计量值（P 值）
住房消费与利率	Kao 检验	H_0:不存在协整关系	ADF	-5.326117 (0.0000)
	Pedroni 检验	$H_0: \rho_i = 1$ $H_1:(\rho_i = \rho)<1$	Panel v-Statistic	0.943441 (0.1832)
			Panel rho-Statistic	-1.49662 (0.0713)
			Panel PP-Statistic	-3.50534 (0.0003)
			Panel ADF-Statistic	-2.2399 (0.0225)
		$H_0: \rho_i = 1$ $H_1: \rho_i < 1$	Group rho-Statistic	0.532529 (0.7028)
			Group PP-Statistic	-3.78352 (0.0001)
			Group ADF-Statistic	-1.15406 (0.1263)
			Group ADF-Statistic	-1.25339 (0.1344)

四、实证结果分析

由于经济发展状况、地域等差异,各地受个体差异变量的影响也不同。因此,试图用一个统一的需求函数来表示全国各地的房地产需求状况是没有意义的。为了减少地域和经济状况等差异对需求函数造成的影响,我们将 30 个省区市分成东部、中部和西部三个不同的经济区域,并对他们分别进行回归分析。表 11-4 列出了各子样本变量的主要统计量,可以看到各区域间的差异较大:东部地区住宅需求、住宅价格和收入的平均值都大大高于中部和西部地区。

表 11-4 普通的 OLS 回归与固定效应回归结果

	总体		东部		中部		西部	
	(1)	(2)	(3)	(4)	(5)	(6)	(7)	(8)
C		-3.8776*** (-5.7731)		-7.2796** (-2.0015)		-4.2294*** (-2.7978)		-5.7475*** (-5.0513)
y	-0.5458*** (-8.0111)	0.1868 (1.4199)	-0.68696*** (-4.73537)	0.240706 (1.0010)	-0.7245*** (-3.3186)	0.4668* (1.9314)	-0.6562*** (-6.5207)	0.3759 (1.5478)
pop	-0.1779*** (-6.2616)	-0.1049 (-1.5861)	-0.2143** (-3.1722)	0.6185 (1.1339)	0.1159* (1.7966)	-0.1459 (-0.9449)	-0.2001*** (-5.2191)	-0.0748 (-0.8956)
r	0.0671*** (2.2991)	0.0822*** (3.6647)	0.0409 (0.8919)	0.1016** (2.5524)	0.1036** (2.2446)	0.0715* (1.9318)	0.0534 (0.9907)	0.0589 (1.2238)
i	1.0097*** (42.2306)	0.7962*** (14.9374)	0.9483*** (14.5636)	0.6738*** (6.1051)	1.1292*** (16.0293)	0.7171*** (7.1335)	1.0674*** (42.8761)	0.8435*** (7.5780)
p	-0.2653*** (-3.6823)	-0.3214*** (-3.8489)	0.0257 (0.1934)	-0.3923*** (-2.8053)	-0.5644** (-2.4086)	-0.4127** (-2.2713)	-0.2085** (-2.0559)	-0.4006** (-2.3862)
R^2	0.9117	0.9609	0.8033	0.9241	0.8707	0.9399	0.9645	0.9779
DW	0.9010	1.5196	1.0409	1.4984	0.8358	1.3582	1.2248	1.7501
F		155.3398		65.7394		69.1898		209.0947
obs	310	310	107	107	86	86	107	107

注:(1)括号内为 P 值;
(2)***、**和*分别表示在 1%、5%和 10%的显著性水平上显著。

表 11-4 中(1)、(3)、(5)、(7)使用的是混合回归,其 DW 值

整体在1左右,模型识别并不理想。且住房需求与人均收入呈负相关关系,有悖于经济理论。为此,进一步建立优化的截面固定效应模型,如(2)、(4)、(6)、(8)所示。在固定效应模型结果中,居民收入增长对住房消费影响为正,这符合一般经济理论。而且DW值和拟合优度都显著提高,模型识别度得到了优化。

表11-5 考虑了货币政策滞后项的区域效应

	总体		东部		中部		西部	
	(9)	(10)	(11)	(12)	(13)	(14)	(15)	(16)
C	−3.528*** (−2.9065)	−1.2032 (−1.0552)	0.4308 (0.1056)	6.7337 (1.27121)	−4.381** (−2.681)	−3.121* (−1.7254)	−5.134*** (−4.093)	−4.222** (−2.1691)
y	0.1852 (1.3113)	0.3316* (1.8329)	−0.1185 (−0.4513)	0.3438 (1.2609)	0.4686* (1.7986)	0.4340 (1.1209)	0.892*** (4.4256)	0.7081** (2.1458)
pop	−0.157* (−1.774)	−0.247** (−2.205)	−0.0646 (−0.108)	−0.8583 (−1.092)	−0.1092 (−0.786)	−0.1344 (−0.812)	−0.211** (−2.049)	−0.2376 (−1.559)
r(−1)	−0.224*** (−5.503)		−0.217*** (−3.044)		−0.140*** (−4.015)		−0.202*** (−5.383)	
r(−2)		−0.0325 (−1.2121)		−0.0082 (−0.1711)		−0.0842** (−2.0946)		−0.0244 (−0.4006)
i	0.8132*** (11.2342)	0.5119*** (5.7811)	0.6417*** (4.2347)	0.2471 (1.4797)	0.6916*** (6.0043)	0.5887*** (3.6548)	0.4309*** (4.0581)	0.1643 (0.9817)
p	−0.2676*** (−2.9995)	−0.1618 (−1.2681)	−0.2107 (−1.3498)	−0.1144 (−0.6381)	−0.3570* (−1.7738)	−0.2642 (−0.6933)	−0.1948 (−1.4395)	0.3738 (1.3519)
R^2	0.983427	0.52265	0.917573	0.9201252	0.974749	0.954839	1.002622	0.989451
DW	1.96665	2.381483	1.781645	2.2000508	2.053946	3.054424	2.230068	2.613045
F	145.4415	85.52468	42.2595	36.645427	80.77927	45.44992	222.2718	104.6793
obs	280	250	106	95	78	70	96	85

注:(1)括号内为P值;
(2)***、**和*分别表示在1%、5%和10%的显著性水平上显著。

从表11-5可以看出,人均收入变化对住房需求具有显著正向影响;对于人口密度变量而言,东部地区对住房需求的影响显著,而在中西部地区,这一现象却并不显著;房价对住房需求影响呈现分化。其中,东部-0.2107、中部-0.3570、西部-0.1948,且并不显著。这说明:中部地区由于没有过多的投资行为,使得高房价对实际住房需求的压制最为显著;东部其次;而西部地区的本期房价对本期居民住房需求的压制相对最小,但并不显著。

对于货币政策而言,一期利率滞后项的影响在地区间是显著的,其中西部地区的影响系数为-0.202,从绝对值上要大于东部的-0.217和西部的-0.140。这反映出对于政策调控对象而言,东部地区较好的区位优势、公共服务设施完备(交通、公共设施等)、人力资本迁移及良好的经济条件等,使得其住房市场需求不但拥有优良的消费需求基础,同时也吸引着旺盛的投资需求。基于上述分析,我们认为东部地区房地产市场的金融属性是要高于中西部地区的,在2000—2012年房价上涨明显的时期内,以房地产价格年上涨率衡量的预期投资收益远大于货币政策紧缩带来的资金成本增加,房地产市场的货币政策效应在东部地区较为微弱。进一步,我们认为中国的大国模式,决定了房地产市场的宏观调控在兼顾整体的同时,也应该关注到基本面的地区属性差异,从而运用多元的调控手段(税收杠杆、贷款乘数杠杆)来构建政策组合,从而增强政策调控的地区效应。另外,从表11-4中也反映出,二期货币政策对房价的影响程度和统计显著性都明显减弱。

我们知道,商品市场的价格信号具有粘性特征,其价格变化对市场需求的影响存在一定的滞后;同样地,货币政策的传导机制也存在时滞问题。因此,为更进一步刻画双重时滞的影响效果,我们控制其他影响因素,来更进一步观测货币政策和价格信号滞后的区域效应(见表11-6)。

第十一章　货币政策影响住房消费的经济效应和区域差异

表 11-6　包含货币政策和价格信号滞后的区域效应

	总体		东部		中部		西部	
	(17)	(18)	(19)	(20)	(21)	(22)	(23)	(24)
C	-2.00016 *** (-2.61465)	-1.15833 (-1.13478)	-4.31767 (-1.13264)	1.017725 (0.211711)	-3.63306 ** (-2.24433)	-2.85061 ** (-2.07288)	-4.5074 *** (-4.1995)	-4.84853 ** (-2.48126)
y	0.295284 ** (2.185994)	0.592934 *** (3.475077)	0.301658 (1.147422)	0.748225 *** (2.628975)	0.306259 (1.166881)	0.881305 *** (2.81899)	0.88924 *** (4.623657)	0.879186 *** (2.662091)
pop	-0.12972 * (-1.61908)	-0.2012 ** (-1.93396)	0.688268 (1.175597)	0.074714 (0.102303)	-0.11588 (-0.80572)	-0.05583 (-0.40768)	-0.21943 ** (-2.36961)	-0.19448 (-1.22868)
r(-1)	-0.11343 *** (-5.36307)		-0.13157 *** (-3.8308)		-0.13816 *** (-3.80002)		-0.18563 *** (-5.00252)	
r(-2)		-0.05044 ** (-2.02178)		-0.04081 (-0.88862)		-0.09806 *** (-2.91359)		-0.00777 (-0.12998)
i	0.745105 *** (12.57372)	0.592353 *** (6.87889)	0.677933 *** (4.887908)	0.346902 * (1.994126)	0.649885 *** (5.420609)	0.641665 *** (4.45174)	0.458882 *** (4.614179)	0.2759 (1.554183)
p(-1)	-0.54025 *** (-5.124)	-0.6556 *** (-4.6007)	-0.84689 *** (-4.78681)	-0.87401 *** (-4.10883)	-0.18185 (-0.72719)	-0.99186 *** (-3.39119)	-0.3195 ** (-2.08705)	0.016965 (0.056643)
R^2	0.974044	0.96354	0.931321	0.932533	0.93223	0.963742	0.993739	0.976771
DW	1.798608	2.162309	1.551764	1.889003	1.990003	2.616607	2.194629	2.546412
F	148.7216	95.55671	55.75655	47.83148	54.57856	64.83766	247.1373	97.09665
obs	280	250	106	95	78	70	96	85

注：(1) 括号内为 P 值；

(2) ***、** 和 * 分别表示在 1%、5% 和 10% 的显著性水平上显著。

表 11-6 的模型(17)—(24)分别考察了总体、东部、中部和西部的影响。人均收入对住房需求具有正向影响；对于人口密度因素而言，对整体的模型分析是显著的，但在分地区层面上却缺乏显著性。

对于价格信号而言，滞后一期的房价对住房需求的影响是分化的。东部地区影响系数是 -0.87401，中部地区影响系数是 -0.99186，而西部地区的影响并不显著，而且其系数是 0.016965，反映出微弱的适应性预期特征。我们认为，近年来部分地区，尤其是东部地区房价的大幅上涨，说明高企的房价已与居民实际购买力形成了背离,并压制了居民的真实购买需求,这种情况在中部地区同样存在。中部地区的影响系数之所以要大于东部,可以理解为目前东部住房市场上更加丰裕的流动性资金和收益预期所带来的投资行为,在某种程度上掩盖了高房价对居民真实住房需求的压抑。

对货币政策而言,在考虑了货币政策价格工具——利率的一期滞后项后,利率一阶滞后系数都显著。其中,西部地区的系数为-0.18563,从绝对值上要明显大于东部地区的-0.13157和中部地区的-0.13816。这与表11-4的分析结果是一致的,即对于货币政策而言,东部的住房需求结构中投资性比例可能更高,在住房预期收益大于利率提高带来的资金成本增加的现实下,单一的货币政策似乎并不能从真正意义上抑制住房需求,同时也会在不同层面的地区上反映出非对称性。对于这一点,夏斌(2001)、李稻葵(2009)等学者在长期的学术研究与实践活动中,已注意到公众预期是当今我国货币政策操作中不可忽视的因素,换句话说,不同的公众预期将直接导致调控效果的非对称性。预期机制和方式的不同将导致经济的整体运行状态发生变化,从而促使货币政策作用方向和强度发生改变。

本章研究发现,全国各省区市的房地产需求函数存在较大差异,这就使得货币政策在各地区的影响不同。从实证分析结果看,东部和中部地区对货币政策的敏感性要弱于西部地区,这是由于东中部地区房价上涨带来的收益增加大于货币紧缩带来的购买成本的提高,从而造成货币政策的非对称性。考虑到中国的大国发展模式,针对房地产市场的宏观调控政策在整体推进的同时,还应该考虑到一定的灵活性,除了货币政策外,还应该考虑财政政策、土地政策、收入分配政策的相互组合。特别应该加强不同地区货币政策的针对性。即考虑到不同地区,住房需求的结构和差异,灵活调整政策的搭配组合,以此来促进房地产市场健康发展,满足居民有效住房消费需求。

第十二章　住房保障对居民消费的影响机制及政策效果

第一节　住房市场和住房保障

自20世纪末住房制度改革取得突破以来,经过十余年的发展,中国商品房市场逐步发育成熟,与商品房市场的快速发育相比,我国保障性住房建设相对滞后,住房保障出现了长期欠账的局面,低收入家庭购房负担明显加重。

1994年12月,住建部、财政部、国务院住房制度改革领导小组发布了《城镇经济适用住房建设管理办法》,提出要建设以城镇低收入家庭为保障对象的保障性住房。住建部于1999年4月发布了旨在解决城市最低收入家庭住房问题的城镇廉租住房管理办法。但在商品房市场快速发展的背景下,保障性住房的建设没有得到足够的重视,甚至逐渐被边缘化。无论地方政府还是开发商,都没有建设保障性住房的热情。即使在房价快速上涨、居民购房压力普遍加大的情况下,政策焦点也只是在抑制房价上,调控思路集中在货币供应、土地供应、贷款条件、利率调节等方面。直到2007年8月发布《国务院关于解决城市低收入家庭住房困难的若干意见》,再次把住房保障问题提升到政策的核心位置上。

1997—2008年,尽管经济适用房投资总额从185.5亿元增加到970.91亿元,增长了423%,但是占城市住房投资的比例却从12%下降到4.33%。其间,经济适用房投资比例最高的是1999年,达到16.56%,其后一路下滑。同样,1998—2007年,经济适用房销售面积虽然从1666.5万平方米增加到3627.3万平方米,但从2001年开始,经济适用房销售面积的绝对值甚至是下降的,在住宅销售面积仍迅速增长的背景下,这必然导致经济适用房销售所占比例急速下滑,从超过20%降低到不足5%。到2008年,全国已经建成的廉租房只有100万户左右,只占全国城市低收入居民的百分之几。相比之下,中国香港100%的低收入者都住在廉租房里(许成钢,2009)。2008年受美国次贷危机和全球金融海啸影响,中国住房市场陷入低迷状态,经济增长面临下滑危险。2012年之后,中央旗帜鲜明地提出了加大保障性住房建设力度的要求。主要原因是中国房地产市场经过前一轮的发展,商品房市场已经得到了很好的发育,但保障性住房建设明显偏弱。导致大量的住房需求只能从商品房市场寻找出路,在很长一段时间里,绝大部分居民只有通过在商品房市场上购买住房产权,才能满足自己的居住需求。这在一定程度上强化了公众"人人都要买房、房价只涨不降"的心理预期。房价在已经超出普通居民可支付能力的情况下,依然伴随着买方热情的高涨而快速攀升,过度住房需求一方面推高了房价,另一方面形成了非理性预期,使得房地产市场出现供需结构失衡、市场投机盛行,市场秩序受到干扰,危机也蕴藏其中。缺乏经济基本面支撑的表象繁荣,本身就隐含着市场的无序。无序的房地产市场造成了社会财富的不合理分配和居民生活质量的下降。破解这一难题的思路须遵循以下逻辑:实施有效的住房保障政策,稳定消费者预期,平衡市场供求,理顺市场秩序,通过营造健康有序的房地产市场环境提高和改善居民生活水平。当前,我国正处在经济转型和快速城市化的过程中,城市居民对住房的需

第十二章　住房保障对居民消费的影响机制及政策效果

求还将持续增长,其中有相当比例的低收入阶层无法在商品房市场上解决居住问题,保障性住房建设的直接意义是帮助中低收入阶层改善居住条件,间接的、更长远的意义是促进商品房市场有序发展,保证国民经济体系的稳健性和民生的持续改善。

国内外学者对住房保障的运行机制,住房保障的相关现状和效果进行了多角度的分析。有学者认为,由于政策有效性,应该用强有力的政策来调节市场的不平衡,加强保障性住房的建设。布拉姆利和卡雷(Bramley 和 Karley,2005)等在研究英国住房供需问题时,建立了"都市间面板数据分析"模型,测度了可以自由处置的私有产权可购性的问题。该模型比较了不同区域之间的差异,并且测度了因产权关系变化和时间变化而发生的市场变化。通过这种方法,作者评估介于常规住房所有权和公共租赁形态的中间形式的范围,以及现有的和潜在的经济适用房的需求;提出对供需的影响政策比价格更敏感,从而需要强有力的政策来调节不平衡的住房市场。

也有学者认为,由于制度不完善等原因,政策并不能完全覆盖整个市场,因此需要一些其他的手段参与到市场中,从而带动其他产业的增长,促进消费的增加。卡纳德(Karnad,2004)通过对印度、斯里兰卡、巴基斯坦等主要南亚国家的住房金融和抵押贷款的资金来源、金融产品发行等的对比研究表明,尽管不同国家采用不同的所有权政策和体系来支持住房,但是借贷市场的覆盖率非常低而且都把低收入者排除在了市场之外,因此在南亚的这些国家中,解决住房保障问题时私人资本的参与就显得尤为必要,作者同时以地区的视角提出了政府在住房金融中应采取的对策。斯蒂芬斯(Stephens,2005)用了一个两步框架来分析亚美尼亚住房体系满足住房需求的程度。通常认为中东欧的社会主义国家的住房保障问题源于其缺少一个市场化的借贷金融市场,但是作者的研究分析表明,由于产权制度的不完善,即使建立了完备有效的住房金融体系,住房问题也未得到有效解决,因为大多数人难以进入住房金融,因此有必要发展微观金融来支持中低收入阶层,如建立金融机构发行小额借贷。而这样的微观金融机构的建立可以由非政府组织来建立并与政府的住房保障计划相结合来进行。斯特格曼等(Stegman等,2004)分析了联邦收入所得税补贴(EITC)对住房问题的影响,作者认为联邦收入所得税补贴对低收入家庭和个人解决住房问题、减轻住房支付负担起了重要作用,但是由于该政策降低了经济适用房的有效性,其政策效果被过高估计了。进一步地,作者通过对税收政策的分析研究,提出了三种可能途径来提高税收政策这一住房工具的效率。

很多国内外的经济学家通过理论和实证从房地产以及住房保障制度对消费的拉动角度进行了分析。认为房地产市场将会对消费产生正向的影响。本杰明等(Benjamin等,2004)通过房地产资产和金融资产估计了美国经济体的消费方程,通过使用1952年1季度到2001年4季度的数据进行估计,作者发现在房地产资产中每增加1美元,就会对当年的消费产生8美分的正面影响,而同样的金融资产的增加只能带来2美分消费拉动效应,而2000年到2001年股票市场的下跌并没有对总需求产生很大影响就是因为房地产资产的抵冲效应。凯斯、希勒和奎格利(Case,Shiller和Quigler,2001)使用了14个国家和地区25年的面板数据和美国80年代到90年代的季度数据分析了房地产资产,金融资产和消费者的消费之间的关系。通过实证分析,作者发现,房地产资产的增加将明显地促进消费的增长,从国际数据来看房地产资产每增加10%将会使消费增长1.1%,而股票资产的增加对消费没有影响。而从美国的数据来看,房地产资产的增加与股票资产的增加将会对消费的增加产生同样的效果。坎贝尔和科科(Campbell和Cocco,2005)分析了房价的变化如何影响消费的变化。由于房价的增加将会增加房屋所有者的名义资产或者减少借贷约束,因此

第十二章 住房保障对居民消费的影响机制及政策效果

将会刺激消费的增加。作者发现房价的变化将对拥有住房的年老者产生很大的影响,而对于那些年轻的租房者来说这种影响趋于零,这种效应与它们之间的财富效应的异质性是相一致的。同时,可预见的房价变化将会导致可预见的消费变化,但由于英国的房价与其总的金融市场条件相关,这种效应对有房者和无房者都是一致的。

王先柱、赵奉军(2009)通过构造一个简单的供求模型分析我国保障性住房建设对住房市场的影响,结果表明,由于保障性住房分流了住房需求并提供了更低价格的房源,商品房的价格因此会走低。在实践中,我国保障性住房面临困境的根源在于地方政府在保障性住房上缺乏激励,导致保障性住房建设短缺,迫使更多的人涌向商品房市场,从而推高其价格。为此,中央政府应当采取有效措施激励地方政府加大保障性住房建设力度,促进房地产市场健康发展。高波(2010)认为,尽管房价上涨对拥有住房的家庭具有财富效应,促使其消费增加,但对没有住房的家庭会形成预算约束效应,导致消费减少。如果房价下跌,对居民消费的负面影响更大。住房保障可以抑制房价过快上涨,促使房价稳定,从而通过财富效应渠道,扩大中高收入阶层的消费需求。同时,住房保障对中低收入阶层具有显著的消费扩张效应。因此,完善住房保障制度,稳定房价,尽力满足中低收入者的住房需求,是扩大中国居民消费需求、促使居民消费率稳步提高、增进社会总福利的有效途径。

第二节 住房保障对居民消费和社会福利的影响机制

住房保障对扩大内需的影响可以从两个方面进行分析,一方面住房保障通过住房消费补贴(包括租赁补贴和实物配租)等方式对中低收入的消费者带来直接的效益,从而引起消费者的消费扩张。另一个方面,住房保障制度会有效地分流商品房市场的住房需求,并向市场提供价格更低的房源,抑制了商品房价格的过快上涨,有利于房价稳定。通过减缓"挤出效应"提高中低收入者的消费能力。

一、住房保障对中低收入者的消费扩张效应

所谓保障性住房就是指政府提供政策优惠,限定建设标准、供应对象和销售价格,具有保障性质的政策性普通居民住房,主要包括经济适用房、廉租房以及限价房等。从实践中主要采用的形式来看,以经济适用房和廉租房为主,下面以这两种制度对中低收入者产生的消费扩张效应进行具体分析。

(一)经济适用房的消费扩张效应

经济适用住房是指已经列入国家计划,由城市政府组织房地产开发企业或者集资建房单位建造,以微利价向城镇中低收入家庭出售的住房。它是具有社会保障性质的住宅,具有经济性和适用性的特点。经济性,是指住房的价格相对同期市场价格来说是适中的,适合中等及低收入家庭的负担能力。适用性,是指在房屋的建筑标准上不能削减和降低,要达到一定的使用效果。

经济适用房作为一项基本的国家住房制度,从其政策目标与执行方式来看,属于住房供给者补贴的方式,同时,它也是采取最高限价的住房政策,这就决定了经济适用房对于资源配置具有多方面的影响。经济适用房的价格是一种最高限价,它把价格确定在低于市场均衡价格的水准,又称之为天花板价(Ceiling Price)。它通常会对消费者、生产者和社会总福利产生影响。

如图12-1所示,在政府未对市场干预的情况下,房地产供给和需求决定了房地产市场的均衡价格为P_e。在对经济适用房采取最高限价的情况下,政府规定的经济适用房价格为P_{max},显然P_{max}要低于市场均衡价格P_e。在P_{max}的价格水平下,可以看到此

第十二章 住房保障对居民消费的影响机制及政策效果

时市场上的房地产需求量为 Q_d，但是在 P_{max} 的市场价格下，房地产商只愿意并且只会提供 Q_s 的供给量，由图 12-1 可以看到需求量 Q_d 远远大于供给量 Q_s。由于实际的经济适用房市场交易量只能是 Q_s，因此，最高限价在使市场交易价格下降（P_e 变动到了 P_{max}）的同时也减少了市场交易量（Q_e 变动到了 Q_s），此时市场超额需求为 Q_d-Q_s。

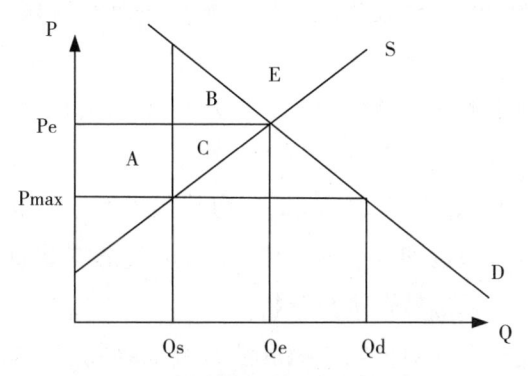

图 12-1 经济适用房对消费扩张的影响

市场价格和市场供求的变化会改变在均衡价格状况下的福利水平。与市场均衡状态相比，消费者剩余增加了面积 A，但减少了面积 B，消费者剩余的变化为 A-B。这意味着，对能够买到经济适用房的消费者来说，他们的剩余增加了；但那些本来能够买到却无法买到经济适用房的消费者，却承受了剩余的损失。类似地，可以分析生产者剩余的变化。那些继续生产的生产者的剩余损失了面积 A，而退出的生产者则失去了所有的剩余。生产者剩余的变化为：-(A+C)。

综合来看，市场剩余发生了两部分的变化：一部分是剩余的转移，即面积 A 的剩余从生产者转移到消费者；另一部分则是剩余的减少，即面积 B 和面积 C，也就是说经济适用房的最高限价政策导致净福利损失为（B+C）。一般情况下，面积 A 大于面积 B，所以，总体上经济适用房最高限价的政策有利于消费者。

(二)廉租房的消费扩张效应

廉租房是指政府以租金补贴或实物配租的方式,向符合城镇居民最低生活保障标准且住房困难的家庭提供社会保障性质的住房。根据2004年3月1日起施行的《城镇最低收入家庭廉租住房管理办法》(建设部、财政部、民政部、国土资源部、国家税务总局令第120号),城镇最低收入家庭廉租住房保障方式以发放租赁补贴为主,实物配租、租金核减为辅。我国的廉租房只租不售,出租给城镇居民中最低收入者。以上海为例,2003年4月,廉租住房的认定标准由人均居住面积在5平方米以下提高到人均6平方米以下。2003年12月,认定标准再一次上调到7平方米以下,同时把人均居住面积低于7平方米、人均月收入低于570元的老劳模和重点优抚对象也纳入了廉租住房的解决范围。因此我们将分别就实物配租和租金补贴进行分析。

实物配租形式对低收入家庭消费及福利的影响如图12-2所示。在没有获得实物配租前,低收入家庭的预算线为AB,无差异曲线为U_1,在消费均衡点H_1对住房消费X和住房以外消费Y的消费数量分别为X_1和Y_1。获得实物配租后,预算线向右上移动为AC,与无差异曲线U_2相切于均衡点H_2,均衡消费数量分别为X_2和Y_2。相对于H_1,H_2的住房消费数量X及家庭总福利U都有所增加。但住房消费以外的消费Y的消费数量是否增加,要看实物配租形式对Y的收入效应是否大于X对Y的替代效应。一般来说,只要严格控制实物配租的标准,使低收入家庭的住房消费支出不随获得实物配租而增加,则X对Y的替代效应为零,获得实物配租后,低收入家庭的其他消费支出将由于收入效应的存在而增加。实际上在实物配租的形式下,就相当于在保持消费者原来的消费篮子不变的情况下,增加住房消费量。此时消费者只要可以保证其住房需求得到满足,就可以享受到收入增加带来的收入效应的增加,带来效用的提高,图中显示为消费者的效用曲线由原先

第十二章 住房保障对居民消费的影响机制及政策效果

的效用水平 U_1 变动到 U_2，从而产生了消费的扩张。

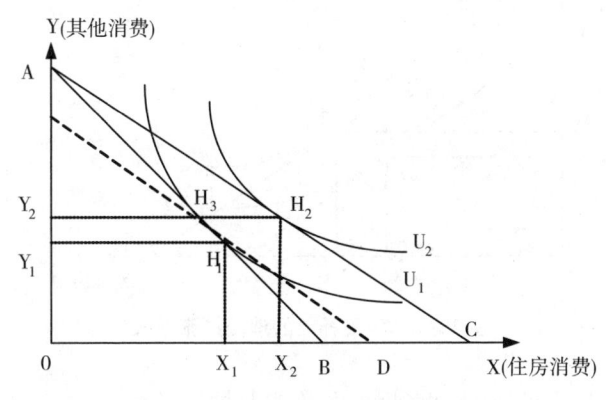

图 12-2 实物配租的消费扩张效应

在廉租房采用租赁补贴的条件下，由于收入效应的作用，低收入家庭的福利和消费水平都将增加。如图 12-3 所示，补贴前，低收入家庭的预算线为 AB，效用水平为 U_1，均衡点 H_1，住房消费与非住房消费的均衡消费数量分别为 X_1 与 Y_1。租赁补贴后，低收入家庭的预算线向右上平移至 CD，效用水平上升为 U_2，均衡点由 H_1 外移至 H_2，均衡消费水平为 X_2 与 Y_2。相比补贴前的均衡点 H_1，低收入家庭在 H_2 的住房消费与非住房消费水平均有所上升。同实物配租相比，租赁补贴因为是直接进行货币补贴，其影响的首先是预算集的增加，在图中表现为预算线的外移，从而使中低收入者的效用提高，产生了消费扩张。

综上所述，无论是政府提供经济适用房还是实物配租或者租赁补贴的廉租房住房保障制度，都可以大大提高住房保障对象的福利水平，带来中低收入者的效用提高，扩大中低收入家庭的其他消费需求。因此，住房保障对中低收入者产生了显著的消费扩张效应。

二、住房保障对中高收入者的消费扩张效应

由于中高收入者的住房消费需求主要通过商品房市场得到满

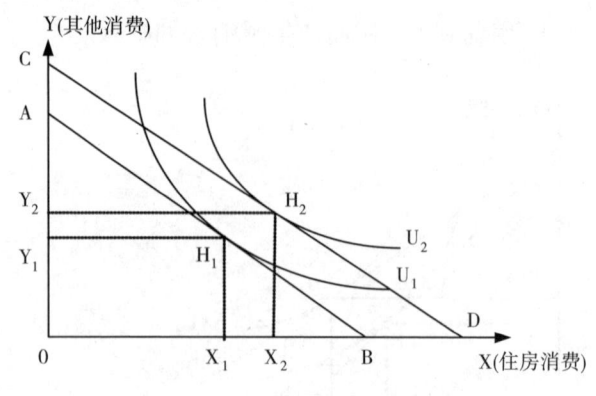

图 12-3 租赁补贴的消费扩张效应

足,因此,住房保障对中高收入者的消费扩张效应更多是间接的,通过保障房市场影响到商品房市场,进而影响到商品房市场上中高收入者的消费需求,对其消费产生扩张效应。下面我们将以经济适用房为例,具体分析保障住房的增加如何影响中高收入者的消费支出。

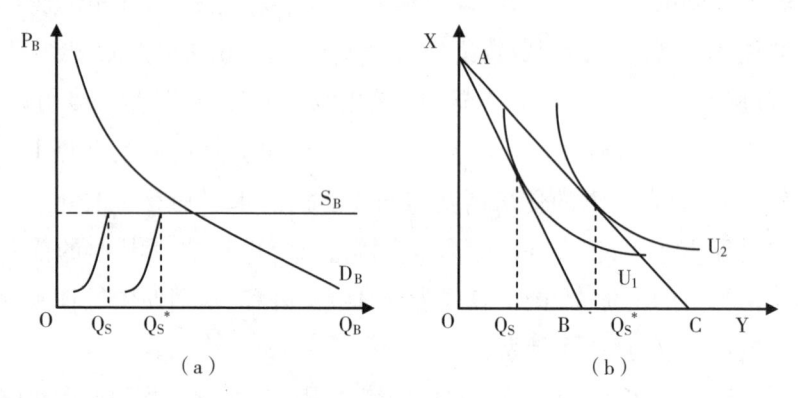

图 12-4 保障房市场的供求以及消费扩张

首先,我们假定住房市场由针对中低收入者的保障房市场和针对中高收入者的商品房市场组成。保障房的供给加上商品房的供给组成了整个住房市场的供给,保障房的需求加上商品房的需求就成为整个住房市场的需求,在总供给和总需求不变的情况下,保障房供给的增加将会分流商品房市场的需求,使得商品房市场

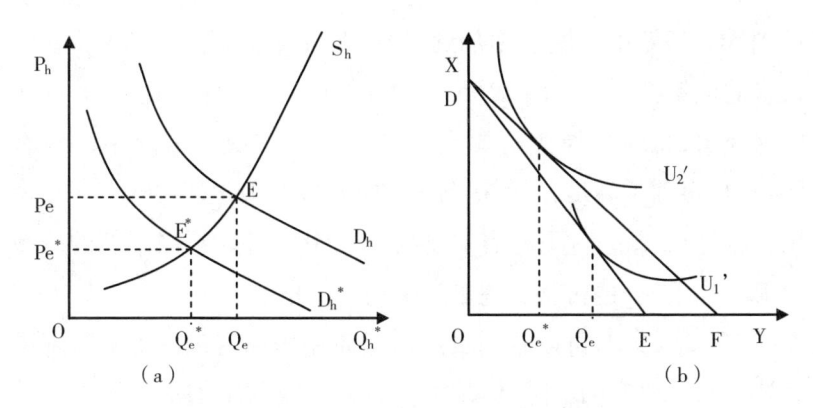

第十二章 住房保障对居民消费的影响机制及政策效果

图12-5 商品房市场的供求关系及消费扩张

的需求减少。

图12-4(a)中的纵坐标表示为保障房的价格,横坐标表示为保障房的数量,图12-4(b)中的横坐标表示为保障房市场上消费的保障房的数量,纵坐标表示为消费者消费篮子中其他商品的量。图12-5(a)中纵横坐标轴分别表示商品房市场上的价格和数量,图12-5(b)中的纵横坐标则分别表示商品房市场上消费的其他商品的数量和商品房的数量。

在初始阶段,保障房市场的供给为Q_S,由于这里以经济适用房为例,因此在最高限价的情况下,保障房的供给曲线表现为一条弯折的曲线,此时保障房最有效率的供给在角点处,即产量为Q_S,这时生产者获得最大的生产者剩余(见图12-4(a))。保障房市场上的消费者消费Q_S的住房产品,在预算线AB下获得U_1的效用(见图12-4(b))。此时商品房市场根据供给曲线S_h和需求曲线D_h决定了商品房市场的均衡价格P_e,消费者消费Q_e单位的商品房(见图12-5(a)),商品房市场的消费者在预算线DE的约束下获得U_1'的效用(见图12-5(b))。此时两个市场均达到了均衡状态。

此时,如果政府增加保障住房的供给,在最高限价P_{max}不变的情况下,保障住房的供给由Q_s变动到Q_s^*,反映在保障房市场上的消费者的住房需求由Q_s^*得到了满足,预算线由原先的AB移

311

动到 AC，其效用也从 U_1 增加到了 U_2，这个是保障房市场上中低收入者的消费扩张。在图 12-5(a) 中我们看到，由于增加了 $Q_s^*-Q_s$ 的保障房，意味着原先需要到商品房市场解决的需求中已经有 $Q_s^*-Q_s$ 得到了满足，因此在图中的需求曲线 D_h 左移了 $Q_s^*-Q_s$ 个单位，形成了新条件下的需求曲线 D_h^*，D_h^* 与 S_h 形成了新的均衡点 E^*，在 E^* 处的价格和销量就是均衡价格 P_e^* 和均衡消费 Q_e^*。在图 12-5(b) 中，可以看到虽然由于商品房销售量的下降带来了消费者收入效应的下降，但是消费者通过及时增加消费篮子中其他商品的数量获得了替代效应，从而使自己的效用由原先的 U_1' 增加到了 U_2'，获得了消费扩张效应。

需要注意的是，这个模型与传统的消费者行为模型不同之处表现在：首先，传统的消费者行为模型描述的是单个消费者的决策行为，而在这个模型中把所有的消费者视为一个群体，研究这个群体的决策行为。其次，传统的消费者行为理论中消费者可以在其消费集内任意改变其消费篮子，而在这个模型中，消费者的消费篮子中某样物品的消费量是确定的，消费者只能通过增加其他物品的消费提高其效用水平。

在图 12-5(b) 中商品房消费的下降是一个外生变量，主要源于保障房的供给增加从而分流了商品房市场的需求，也就是说，这里收入效应的减少是给定的。在这样的情况下，商品房市场上的消费者只能通过增加商品房之外其他物品的消费来获得效用的增加。由于商品房市场出现了量价齐跌的情况，在相同的预算约束情况下，消费者可以用于其他商品消费的份额获得了增加，这说明保障性住房的建设对于中高收入者来说有着正向的消费扩张作用。

三、住房保障的社会福利效应

房地产市场的过度繁荣将引发投机盛行，严重干扰市场秩序，最终损害宏观经济运行，这一点已被许多国家和地区的经验所证实。

第十二章　住房保障对居民消费的影响机制及政策效果

中国房地产市场的利益相关者主要有开发商、居住型购房者、投机和投资型购房者、银行、地方政府。房价上涨的根本原因是庞大的需求与有限的供给不能实现平衡。在此背景下，开发商采取减缓开发节奏、捂盘惜售、媒体造势等策略营造紧张氛围，加剧房价继续上涨的消费者预期。房价上涨使投机投资型资本有利可图，纷纷转向楼市，恶化了供求矛盾，进一步推动房价上涨。由于在当前的税制结构中，房地产税收占到了地方财政收入的30%，且房地产投资对GDP具有很强的拉动力，地方政府没有遏制房价上涨的内在动力。银行出于资金安全的考虑，也不愿意看到房价下跌，他们会在必要的时候给开发商以支持，开发商只要维持资金链不断裂，就在与消费者的博弈中占据了主动。居住型购房者是希望房价下降的市场力量，但因需求量过大，加之投机力量的存在，使得他们的愿望难以依靠市场机制自动实现。按照市场经济理论，供求关系是价格波动的主要影响力量，价格又可以对供求作出调整，并最终达到一个均衡点。但对卖方主导的房地产市场而言，价格是不能调节供求的，这是因为：第一，从居住需求看，房地产是生活必需品，没有替代商品可以选择，居住需求部分的弹性为0，即需求是外生给定的，这就使得价格的决定力量由供给唯一决定，价格不具有调节供求的力量。第二，从投资需求看，房价是房租的资本化，这种虚拟价格很容易被市场炒作，从而脱离其基本价值形成泡沫。买涨不买跌的心理只会增加，而不会遏制投机需求，因此价格也不具有调节供求的力量。既然房地产商品的特殊属性使它不能依靠市场力量实现价格对供求的自我调整，就必须借助外力进行调整，以保持市场的健康和稳定。要平抑高涨的房价，无非是调节供给和需求两个方面。在几次房地产市场调控中，增加供给的政策几乎都遭到了失败，原因很简单，第一，中国的房地产市场失衡是一个结构性失衡，供给结构不能与需求结构相适应，大户型房子利润更高，而更多的普通消费者买不起大户型。政府出台增加供给的政策,开发商供给的还是大户型,仍然不能有效满足市场需求。第二,中国的许多房地产企业热衷于炒地皮而不是盖房子,政府增加供地,但土地出让后被开发商囤积了起来,不能形成住房市场的有效供给;政府增加流动性,恰恰成了开发商借以维持资金链以坚守高房价的支撑。由此可见,要调节房地产市场价格,必须从需求方入手。减少对商品房需求的方法就是完善住房保障,把商品房市场庞大的需求分流到保障房领域。这种分流可优化原有的商品房市场结构,那些投资性需求和想购买大户型的高收入者继续留在商品房市场,以保持市场必要的活跃度,而低收入者则退出商品房市场,这种退出不仅在于分流市场需求,更重要的意义是稳定市场预期,遏制投机、炒作等扰乱市场秩序的行为。

福利效应指的是实施社会保障后,给经济社会及人们的生活带来的影响和效果。下面根据中国住房制度改革的现实,借鉴平新乔(2005)的标准分析方法,从经济学的角度通过一个模型来具体分析保障性住房对居民福利效应的影响。

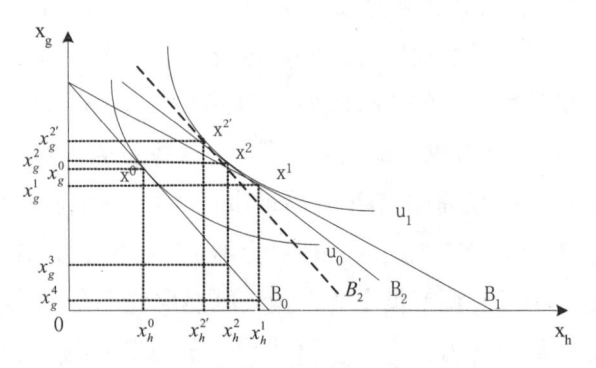

图 12-6　住房需求补贴和供给补贴的福利效应

把消费者的消费计划分为两类:图 12-6 中,横轴代表的住房消费 x_h,纵轴代表其他消费(以下称为一般消费)x_g。消费者的直接效应函数为 $u(x_h, x_g)$,$u_0 < u_1$。根据最优化条件,对住房的马歇尔需求可表示为 $x_h^* = f(p_h, p_g, y)$,其中,p_h、p_g、y 分别为房价、一

第十二章 住房保障对居民消费的影响机制及政策效果

般商品价格和居民收入水平。

假定初始状态消费者的预算线为 B_0,与无差异曲线 u_0 相切于 x^0,此时,住房需求为 x_h^0。我国住房分配制度于1998年进行了重大改革,由福利分房改为货币分房,与之相伴随的是房价出现上升,部分低收入群体购房负担加重,生活质量受到影响。为提高居民福利水平,政府开始酝酿和实施住房保障制度。主要包括需求方补贴和供给方补贴两大类。如果政府对居民的购房消费进行补贴,如直接给予货币补贴、减税等,收入效应使得消费者预算线由 B_0 变为 B_2',消费者福利由 u_0 上升为 u_1,住房的马歇尔需求由 x_h^0 上升到 $x_h^{2'}$。因为是针对住房的补贴,住房与一般消费品的相对价格发生了变化,替代效应使预算线的斜率发生逆时针旋转,实际的预算线应为 B_2,此时住房消费量为 x_h^2。与实行货币补贴前相比,对住房的最终需求增加了 $(x_h^{2'} - x_h^0) + (x_h^2 - x_h^{2'}) = x_h^2 - x_h^0$。购房补贴对一般消费的影响存在不确定性:仅从收入效应来看,购房补贴的实施提高了居民的一般消费水平,图12-6中的 x_g^0 上升为 $x_g^{2'}$;但对购房消费进行补贴所带来的替代效应,能否使 x_g^2 下降到 x_g^0 之下,则取决于实际房价与一般消费品价格相对值的变化。如果不对住房进行补贴,要达到与消费 x_h^2 数量住房同样的效应水平,一般消费品必须降为 x_g^3 才能满足预算约束。

如果政府采用的是供给方补贴,即不是对消费者提供购房补贴,而是建造保障性住房,也就是通常所说的"砖头补贴"。保障性住房包括经济适用房和廉租房等,此类住房的价格明显低于商品房价格,所以保障性住房建设将使市场房价下降,此时,要使福利效应达到与需求方补贴同样的效果,预算线需要由 B_0 变为 B_1,预算线与效用曲线相切于 x^1,对住房的消费需求为 x_h^1,对一般商品的消费需求为 x_g^1。如果没有保障性住房建设,要达到同样的效应水平,一般消费品的数量必须为 x_g^4 才能满足预算约束。

由于对住房的货币补贴可能会被转移到其他消费上,而保障性住房建设只能以实物的形式进行补贴,因此,一般情况下 B_2 会比 B_1 陡峭一些,要达到同样的福利效应,供给补贴引致的住房消费要大于需求补贴引致的住房消费,即 $x_h^1 > x_h^2$。因此,在房地产市场过热的时候,采用需求补贴的效果要优于供给补贴,以较少的住房需求实现同样的福利效应;而房地产市场趋冷的时候,宜采用供给补贴,提高住房需求量。

扩大国内消费需求始终是我国宏观经济领域的主要目标,消费需求的扩大意味着居民生活水平的提高和民生的改善。如图 12-7 所示,造成我国内需不足的主要原因是城乡二元结构和社会保障问题的存在。前者限制了农村消费市场的发育,后者使得城市居民不敢消费。解决城乡二元结构问题需要推进城市化,而城市化过程中遇到的阻力之一就是住房保障问题,因此完善住房保障制度可通过推动城市化,促进城乡二元结构问题的渐进解决来扩大国内消费需求。同时,住房保障是社会保障的内容之一,住房保障政策的实施可提高居民消费力,使住房消费更加理性和健康。

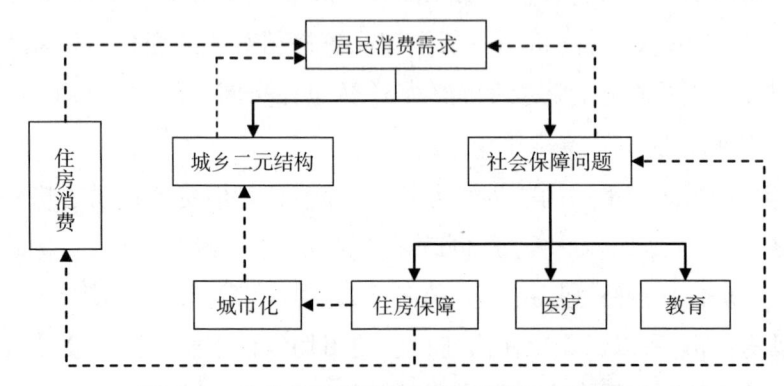

图 12-7 住房保障对居民消费需求的冲击传导机制

注:实线表示形成的原因,虚线表示解决路径。

在推动房地产价格上涨的因素中,主要是供求结构性失衡、消费者对房价继续上涨的预期和地方政府追求 GDP 及土地财政的

第十二章 住房保障对居民消费的影响机制及政策效果

动力。在住房保障不能有效覆盖中低收入者的背景下,刚性的消费需求只能与投机投资性资金在商品房市场上争夺有限的房源,结构性供求矛盾进一步助推了房价还要继续上涨的消费者心理预期。为应对高房价带来的一系列显性和隐性的社会经济问题,政府必须高度重视住房保障问题(见图12-8)。

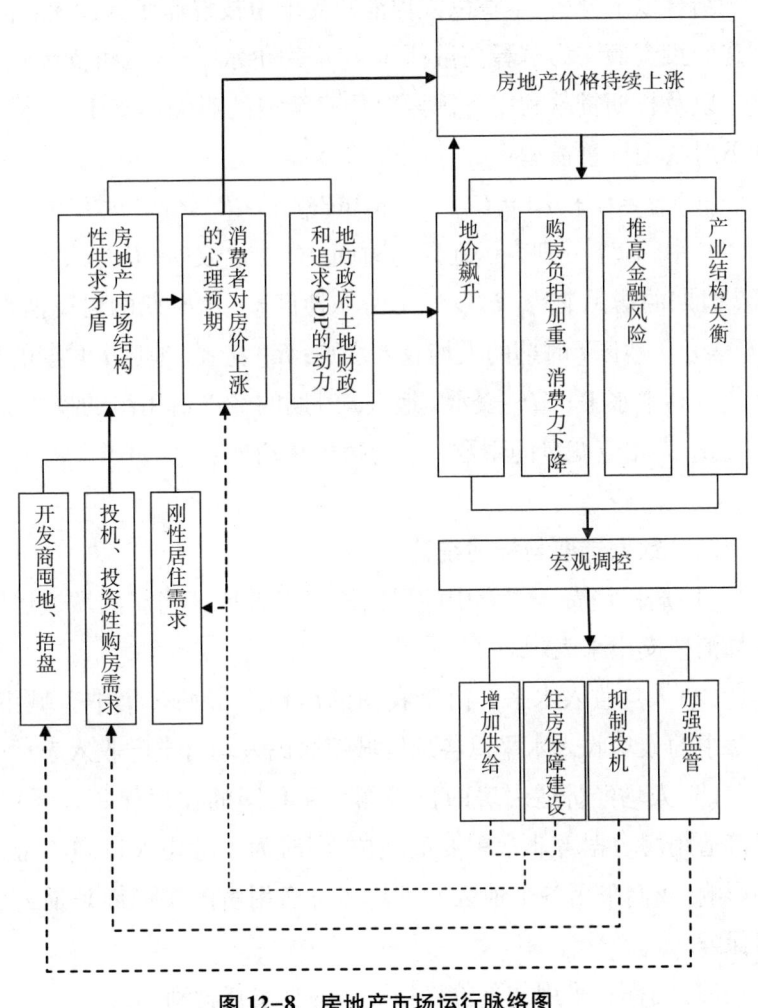

图 12-8　房地产市场运行脉络图

第三节 住房保障影响消费需求的实证分析

一、计量模型设定

结合以上分析,本章以人均消费支出为被解释变量,以经济适用房的投资额作为解释变量;同时考虑房价水平、人均可支配收入水平以及长期贷款利率等因素对住房消费的影响。基于此,构建如下对数型计量模型:

$$\ln PC_{it} = C + \alpha_1 \ln PC_{i(t-1)} + \alpha_2 \ln PI_{it} + \alpha_3 R_{it} + \alpha_4 \ln AH_{it} + \varepsilon_{it}$$

其中,i、t 分别表示地区与时间;C 为常数项;PC_{it} 表示 i 地区 t 时期的居民消费;$PC_{i(t-1)}$ 表示 i 地区 $t-1$ 时期的居民消费;PI_{it} 表示 i 地区 t 时期的人均收入水平;R_{it} 表示 i 地区 t 时期的长期贷款利率水平;AH_{it} 表示 i 地区 t 时期的经济适用房的投资额,$\alpha_1 - \alpha_4$ 为相应变量的系数、ε_{it} 为随机扰动项。

二、数据选取与描述统计

(1)居民消费。本章中的居民消费以各地区当年的城镇居民人均消费支出来表示。

(2)人均收入水平。由于我国的房地产市场多集中于城市,本章中的人均收入水平以各地区城镇居民人均可支配收入表示。

(3)人均经济适用房的投资额。在我国的住房保障体系中,经济适用房占据着非常重要的地位,同时为了考虑人口增长带来的影响,我们采用各个地区的人均经济适用房的投资额来描述住房保障。

(4)利率。采用扣除价格指数后的真实贷款利率。

由于上海市在 2002 年撤销了经济适用房发展中心,这就意味着上海市取消了经济适用房以及相关的安居工程政策,统计数据中上海市 2000—2008 年都没有数据记录,因此本章选取了除上海、西藏及港澳台地区以外全国 29 个省(自治区、直辖市)的面板数据。涉及的被解释变量、解释变量数据皆来源于中经网—中国统计数据库。此外,为了消除人均消费水平、人均收入水平以及经济适用房投资额等数据中存在的异方差以及量纲的问题,在实证分析时,本章对所有变量进行了对数处理。变量的描述性统计见表 12-2。

表 12-2 变量的描述性统计

变量	观测数	最小值	最大值	均值	标准误
lnPC	377	3.95	4.52	3.97	0.10
lnPI	377	3.64	4.56	4.03	0.003
lnAH	377	5.16	6.79	5.86	0.39

三、单位根检验

本章所用数据为 2000—2010 年 29 个省(自治区、直辖市)的面板数据,其中,部分省市 2010 年经济适用房投资数据缺失,我们按照其前三年占房地产开发投资总额的比例平均值平滑得到。为了避免伪回归,需要对各变量进行平稳性检验。根据是否为相同根,面板数据进行单位根检验的方法一般分为两类。一类是相同根情形下的单位根检验,此类单位根检验方法主要有 LLC、Hadri 检验;另一类是不同根情形下的单位根检验,此类单位根检验方法主要有 IPS、Fisher-ADF 和 Fisher-PP 检验。本章分别采取 LLC 方法(Levin, Lin & Chu, 2002)与 IPS 方法(Im, Pesaran & Shin, 2003)对各变量进行单位根检验。各变量 LLC 与 IPS 单位根检验的结果见表 12-3。由表 12-3 可知,各变量均为非稳定变量,但是一阶差分以后都是稳定的。

表 12-3　LLC 与 IPS 单位根检验结果

变量	原序列 LLC 检验	原序列 IPS 检验	一阶差分序列 LLC 检验	一阶差分序列 IPS 检验	结论
LnPC	1.2036 (0.8856)	7.3929 (1.0000)	−16.3579*** (0.0000)	−7.7357*** (0.0000)	I(1)
LnPI	1.6837 (0.9539)	8.6245 (1.0000)	−10.6547*** (0.0000)	−4.6116*** (0.0000)	I(1)
LnAH	−2.3309*** (0.0098)	0.5668 (0.7146)	−13.2253*** (0.0000)	−5.9651*** (0.0000)	I(1)

注：(1) 括号内为 p 值；

(2) ***、** 和 * 分别表示在 1%、5% 和 10% 水平上拒绝"有单位根"的原假设。

四、计量结果分析

本章利用 Eviews 6.0 软件对住房消费与经济适用房投资之间的关系进行计量分析，结果见表 12-4。对上述计量模型的回归既可以使用固定效应（FE）模型，也可以使用随机效应（RE）模型，本章通过豪斯曼检验来确定模型形式。

在计量分析中我们分别对经济适用房的投资额和居民收入采用滞后一期的分析方式，得到的结果还是比较令人满意的，在模型中，可以看到经济适用房的投资额与居民消费呈现出一种正相关的关系，这也证实了我们在前文中经济适用房推动居民消费的理论模型。

表 12-4　经济适用房投资额与居民消费计量分析结果

	模型 1	模型 2	模型 3	模型 4
常数项(C)	0.137*** (2.520)	0.133*** (2.457)	0.109*** (1.761)	0.104** (1.693)
消费(PC(−1))	0.699*** (22.090)	0.698*** (22.016)	0.810*** (19.792)	0.810*** (19.735)
收入(PI)	0.277*** (9.477)	0.278*** (9.477)		

续表

	模型1	模型2	模型3	模型4
收入(PI(-1))			0.169*** (4.512)	0.170*** (4.502)
利率(R)	0.007*** (2.441)	0.008*** (2,551)	0.016*** (4.950)	0.017*** (5.054)
经济适用房投资(AH)	0.004*** (1.982)		0.005*** (1.918)	
经济适用房投资(AH(-1))		0.004*** (1.729)		0.004* (1.632)
R²	0.99	0.99	0.99	0.99
调整R²	0.99	0.99	0.99	0.99
F统计量 (P值)	7297.90 (0.00)	7271.35 (0.00)	5819.32 (0.00)	5796.33 (0.00)
D-W值	1.90	1.90	2.17	2.17
Chi2 (P值)	23.95 (0.00)	22.39 (0.00)	8.14 (0.04)	8.02 (0.04)
模型	FE	FE	FE	FE

注:(1)括号内为t值;

(2)***、**和*分别表示在1%、5%和10%水平上显著。

在表12-4中我们可以看到,以上回归的模型中经济适用房的投资额与居民消费计量方程的拟合优度均为0.99,调整后的拟合优度同样为0.99,联合分布检验的F值概率均小于0.0001,且各回归方程的D-W值在2左右,说明各方程回归结果较好。同时各模型的豪斯曼检验表明应采用固定效应(FE)模型。从结果中我们可以看到,在控制了上期的居民消费、本期的居民收入和利率的情况下,无论是本期的经济适用房投资额还是上期的经济适用房投资额都会对当前的消费产生正向的影响,当我们将收入的解释变量改变为上期的收入时,我们可以看到经济适用房的投资额对居民消费的影响依然显著。

计量分析的结果显示,加强保障性住房的建设将更加有利于引导住房的理性消费,刺激居民消费的扩张,拉动内需的增加。从短期来看,在全球经济形势仍存在诸多不确定性,国内消费需求这个"三驾马车"中的重要一环将有力地推动中国经济持续稳定的增长。从长期来看,加强棚户区改造等保障性住房的建设已经成为中国转变发展方式,提高居民生活水平的应有之义。

如上所述,无论是理论分析还是实证研究,我们都发现保障性住房确实能有效地促进居民消费。可以预期,保障房不仅对低收入者提供了较低价格的房源,因而增加了低收入者的福利,更通过分流需求降低了商品房价格,有利于中高收入者的福利提高。因此,政府越来越重视保障房建设和供给问题。对如何完善住房保障制度,我们的建议为:

首先,政府建立多元化的住房保障体系。重视保障房的建设、供应和管理,提高其社会效益。探索政府与中低收入家庭共有产权的援助购房模式。加大对中低收入家庭购房贷款的利息补贴力度。增加公共租赁住房供应、完善廉租房制度等等。

其次,构建多条住房保障资金筹集渠道。确保稳定的住房保障资金来源是完善住房保障制度的重要内容。保障性住房建设一方面需要地方财政的直接支出,另一方面通过降低商品房价格从而降低土地出让价格间接减少地方政府财政收入。因此,对地方政府而言,保障性住房建设存在相当大的机会成本。这导致了地方政府在保障性住房建设上缺乏热情。因此,要以立法的形式规定政府每年按照财政收入的一定比例投入住房保障资金,地方政府将一定比例的土地出让金作为住房保障资金,各级政府国有企业的股权收入和利润分成提留一定比例用于住房保障,住房公积金的利息和资本利得的全部或一部分划归住房保障资金,鼓励社会各界进行捐赠支持住房保障。此外,住房保障资金进行稳健投资获取的资本收益同样是住房保障资金的来源。

最后,完善住房保障管理制度和法律法规,组建住宅银行。住房保障资金和住房资产规模大、管理复杂,管好用好这部分资金和住房资产,使之高效率地发挥作用,意义重大。建立住房保障资金收支管理制度,以及内外部审计制度,完善住房保障组织机构和运作体制,并以法律法规的形式加以确定,使得住房保障资金和住房资产的运作有法可依、违法必究。

第十三章 需求干预政策对住房市场的影响效应

第一节 更好发挥政府作用和对住房需求的政府干预

亚当·斯密曾提出"竞争的市场"原则，认为不断增加国民财富的最好办法就是给经济活动以完全的自由。即整个社会的经济活动完全由"看不见的手"支配，政府只是社会的一个守夜人。该理论在很长一段时间统治着主流经济学，并间接促成了英国的崛起。随着1929—1933年世界经济大萧条的出现，人们开始反思斯密理论，并使得凯恩斯经济干预主义学说逐渐兴起。凯恩斯认为分散的经济行为会导致社会有效需求不足，并最终造成失业，因此政府必须干预经济，实行总需求管理，以刺激消费和增加投资，弥补自由市场的需求不足。在凯恩斯理论的影响下，政府的角色开始从"无为"向"有为"转变。

其实，政府对经济的干预在号称信奉自由市场经济的美国也一直存在。1933年富兰克林·罗斯福就任总统后，美国政府与私人经济的关系出现了新变化：公共部门成为经济内部的重要力量，

第十三章 需求干预政策对住房市场的影响效应

市场系统内部的政府权力在范围和程度上都空前扩大[①]。尽管在经历"滞胀"后,新自由主义的理论学说开始逐步被政府所采用,但在经济周期性波动的谷底阶段,总能看到各种经济复兴法案的出台。政府对经济的干预要么针对供给、要么针对需求[②],采取的手段包括税收政策、财政政策、产业政策、金融政策,也包括动用行政力量。每一种政策工具都有支撑的理论基础。

目前的西方经济学主流理论是反对政府干预的。作为西方微观经济学的核心部分之一,福利经济学对市场机制会导致帕累托最优进行了完美论证:每一个完全竞争的经济都能够带来帕累托效率,每一种具有帕累托效率的资源配置都可以通过市场机制实现。由此推论,政府干预经济的范围应该被局限在外部性、公共产品等狭隘范围内,因为市场可以把大部分事情做好。这就是福利经济学为限制政府干预提供的最有力论据。但斯蒂格利茨(2011)认为,福利经济学关于市场完美、信息完备、竞争完全的假设是错误的,市场机制不会自己达到帕累托最优,因此市场失灵不再局限于外部性、公共产品等狭隘范围,而是"无处不在"。为了弥补市场失灵,政府干预应该遍布各个经济部门和领域,而不仅仅是制定法规、再分配和提供公共品。这就为政府干预提供了广阔的潜在空间。新自由主义者主张政府不干预经济,是有其严格假设的。当这些假设不成立时,政府是否需要进行干预?虽然市场有自动调节的能力,但当市场过度偏离均衡状态,又不能实现自我调节时,就会威胁到经济和社会的稳定,如严重脱离居民支付能力的房价影响了中下阶层居民的生活水平,导致住房市场需求严重萎缩,此时,如果没有政府的有效调控,就会对经济社会发展造成

---

① 罗伯特·L.海尔布罗纳、威廉·米尔博格:《经济社会的起源》,格致出版社、三联书店、上海人民出版社2010年版,第111页。

② 我国政府对房地产市场的干预政策经历了供给管理为主、需求管理和供给管理并重、需求管理为主的几个阶段。

很大伤害。

中国政府在经济发展中的独特作用曾被西方经济学界认为是政府干预经济过多的案例。他们认为中国的政府作用进入的领域较广,除了宏观调控外,政府在产业政策、市场准入等方面都有广泛的干预。现在的问题是,在商品市场和要素市场逐步成熟的背景下,以及高速增长时期资源环境、收入分配的矛盾凸显后,政府职能如何再次实现转型成为一个服务型政府,即以提供公共服务和社会管理为主的政府(陈宪,2008)。

2010年4月,国务院发出《国务院关于坚决遏制部分城市房价过快上涨的通知》(2010[10]号),提出"坚决抑制不合理住房需求","地方人民政府可根据实际情况,采取临时性措施,在一定时期内限定购房套数"。2010年9月29日,"新国五条"出台,明确要求房价过高、上涨过快、供应紧张的城市,在一定时间内限定居民家庭购房套数。2011年1月26日,国务院常务会议再度推出八条房地产市场调控措施("新国八条"),要求"合理引导住房需求",按照"新国八条"的规定,尚未采取住房限购措施的直辖市、计划单列市、省会城市和房价过高、上涨过快的城市,要在当年2月中旬之前,出台住房限购实施细则。原则上对已有1套住房的当地户籍居民家庭、能够提供当地一定年限纳税证明或社会保险缴纳证明的非当地户籍居民家庭,限购1套住房;对已拥有2套及以上住房的当地户籍居民家庭、拥有1套及以上住房的非当地户籍居民家庭、无法提供一定年限当地纳税证明或社会保险缴纳证明的非当地户籍居民家庭,暂停在本行政区域内向其售房。此后,各大城市纷纷据此出台地方性的调控细则。此轮房地产市场调控,以"限购"为鲜明特色,直指不合理住房需求,房地产市场随之出现积极变化,投资投机性购房被有效挤出,房价过快上涨势头得到遏制。国家发展改革委、国家统计局《70个大中城市房屋销售价格指数》显示,2011年1—9月份,京、沪、广、深四个一线

第十三章 需求干预政策对住房市场的影响效应

城市房价环比基本没有增长,部分城市连续出现环比下降,这表明中央的住房需求干预政策收到了预期效果。在限购三年之后,截至2014年7月份,全国已有29个城市取消限购,政府对住房市场的干预政策在执行层面上开始出现转变。至于限购取消后的房地产市场走向,正像当年限购政策出台时一样,市场同样存在不同观点。

房地产需求的影响因素较多,虽然表面上看,在限购干预政策出台后,房价确实出现了松动,但松动的原因究竟是不是需求干预政策产生的效果?如果是政策干预的结果,这种作用有多大?弄清楚这些问题,对把握政策方向、完善调控措施、进一步增强宏观调控能力至关重要。

在经济系统中,时间序列经常会受到特殊事件的影响,包括国内外经济政策或经济规则的变更,或诸如金融危机影响等等,这类外部事件被称为"干预"。干预分析(Intervention Analysis)的研究始于20世纪70年代初美国威斯康星大学统计系刁锦寰教授对美国西海岸洛杉矶的大气污染环境问题的研究。1975年美国统计学家博克斯(Box)教授和刁(Tiao)在美国统计协会会刊上发表了《应用到经济与环境问题的干预分析》一文,此后干预模型被广泛用于描述经济政策的变化或突发事件对经济环境、经济过程或结果的具体影响的定量分析(杨楠、邢力聪,2005)。我们在实践中研究干预分析的目的,就是从定量的角度来评估政策干预或突发事件对经济系统的具体影响。干预分析模型是和时间序列ARMA(或ARIMA)模型结合起来进行研究的。时间序列ARMA(或ARIMA)模型不同于回归模型的分析,这种模型建模时不考虑其他解释变量的作用,不以经济理论为依据,而是以变量本身的变化规律为依据,利用外推机制描述事件变量的运动过程①。已有研

---

① 张晓彤:《应用数量经济学》,机械工业出版社2009年版,第266页。

究表明,高房价确实扭曲了居民的住房需求行为(陈彦斌、邱哲圣,2011),那么,针对住房需求的干预政策对住房市场的影响机制是什么呢? 在干预事件发生后,序列是否存在明显的变化? 若有影响,其影响程度又如何? 这就是干预模型所要解决的问题,也是政策制定者必须考察的内容。

第二节 住房需求干预模型设定与计量

经济政策的变化或突发事件的出现都可能对经济系统产生重要影响。相对而言,政府干预应该被归于"经济政策变化"一类,政府干预政策的出台有的是为了应对"突发事件",如全球金融危机后,各国纷纷出台相应的干预政策;有的是为了应对经济的周期性变化,即逆周期的相机抉择。研究政策干预或突发事件影响下的经济预测系统,对提高政策的针对性和有效性具有重要的现实意义。反映政策变化或地域不同对经济产生的影响,可以采用引进虚拟变量的预测技术。但虚拟变量的引入只解决了回归线的平移问题,未能反映政策变化对经济影响的整个过程。为了解决这个问题,美国威斯康星大学统计系教授博克斯(Box)与芝加哥大学教授刁(Tiao)于1975年提出了干预分析理论。20世纪80年代出现的FORSYS预测系统,不仅反映了政策干预或突发事件的影响,还包含了趋势因素、季节因素等(冯文权,2006)。房地产市场的"限购"属于典型的政策干预,本章运用干预分析模型考察"限购"及一系列调控政策对中国房地产市场价格的影响效应,并对未来发展趋势进行预测。同时,由于2008年的金融危机对中国房地产市场也产生了重要影响,因此,被看作一次重要事件对房地产市场运行产生了干预。

一、需求干预模型的设定

根据冯文权等[①](2006)的分析,干预分析模型的基本变量是干预变量,它由阶跃函数和点函数表示:

$$S_t^T = \begin{cases} 0 \text{ 干预事件发生前,即 } t < T \\ 1 \text{ 干预事件发生后,即 } t \geq T \end{cases}$$

这种干预变量一旦发生,就会持续下去,故称为持续的干预变量。有些干预是短暂的,只在一段时间内起作用,这种干预变量可以表示为:

$$P_t^T = \begin{cases} 1 \text{ 干预事件发生时,即 } t = T \\ 0 \text{ 其他时间,即 } t \neq T \end{cases}$$

上述两类干预变量具有内在的联系,即:

$(1-B)S_t^T = P_t^T$

这里,B 是后移算子,

$BS_t^T = S_{t-1}^T$

房地产调控政策的出台,就是一种政策干预,这种干预对房地产价格指数产生的影响就是政策干预的结果。考虑到此轮调控政策是逐渐开始的,且影响将持续下去,模型可设定为:

$$Z_t = \frac{\omega B}{1 - \delta B} S_t^T, 0 < \delta < 1$$

这里,Z_t 为影响效果,ω、δ 为未知参数,B 为滞后算子,其中,

$$S_t^T = \begin{cases} 0, t < T \\ 1, t \geq T \end{cases}$$

二、所用数据的说明

取 2006 年 1 月—2012 年 12 月住宅销售价格指数 $\{X_t, t=0,1,$

---

① 冯文权等:《经济预测与决策技术》,武汉大学出版社 2006 年版,第 303—308 页。

2,…,68}为样本资料,其中2006年1月为起始时刻(t=0)。数据来源于国家发展改革委、国家统计局《70个大中城市房屋销售价格指数》环比月度数据,作如下处理:取2005年12月为100,逐月累乘,得到定基数据。通过X11季节调整方法,进行季节调整,以消除诸如"金九银十"之类的影响。将经调整后的数据做成曲线图(见图13-1),可以明显地看到,在观察区间内存在两次"干

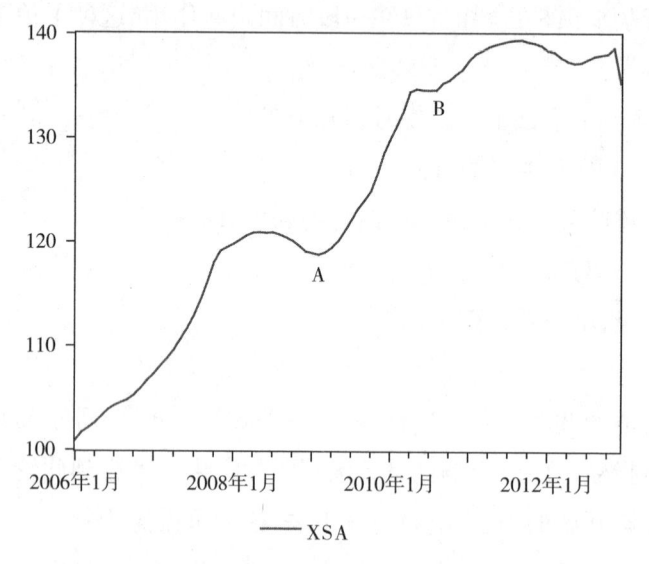

图13-1 商品房销售月度价格指数(2005年12月=100)

扰"。箭头A所指的地方是第一次遇到"突发事件"(2008年下半年),即受到国际金融危机冲击,中国房价增速出现非系统性下降;箭头B所示为国家控制住房需求的干预政策产生的影响效应,2010年4月17日,《国务院关于坚决遏制部分城市房价过快上涨的通知》发布,拉开了此轮房地产市场宏观调控的大幕。同年9月29日,"新国五条"出台,在"限购""限贷"政策的作用下,房地产市场价格出现松动。同时,图13-1显示,本章所取时间序列为非平稳,带有明显的趋势性。非平稳序列不能构成ARMA模型,因此,需要对其做平稳化处理。令:

第十三章 需求干预政策对住房市场的影响效应

$$x_t = (1 - B)\ln(X_t) \tag{13-1}$$

x_t 为经平稳化处理的住宅销售价格指数,B 为滞后算子。得到新的时间序列做成图13-2,并对序列进行 ADF 检验(见表13-1)。

表 13-1　经平稳化处理的 x_t 的 ADF 检验

		t-Statistic	Prob.*
Augmented Dickey-Fuller test statistic		-2.656529	0.0871
Test critical values:	1% level	-3.533204	
	5% level	-2.906210	
	10% level	-2.590628	

注:* 为麦金农(MacKinnon)单边 p 值。

如表13-1所示,x_t 在10%的显著性水平上为平稳时间序列。将经平稳化处理的时间序列 y_t 做成图13-2。从图13-2中可以明显地看到,对应图13-1中的 A、B 两点,房价指数出现下探。考虑到美国次贷危机发生的时间,和我国此轮房地产市场调控出台的时机,并结合指数波动的特征,取2008年8月为金融危机突发事件干预的起点;取2010年5月为本轮房地产市场需求调控的起点。回顾金融危机发生后中国房地产市场的走势,2008年下半年房地产市场受到影响较大,此后,在一系列经济复苏政策的作用下,2009年下半年中国房地产市场基本恢复。从指数走势上看是在2009年6月份。因此,我们将金融危机突发事件干预时间截止到2009年5月份。而2010年4月份以来的住房需求调控影响持续了较长时间。到2014年各大城市开始取消限购干预政策,说明地方实际部门认为住房需求干预政策是在起作用的。

三、干预模型的识别与参数估计

我们关注的是限制住房需求的宏观调控政策对房地产市场的影响效应,但此前的金融危机显然也对市场走势产生了明显影响。

331

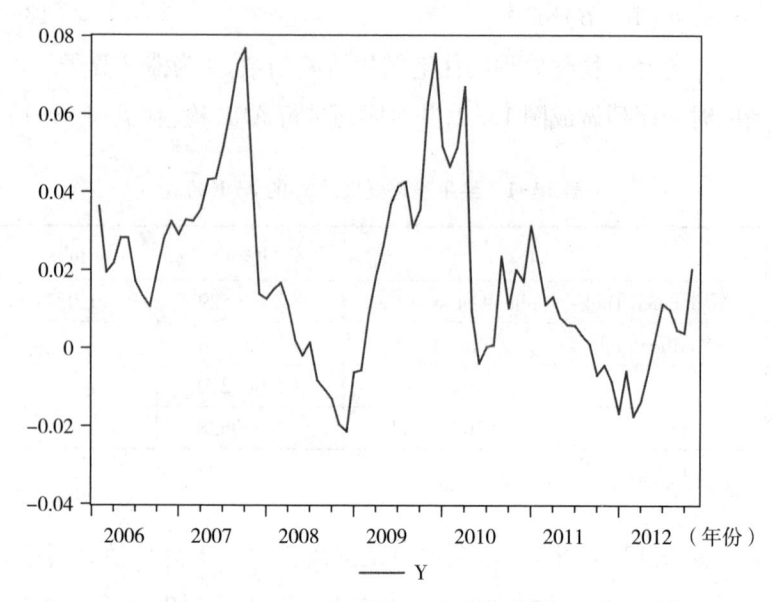

图 13-2 去除趋势后的平稳时间序列

因此，要准确判断政策干预的影响效果，首先要去除突发事件影响产生的"遗留问题"。基本步骤是：

第一步，利用干预发生前的数据，建立一个单变量 ARMA 模型，然后利用此模型进行外推预测，得到预测值，作为不受干预影响的数据。最后，用实际值减去这些预测值，得到的是受干预影响的具体结果。第二步，利用这些结果可以估计干预模型的参数 ω 和 δ。第三步，利用排除干预影响后的全部数据，识别与估计出一个单变量序列的 ARMA 模型。第四步，求出干预分析模型。

(一) 利用干预事件前的数据建立 ARMA 模型

如前所述，结合美国次贷危机发生的时间，观察图 13-1，发现 2008 年 8 月份房价指数出现转折性变化，因此，设定 T = 31。于是，我们先利用 2006 年 1 月—2008 年 7 月的数据建立 ARMA 模型。通过自相关 (AC) 函数和偏自相关 (PAC) 函数分析，发现自相关函数是 2 阶截尾，偏自相关函数是拖尾的，于是，可以据此识

第十三章 需求干预政策对住房市场的影响效应

别 x_t ($t = 0, 1, \cdots, 30$) 为 $MA(2)$ 模型,即:

$$x_t = e_t - \theta_1 e_{t-1} - \theta_2 e_{t-2} \quad (13-2)$$

利用 Eviews 6.0,通过迭代法,可求出:

$\theta_1 = 1.200644$

$\theta_2 = 0.482768$

表13-2 方程(13-2)的求解结果

Variable	Coefficient	Std.Error	t-Statistic	Prob.
C	0.027622	0.004835	5.713125	0.0000
MA(1)	1.200644	0.109083	11.00669	0.0000
MA(2)	0.482768	0.163392	2.954653	0.0064
R-squared	0.767584	Mean Dependent Var		0.028375
Adjusted R-squared	0.750368	S.D.Dependent Var		0.019650
S.E.of regression	0.009818	Akaike Info Criterion		-6.314626
Sum squared resid	0.002602	Schwarz Criterion		-6.174507
Log likelihood	97.71939	F-statistic		44.58545
Durbin-Watson stat	1.964375	Prob(F-statistic)		0.000000

在 ARMA 模型迭代计算时,对参数 t 检验显著性水平的要求并不像回归方程中那么严格,更多的是考虑模型的整体拟合结果。如表 13-2 所示,AIC = -6.314626,标准差 SC = -6.174507,调整后的 R^2 为 0.750368,说明结果可靠。对残差做平稳性检验,结果在 5% 的显著性水平是平稳的,认为 e_t 是白噪声序列。因而,可以认为所建模型是合理的。根据对金融危机影响时间的分析,运用经过检验的模型(13-2)做外推预测 2008 年 8 月—2009 年 5 月。然后用实际值减去预测值,记为 Z_t 达到的差值就是金融危机产生的影响效果(见表 13-3)。

表 13-3　方程(13-2)2008 年 8 月—2009 年 5 月外推预测值

月份	实际值	预测值	Z_t
2008 年 8 月	0.01233	-0.00511	0.017441
2008 年 9 月	0.023077	-0.01096	0.034037
2008 年 10 月	0.027622	-0.01493	0.042549
2008 年 11 月	0.027622	-0.01928	0.046902
2008 年 12 月	0.027622	-0.02097	0.048591
2009 年 1 月	0.027622	-0.01481	0.042436
2009 年 2 月	0.027622	-0.00481	0.032432
2009 年 3 月	0.027622	0.009474	0.018148
2009 年 4 月	0.027622	0.018664	0.008958
2009 年 5 月	0.027622	0.027955	-0.00033

求干预模型 $Z_t = \dfrac{\omega}{1-\delta B}$ 中的参数，实际就是估计线性自回归方程：

$Z_t = \delta Z_{t-1} + \omega$，估计出参数分别为：

$\delta = 0.989372$

$\omega = -0.153438$

接下来是计算净化序列，即消除了干预影响的序列。方程表达式为：

$$y_t = x_t - \dfrac{\hat{\omega}}{1-\hat{\delta}B} S_t^T \qquad (13-3)$$

其中，t=0,1,2,…,40；当 t<31 时，$S_t^T = 0$，当 $31 \leq t \leq 40$ 时，$S_t^T = 1$。

根据公式(13-3)计算得到序列 y_t。

(二)求解住房需求调控政策干预模型

本章关注的是住房需求干预的政策效应，对金融危机突发事件的分析，仅仅是为了去除这一事件的影响。以上推导得到的 y_t

第十三章 需求干预政策对住房市场的影响效应

序列已经可以满足接下来的分析。于是,我们用得到的$\{y_t, t=0, 1, \cdots, 40\}$作为此轮对住房需求调控前的无干预序列。根据前面的假设,从2009年5月—2010年4月为需求调控干预前的时间,于是,我们把没有需求干预影响的时间序列定义为:

$$Y_t = \begin{cases} x_t & 0 \leq t < 31 \text{ 或 } 40 < t \leq 51 \\ x_t - \dfrac{\hat{\omega}}{1 - \hat{\delta}B} & 31 \leq t \leq 40 \end{cases}$$

对序列Y_t进行ADF检验,结果如表13-4所示。

表13-4 序列Y_t的ADF检验结果

		t-Statistic	Prob.*
Augmented Dickey-Fuller test statistic		-5.694123	0.0000
Test critical values:	1% level	-3.568308	
	5% level	-2.921175	
	10% level	-2.598551	

注:*为麦金农(MacKinnon)单边p值。

表13-4显示,序列ADF检验平稳,可以建立ARMA模型,通过分析自相关和偏自相关函数发现,偏自相关系数1阶截尾,自相关系数拖尾,因此,Y_t是AR(1)模型。即:

$$Y_t = \varphi_1 Y_{t-1} + \mu_t \tag{13-4}$$

利用Eviews 6.0,通过迭代法,可求出:

$\varphi_1 = 0.978158$

表13-5 方程(13-3)的求解结果

Variable	Coefficient	Std.Error	t-Statistic	Prob.
AR(1)	0.978158	0.044128	22.16651	0.0000
R-squared	0.805304	Mean dependent var		0.026602
Adjusted R-squared	0.805304	S.D.dependent var		0.025091
S.E.of regression	0.011071	Akaike Info Criterion		-6.149156

续表

Variable	Coefficient	Std.Error	t-Statistic	Prob.
Sum squared resid	0.006006	Schwarz Criterion		-6.110916
Log likelihood	154.7289	Durbin-Watson stat		1.854031
Inverted AR Roots		.98		

根据 AIC 准则和 SC 准则判别求解结果,如表 13-5 所示,AIC = -6.149156,标准差 SC = -6.110916,调整后的 R^2 为 0.805304,说明结果可靠。对残差做平稳性检验,结果在 5% 的显著性水平是平稳的,认为 e_t 是白噪声序列。因而,可以认为所建模型是合理的。根据对金融危机影响时间的分析,运用经过检验的模型(13-4)做外推预测 2010 年 5 月—2011 年 9 月。然后用实际值减去预测值,记为 Z_t 得到的差值就是本次需求干预政策产生的影响效果(见表 13-6)。

表 13-6　方程(13-4)2010 年 5 月—2011 年 9 月外推预测值

月份	实际值	预测值	Z_t
2010 年 5 月	0.009749	0.064783	-0.05503
2010 年 6 月	-0.00185	0.063368	-0.06522
2010 年 7 月	-0.00229	0.061984	-0.06427
2010 年 8 月	-0.00022	0.06063	-0.06085
2010 年 9 月	0.018737	0.059306	-0.04057
2010 年 10 月	0.008123	0.058011	-0.04989
2010 年 11 月	0.020671	0.056744	-0.03607
2010 年 12 月	0.01875	0.055504	-0.03675
2011 年 1 月	0.029309	0.054292	-0.02498
2011 年 2 月	0.028213	0.053106	-0.02489
2011 年 3 月	0.014405	0.051946	-0.03754
2011 年 4 月	0.012848	0.050812	-0.03796
2011 年 5 月	0.008215	0.049702	-0.04149

续表

月份	实际值	预测值	Z_t
2011年6月	0.008022	0.048616	-0.04059
2011年7月	0.001827	0.047554	-0.04573
2011年8月	0.000418	0.046516	-0.0461
2011年9月	-0.00469	0.0455	-0.05019

假定此次住房需求调控的影响是逐渐增强,并将长期持续,实际上这个假定也是最恰当的。于是,干预模型形式为 $Z_t = \dfrac{\omega}{1-\delta B}$,求该模型的参数实际就是估计线性自回归方程:

$$Z_t = \delta Z_{t-1} + \omega \tag{13-5}$$

利用 Eviews 6.0,估计出方程(13-5)的参数分别为:

$\delta = 0.724931$

$\omega = -0.043145$

接下来仍然是计算净化序列,即消除了干预影响的序列。方程表达式为:

$$Y'_t = Y_t - \dfrac{\hat{\omega}}{1-\hat{\delta}B} S_t^T \tag{13-6}$$

其中,t=0,1,2,…,40;当 t<53 时,$S_t^T = 0$,当 53≤t≤69 时,$S_t^T = 1$。

根据公式(13-6)计算得到序列 Y'_t。

(三)对净化序列 Y'_t 建立 ARMA 模型

通过分析自相关和偏自相关函数发现,净化序列 Y'_t 的自相关系数是2阶截尾,偏自相关系数是拖尾的。据此判断,建立 MA(2)模型,即:

$$Y'_t = e_t - \theta_1 e_{t-1} - \theta_2 e_{t-2} \tag{13-7}$$

利用 Eviews 6.0,通过迭代法,可求出:

$\theta_1 = -0.165588$

$\theta_1 = 0.580974$

表 13-7　方程(13-7)的计算结果

Variable	Coefficient	Std.Error	t-Statistic	Prob.
MA(1)	-0.165588	0.101068	-1.638384	0.1061
MA(2)	0.580974	0.101576	5.719603	0.0000
R-squared	0.779884	Mean dependent var		0.031050
Adjusted R-squared	0.767458	S.D.dependent var		0.070405
S.E.of regression	0.064240	Akaike Info Criterion		-2.623406
Sum squared resid	0.272369	Schwarz Criterion		-2.558126
Log likelihood	91.19581	Durbin-Watson stat		1.920000
Inverted MA Roots	.08-.76i	.08+.76i		

如表 13-7 所示，AIC = -2.623406，标准差 SC = -2.558126，调整后的 R^2 为 0.767458，DW = 1.92，说明结果可靠。对残差做平稳性检验，结果在5%的显著性水平是平稳的，认为 e_t 是白噪声序列。因而，可以认为所建模型是合理的。

将(13-7)式中的 Y_t' 值与干预参数 δ、ω 的估计值代入(13-6)式，于是，得到所求的干预分析模型：

$$Y_t = \frac{-0.043145}{1 - 0.724931B} S_t^T + e_t + 0.165588 e_{t-1} - 0.580974 e_{t-2}$$

(13-8)

其中，当 t<53 时，$S_t^T = 0$；当 $53 \leq t \leq 69$ 时，$S_t^T = 1$。

第三节　利用干预模型分析住房需求调控的政策效应

为了把以"限购"为标志的需求干预政策的影响，从多种影响房价走势的因素中剥离出来,计算得到的干预模型的 $\hat{\omega}$ = −0.043145,根据平稳化公式(13−1),还原回去,得到:

$$[\exp(\hat{\omega}) - 1] \times 100\% = -4.2\%$$

说明由于采取了以"限购"为核心内容的住房需求干预政策,使得房价指数相对 2005 年 12 月份基期的降幅持续达到 4.2%。也就是说,如果没有自 2010 年 4 月份《国务院关于坚决遏制部分城市房价过快上涨的通知》发出,及其以后的配套调控政策出台,房价按此前表现出的自身系统性增长,将相对 2005 年 12 月份基期持续有 4.2%的增幅。具体来看,对 2010 年 5 月—2011 年 9 月的影响如图 13−3 所示。可以发现,自 2010 年 5 月以来,需求干预政策产生了明显的效应,对房价走势产生了明显的向下拉力。这种拉力也存在波动性,这与此间各种政策的逐步出台有关,即市场与政策制定者相互试探。2010 年 9 月份市场出现了一个小的回调,9 月 29 日夜间出台了"新国五条",立即对 10 月份房价指数产生向下的冲击。此后,影响又逐渐衰减,到 2011 年 2 月份的时候,到达阶段性顶点(此时仍有 2.5%左右的负面影响),由于 2011 年 1 月 26 日召开的国务院常务会议推出了"新国八条",要求尚未采取住房"限购"措施的直辖市、计划单列市、省会城市和房价过高、上涨过快的城市,必须在当年 2 月中旬之前出台。主要城市都在"大限"到来之前推出了地方版限购细则。于是,自 2011 年 2 月开始,需求干预政策再次对房价产生向下的冲击力。

本章关注住房需求干预政策对房价进而对需求产生的影响效应,实际上,2012 年之后对住房市场的干预政策一直是延续原来的限购限贷政策,中央政府和相关部委没有新的调控政策出台。

通过分析需求干预政策对我国房地产市场价格的影响,我们可以作出这样的判断:此轮以控制不合理住房需求为主要特征的调控政策已经产生了明显的效果。到 2011 年 9 月份为止,政策效

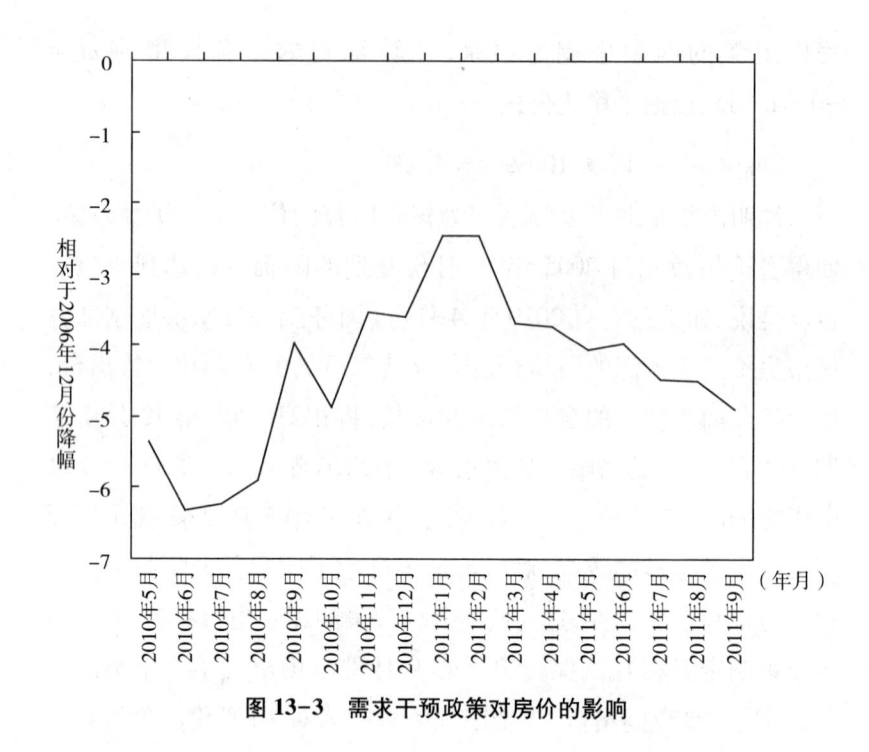

图 13-3 需求干预政策对房价的影响

应一直对房价走势产生向下压力。当然,我们也必须注意到,在这一过程中,干预的政策效果会有波动,这是市场力量与调控力量相互角逐的结果。自 2011 年 2 月份中央明令主要城市出台"限购令"以来,政策力量占有了绝对优势。在我们的考察区间内,图 13-3 中的曲线自 2011 年 2 月份起没有再回头向上的机会。这是因为,中央将 2011 年 2 月中旬设定为"大限"时,明确指定"直辖市、计划单列市、省会城市和房价过高、上涨过快的城市"为目标城市,这种不再隐晦的直接指向迫使各地按期出台限购细则,对市场的影响是立竿见影的。同时,面对各种质疑,中央调控住房市场的决心未动摇,向市场释放了明确的信号。因此,干预效果也是显著的。

利用式(13-8)对未来房价走势进行预测,结果表明,此次需求干预政策在未来几个月继续对房价产生向下压力。如图 13-4

第十三章　需求干预政策对住房市场的影响效应

所示,直到 2012 年 3 月份,房地产市场一直维持震荡向下的走势。2012 年"两会"之后,尽管房地产限购的干预政策仍在继续,但市场回暖迹象明显。我们将其理解为,持续了一年多的需求干预政策出现了边际效应递减。因为刚性需求真实存在,在经历了持续的需求抑制之后,市场开始逐渐进入自身的发展轨道。虽然限购干预政策效应随着时间推移在衰减,但当"限购"退出的时候,还是会对市场产生"利好"预期。2014 年 8 月之后曾经限购的城市大部分已经退出,在图 13-4 中我们可以看到市场对此出现的回暖响应。

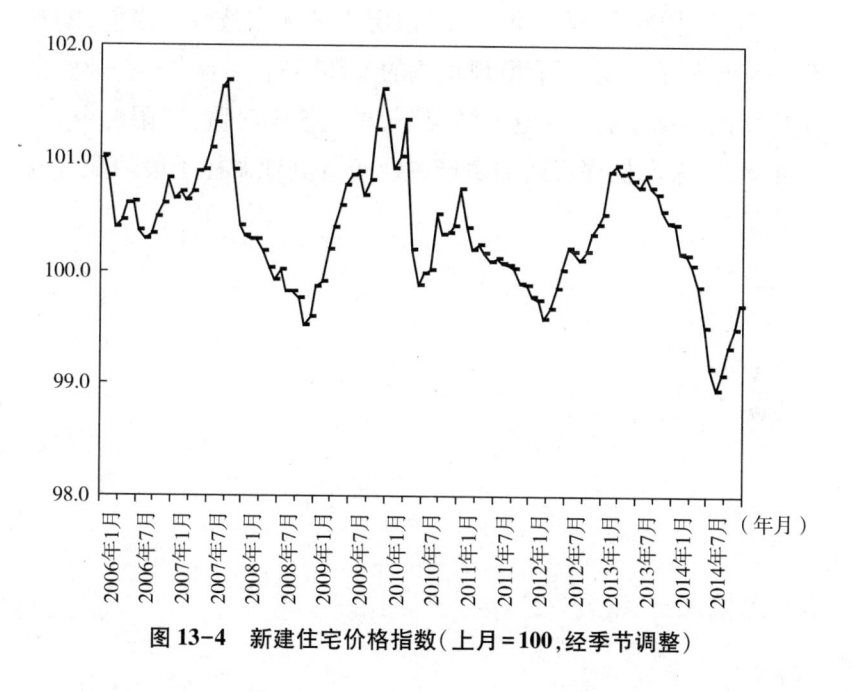

图 13-4　新建住宅价格指数(上月＝100,经季节调整)

虽然"限购、限贷"政策已经基本退出,但我们以"限购、限贷"政策为例来考察政府干预对住房需求的影响还是很有价值的。本章利用一个政策干预模型对 2010 年 4 月份以来的,以限购为主要特征的房地产调控政策进行了分析。目的是确定政策效果,并为完善后续政策提供理论支撑。实证结果表明,此轮需求干预政策确实对中国的住房需求产生了明显的下调作用。同时,由于市场自身的运动规律,政策效果存在波动性。据此,我们至少可以得到如下启示:

第一,"限购"虽然是一种极端的方式,但在市场自身处于难以控制的状态时,采用这种强力干预政策,确实能够矫正房地产价格对均衡状态的偏离。

第二,政策需要相互搭配,政策效果有一个累积的过程。在这个过程中,我们既应该实时观察政策效果,又应该有足够的耐心,以便作出正确评估。

第三,限购是一种"非常态"情况下的无奈选择。当前,宏观经济形势复杂多变,既有欧债危机的外部影响,又有中小企业资金链紧张的内部矛盾。在这种情况下,更应该随时监控"限购令"的政策效果,并积极探索诸如房产税改革等其他调控手段的配合与跟进。

第十四章　引领新常态的住房消费和扩大内需战略

第一节　以稳定住房消费实现扩大内需

大卫·李嘉图(David Ricardo,2001)曾经说过,如果机器完全胜任了今天劳动者从事的所有工作,那么,就没有了对劳动力的需求。于是,除了资本家,没有人具有消费商品的能力。没有商品需求,资本家还购买或者说雇佣机器做什么呢？这段话体现了李嘉图的劳动价值论和分配论思想。由此可见,没有了需求特别是消费需求,经济将会停止运行。进一步,消费的不振乃至萎缩,也将导致经济的不振和萎缩。

虽然在开放经济中,可以通过外部需求带动国内生产和发展。但在大国经济中,特别是具有强大生产能力的大国经济中,仅靠外需显然难以形成持久的增长动力。一是国际市场接纳我国巨量产品的能力和意愿在递减；二是为了适应外需市场,我国的产业结构被锁定在低端,创新能力提升缓慢,竞争优势难以形成；三是内需不振将制约本国居民生活水平提高,进而影响人力资本提升。

转变经济发展方式不是一朝一夕的事情,结构的优化、技术的提升需要一个积累的过程,并伴随着社会的变革。由以外需为主参与全球化，转变到以内需为主，利用全球创新要素参与全球化的模式，需要整个社会结构的转变。改革开放的前30年我国经济增长的动力是内部供给+外部需求。基本的逻辑是，要获取外汇就要开拓外部市场并在国内采取进口替代战略，获取外汇的目的是引进技术和设备以扩大国内生产能力，国内的供给能力因劳动力、资源、环境的低成本比较优势和模仿、跟随创新的后发优势而被激发出来。收入分配上减少劳动者报酬比重形成高储蓄，进而进行高投资，主要依靠出口和投资两驾马车拉动中国经济快速前行。中国在这条"快速路"上奔跑了30年后，这两驾马车略显疲态。"外需、高储蓄、高投资、低成本"这种经济发展方式带来的一个直接问题是抑制了消费需求。由消费不振引发的一系列问题可能因为高增长而没有显现出来，但是当增速下滑的时候，人们再也不能无视内需不足问题。中国经济已进入"三期叠加"阶段，增长速度进入换挡期，这是由经济发展的客观规律所决定的；结构调整面临阵痛期，这是加快经济发展方式转变的主动选择；前期刺激政策消化期，这是化解多年来积累的深层次矛盾的必经阶段。

当前，我国存在"高收入者不愿消费、中等收入者不敢消费、低收入者不能消费"的现实。所谓高收入者不愿消费，除了住房，他们在国内消费倾向较低，而钟情于境外产品。这让我国这个号称"世界工厂"的制造业大国无比尴尬。所谓中等收入者不敢消费，是指由于社会保障不完善，他们出于安全考虑，要为未来的不确定性而储蓄。所谓低收入者不能消费，主要是指他们的收入水平不足以支撑其消费愿望。在按收入划分的三类人群中，住房是影响其消费的重要变量。住房消费需求真实存在，随着新型城镇化的推进，这种需求潜力将得到释放。因此，提升住房消费能力是扩大内需的关键一环。各种政策必须相互配合，达到既释放住房需求，又合理配置社会资源，从而实现社会经济转型升级的目标。随着中国经济进入中高速增长阶段"新常态"成

第十四章　引领新常态的住房消费和扩大内需战略

为共识,这对我们进一步认识住房消费和扩大内需将具有重要的启迪意义。

住房消费对消费结构升级具有促进作用,但短期影响力度小于长期。住房消费对消费结构升级可能因财富效应而表现促进作用,也可能因挤压效应而表现出挤压作用。现实中,这两种效应同时存在。对一部分人而言,购置住房后收入或储蓄仍然充裕,没有因还房贷而影响了自己的正常消费支出;但对另一部分人而言,可能因为购置住房而影响了其他消费。从农业转移人口来看,我国采取的低价工业化和高价城市化战略使得大量进入城市的民工不能彻底融入城市生活,他们的大量消费和投资并不在城市。城市房价越高,他们越不可能在城市立足,迫使他们回家投资住宅。这种表现出来的住宅投资热情其实是被迫的,并导致巨大的资源浪费,也严重抑制了农业转移人口的消费能力。而城镇化既能直接促进住房消费和土地集约使用,又能通过促进经济增长间接促进住房消费。从城市层面来看,绝大多数城市房地产泡沫呈波动上升趋势。东部城市房地产泡沫显著高于中部和西部城市,东部城市住宅市场泡沫较严重。由于居民住房买租选择更倾向于购房,促使城市房价租金比升高,形成了城市房价租金"剪刀差"。城市居民收入差距扩大是引发城市房价租金比升高的主要因素。因此,完善收入分配制度和不断降低收入差距,大力培育住房租赁市场,科学引导居民住房消费,是防止房价泡沫膨胀和破灭的重要措施。

如果预期房价上涨,消费者在本期对家庭财产配置时将增大房地产的比重。随着居民平均收入水平提高,房地产价值所占家庭财产的比重会降低,城镇居民的购房负担降低。长期看,房价上涨促进消费,短期看,房价上涨挤出消费。稳定的收入预期是稳定消费行为的重要变量,收入分配差距的扩大不仅不利于内需的扩大,而且导致了房价的高涨和住房市场的挤出效应。因此,必须推行以促进住房消费而扩大内需的政策措施。一是调整我国国民收入分配格局,平衡政府、企业和居民间的分配关系。二是要控制住房投资需求。三是实施有效的保障性住房政策,并将城市务工人员纳入到住房保障体系中。

　　土地财政对住房消费具有正向扩张效应,住房消费对居民最终消费的扩张效应大于挤出效应。所以,土地财政通过住房消费扩张的传导,带来居民最终消费支出的增加。土地财政对我国地方经济增长,产生过积极作用。但地方政府过度依赖土地财政而产生的房价过高、居民购房负担过重和社会创新动力不足等问题已日益显现。政府增加财政支出可以促进居民的住房消费,且这种促进作用存在区域差异。由于全国各省区市的房地产需求函数存在较大差异,造成货币政策对各地区的影响效应不相同。东部和中部地区对货币政策的敏感性要弱于西部地区,这是由于东中部地区房价上涨带来的收益增加大于货币紧缩带来的购买成本的提高,从而造成货币政策的非对称性。

　　保障性住房政策的有效实施将促进居民住房消费,并有利于扩大内需。保障性住房的有效供给不仅对低收入者提供了较低价格的房源,因而提高了低收入者的福利,更通过分流需求降低了商品住房价格,增加了中高收入者的福利。住房"限购、限贷"政策的实施,确实对房地产价格产生了明显的抑制作用。"限购、限贷"虽然是一种极端的方式,但在市场自身处于失控状态时,采用这种强力干预政策,确实能够矫正房地产价格对均衡状态的偏离。面对复杂多变的宏观经济形势,应积极探索"限购令"退出后,多种宏观调控手段的配合与跟进。

第二节　科学引导居民住房消费

　　大量研究表明,进入 21 世纪以来,随着我国住房制度改革的

第十四章　引领新常态的住房消费和扩大内需战略

深入推进,房地产业在国民经济中的支柱产业地位迅速确立,房地产业对经济增长的贡献巨大。与此同时,中国房地产业本身亦累积了严重的风险。但是,新常态下住房消费对于改善民生、扩大内需和稳定经济增长,具有不可替代的独特功能。因此,围绕提高我国居民住房消费能力和扩大内需的战略部署,引发了我们对如下几个问题的系统思考。

第一,在中国经济新常态下房地产业作为国民经济的支柱产业地位没有改变,但房地产业本身亟待转型升级,以适应居民的住房消费需求。十多年来,我国房地产业在国民经济中的地位日益突出。(1)房地产业对中国经济增长的贡献巨大。房地产业从房地产开发投资、生产和消费等方面对经济增长作出贡献。2013年房地产业增加值和房地产开发投资相关行业的增加值合计为87413亿元,占全部GDP的15.3%;房地产业对GDP增长的贡献率为4.6%,房地产相关行业对GDP增长的贡献率为24.8%,两者合计为29.4%。从2004年到2013年,房地产开发投资对GDP增长的年均贡献率为7.8%。2008年到2011年房地产消费占居民消费支出的比重在17%左右,占最终消费支出的12%左右,占支出法GDP比重的6%左右(许宪春等,2015)。政府保增长或稳增长靠的均是房地产业。(2)土地财政、房地产税收是地方政府运转的基础。1994年分税制改革以来,中央政府和地方政府的财税关系发生了很大变化。随着房地产业的快速增长,土地收入和房地产税收成为地方政府的重要收入来源。根据统计数据测算,2003年到2013年土地出让收入占地方财政收入的比例,最低的2008年为35.8%,最高的2010年达到66.7%,平均为50.1%。在很多地区,房地产相关税收占到地方一般预算收入的1/4以上(陈伟、刘晓萍,2014)。(3)银行贷款的20%左右是房地产业贷款,银行贷款的50%—60%是以房地产抵押或担保的贷款。2004年到2014年房地产贷款占金融机构各项贷款比重从13.36%上升至

21.26%。2014年个人购房贷款占房地产贷款的比重达到60.9%①。(4)居民家庭资产配置的重点是不动产而非金融资产。数据显示,2010年中国家庭资产中房地产比重占70%左右,家庭金融资产中72%由现金构成。当前,房地产市场出现了一些新的变化。2013年城市常住居民存量住房户均超过1套,房地产市场由短缺时代进入过剩时代,房地产交易中存量房普遍超过增量房,房地产库存和空置压力增加、资金风险加大以及平均利润率下降,导致房地产市场竞争加剧,迫使房地产业转型升级。部分房地产开发企业将退出房地产开发领域,转向房地产服务领域,从事房地产经营和资产管理,以及开展房地产金融活动。

第二,尊重房地产市场运行规律,适度熨平房地产周期波动,防止房地产市场大起大落,不断提高房地产市场宏观调控的效率,是促进住房消费和扩大内需的关键。政府对房地产市场实施宏观调控,是一项技术,亦是一门艺术。(1)实现房地产供求双向调节,促使房地产市场供求均衡。在房地产供不应求时,既要促进供给,又要适度抑制需求;在房地产供过于求时,既要抑制供给,又要适度刺激需求。(2)注重区域差异,充分发挥地方政府调控房地产市场的功能和积极性。中国经济发展的区域不均衡性,导致了房地产业发展的区域差异十分明显。如果由中央政府确定调控目标和政策方向,地方政府根据本地房地产市场的实际,选择具体的调控措施,效果会更好。(3)合理把握调控节奏,适度超前调控。房地产作为一种重要的生活必需品和消费资料或生产要素,同时具有投资品的属性,而且在通货膨胀的情况下,投资房地产比投资其他资产更具保值功能。因此,对房地产市场的调控,必须充分关注资产市场的特性,通过改变人们的预期,实现宏观调控的目标。考虑到预期对房地产市场走向的影响,调控政策的出台和实施,要

---

① 资料来源:《2014年第四季度货币政策执行报告》,见 www.pbc.gov.cn。

第十四章 引领新常态的住房消费和扩大内需战略

有一定的提前量。在市场萧条期,适当放松对房地产投资行为的限制;在市场繁荣期,坚决抑制房地产投机活动。(4)提高宏观调控政策的协调性,彻底改变政出多门、政策相互抵触的局面。房地产市场宏观调控的政策工具主要包括土地政策、财政政策、货币政策和相关行政手段,这些政策之间应该相互配合、相互支持。在房地产市场供不应求的条件下,土地政策倾向于增加土地供给,财政政策可以适当给予房地产企业税收优惠而对购房者适当提高契税税率,货币政策对房地产企业采取适度宽松的信贷投放但对购房者增加按揭贷款限制。在房地产供过于求的条件下,适度减少土地供给,对房地产开发企业适当增加税收负担并收紧信贷,对购房者适当降低契税税率且放松按揭贷款的限制以适当刺激住房消费需求。

第三,加强房地产市场的政府规制,制定科学的房地产业政策,有效规范房地产企业行为,正确引导居民的住房消费需求,进而推动内需扩大。近年来,我国政府对房地产市场在信息披露、房地产交易、交易价格、税收以及融资等方面进行了不同程度的政府规制。但是,在规范开发商行为和引导消费者住房消费需求方面效果不佳。开发商争夺"地王"、无故退地、大量囤地、捂盘惜售、恶意炒作,消费者买涨不买跌,甚至争抢房源等现象在各地频繁上演。

因此,政府必须采取多种措施规范房地产开发商行为,合理引导消费者住房消费。一是增强政府对房地产市场的管制,针对房地产价格剧烈波动的现实,政府适当实行价格指导。二是加强行业管理,防止建立任何形式的价格联盟。三是严格执行房地产销售登记制度,整顿市场秩序,严厉打击开发商的捂盘惜售行为,杜绝房地产开发商的炒作行为。四是注重房地产价格等市场信息的搜集、加工和处理,严禁虚假信息传播,健全信息披露制度,尽可能消减房地产开发商的信息优势,确保房地产市场的信息公开、透明，为购房者提供客观、准确的市场信息，消除信息噪音，合理引导消费者的心理预期。

第四，推进土地使用制度改革，加速构建城乡统一的建设用地市场，完善土地价格机制，规范土地市场监管，进而对住房消费和扩大内需产生改革红利。改革开放以来，我国的土地使用制度改革取得了突破性进展，特别是2004年"831"大限大力推行经营性用地招拍挂之后，土地市场化程度大大提高。但是，由于土地一级市场的政府垄断和对土地二级市场的强力制约，土地供应行政力量主导的局面没有改变。事实上，用地性质、用地结构及规划设计改动的随意性，导致了土地市场的扭曲，并产生了严重的寻租行为。其实，在我国土地短缺是一个伪命题。现实中，产业用地效率低下，房地产开发用地闲置现象突出，进而推高了地价、房价。这对政府的治理能力和治理水平提出了严峻挑战。

当务之急是大力推进建设城乡统一的建设用地市场的改革试验和改革实践，尽快打破地方政府垄断土地市场的格局，并妥善解决"小权房"问题。政府必须采取多种措施抑制开发商的囤积土地行为，如缩小批租地块面积，规定项目的竣工周期等。既要避免开发商恶性竞争、地区间轮番哄抬地价，又要治理地区间为吸引投资、相互压低地价的行为。盘活存量土地，由国土、监察、财政、城建、规划、工商等相关部门联合清查土地违规交易和长时间闲置行为，整顿土地市场秩序，以提高土地利用效率。加强土地市场信息统计分析工作，不断提高土地市场信息的质量，将土地出让的价格、数量等相关信息及时通过网络、媒体等渠道公示，实现信息共享，严惩内幕交易等暗箱操作行为。

第五，根据房地产市场的实际状况，相机抉择，制定和实施切实可行的财政政策和金融政策是政府促进住房消费和扩大内需的重要抓手。近十多年来，由于房价上涨成为经济社会的焦点，为了抑制房地产投机，政府对房地产交易环节征收高比例定率税。事

第十四章 引领新常态的住房消费和扩大内需战略

实上,在房地产需求价格缺乏弹性的情况下,征收高比例定率税,反而造成了卖方向买方的税收转嫁,并推动房价上涨。与此同时,住房金融领域的问题亦十分突出。现行的信贷机制,商业银行是发放房地产贷款的主角,住房公积金制度不完善,政策性住房金融中介严重缺位,商业银行更偏向于那些具有较强还贷能力或者能够负担较多首付的人群,而期望通过信贷获得住房居住功能的家庭反而面临很多阻力。这种住房金融体系,导致了住房贷款的错配,大量资金进入住房投资、投机领域,对房价上涨起到了推波助澜的作用,并加剧了金融风险。

对于房地产市场而言,财政政策和金融政策的着力点必须是鼓励住房消费,适时、适度抑制和打击房地产投机,及时防范财政、金融风险,确保财政、金融安全。因此,对于首次购买普通商品房的消费者,必须适当给予购房财政补贴,并加强按揭贷款利率管制和实施政府贴息。探索对房地产投资、投机行为的管制措施,借鉴国际经验,对于购房未满3年上市交易的,甚至可以规定全额征收增值收益,对于空置3年以上的住房开征"空置税"。根据房地产市场的冷热程度,确定房地产金融政策的松紧程度,及时调整购房首付款比例、购房贷款利率水平和信贷投放量等。加强对房地产开发商的信贷管理,制止开发商使用银行贷款囤积土地和房源,防范各种形式的房地产金融投机活动。

第六,住房保障是政府的基本职责,增加保障性住房的有效供给,建立健全多元化的住房保障体系,将对住房消费和扩大内需产生直接的推动作用。解决居民的住房问题不能全靠市场,市场调节必然导致一部分中低收入家庭的住房消费水平低下,住房保障是提高居民住房消费水平的重要手段。但是,一段时期内,政府对保障性住房的供给重视不够,住房保障效率低下,制约了住房消费水平的提高和内需的扩大。

当前,必须进一步增强地方政府有效提供住房保障的责任意识，逐步建立健全多元化的住房保障体系。一是增加普通商品住房、中低价、中小套型商品住房的供应，以满足夹心层的住房消费需求。二是加强经济适用房的建设、供应和管理，合理确定建设规模、套型面积、销售价格、供应对象、上市交易条件等，提高经济适用房的社会效益。三是进一步完善廉租住房的保障对象确认、申请批准、收回等规定，确保廉租住房供应的资金来源。四是大力探索共有住房产权制度的改革试验。五是加快建立实物补贴和货币补贴相结合的住房保障方式。六是重视城市外来务工人员的住房保障问题，专门制定符合外来务工人员特点的切实可行的住房保障方案。

主要参考文献

1. Abraham, J. M. & Patric, H. Hendershott, "Bubbles in Metropolitan Housing Markets", *Journal of Housing Research*, 1996, Volume 7, Issue 2.

2. Acemoglu D, Linn J., "Market Size in Innovation: Theory and Evidence from the Pharmaceutical Industry", *Quarterly Journal of Economics*, 2004, 119(3): pp.1049-1090.

3. Aehyung Kimr, "Decentralization and the Provision of Public Services: Framework and Implementation", *The World Bank Policy Research Working Paper*, 2008, p.4503.

4. Alain Bertaud, "Measuring the Costs and Benefits of Urban Land Use Regulation: A Simple Model with an Application to Malaysial", *Journal of Housing Economics*, 2001, 10, pp.393-418.

5. Alesina A., Perotti R., "Income Distribution, Political Instability and Economic Growth", *European Economic Review*, 1996, 40, pp.1203-1228.

6. Alesina, A., and D. Rodrik, "Distributive Politics and Economic Growth", *Quarterly Journal of Economics*, 1994, Vol. 109, No. 2, pp. 465-490.

7. Alvin Tan and Graham Voss, "Consumption and Wealth in

Australia", *The Economic Record*, Vol. 79, No. 244, 2003, March, pp. 39–56.

8. Andrews, D. and A. C. Sánchez, "Drivers of Homeownership Rates in Selected OECD Countries", *OECD Economics Department Working Papers*, 2011, No. 849.

9. Arellano, M. and O. Bover, "Another Look at the Instrumental-Variable Estimation of Error-Components Models", *Journal of Econometrics*, 1995, Vol. 68, No. 1, pp. 29–51.

10. Arrondel, Luc and Lefebvre, Bruno, "Consumption and Investment Motives in Housing Wealth Accumulation: A French Study", *Journal of Urban Economics*, 2001, 50, pp.112–137.

11. Aschauer, D. A., "Fiscal Policy and Aggregate Demand", *American Economic Review*, 1985, 175(1), pp.117–127.

12. Attanasio, O., Weber, G., "The UK Consumption Boom of the Late 1980s: Aggregate Implications of Microeconomic Evidence", *Economic Journal. November*, 1994, 104(427): 1269–1302.

13. Attanasio, O.P., L.Blow, R.Hamilton and A.Leicester, "Booms and Busts: Consumption, House Prices and Expectations", *IFS working paper*, 2005, No. 25.

14. Ayuso, J., and F. Restoy, "House Prices and Rents in Spain: Does the Discount Factor Matter", *Journal of Housing Economics*, 2007, Vol. 16, No. 3–4, pp. 291–308.

15. Baffoe-Bonnie, John, "The Dynamic Impact of Macroeconomic Aggregates on Housing Prices and Stock of Houses: A National and Regional Analysis", *The Journal of Real Estate Finance and Economics*, 1998, 2; 17(2), pp.179–197.

16. Bailey, Martin J., *National Income and the Price Level*, McGraw-Hill, 1971.

17. Bajari, P., P. Chan, D. Krueger and D. Miller, "A Dynamic Model of Housing Demand: Estimation and Policy Implications", *CEDR Discussion Papers*, 2010, No. 7911.

18. Baldini, M., C. Mazzaferro, and P. Onofri, "The Reform of the Italian Pension System, and Its Effect on Saving Behaviour", *Pensions for The Fourth International Forum of the Collaborating Projects On Ageing Issues*, Tokyo, 2002, February 18-21.

19. Banks, J., Blundell, R. and Smith, J., "Wealth Portfolios in the United Kingdom and the United States", *In Perspectives on the Economics of Aging*, National Bureau of Economic Research, Inc, 2004, pp.205-246.

20. Barro, J. Robert and S.G. Becker, "Fertility Choice in a Model of Economic Growth", *Econometrica*, 1989, 57(2), pp.481-501.

21. Becker, S.G., "Family Economics and Macro Behavior", *The American Economic Review*, 1988, 78(1), pp.1-13.

22. Benhabib, J., and A. Rustichini, "Social Conflict, Growth and Income Distribution", *Journal of Economic Growth*, 1996, Vol.1, No.1, pp.125-142.

23. Benito, A., "Who Withdraws Housing Equity and Why?", *Economica*, 2009, 76, pp.51-70.

24. Benjamin, Chinloy and Jud, "Real Estate versus Financial Wealth in Consumption", *Journal of Real Estate Finance and Economics*, 2004, (29).

25. Berkovec, J., and J. Goodman, "Turnover as a Measure of Demand for Existing Homes", *Real Estate Economics*, 1996, Vol.24, No.4, pp.421-440.

26. Bernanke, B.S. and A.S. blinder, "The Federal Funds Rate and the Channels of Monetary Transmission", *American Economic Review*,

1992,82,901-921.

27. Bernanke, B. S., Gertler, M., "Insider the Black Box: The Credit Channel of Monetary Policy Transmission", *Journal of Economic Perspectives*, 1995, 9(4), pp.27-48.

28. Blanchard, O. J., "Debt, Deficits, and Finite Horizons", *Journal of Political Economy*, 1985, 93(2), pp.223-247.

29. Blanchard, O. J. and Fisher, "Lecture on Macroeconomics", MIT, 1989.

30. Blanchard O. J. and Watson M. W., "Bubbles, Rational Expectations and Financial Markets", *NBER Working Paper*, 1982, No.945.

31. Blundell, R., and S. Bond, "Initial Conditions and Moment Restrictions in Dynamic Panel Data Models", *Journal of Econometrics*, 1998, Vol. 87, No. 1, pp. 115-143.

32. Bostic, R., G. Stuart, and G. Painter, "Housing Wealth, Financial Wealth, and Consumption: New Evidence from Micro Data", *Regional Science and Urban Economics*, 2009, 39, pp.79-89.

33. Bourassa, Steven, and Patric H. Hendershott, "Austrian Capital City Real House Price", *Austrian Economic Review*, 1995, 3rd quarter, pp. 16-26.

34. Bover, O., "Wealth Effects on Consumption: Microeconometric Estimates from a New Survey of Household Finance", *CEPR DP Series*, 2006, No. 5847.

35. Brueckner, J. K., "Infrastructure Financing and Urban Development: the Economics of Impact Fees", *Journal of Public Economics*, 1997, 66(3), pp.383-407.

36. Brueckner, J. K., "Testing for Strategic Interaction among Local Governments: The Case of Growth Controls", *Journal of Urban*

Economics,1998,44(3),438-467.

37.Brueckner, J. K., "Growth Controls and Land Values in an Open City",*Land Economics*,1990,66(3),pp.237-248.

38.Bruin Shoofd, A., Candelon, B., "Nonlinear Monetary Policy in Europe: Fact or Myth?", *WO Research Memoranda*, 2004, Netherland,Netherlands Central Bank.

39. Brunnermeier, M. K., and C. Julliard, "Money Illusion and Housing Frenzies",*Review of Financial Studies*,2008,Vol. 21,No. 1, pp. 135-180.

40. Burchell, R. W., et al., "*The Costs of Sprawl-Revisited*". Washington, DC: National Academy Press for the Transportation Research Board,1998.

41.Calcagno,R.,E.Fornero and M.C.Rossi,"The Effect of House Prices on Household Consumption inItaly", *Journal of Real Estate Finance and Economics*,2009,39(3),pp.284-300.

42.Calvo, G., A.Kotlikoff,J.Laurence, and C.A.Rodriguez,"The Incidence of a Tax on Pure Rent: A New Reason for an Old Answer", *Journal of Political Economy*,1979,87,pp.869-874.

43.Campbell J.Y., and J.F.Cocco,"How do House Prices Affect Consumption? Evidence from Micro Data", *Journal of Monetary Economics*,2007,54,pp.591-621.

44. Campbell, John Y. and N. Gregory Mankiw, "*Consumption, Income,and Interest Rate: Reinterpreting the Time Series Evidence*", In O.J.Blanchard and S.Fischer(eds.), *NBER Macroeconomics Annual*, The MIT Press,1989.

45.Campbell,S.D., M.A.Davis,J.Gallin, and R.F.Martin, "What Moves Housing Markets: A Variance Decomposition of the Rent-Price Ratio",*Journal of Urban Economics*,2009,Vol. 66,No. 2,pp. 90-102.

46. Campbell, J. F. Cocco, "How do House Prices Affect Consumption? Evidence from Micro Data", *NBER Working Paper*, 2005.

47. Carlino, Gerald and Robert DeFina, "Do States Respond Differently to Changes in Monetary Policy?", *Federal Reserve Bank of Philadelphia Business Review*, 1999, 17-27.

48. Carmignani, F., "Political Instability, Uncertainty and Economics", *Journal of Economic Surveys*, 2003, Vol. 17, No. 1, pp. 1-54.

49. Case K. E., Shiller and Quigler, "Comparing Wealth Effects: The Stock Market Versus the Housing Market", *NBER Working Paper*, 2001.

50. Case, K.E., and R.Shiller, "Is There a Bubble in the Housing Market", *Brookings Papers on Economic Activity*, 2003, Vol. 34, No. 2, pp. 299-362.

51. Chen, J., "Re-evaluating the Association between Housing Wealth and Aggregate Consumption: New Evidence from Sweden", *Journal of Housing Economics*, 2006.

52. Chiuri, M.C., and T.Jappelli, "Do the Elderly Reduce Housing Equity? An International Comparison", *Journal of Population Economics*, 2010, 23(2), pp.643-663.

53. Christian A. L. Hilber & Tracy M. Turner, "The Mortgage Interest Deduction and its Impact on Homeownership Decisions", *SERC Discussion Papers* 0055, Spatial Economics Research Centre, LSE, 2010.

54. Christopher J. Mayer & C. Tsuriel Somerville, "Land Use Regulation and New Construction", *Regional Science and Urban Economics*, 2000, 30, pp.639-662.

55. Clayton, J., "Rational Expectations, Market Fundamentals and Housing Price Volatility", *Real Estate Economics*, 1996, Vol. 24, No. 4, pp. 441-470.

56. Cover, J. P., "Asymmetric Effects of Positive and Negative Money-Supply Shocks", *Quarterly Journal of Economics*, 1992, 107, 1261-1282.

57. Crossley T., and Y. Ostrovsky, "A Synthetic Cohort Analysis of Canadian Housing Careers", *Social and Economic Dimensions of an Aging Population Research Papers*, Mc Master University, Canada, 2003, No. 107.

58. Daron Acemoglu, Simon Johnson, James A. Robinson, "The Rise of Europe: Atlantic Trade, Institutional Change and Economic Growth", *American Economic Review*, 2005, 95(3), pp. 546-579.

59. David Miles, "A Household Level Study of the Determinants of Incomes and Consumption", *The Economic Journal*, 1997, pp.1-25.

60. David Ricardo, *On the Principles of Political Economy and Taxation*, Canada Batoche Books, 2001, pp.282-284.

61. David T., Rodda, Rich Man, *Poor Renter: A Study of the Relationship Between the Income Distribution and Low-Cost Rental Housing*, Ann Arbor, MI: UMI Dissertation Services, 1994.

62. Davidson, J., Hendry, D., Srba, F. and Yeo, S., "Econometric Modeling of the Aggregate Time—Series Relationship between Consumers Expenditure and Income in the United Kingdom", *Economic Journal*, 1978, 88, pp.61-692.

63. Diba, B. T. and Herschel I. Grossman, "Rational Inflationary Bubbles", *Journal of Monetary Economics*, 1988a, January 21, pp. 35-46.

64. Diba, B.T. and Herschel I. Grossman, "The Theory of Rational

Bubbles in Stock", *Prices Economic Journal*, 1988b, September 98, pp.746-754.

65. Disney, R., and E. Whitehouse, "The Economic Well-Being of Older People in International Perspective: A Critical Review", *Luxembourg Income Study Working Paper*, 2002, No. 306.

66. Dornbusch, R., C. Favero, and F. Giavazzi, "Immediate Challenges for the European Central Bank", *Economic Policy*, 1998, 26 (1): 15-64.

67. Engleman, Solokoff, "Factor Endowments, Inequality, and Paths of Development Among New World Economics", 2002, http://www.nber.org/papers/w9259.

68. Epple D., Zelenitz A., "The Implications of Competition among Jurisdictions: Does Tiebout Need Politics", *Journal of Political Economy*, 1981, 89(6), pp.1197-1217.

69. Eric, A. Hanushek, & John, M. Quigley, "Commercial Land Use Regulation and Local Government Finance", *The American Economic Review*, 1990, 80(2), pp.176-180.

70. Evans, P. and G. Karras, "Private and Government Consumption with Liquidity Constraints", *Journal of International Money and Finance*, 1996, 15(2), pp.255-266.

71. Fallis, G., "Housing Tenure in a Model of Consumer Choice: A Simple Diagrammatic Analysis", *Real Estate Economics*, 1983, Vol. 11, No. 1, pp. 30-44.

72. Feder, G., L. J. Lau, et al., "The Determinants of Farm Investment and Residential Construction in Post-reform China", *Economic Development and Cultural Change*, 1992, 41(1), pp.1-26.

73. Feinstein, J. S., and D. McFadden, *The Dynamics of Housing Demand by the Elderly: Wealth, Cash Flow, and Demographic Effects*,

In The Economics of Aging, ed. David A. Wise. Chicago: University of Chicago Press, 1989.

74. Fisher, J. D., D. S. Johnson, J. T. Marchand, T. M. Smeeding and B. B. Torrey, "No Place Like Home: Older Adults and Their Housing", *Journal of Gerontology*, 2007, 628(2), pp.120-128.

75. Forbes K J., "A Reassessment of the Relationship between Inequality and Growth", *American Economic Review*, 2000, 90(4), pp. 869-887.

76. Frappa, S., and J.-S. Mesonnier, "The Housing Price Boom of the Late 1990s: Did Inflation Targeting Matter", *Journal of Financial Stability*, 2010, Vol. 6, No. 4, pp. 243-254.

77. Friedman, M. and Schwartz A. J., *A Monetary History of the United States*, 1867-1960, Princeton University Press, 1963, Princeton N. J.

78. Friedman Milton, *A Theory of the Consumption Function*. Princeton, Princeton Univ. Press, 1957.

79. G. Bramley and NK Karley, "How Much Extra Affordable Housing is Needed in England?", *Housing Studies*, 2005 (5), pp. 685-715.

80. Galor, O., and J. Zeria, "Income Distribution and Macroeconomics", *Review of Economic Studies*, 1993, Vol. 60, No. 1, pp. 35-52.

81. Galor, O., Moav, O., "From Physical to Human Capital Accumulation: Inequality and the Process of Development", *Review of Economic Studies*, 2004, 71(4), pp.1000-1026.

82. Gary Painter, Lihong Yang and Zhou Yu, "Homeownership Determinants of Chinese Americans: Assimilation, Ethnic Concentration, and Nativity", *Real Estate Economics*, 2004, 32 (3), pp.

509-539.

83. Gergopoulos G., "Measuring Regional Effects of Monetary Policy in Canada", *University of Toronto Working Paper*, 2001.

84. Glaeser, E. L., Gyourko, J, & Saks, R. E, "Urban Growth and Housing Supply", *Journal of Economic Geography*, 2006, 6(1), pp. 71-89.

85. Gollier, C., "Wealth Inequality and Asset Pricing", *Review of Economic Studies*, 2001(68), pp.181-203.

86. Granziera, E., and S. Kozicki, "House Price Dynamics: Fundamentals and Expectations", *Bank of Canada Working Paper*, 2012-12.

87. Green, R. K, "Land Use Regulation and the Price of Housing in a Suburban Wisconsin County", *Housing Econ*, 1999, 8, pp. 233-248.

88. Grossman, J. Sanford and Laroque, Guy, "Asset Pricing and Optimal Portfolio Choice in the Pricing of Illiquid Durable Consumption Goods", *Econometrica*, 1990, 58(1), pp.25-51.

89. Guangzhong Cao, Changchun Feng, & Ran Tao, "Local Land Finance in China's Urban Expansion: Challenges and Solutions", *China & World Economy*, 2008, Vol. 16, No. 2, pp.19-30.

90. Gyourko, Joseph, Christother Mayer and Todd Sinnai, "Superstar Cities", *NBER Working Paper* 12355, 2006.

91. Hahn, F. H., "Equilibrium Dynamics with Heterogeneous Capital Goods", *Quarterly Journal of Economics*, 1966, 80, pp. 633-646.

92. Hall R., "Stochastic Implications of the Life Cycle Permanent Income Hypothesis: Theory and Practice", *Journal of Political Economy*, 1978, 86, pp.971-987.

93. Hamilton J. D., "On Testing for Self-fulfilling Speculative Price Bubbles", *International Economics*, 1986, Rev. 27, pp. 545-552.

94. Hanno N. Lustig and Stijn G. Van Nieuwerburgh, "Housing Collateral, Consumption Insurance, and Risk Premia: An Empirical Perspective", *The Journal of Finance.* 2005, Vol.LX, NO. 3.

95. Hansen, J., "Literacy Portfolios: Helping Students Know Themselves", *Educatinal Leadership*, 1992, 49, pp.66-68.

96. Heather Michelle Luea, "The Impact of Housing Cost Fluctuations on Non-housing Consumption", PHD thesis, Kansas State university, 2005.

97. Hender Shott, Patric H., "Real User Costs and the Demand for Single Family Housing", *Brookings Papers on Economic Activity*, 2, 1980, pp.401-452.

98. Henderson J. V, & Ioannides Y. M., "A Model of Housing Tenure Choice", *The American Economic Review*, 1983, Vol. 73, No. 1 (Mar.), pp.98-113.

99. Henry Buist and Tyler T. Yang, "Housing Finance in a Stochastic Economy: Contract Pricing and Choice", *Real estate economics*, 2000, Vol.28, no.1, pp.117-139.

100. Himmelberg, C., C. Mayer, and T. Sinai, "Assessing High House Prices: Bubbles, Fundamentals and Misperceptions", *Journal of Economic Perspectives*, 2005, Vol. 19, No. 4, pp. 67-92.

101. Hindy, A. and Chi-fu. Huang, "Optimal Consumption and Portfolio Rules with Durability and Local Substitution", *Econometrica*, 1993, 61(1), pp.85-121.

102. Huei-chung Lu, Mingshen Chen, "Cultural Norms? Investigating the High Homeownership Rate in Taiwan", 2006, http://www.econ.sinica.edu.tw/upload/file/20060418.pdf.

103. Hui E. C. M. and Yue S., "Housing Price Bubbles in Hong Kong, Beijing and Shanghai: A Comparative Study", *The Journal of Real Estate Finance and Economics*, 2006, 33(4): 299-327.

104. Hurd, M.D., "Savings of the Elderly and Desired Bequests", *American Economic Review*, 1987, 77, pp.298-312.

105. Hurd, M. D., "Research on the Elderly: Economic Status, Retirement, and Consumption and Saving", *Journal of Economic Literature*, 1990, 28, pp.565-637.

106. Hurd, M. D., "Anchoring and Acquiescence Bias in Measuring Assets in Household Surveys", *Journal of Risk and Uncertainty*, 1999, 19(1-3), pp.111-36.

107. Hyman D. N., Pasour, J. R., "Real Property Taxes, Local Public Services, and Residential Property Values", *Southern Economic Journal*, 1973, (39), pp.601-611.

108. Iacoviello, M., "Consumption, House Prices and Collateral Constraints: A Structural Econometric Analysis", *Journal of Housing Economics*, 2004, 13(4), pp.305-321.

109. Im, K.S., M.H. Pesaran, and Y. Shin, "Testing for Unit Roots in Heterogeneous Panel", *Journal of Econometrics*, 2003, Vol. 115, No. 1, pp. 53-74.

110. Ioannides, M. Y. and S. S. Rosenthal, "Estimating the Consumption and Investment Demands for Housing and Their Effect on Housing Tenure Status", *The Review of Economics and Statistics*, 1994, 76(1), pp.127-141.

111. Ivo, J., M., Arnold, "The Regional Effects of Monetary Policy in Europe", *Journal of Economic Integration*, 2001, 16, pp.399-420.

112. James C. Morley, "The Slow Adjustment of Aggregate Consumption to Permanent Income", *Journal of Money, Credit and*

Banking, 2007, Volume 39, Issue 2-3, pp.615-638.

113. Janine Aron, John Muellbauer and Anthony Murphy, "Housing Wealth andUK Consumption", *Economic Outlook*, 2006, Volume 30, Issue 4, pp.11-20.

114. Joanne Cutler, "The Relationship between Consumption, Income and Wealth in Hong Kong", *Pacific Economic Review*, 2005, 10, 2, pp.217-241.

115. Joel Kotkin, 7th *Annual Demographic International Housing Affordability Survey*, http://www.demographia.com/dhi.pdf.

116. John, F. McDonald, & Daniel P., McMillen, "Costs and Benefits of Land Use Regulations: A Theoretical Survey", *Journal of Real Estate Literature*, 2003, 11(2), pp.157-175.

117. John, G. Head, *Public Goods and Public Policy*, In John G. Head ed., Public Good and Welfare, Duke University Press, 1974.

118. Joseph P. Byrne and E. Philip Davis, *Disaggregate Wealth and Aggregate Consumption An Investigation of Empirical Relationships for the G7*, Oxford Bulletin of Economics and Statistics, 2003, 65, 2, pp.197-220.

119. Kao C., "Spurious Regression and Residual-Based Tests for Cointegration in Panel Dates", *Journal of Econometrics*, 1999, 90, pp.1-44.

120. Kao, M., "Testing the Stability of a Production Function with Urbanization as a Shift Factor", *Oxford Bulletin of Economics and Statistics*, 1999, Volume 61, Issue S1, pp.671-690.

121. Katz, L., & Rosen K.T., "The Inter Jurisdictional Effects of Growth Controls on Housing Prices", *Journal of Law and Economies*, 1987, 30(1), pp.149-160.

122. Kelly M., "Inequality and Crime", *Review of Economics and*

Statistics, 2000, 82(4).

123. Kookshin Ahn, "Trends in and Determinants of Income Distribution in Korea", *Journal of Economic Development*, 1997(2).

124. Kopczuk, W., and J. P. Lupton, "To Leave or Not Leave: The Distribution of Bequest Motives", *Review of Economic Studies*, 2007, 74(1), pp.207-235.

125. Kremer M., Onatski A., Stock J., "Searching for Prosperity", *Carnegie-Rochester Conference Series on Public Policy*, 2001:275-303.

126. Laitner, J., and A. Sonnega, "Intergenerational Transfers in the Health and Retirement Study Data", MRRC Working Paper, 2010, No. 239.

127. Laitner, J., and F. T. Juster, "New Evidence on Altruism: A Study of TIAA_CREF Retirees", *American Economic Review*, 1996, 86(4), pp.893-908.

128. Lars Peter Hansen, "Large Sample Properties of Generalized Method of Moments Estimators", *Econometrica*, 1982, Vol. 50, Issue 4, pp.1029-1054.

129. Lau and Li, "Commercial Housing Affordability in Beijing", *Habitat International*, 2006, 30(3), pp.1614-1627.

130. Lehnert, A., *Housing, Consumption, and Credit Constraints*, Finance and Economics Discussion Series, Board of Governors of the Federal Reserve System(U.S.), 2004, No. 63.

131. Lettau, M., Ludvigson, S. C., "Consumption, Aggregate Wealth, and Expected Stock Return", *Journal of Finance* 2001, 56(3), pp.815-849.

132. Lettau, M., Ludvigson, S. C., "Understanding Trend and Cycle in Asset Values: Reevaluating the Wealth Effect on Consumption", *American Economic Review*, 2004, 94(1), pp.276-299.

133. Levin, A., C. F. Lin, and C. Chu, "Unit Root Tests in Panel Data: Asymptotic and Finite Sample Properties", *Journal of Econometrics*, 2002, Vol. 108, No. 1, pp. 1–24.

134. Levin, L., *Are Assets Fungible? Testing Alternative Theories of Life Cycle Saving*, Santa Clara University, Santa Clara, CA. Mime, 1992.

135. Li, Wenyi and Rui Yao, "The Life-Cycle Effects of Housing Price Changes", *Journal of Money, Credit and Banking*, 2007, 39(6), pp. 1375–1409.

136. Liu J., "Portfolio Selection in Stochastic Environments", *The Review of Financial Studies*, 2007, 20(1), pp. 1–39.

137. Ludwig, A., and T. Slok, "The Impact of Stock Prices and House Prices on Consumption in OECD Countries", *IMF Working Paper*, 2001.

138. M. Stephens, "A Critical Analysis of Housing Finance Reform in a Super Home-ownership State: The Case of Armenia", *Urban Studies*, 2005(10), pp. 1795–1815.

139. MA Stegman, WRD Avis and R. Quercia, "The Earned Income Tax Credit as an Instrument of housing Policy", *Housing Policy Debate*, 2004(2), pp. 203–260.

140. Malpezzi, S., and Mayo, S. K., "Getting Housing Incentives Right: A Case Study of the Effects of Regulation, Taxes and Subsidies on Housing Supply in Malaysia", *Land Econ*, 1997, 73, pp. 372–391.

141. Manuel Arellano, & Stephen Bond, "Some Tests of Specification for Panel Data: Monte Carlo Evidence and an Application to Employment Equations", *The Review of Economic Studies*, 1991, Vol. 58, No. 2(Apr.), pp. 277–297.

142. Markowitz, H., "Portfolio Selection", *The Journal of Finance*, 1952, 7(1), pp. 77–91.

143. Marron, D. B., "Housing Wealth and Consumer Spending", Congressional Budget Office Background Paper, 2007, No. 2834.

144. Martin Browning and Soren Leth-Petersen, "Imputing Consumption from Income and Wealth Information", *The Economic Journal*, 2003, 113(June), pp.282-301.

145. Matlack J.L., Vigdor J.L., "Do Rising Tides Lift All Prices? Income Inequality and Housing Affordability", *Journal of Housing Economics*, 2008, 17(3):212-224.

146. McMillan M., Carlson R., "The Effects of Property Taxes and Local Public Services upon Residential Property Values in Small Wisconsin Cities", *American Journal of Agricultural Economics*, 1977, 59(1), pp.81-87.

147. ME Stone, "What Is Housing Affordability? The Case for the Residual Income Approach", *Housing Policy Debate*, 2006(17), pp. 151-184.

148. Meen, G., "The Removal of Mortgage Constraints and the Implications for Econometric Modeling of UK House Prices", *Oxford Bulletin of Economic and Statistics*, 1990, Vol. 52, No. 1, pp. 1-23.

149. Megbolugbe F. I., Marks A. and Schwartz M. B., "The Economic Theory of Housing Demand: A Critical Review", *Journal of Real Estate Research*, 1991, 6(3), 381-393.

150. Merton, C.R., "Optimal Consumption and Portfolio Rules in a Continuous Time Model", *Journal of Economic Theory*, 1971, 8(3), pp.373-413.

151. Merton, C. R., "Lifetime Portfolio Selection under Uncertainty: The Continuous-Time Case", *The Review of Economics and Statistics*, 1969, 51(3), pp.247-257.

152. Merton R. C., "A Simple Model of Capital Market

Equilibrium with Incomplete Information", *The Journal of Finance*, 1987,42(3),483-510.

153. Miehae T. Owyang, Howard J. Wall, "Regime Switching and Monetary Policy Measurement", *Journal of Monetary Economics*, 2004.

154. Mishkin, F. S., "Housing and the Monetary Transmission Mechanism", *Finance and Economics Discussion Series*, Federal Reserve Board, Washington, D.C. 2007, pp.1-53.

155. Mitch Renkow, "Land Prices, Land Rents, and Technological Change: Evidence from Pakistan", *World Development*, 1993, Vol. 21, Issue 5, pp.791-803.

156. Mitchell, O. S., and J. Piggott, "Unlocking Housing Equity in Japan", *Journal of the Japanese and International Economies*, 2004, 18, pp.466-505.

157. Mohammad S. Hasan and Majid Taghavi, "Residential Investment, Macroeconomic Activity and Financial Deregulation in the UK: An Empirical Investigation", *Journal of Economics and Business*, 2002, Vol.54, pp.447-462.

158. Monk S., Pearce B. J., & Whitehead C. M. E., "Land-use Planning, Land Supply, and House Prices", *Environment and Planning*, 1996,28(3), pp.495-511.

159. Monk, S., & Whitehead, C., "Evaluating the Economic Impact of Planning Controls in the United Kingdom: Some Implications for Housing", *Land Econ*, 1999,75, pp.74-93.

160. Mostafa, A. et al., "Relationship Between Housing Affordability and Economic Development in Mainland China", *Journal of Urban Planning and Development*, 2006,132(1), pp.162-701.

161. Muellbauer, J., and A. Murphy, "Booms and Busts in the UK Housing Market", *The Economic Journal*, 1997, Vol. 107, No. 445,

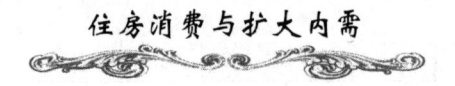

pp. 1701-1727.

162. Murphy K, Shleifer A., Vishny R., "Income Distribution, Market Size and Industrialization", *Quarterly Journal of Economics*, 1989,104,pp.537-564.

163. Muth, R. F., & E. Wetzler, "The Effects of Constraints on Housing Costs", *Journal of Urban Economics*, 1976, 3 (Jan.), pp. 57-67.

164. Muth, R. F., *Cities and Housing*, Chigago University Press,1969.

165. Nikola Dvornak and Marion Kohler, "Housing Wealth, Stock Market Wealth and Consumption: A Panel Analysis for Australia", *The Economic Record*,2007,VOL. 83,NO. 261,pp.117-130.

166. Oates W.E., "The Effects of Property Taxes and Local Public Spending on Property Values: An Empirical Study of Tax Capitalization and the Tiebout Hypothesis", *Journal of Political Economy*, 1969, 77 (6),pp.957-971.

167. Ohls, J. C., R. C. Weisberg, & M. J. White, "The Effect of Zoning on Land Value", *Journal of Urban Economics*, 1974, 1 (Oct.), pp.428-444.

168. Olivier Ducourtieux, Jean-Richard Laffort, & Silinthone Sacklokham, "Land Policy and Farming Practices in Laos", *Development and Change*,2005,Vol. 36,No. 3,pp.499-526.

169. Olsen, E. O., "A Competitive Theory of the Housing Market",*America Economic Review*,1969,59(4),pp.612-622.

170. Ortalo-Magne, F. and S. Rady, "Housing Market Dynamics: on the Contribution of Income Shocks and Credit Constraints", *Review of Economic Studies*,2006,73,459-485.

171. Oxford Economic Forecasting, "The Impact of Shocks on the

UK Economy in and out of EMU", *Economic Outlook*, July, 2002.

172. Panizza U., "Income Inequality and Economic Growth: Evidence from American Data", *Journal of Economic*, 2011, http://papers.ssrn.com/sol3/papers.cfm? abstract_id=1817201.

173. Patridge M. D., "Is Inequality Harmful for Growth? Comment", *American Economic Review*, 1997, 87, pp.1019-1032.

174. Pedroni P., "Critical Values for Cointegration Tests in Heterogeneous Panels with Multiple Regressors", *Oxford Bulletin of Economics and Statistics*, 1999, (61), pp.653-670.

175. Pedroni, P., "Panel Cointegration: Asymptotic and Finite Sample Properties of Pooled Time Series Tests, With an Application to the PPP Hypothesis", *Revised Working Paper*, Indiana University, 2001.

176. Persson, T., and G. Tabellini, "Is Inequality Harmful for Growth", *American Economic Review*, 1994, Vol. 84, No. 3, pp. 600-621.

177. Pierre-Olivier Gourinchas and Jonathan A. Parker, "Consumption over the life cycle", *Econometrica*, 2002, Vol. 70, No. 1, pp.47-89.

178. Pigou, Arthur Cecil, "The Classical Stationary State", *Economic Journal*, 1943, 53(212), pp.343-351.

179. Pogodzinski, J. M., & Sass, T. R., "Measuring the Effects of Municipal Zoning Regulations: A Survey", *Urban Stud*, 1991, 28, pp. 597-621.

180. Quigely(eds), *Housing Markets and Housing Institutions: An International Comparison*, Kluwer, 1991.

181. Ray Barrell & E. Philip Davis, "Financial liberalization, Consumption and Wealth Effects in Seven OECD Countries", *Scottish Journal of Political Economy*, 2007, Vol. 54, No. 2.

182. Real Estate Research Corporation, *The Costs of Sprawl*: *Detailed Cost Analysis*, Washington, D.C.: U.S, Government Printing Office, 1974.

183. Reto Foellmi and Josef Zeimuller, "Income Distribution and Demand-induced Innovations", Working Paper, 2004, No. 212, Institute for Empirical Research in Economics University of Zurich.

184. Richard Blundell & Stephen Bond, "Initial Conditions and Moment Restrictions in Dynamic Panel Data Models", *Journal of Econometrics*, 1998, 87, pp.115-143.

185. Robert C. Hsu, "Changing Domestic Demand and Ability to Export", *The Journal of Political Economy*, Jan.-Feb, 1972, Vol. 80, No. 1, pp.198-202.

186. Rosenthal L., "House Prices and Local Taxes in the UK", *Fiscal Studies*, 1999, 20(1), pp.61-76.

187. Ross S. Guest, "A Life Cycle Analysis of Housing Affordability Options for First Home Owner-Occupiers in Australia", *The Economic Record*, 2005, Vol. 81, No. 254, September, pp.237-248.

188. RS Karnad, "Housing Finance and The Economy: Regional Trends South Asia Perspectives", Brussels: *The 25th Congress of International Union for Housing Finance*, 2004, pp.1-10.

189. Saks, R. E., "Job Creation and Housing Construction: Constraints on Metropolitan Area Employment Growth", *Journal of Urban Economics*, 2008, 64(1), pp.178-195.

190. Samuelson, Paul A., "Lifetime Portfolio Selection by Dynamic Stochastic Programming", *The Review of Economics and Statistics*, 1969, 51(3), pp.239-246.

191. Samuelson, Paul A., "Proof that Properly Anticipated Price Fluctuate Randomly", *Industrial Management Review*, 1965, Spring 6,

pp.41-49.

192. Sanford. J. Grossman, Guy Laroque, "Asset Pricing and Optimal Portfolio Choice in the Presence of Illiquid Durable", *Econometrica*, 1990, Vol. 58. No. 1, pp.25-51.

193. Sargeson, S. Subduing, "The Rural House-building Craze: Attitudes Towards Housing Construction and Land Use Controls in Four Zhejiang Villages", *The China Quarterly*, 2002, 172, pp.927-955.

194. Schwartz, C., C. Lewis, & D. Norman, "Factors Influencing Housing Equity Withdrawal: Evidence from a Microeconomic Survey", *Economic Record*, 2008, 84(267), pp.421-433.

195. Schwartz, Hansen, D. E, & Green, R., "Suburban Growth Controls and the Price of New Housing", *Journal of Environmental Economics and Management*, 1981, 8(Dee.), pp.303-320.

196. Shangjin Wei, Xiaobo Zhang, "The Competitive Saving Motive: Evidence from Rising Sex Ratios and Savings Rates in China", *Journal of Political Economy*, 2011, 119(3), pp.511-564.

197. Shell, Karl & Stiglitz, Joseph E., "Allocation of Investment in a Dynamic Economy", *Quarterly Journal of Economics*, November, 1967, 81, pp. 592-609.

198. Shiller, R. J., "Do Stock Prices Move Too Much to be Justified by Subsequent Changes in Dividends?", *American Economic Review*, 1981, Vol. 71(3), pp.421-436.

199. Sierminska, E., and Y. Takhtamanova, "Wealth Effects out of Financial and Housing Wealth: Cross Country and Age Group Comparison", *Federal Reserve Bank of San Francisco*, Working Paper Series, 2007, January.

200. Skinner, J., "Housing Wealth and Aggregate Saving", *Regional Science and Urban Economics*, 1989, 19(2), pp.305-324.

201. Skinner, J., "*Is Housing Wealth a Sideshow?*", In D. Wise (Ed.), Advances in the Economics of Aging, Chicago: University of Chicago Press, 1996, pp.241-268.

202. Sommer, K., P. Sullivan, and R. Verbrugge, "Run-up in the House Price-Rent Ratio: How Much Can Be Explained by Fundamentals", *Bureau of Labor Statistics Working Papers*, 2011, No. 441, U.S. Bureau of Labor Statistics.

203. SS Kim, IH Yang, MS Yeo and KW Kim, "Development of a Housing Performance Evaluation Model for Multi-family Residential Buildings in Korea", *Building and Environment*, 2005 (8), pp. 1103-1116.

204. Stadelmann D., Billon S., "Capitalization of Fiscal Variables and Land Scarcity", 2010, *CREMA Working paper*, No. 03.

205. Strawczynski, M., "Income Uncertainty and Ricardian Equivalence", *The American Economic Review*, 1995, 85 (4), pp. 964-967.

206. T. R. Lakshmanan, Lata Chatterjee, Peter Kroll, "Housing Consumption and Level of Development A Cross-National Comparison", *Economic Geography*, 1978, Vol. 54, No. 3, pp.222-233.

207. Taipalus, K., "A Global House Price Bubble? Evaluation Based on a New Rent-Price Approach", *Bank of Finland Research Discussion Papers*, 2006, No. 29.

208. Taylor AD, *Mathematics and Politics*, Berlin Heidelberg New York, Springer, 1995.

209. Tiebout, C. M., "A Pure Theory of Local Expenditure", *Journal of Political Economy*, 1956, 64(5), pp.416-424.

210. Tirole J., "On the Possibility of Speculation under Rational Expectations", *Econometrica*, 1982, Vol. 50, No. 5, pp. 1163-1182.

211. Tirole J., "Asset Bubbles and Overlapping Generations", *Econometrica*, 1985, Vol. 53, No. 6, pp. 1499-1528.

212. Tobin, James, "A General Equilibrium Approach to Monetary Theory", *Journal of Money, Credit, and Banking*, 1969, vol1, 15-29.

213. Tsatsaronis, K., and H. Zhu, "What Drives Housing Price Dynamics: Cross-Country Evidence", *BIS Quarterly Review*, 2004, 65-78(March).

214. Venti, S.F., and D.A. Wise, "*Aging and Housing Equity*", In Innovations in Retirement Financing, Z. Bodie, P. Hammond and O. Mitchell eds.Philadelphia: University of Pennsylvania Press, 2002.

215. Venti, S.F., and D.A. Wise, "*Aging and Housing Equity: Another Look*", In Perspective in the Economics of Aging. Chicago: University of Chicago Press, 2004.

216. Wei, Shang-jin, and Xiaobo, Zhang, "The Competitive Saving Motive: Evidence from Rising Sex Ratios and Savings Rates inChina", *Journal of Political Economy*, 2011, Vol. 119, No. 3, pp. 511-564.

217. Weil P., "Confidence and the Real Value of Money in an Overlapping Generations Economy", *Quarterly Journal of Economics*, 1987, Vol. 102, No. 1, pp. 1-22.

218. Weinberg, D.H, J. Friedman, & S.K. Mayo, "Intraurban Residential Mobility: The Role of Transactions Costs, Market Imperfections, and Household Disequilibrium", *Journal of Urban Economics*, 1981, 9, pp.332-348.

219. Vermeulen W., Ommeren J.V., "Does Land Use Planning Shape Regional Economies? A Simultaneous Analysis of Housing Supply, Internal Migration and Local Employment Growth in the Netherlands", *Journal of Housing Economics*, 2009, 18(4):294-310.

220. Westerlund, J., "Data Dependent Endogeneity Correction in

Cointegrated Panels", *Oxford Bulletin of Economics and Statistics*, 2005, Volume 67, Issue 5, pp.691-705.

221. Wheaton, W., "Vacancy, Search, and Prices in a Housing Market Matching Model", *The Journal of Political Economy*, 1990, Vol. 98, No. 6, pp. 1270-1292.

222. White, H., "Instrumental Variables Regression with Independent Observations", *Econometrica*, 1982, 50, pp.483-499.

223. William, A. Fischel, "The Economics of Land Use Exactions: A Property Rights Analysis", *Law and Contemporary Problems*, 1987, Vol. 50(1), pp.101-113.

224. Winters, J. V., "Differences in Quality of Life Estimates Using Rents and Home Values", *The Institute for the Study of Labor Discussion Paper*, 2012, No. 6703.

225. Wouter Vermeulen, & Jos van Ommeren, "Does Land Use Planning Shape Regional Economies? A Simultaneous Analysis of Housing Supply, Internal Migration and Local Employment Growth in the Netherlands", *Journal of Housing Economics*, 2009, 18, pp. 294-310.

226. Zeldes S. P., "Consumption and Liquidity Constraints: An Empirical Investigation", *Journal of Political Economy*, 1989, 97(2). 305-346.

227. Zhao Bo, "Housing Wealth Effect and Endogenous Retirement", *European Economic Association & Econometric Society 2011 Parallel Meetings*, 2011, 25-29 August.

228. 安体富：《当前世界减税趋势与中国税收政策取向》，《经济研究》2002年第2期。

229. 白重恩：《近年投资回报率快速下降》，《中国总会计师》2012年第2期。

230. 白重恩等:《中国的资本回报率》,《比较》2007年第26辑。

231. 蔡昉:《如何认识中国收入分配现实:一个求同存异的分析框架》,《比较》2012年第59辑。

232. 柴效武、胡平:《美国反向抵押贷款发展历程及对我国的启迪》,《经济与管理研究》2010年第4期。

233. 陈斌开等:《户籍制约下的居民消费》,《经济研究》2010年第S1期。

234. 陈斌开、杨汝岱:《土地供给、住房价格与中国城镇居民储蓄》,《经济研究》2013年第1期。

235. 陈创练:《政府财政收支对居民消费的挤出挤入效应》,《山西财经大学学报》2010年第6期。

236. 陈多长、踪家峰:《房地产税收与住宅资产价格:理论分析与政策评价》,《财贸研究》2004年第1期。

237. 陈建、陈英楠、刘仁和:《所有权成本、投资者预期与住宅价格波动:关于国内四大城市住宅市场的经验研究》,《世界经济》2009年第10期。

238. 陈杰、郝前进、郑麓漪:《动态房价收入比——判断中国居民住房可支付能力的新思路》,《中国房地产》2008年第1期。

239. 陈杰、金珉州:《上海居民住房需求的收入弹性分析——基于家庭层面的微观分析》,《上海经济研究》2012年第3期。

240. 陈杰、张卫涛:《中国城镇居民资产如何影响消费:理论与经验研究》,《2008年度上海市社会科学界第六届学术年会文集(经济·管理学科卷)》,2008年。

241. 陈利平:《高增长导致高储蓄:一个基于消费攀比的解释》,《世界经济》2005年第11期。

242. 陈明:《"土地财政"的多重风险及其政治阐释》,《经济体制改革》2010年5期。

243.陈伟、刘晓萍:《"涨价归资本":中国农用地转用增值收益分配新解》,《经济学动态》2014年第10期。

244.陈宪:《市场自由、政府干预与"中国模式"》,《上海大学学报(社会科学版)》2009年第11期。

245.陈新年:《我国住房消费政策调整思路》,《宏观经济管理》2008年第11期。

246.陈彦斌、邱哲圣、李方星:《宏观经济学新发展:Bewley模型》,《经济研究》2010年第7期。

247.陈彦斌、邱哲圣:《高房价如何影响居民储蓄率和财产不平等》,《经济研究》2011年第10期。

248.党国英:《在高度城镇化基础上实现城乡一体化》,《新视野》2013年第1期。

249.杜敏杰、刘霞辉:《人民币升值预期与房地产价格变动》,《世界经济》2007年第1期。

250.杜雪君、黄忠华、吴次芳:《房地产价格、地方公共支出与房地产税负关系研究——理论分析与基于中国数据的实证检验》,《数量经济技术经济研究》2009年第1期。

251.杜雪君、黄忠华、吴次芳:《中国土地财政与经济增长——基于省际面板数据的分析》,《财贸经济》2009年第1期。

252.杜雪君、吴次芳、黄忠华:《我国房地产税与房价关系的实证研究》,《技术经济》2008年第9期。

253.范从来等:《中国资产短缺影响因素研究——理论及经验证据》,《金融研究》2013年第5期。

254.樊纲:《大幅提高国民消费尚属奢望》,《新华文摘》2007年第4期。

255.方红生、郭林:《中国财政政策对居民消费的非线性效应:理论和实证》,《经济问题》2010年第9期。

256.冯文权等:《经济预测与决策技术》,武汉大学出版社

2006年版。

257. 付文林:《住房消费、收入分配与中国的消费需求不足》,《经济学家》2010年第2期。

258. 傅鸿源、孔利娟:《"以房养老"模式的现状及分析》,《城市问题》2008年第9期。

259. 高波、陈健、邹琳华:《区域房价差异、劳动力流动与产业升级》,《经济研究》2012年第1期。

260. 高波、洪涛:《中国住宅市场羊群行为研究——基于1999—2005动态面板模型的实证分析》,《管理世界》2008年第2期。

261. 高波、王辉龙:《长三角房地产价格波动与居民消费的实证分析》,《产业经济研究》2011年第1期。

262. 高波、王先柱:《中国房地产市场货币政策传导机制的有效性分析:2000—2007》,《财贸经济》2009年第3期。

263. 高波、赵奉军等:《中国房地产周期波动与宏观调控》,商务印书馆2012年版。

264. 高波:《房价波动、住房保障与消费扩张》,《理论月刊》2010年第7期。

265. 高波:《现代房地产经济学》,南京大学出版社2010年版。

266. 高波等:《预期、收入差距与中国城市房价租金"剪刀差"之谜》,《经济研究》2013年第6期。

267. 高波等:《转型期中国房地产市场成长:1978—2008》,经济科学出版社2009年版。

268. 高春亮、周晓艳:《34个城市的住宅财富效应:基于panel data的实证研究》,《南开经济研究》2007年第1期。

269. 高凌江:《地方财政支出对房地产价值的影响——基于我国35个大中城市的实证研究》,《财经理论与实践》2008年第1期。

270.高铁梅:《计量经济分析方法与建模》,清华大学出版社 2006 年版。

271.高文书、赵文、程杰:《农村劳动力流动对城乡收入差距统计的影响》,载《中国人口与劳动问题调查报告》,社会科学文献出版社 2011 年版。

272.葛新权:《期泡沫经济计量模型研究与应用》,《数量经济技术经济研究》2005 年第 5 期。

273.龚刚敏:《论物业税对房地产价格与政府行为的影响》,《税务研究》2005 年第 5 期。

274.古扎拉蒂:《计量经济学基础》,中国人民大学出版社 2011 年版。

275.郭松海:《积极引导农村第三次建房热潮》,《建筑科技》2010 年第 5 期。

276.郭万达等:《我国居民住房租赁核算的方法选择》,《开放导报》2012 年第 2 期。

277.郭艳茹:《中央与地方财政竞争下的土地问题:基于经济学文献的分析》,《经济社会体制比较》2008 年第 3 期。

278.国家人口和计划生育委员会流动人口服务管理司:《中国流动人口发展报告》,中国人口出版社 2011 年版。

279.国务院发展研究中心课题组:《中国住房市场发展的基本判断与住房政策走向前瞻》,《改革》2007 年第 12 期。

280.韩立岩:《住房消费对经济增长的带动作用》,《管理世界》1999 年第 5 期。

281.杭斌:《经济转型期中国城乡居民消费行为的实证研究》,中国统计出版社 2006 年版。

282.洪银兴:《像重视生产力那样重视消费力》,《当代经济》2008 年第 6 期。

283.洪银兴:《论中高速增长新常态及其支撑常态》,《经济学动态》2014年第11期。

284.胡洪曙:《财产税、地方公共支出与房产价值的关联分析》,《当代财经》2007年第6期。

285.胡健颖等:《中国房地产价格有几成泡沫》,《统计研究》2006年第1期。

286.胡书东:《中国财政支出和民间消费需求之间的关系》,《中国社会科学》2002年第6期。

287.胡祖光:《基尼系数理论最佳值及其简易计算公式研究》,《经济研究》2004年第9期。

288.黄微分:《我国最终消费率下降的原因分析及对策建议》,《湖南商学院学报》2005年第6期。

289.姜春海:《中国房地产市场投机泡沫实证分析》,《管理世界》2005年第12期。

290.姜尧民:"Wealth Inequality and House Price in Taiwan", *Presented at the AsRES and AREUEA Joint International Conference*, Seoul, July, 3-7, 2002.

291.蒋瑛琨、刘艳武、赵振全:《货币渠道与信贷渠道传导机制有效性的实证分析》,《金融研究》2005年第5期。

292.况伟大:《房价变动与中国城市居民消费》,《世界经济》2011年第10期。

293.况伟大:《预期、投机与中国城市房价波动》,《经济研究》2010年第9期。

294.况伟大:《住房特性、物业税与房价》,《经济研究》2009年第4期。

295.李春琦、唐哲一:《财政支出结构变动对私人消费影响的动态分析——生命周期视角下政府支出结构需要调整的经验证据》,《财经研究》2010年第6期。

296.李春琦、王文龙:《货币供给量作为货币政策中介目标适应性研究》,《财经研究》2007 年第 2 期。

297. 李稻葵、汪进、冯俊新:《货币政策须对冲市场情绪:理论模型和政策模拟》,《金融研究》2009 年第 6 期。

298. 李广众:《政府支出与居民消费:替代还是互补》,《世界经济》2005 年第 5 期。

299. 李培:《房屋租赁的替代效应与福利评价》,《南方经济》2009 年第 2 期。

300. 李实、魏众、丁赛:《中国居民财产分布不均等及其原因的经验分析》,《经济研究》2005 年第 6 期。

301. 李实:《中国收入分配中的几个主要问题》,《探索与争鸣》2011 年第 4 期。

302. 李维哲、曲波:《地产泡沫预警系统研究》,《中国房地产金融》2002 年第 8 期。

303. 李晓芳、高铁梅、梁云芳:《税收和政府支出政策对产出动态冲击效应的计量分析》,《财贸经济》2005 年第 2 期。

304. 李学彦、刘霄:《过度储蓄理论与我国的过度储蓄问题》,《经济学动态》2006 年第 7 期。

305. 李扬:《全球经济失衡对中国的挑战》,《国际经济评论》2006 年第 1 期。

306. 李颖:《1998 年以来我国财政政策对扩大消费需求的实践效果及启示》,《经济问题探索》2010 年第 7 期。

307. 梁云芳、高铁梅、贺书平:《房地产市场与国民经济协调发展的实证分析》,《中国社会科学》2006 年第 3 期。

308. 梁云芳、高铁梅:《中国房地产价格波动区域差异的实证分析》,《经济研究》2007 年第 8 期。

309. 刘旦:《中国城镇住宅价格与消费关系的实证研究》,《上海财经大学学报》2008 年第 1 期。

310. 刘建江等:《从消费函数理论看房地产财富效应的作用机

制》,《消费经济》2005年第21期。

311.刘金全、范剑青:《中国经济周期的非对称性和相关性研究》,《经济研究》2001年第5期。

312.刘琳等:《房地产泡沫测度系数研究》,《价格理论与实践》2003年第3期。

313.刘明志:《货币供应量和利率作为货币政策中介目标的适用性》,《金融研究》2006年第1期。

314.刘守英、周飞舟、邵挺:《土地制度改革与转变发展方式》,中国发展出版社2012年版。

315.刘守英:《辨析宅基地换房》,《中国改革》2011年第5期。

316.刘树成:《论又好又快发展》,《经济研究》2007年第6期。

317.刘伟:《我国宏观经济失衡的新特征》,《中共中央党校学报》2007年第1期。

318.龙志和、周浩明:《中国城镇居民预防性储蓄实证研究》,《经济研究》2000年第11期。

319.陆军、舒元:《长期货币中性:理论及其中国的实证》,《金融研究》2002年第6期。

320.陆铭、陈钊:《分割市场的经济增长——为什么经济开放可能加剧地方保护》,《经济研究》2009年第3期。

321.陆铭:《建设用地使用权跨区域再配置:中国经济增长的新动力》,《世界经济》2011年第1期。

322.栾学军:《住房消费是国民经济发展的瓶颈》,《商业研究》2003年第23期。

323.吕江林:《我国城市住房市场泡沫水平的度量》,《经济研究》2010年第6期。

324.罗伯特·L.海尔布罗纳、威廉·米尔博格:《经济社会的起源》,李陈华、徐敏兰译,格致出版社、上海三联书店、上海人民出版社2010年版。

325. 骆祚炎:《基于流动性的城镇居民住房资产财富效应分析》,《当代经济科学》2007年第4期。

326. 骆祚炎:《中国居民金融资产与住房资产财富效应的比较检验》,《中国软科学》2008年第4期。

327. 骆祚炎:《住房支出、住房价格、财富效应与居民消费增长——兼论货币政策对资产价格波动的关注》,《财经科学》2010年第5期。

328. 宁光杰:《教育扩张能改善收入分配差距吗?——来自CHNS2006年数据的证据》,《世界经济文汇》2009年第1期。

329. 米塞斯:《货币、方法与市场过程》,戴忠玉、刘亚平译,新星出版社2007年版。

330. 潘毅等:《农民工:未完成的无产阶级化》,《开放时代》2009年第6期。

331. 平新乔:《微观经济学十八讲》,北京大学出版社2005年版。

332. 杞明:《房价上涨的一种解释:蒂布特模型》,《地方财政研究》2005年第4期。

333. 任若恩:《经济增长与房地产业》,《首席财务官》2008年第8期。

334. 三木谷良一:《日本泡沫经济的产生、崩溃与金融改革》,《金融研究》1998年第6期。

335. 邵书峰:《新农村建设视角下农户住房投资行为分析——基于河南省南阳市600农户的调查》,《调研世界》2010年第4期。

336. 施建淮、朱海婷:《中国城市居民预防性储蓄及预防性动机强度:1999—2003》,《经济研究》2004年第10期。

337. 世界银行:《1995年世界发展报告:一体化世界中的劳动者》,中国财政经济出版社1995年版。

338. 宋勃:《房地产市场财富效应的理论分析和中国经验的实

证检验:1998—2006》,《经济科学》2007年第5期。

339. 宋旺、钟正生:《我国货币政策区域效应的存在性及原因:基于最优货币区理论的分析》,《经济研究》2006年第3期。

340. 宋伟、陈百明、张英:《中国村庄宅基地空心化评价及其影响因素》,《地理学报》2013年第1期。

341. 唐兵、冯超:《关于扩大内需的研究观点综述》,《经济纵横》2007年第6期。

342. 陶然、袁飞、曹广忠:《区域竞争、土地出让与地方财政效应:基于1999—2003年中国地级城市面板数据的分析》,《世界经济》2007年第10期。

343. 田传浩、傅楠、郑文娟:《宅基地制度、地权安全性与农村住宅投资行为》,2009年世界华人不动产年会会议论文。

344. 田青、马健、高铁梅:《我国城镇居民消费影响因素的区域差异分析》,《管理世界》2008年第7期。

345. 田淑敏、宇振荣、郭爱云:《京郊农民对住宅建设的意愿分析》,《中国土地科学》2009年第3期。

346. 万广华、蔡昉:《中国的城市化道路与发展战略:理论探讨和实证分析》,经济科学出版社2012年版。

347. 万解秋、徐涛:《货币供给的内生性与货币政策的效率——兼评我国当前货币政策的有效性》,《经济研究》2001年第3期。

348. 王宏利:《中国政府支出调控对居民消费的影响》,《世界经济》2006年第10期。

349. 王立勇、高伟:《财政政策对私人消费非线性效应及其解释》,《世界经济》2009年第9期。

350. 王培辉、袁薇:《中国房地产市场财富效应研究——基于省际面板数据的实证分析》,《当代财经》2010年第6期。

351. 王擎、韩鑫韬:《货币政策能盯住资产价格吗——来自中国房地产市场的证据》,《金融研究》2009年第8期。

352.王松涛、刘洪玉:《以住房市场为载体的货币政策传导机制研究——SVAR模型的一个应用》,《数量经济技术经济研究》2009年第10期。

353.王维安、贺聪:《房地产价格与货币供求:经验事实和理论假说》,《财经研究》2005第5期。

354.王先柱、赵奉军:《保障性住房对商品房价格的影响——基于1999—2007面板数据的考察》,《经济体制改革》2009年第5期。

355.王小鲁:《灰色收入与国民收入分配》,《比较》2010年第49期。

356.王晓明、吴慧敏:《开征物业税对我国城镇居民的影响》,《财贸经济》2008年第12期。

357.王选选:《就业、住房、教育和医疗保险制度改革对居民消费影响分析》,《山西财经大学学报》2000年第4期。

358.王艺明:《房租资本化、模型误设与房地产投机泡沫:基于北京、上海和广州住房二级市场的研究》,《世界经济》2008年第6期。

359.王有捐:《也谈城镇居民收入的统计与调查方法》,《中国信息报》2010年8月25日。

360.王子明:《泡沫与泡沫经济—非均衡分析》,北京大学出版社2002年版。

361.王子龙、许箫迪:《房地产市场广义虚拟财富效应测度研究》,《中国工业经济》2011年第3期。

362.魏巍贤、李阳:《我国房地产需求的地区差异分析》,《统计研究》2005年第9期。

363.吴群、李永乐:《财政分权、地方政府竞争与土地财政》,《财贸经济》2010年第7期。

364.伍伟、戴晓凤:《房地产市场和消费市场对储蓄分流效应的实证研究》,《财经理论与实践》2007年第9期。

365.夏斌、廖强:《货币供应量已不宜作为当前我国货币政策的中介目标》,《经济研究》2001年第8期。

366.谢建国、陈漓高:《政府支出与居民消费——一个基于跨期替代模型的中国经验分析》,《当代经济科学》2002年第6期。

367.谢洁玉等:《中国城市房价与居民消费》,《金融研究》2012年第6期。

368.谢平、罗雄:《泰勒规则及其在中国货币政策中的检验》,《经济研究》2002年第3期。

369.谢颖:《从财政体制和土地出让制度看圈地热》,《中国土地》2006年第11期。

370.熊鹭:《日本政府债务问题剖析》,《金融发展评论》2011年第4期。

371.徐昕、崔小勇:《商品住房支出核算与消费率问题研究》,《武汉金融》2011年第4期。

372.徐忠等:《房价、通货膨胀与货币政策》,《金融研究》2012年第6期。

373.许成钢:《解决金融危机的新框架与中国的对策建议》,《比较》2009年第39期。

374.许德风:《论住房租赁合同的社会控制》,《中国社会科学》2009年第3期。

375.许宪春等:《SNA的修订及对中国国民经济核算体系改革的启示》,《统计研究》2012年第6期。

376.许宪春等:《房地产经济对中国国民经济增长的作用研究》,《中国社会科学》2015年第1期。

377.亚当·斯密:《国富论》,严复译,上海世界图书出版公司2012年版。

378.严金海:《中国的房价与地价》,《数量经济技术经济研究》2006年第1期。

379.颜色、朱国钟:《"房奴效应"还是"财富效应"?》,《管理世界》2013年第3期。

380.杨奎斯特、萨金特:《递归宏观经济理论》,中国人民大学出版社2010年版。

381.杨楠、邢力聪:《干预分析模型在房价指数预测中的应用》,《统计与决策》2005年第25期。

382.杨绍媛、徐晓波:《我国房地产税对房价的影响及改革探索》,《经济体制改革》2007年第2期。

383.杨文芳、方齐云:《财政收入、财政支出与居民消费率》,《当代财经》2010年第2期。

384.野口悠纪雄:《泡沫经济学》,三联书店2005年版。

385.易丹辉:《数据分析与Eviews应用》,中国人民大学出版社2008年版。

386.易君健、易行健:《房价上涨与生育率的长期下降:基于香港的实证研究》,《经济学(季刊)》2008年第3期。

387.易宪容:《高房价不利扩大内需》,《理论学习》2009年第12期。

388.尹向飞、陈柳钦:《城镇居民收入差距、财富差距、收入增长与房价关系的因果检验1992—2006》,《河北经贸大学学报》2008年第6期。

389.尹志超、甘犁:《中国住房改革对家庭耐用品消费的影响》,《经济学(季刊)》2009年第1期。

390.袁志刚、樊潇彦:《房地产市场理性泡沫分析》,《经济研究》2003年第3期。

391.约翰·梅纳德·凯恩斯:《就业、利息和货币通论》,商务印书馆1999年版。

392.约翰·伊特韦尔:《新帕尔格雷夫经济学大辞典》,经济科学出版社1996年版。

393.约瑟夫·E.斯蒂格利茨:《社会主义向何处去》,吉林人民出版社2011年版。

394.张德元:《征地问题是什么问题》,《调研世界》2006年第10期。

395.张清勇:《中国城镇居民的住房支付能力:1991—2005》,《财贸经济》2007年第4期。

396.张曙光:《宏观经济之忧忧在何处》,《理论参考》2008年第3期。

397.张涛等:《资产回报、住房按揭贷款与房地产均衡价格》,《金融研究》2006年第2期。

398.张晓晶、孙涛:《中国房地产周期与金融稳定》,《经济研究》2006年第1期。

399.张晓彤:《应用数量经济学》,机械工业出版社2009年版。

400.张治觉、吴定玉:《我国政府支出对居民消费产生引致还是挤出效应——基于可变参数模型的分析》,《数量经济技术经济研究》2007年第5期。

401.赵奉军、高波、骆祖春:《支付能力、金融支持与住房供应双轨制》,《江海学刊》2011年第3期。

402.赵奉军、高波:《全球金融危机:收入分配视角的解读》,《世界经济研究》2010年第1期。

403.赵奉军、王先柱:《基于住房持有成本的租金房价比变动》,《武汉理工大学学报》2010年第2期。

404.赵奉军:《住宅投资与经济周期牵扯:自OECD国家生发》,《改革》2012年第6期。

405.郑思齐、刘洪玉:《住房需求的收入弹性:模型、估计与预测》,《土木工程学报》2005年第7期。

406.郑思齐等:《城市价值在住房价格中的显性化及其政策含义——对中国 35 个城市住宅价格的实证研究》,《城市发展研究》2008 年第 2 期。

407.周彬、杜两省:《"土地财政"与房地产价格上涨:理论分析和实证研究》,《财贸研究》2010 年第 8 期。

408.周飞舟:《大兴土木:土地财政与地方政府行为》,《经济社会体制比较》2010 年第 3 期。

409.周其仁:《给农民更多土地权利会损害农民利益吗?》,《经济观察报》2011 年 7 月 22 日。

410.周清杰:《我国自有住房服务虚拟租金核算的优化:以美国为例》,《宏观经济研究》2012 年第 6 期。

411.周业安:《县乡级财政支出管理体制改革的理论与对策》,《管理世界》2000 年第 5 期。

412.朱劲松:《中国开展"以房养老"影响因素的实证分析》,《东北财经大学学报》2011 年第 2 期。

413.朱天、张军:《破解中国消费不足论的迷思》,《中国经济时报》2012 年 9 月 6 日。

414.踪家峰、刘岗、贺妮:《中国财政支出资本化与房地产价格》,《财经科学》2010 年第 11 期。

后　记

从住房消费的层面寻求中国扩大国内消费需求政策着力点的研究思路形成于由我主持的国家社会科学基金重点项目"扩大内需与引导住房理性消费的宏观经济政策研究"（项目编号：08AJY010）。后来，我在主持教育部哲学社会科学研究重大课题攻关项目"我国城市住房制度改革研究"（项目编号：10JZD0025）的研究过程中，这一研究思路又得到了深化。寻求扩大内需的突破口，可以从需求和供给两个层面展开。需求面主要是改善居民家庭的收入、财富和社会保障状况。供给面主要是增强国内企业的产品和服务的有效供给能力，包括结构、质量和数量。这些都与住房消费紧密相关。住房消费除了直接构成国内消费需求的重要内容外，还产生两个方面的间接影响：一是居住过程中带动的消费，如装修、建材、家电等；二是家庭资产配置到住房上，对一般消费支出形成的挤压，如旅游、文化、教育、健康等。前者主要是实物产品领域，后者主要是服务消费领域。住房具有金融资产的属性将产生出因财富效应、遗产动机而形成的对扩大内需的另一种推动力。住房消费还通过影响一个城市的人力资本结构影响到实体产业发展；通过影响金融资产配置影响国家的创新能力，从而对国内产品和服务的供给结构、质量、数量产生影响。甚至影响到居民对本国产品和服务的消费热情和消费偏好。一些政策则是经由住房消费这一变量传导到扩大内需上去的,如财政政策、货币政策等。

《2015年政府工作报告》中提到,扩大内需是经济增长的主要动力,也是重大的结构调整。消费正在成为扩大内需的主要着力点。稳定住房消费,支持居民住房消费需求,是当下和今后很长一段时间中国扩大内需政策的现实选择。毫无疑问,在新常态下,如果抛开住房消费谈扩大内需,必将误读中国经济。

全书由我策划,参与本书写作的成员及其分工是:导论,高波;第一章,王辉龙;第二章,高波、王辉龙、李伟军;第三章,赵奉军;第四章,高波、王文莉、李祥;第五章,赵奉军;第六章,王辉龙;第七章,陈健;第八章,赵奉军;第九章,李勇刚;第十章,李祥;第十一章,李伟军;第十二章,周航、王辉龙;第十三章,王辉龙;第十四章,高波。我和王辉龙对全书各章进行了全面的修改和统稿。

成书之际,首先要感谢全国哲学社会科学规划办公室和教育部社会科学司,是他们的信任,给了我们研究的动力,并最终形成了这份研究成果。感谢南京大学商学院对我及我的研究团队一以贯之的支持。研究过程中,大量的调研工作需要协调,南京大学校长办公室、社科处提供了无私的帮助。

感谢洪银兴教授多年来对我个人成长的关心和爱护,以及对我学术研究工作的指导和帮助。正是在洪老师精神力量的感召下,我和我的团队方能一次次跨过艰难,迎来收获。

感谢研究团队的每一位成员,你们总是充满活力,精诚协作,我为你们感动。

最后,特别感谢人民出版社的郑海燕女士,她为本书的出版倾注了很多心血。她的专业、包容、勤勉、细致激励着我们不断完善这部作品,并促成了本书的出版。

高波　谨识

2015年5月20日于南京大学

策划编辑:郑海燕
责任编辑:孟　雪
封面设计:林芝玉
责任校对:吕　飞

图书在版编目(CIP)数据

住房消费与扩大内需/高波 等 著. -北京:人民出版社,2015.12
ISBN 978-7-01-015405-3

Ⅰ.①住…　Ⅱ.①高…　Ⅲ.①住宅市场-关系-扩大-内需-研究-中国　Ⅳ.①F299.233.5②F123

中国版本图书馆 CIP 数据核字(2015)第 248086 号

住房消费与扩大内需
ZHUFANG XIAOFEI YU KUODA NEIXU

高　波　王辉龙 等　著

人民出版社 出版发行
(100706 北京市东城区隆福寺街99号)

北京中科印刷有限公司印刷　新华书店经销

2015年12月第1版　2015年12月北京第1次印刷
开本:710毫米×1000毫米 1/16　印张:25
字数:320千字
ISBN 978-7-01-015405-3　定价:68.00元

邮购地址 100706　北京市东城区隆福寺街99号
人民东方图书销售中心　电话 (010)65250042　65289539

版权所有·侵权必究
凡购买本社图书,如有印制质量问题,我社负责调换。
服务电话:(010)65250042